맹자, 마음의 정치학 3

일러두기

1. 이 책은 『맹자』 열네 편을 장별로 나누어 번역하고 해설한 것이다. 각 편과 장은
   아래와 같이 표기했다.

   제1편 「양혜왕 상」 제4장 → 1:4
   제12편 「고자 하」 제3장 → 12:3

   『맹자』를 해설하면서 공자의 『논어』를 많이 인용했다. 『논어』의 각 편과 장은 아래와
   같이 표기했다.

   『논어』, 제3편 「팔일」 제5장 → 『논어』, 3:5

2. 『논어』, 『시경』, 『묵자』, 『한비자』 등 『맹자』를 해설하기 위해 인용한 다른 고전의 경우,
   필자가 꼭 필요하다고 생각하는 곳에만 원문을 병기했다.

3. 본문의 한자는 낱글자는 물론 현대의 지명이나 인명도 모두 한국 한자음으로
   표기했다. 단, 국내에 중국어 음으로만 소개된 저자는 그 표기를 따랐다.

   예) 쿵로이슌信廣來, 바이시白奚

4. 동양 고전의 체제는 『 』, 「 」, ' ' 기호를 사용해 표기했다.

   예) 『시경』의 「빈풍」편 '칠월'의 노래 → 『시경』, 「빈풍」, '칠월'

5. 이 책은 앞서 나온 다음의 주석서들을 두루 참고했다. 그 참고 내용은 본문에 (조기),
   (주희), (양백준) 등으로 표기했다.

   조기趙岐(108~201, 중국 후한後漢)의 『맹자장구孟子章句』
   주희朱熹(1130~1200, 중국 송대宋代)의 『맹자집주孟子集註』
   이토 진사이伊藤仁斎(1627~1705, 일본 에도江戸시대)의 『맹자고의孟子古義』
   양백준楊伯峻(1909~1992, 현대 중국)의 『맹자역주孟子譯註』
   성백효(1945~ , 현대 한국)의 『현토완역 맹자집주懸吐完譯 孟子集註』

맹자, 마음의 정치학 3

배병삼
———
옮기고
———
풀어 씀

사계절

제11편 고자 상 告子上

제11편

고자 상 告子上

맹자孟子의 특허인 성선설과 의리론, 마음을
보존하고(存心) 선한 본성을 기르는(養性) 방법을
논한다. 앞의 「만장」편이 정치철학을 다뤘다면,
여기 「고자」편은 인간철학을 다루는 셈이다.
실은 인간을 어떻게 보느냐에 따라 국가의 모습도
다르게 나타난다. "인간의 본성을 어떻게 보느냐에
따라서 인간을 다스리는 체제의 모습도 달라지며,
체제의 성격에 따라서 인간의 모습도 달라"[1]진다.
만약 인성을 악하다고 보면 그 나라는 악을 교정하는
'교도소'가 될 것이요, 선하다고 보면 그 나라는
사람다움을 길러주는 '학교'가 될 터이다.
참고로 "「고자 상」편은 일련의 연속된 대화로
보아야 할 듯하다."[2] 모두 20장이다.

1   김용민, 「페더럴리스트-미국 헌법과 새로운 정치학의 탄생」, 강
     정인 외 엮음, 『서양 근대 정치사상사』, 책세상, 2007, 512쪽.
2   데이비드 S. 니비슨, 김민철 옮김, 『유학의 갈림길』, 철학과현실
     사, 2006, 310쪽.

11:1. 사람을 제작할 것인가, 교육할 것인가

告子曰, "性猶杞柳[1]也, 義猶桮棬[2]也; 以人性爲仁義, 猶以杞柳爲桮棬."

孟子曰, "子能順杞柳之性而以爲桮棬乎? 將[3]戕賊[4]杞柳而後以爲桮棬也. 如將[5]戕賊杞柳而以爲桮棬, 則亦將[6]戕賊人以爲仁義與? 率天下之人而禍仁義者, 必子之言夫!"

고자가 말했다.

"성은 버드나무와 같고, 의는 그릇과 같다. 인성으로 인의를 만드는[7] 것은 꼭 버드나무로 그릇을 만드는 것과 같다."

맹자, 말씀하시다.

"그대는 버드나무의 성질을 따라서 그릇을 만들 수 있소? 아마 버드나무 가지를 자르고 깎은 뒤에 그릇을 만들 것이외다. 버드나무를 자르고 깎아서 그릇을 만든다면, 장차 사람도 자르고 깎

1　杞柳(기류): 버드나무. '杞'는 버들.

2　桮棬(배권): 나무를 구부려 만든 술잔. 여기서는 '그릇'이라고 번역하였다. '桮'는 그릇. '棬'도 그릇.

3　將(장): 아마도.

4　戕賊(장적): 가지를 잘라내고 깎다. '戕'은 해치다. 버드나무에서 가지를 잘라내야 하므로 '자르다'라고 번역하였다. 고리버들을 잘라낸(戕) 다음 껍질을 벗기고 깎아서 그릇을 만든다. 이에 '賊'을 '깎다'라고 번역하였다.

5　如將(여장): 만약.

6　亦將(역장): 장차.

7　爲(위): 만들다.

아서 인의롭게 만들겠다는 말이오? 천하 사람을 끌어다 인의를
파괴할 것은 반드시 그대의 말일 것이외다!"

해설

맹자의 '성性'은 생명체적 개념이다. 씨앗(端)이 성장하여 열매
를 맺는 식물 성장의 이미지가 은연중에 깔려 있다. 영국의 중국철학 연
구자 앵거스 그레이엄Angus Graham도 중국 사상에서 '본성' 개념은 고정
된 능력의 차원이 아니라 잠재력 개발과 같은 성숙(熟)의 관점에서 이해
해야 한다고 지적한 바요.[8] 미국의 중국철학자 로저 에임스Roger Ames는
생장 과정으로 접근해야 한다고 강조한 터다.[9]

1. 고자

여기 등장하는 고자告子는 이미 호연지기浩然之氣를 논한 3:2
에 출연한 적이 있다. 거기서 맹자는 "고자는 나보다 먼저 부동심했던
걸"이라고 말했다. 이렇게 볼 때 고자는 맹자보다 연배가 약간 위인 듯하

8　"그레이엄은 중국 사상에서 '본성'의 개념은 이미 고정된 능력이라는 차원에서보다는 잠
　　재력이 개발되는 것과 같은 성숙의 관점에서 이해해야 한다고 지적한 바 있다."(프랑수아
　　줄리앙, 허경 옮김, 『맹자와 계몽철학자의 대화』, 한울아카데미, 2009, 75쪽)
9　"유교의 인仁이란 인간 공동체 속에서 활기차고 강하며 튼튼하고 건강하게 참여할 수 있
　　도록 구성적 관계를 '생장시키는(生)' 과정이다."(로저 에임스, 장원석 옮김, 『동양철학, 그 삶
　　과 창조성』, 성균관대학교출판부, 2005, 181쪽)

다. 그 맥락을 살려, 위의 본문에서 고자에게 응대하는 맹자의 말투를 조금 경어체로 번역하였다. 애당초 고자는 맹자의 인성설人性說을 마뜩치 않게 여겼다. 3:2에서 보았듯 고자는 마음에 대한 이해가 부족했다. 반복하면, 고자의 인식은 열여섯 자로 요약되었다. '不得於言, 勿求於心(부득어언, 물구어심)', 즉 "말을 이해하지 못하면, 마음에서 구하지 말라." 그리고 '不得於心, 勿求於氣(부득어심, 물구어기)', 즉 "마음에서 얻지 못하면, 기에서 구하지 말라." 이 열여섯 자는 거기서도 추론했듯 전국시대 묵가墨家의 조직 운용 원리를 압축한 금언이었다. 곧 상부에서 지시한 명령 (言)이 마음(心)으로 납득되지 않더라도 그 마음을 개입시키지 말고(不動心) 명령대로 확고하게 집행하라는 '군사 조직'의 표어였다. 고자의 입장을 감안하면 '하루에도 열두 번씩 변하고 순간순간 흔들리는 사람의 마음을 어찌 본성이라 할 수 있으랴' 하고 생각한 것이리라. 그러나 마음을 무시하니 (또는 무지하니) 어찌 인성의 고유한 특징을 이해할 수 있으리오. 고자에게 성性이란 그저 타고난 자연적 속성(11:2)이거나 생리적 본능(11:3)이지, 인간만이 고유하게 갖춘 도덕성(인의예지)일 수 없었다.

이 장에서 고자가 맹자에게 시비를 거는 단서인 "인성으로 인의를 만드는 것은 꼭 버드나무로 그릇을 만드는 것과 같다"라는 비유가 바로 이런 생각에서 비롯한다. 고자에게 인仁은 어미가 새끼를 아끼는 친애親愛와 같은 것이다. 그러니 인은 사람만이 아니라 모든 생물이 다 가지고 있으며, 사람 고유의 본성, 곧 인성이기만 할 수 없다. 의義 역시 그렇다. 3:2에서 맹자가 비판했듯 고자는 의가 밖에 있다고 본다. '의가 밖에 있다'는 것은 의가 권력이나 전통, 관습에 의해 제작되어 사람에게 주입된

다는 뜻이다. 인과 의에 대한 이런 인식으로는 사람의 '마음속'에 도덕의
자리를 마련할 수가 없다. 사람이란 고작 먹고 마시며 유전자를 퍼뜨리
는 육신의 욕망을 가진 동물, 이른바 식색食色의 존재일 따름이다(11:3과
11:4 참고).

2. 교도소냐 학교냐

본문에서 맹자와 고자의 차이를 드러내는 단어가 순順이다. 맹
자가 말한 "버드나무의 성질을 따라서 그릇을 만들 수 있소?"라는 구절
속 '따라서'가 그것이다. 버드나무는 '생장하는 것(生生之理)'이 본능이
고, 그 본능을 '따라서' 살려주는 것이 인이다. 나무를 자르고 쪼개서 그
릇으로 만드는 것은 나무의 본능을 해치는 일이다. 즉 버드나무로 그릇
을 만드는 것은 그 본래 속성을 거스른다(逆). 제작은 생명을 살리는 순
응의 과정이 아니라 생명을 해치는 거역의 과정인 것이다. 맹자가 보기
에 인이 동물적 사랑에 불과하다 해도, 의가 외부에서 강요된 것이라 해
도 결단코 고리버들로 나무 술잔을 만드는 과정(해코지)과 같을 수는 없
다. 고자는 생명을 살리는 인을 외려 살상하는 데 비유하였으니 이만저
만 잘못이 아니다.

그러나 맹자가 고자를 비판하는 것이 고작 '비유의 오류' 때문만은 아
니다. 맹자의 도덕론은 사람의 본성에 순응하는 식물적인 속성인 데 반
해(3:2의 물조장勿助長 참고), 고자의 도덕론은 외부에서 사람을 교정矯正하
는 제작적인 속성이다(순자荀子도 마찬가지다). 고자의 인성론을 바탕으로
사회를 설계하면, 그 국가(이상 사회)는 사람을 외부 기준(법, 예)에 맞추어

제작하는 공작소工作所 또는 교도소矯導所가 될 것이다.

맹자가 횡의하는 지식인(처사)들을 쳐부수는 것이 급선무라고 인식하고, 그 선봉에 서기를 자처한(6:9) 까닭은 고자식 인성론이 인간을 권력과 재력의 도구로, 전통과 관습에 얽매인 노예로 만들지 않을까(이미 진행되던 당시 현실) 두려웠기 때문이다. 또한 그가 '말을 많이 한 까닭'은 그런 추세에 강력히 저항하고자 했기 때문이다. 짐승을 끌어다가 사람을 잡아먹는 세상을 지나, 급기야 '사람이 사람을 잡아먹는 세상'으로 타락하는 것에 대한 공포 말이다. 그러나 이것이 어찌 전국시대만의 두려움이랴! 돈이 사람을 잡아먹는 '쩐의 전쟁 시대'인 오늘의 자본주의 말기적 풍경이 또 여기서 과연 얼마나 멀까? 아니, 오늘날 인간의 처지는 그때보다 더 악화된 상태가 아닌가(11:5과 함께 볼 것)!

3. 해석

인성이란 (동물성과 대칭되는) 인간만의 고유성이다. 맹자의 인성은 곧 도덕성으로 인의예지仁義禮智, 네 가지로 구성된다. 다만 인성은 씨앗처럼 작고 희소하다. 맹자가 '사람이 짐승과 다른 점은 극히 드물다(幾希)'라고 말한 까닭이다. 그래서 사단四端, 곧 네 가지 단서 혹은 실마리라고 부른다. 인의예지라는 도덕성은 인간만이 하늘로부터 부여받은 고유한 특질이지만, 아주 작고 드물게 존재한다는 것. 이 인성의 실마리를 발견하고, 발굴하며, 발현하는 일이 인간의 책무다. 공부가 중요한 까닭이요, 또 학교가 필요한 까닭이다. 학교란 타고난 사람다움의 '네 가지 실마리'를 발견하고 발굴하며 발현하는 마당이요, 공부는 사람다움을 배우고 체화하는 과정이다. 이 과정을 수행하느냐, 못 하느냐에 따라 사람다운 사람과 사람 탈을 쓴 짐승으로 나뉜다. 이에 유교에서 학교와 공부는 중차대한 사명이 된다. 『논어論語』 첫머리에 "배우고 늘 익히면 기쁘지 않으랴!"라며 배움과 익힘이 등장하는 이유다.

'인성=도덕성'이 무르익으면 몸과 마음이 해맑아지면서 주변으로 '덕의 빛'이 방사한다. 그 기운의 역량은 지강지대至剛至大하여 천지간을 꽉 채울 정도라고 맹자는 전망한다. 인성론이 인간론(철학)에 그치지 않고 '힘 이론'(정치학)을 포괄한다는 말이다. 곧 이 장은 3:2(마음, 호연지기 그리고 언어) 및 13:21(군자의 얼굴은 해맑고, 등짝은 빛난다)과 연결하여 보아야 한다.

11:2. 인성은 '절대적으로' 선하다

告子曰, "性猶湍水[10]也, 決[11]諸東方則東流, 決諸西方則西流. 人性之無分於善不善也, 猶水之無分於東西也."

孟子曰, "水信[12]無分於東西, 無分於上下乎? 人性之善也, 猶水之就下也. 人無有不善, 水無有不下. 今夫水, 搏[13]而躍[14]之, 可使過顙[15]; 激[16]而行之, 可使在山. 是豈水之性哉? 其勢[17]則然也. 人之可使爲不善, 其性亦猶是也."

고자가 말했다.

"성性은 용출수와 같아서 물길을 동쪽으로 터주면 동으로 흐르고, 서쪽으로 터주면 서로 흐른다. 사람의 성에 선과 불선의 구분이 없는 것은 꼭 물에 동쪽과 서쪽의 구분이 없는 것과 같다."

---

10 湍水(단수): '용출수'라고 번역했다. '湍水'에 대해 보통 '소용돌이치는 물(급류)'로 번역하지만, '湍'이란 '端(단)'과 동일한 어원에서 나왔다고 생각할 수 있으며, 이는 맹자가 인간의 본성을 비유할 때 쓰는 '싹(端)'과 같다. '湍水'는 샘에서 퐁퐁 솟는 물처럼 '싹터 나오는 물', 곧 용출하는 물이라는 뜻이다(데이비드 S. 니비슨, 앞의 책, 311쪽. 각주 181). '湍'은 여울.

11 決(결): 트다.

12 信(신): 진실로, 정녕.

13 搏(박): 치다.

14 躍(약): 뛰다, 뛰기다.

15 顙(상): 이마.

16 激(격): 용두레로 물을 퍼 올리다.

17 勢(세): 외부에서 가한 힘(11:7~11:8 참고).

맹자, 말씀하시다.

"정녕 물 흐름에 동서 구분은 없겠지만, 위아래 구분이야 어찌 없겠소? 인성이 선한 것은 물이 아래로 흘러내리는 것과 같소이다. 사람에게 불선이 있을 수 없는 것은 아래로 흐르지 않는 물이 없는 것과 같은 게요. 가령 물을 쳐서 올리면 이마 위를 넘길 수 있고, 물을 퍼서 올리면 산에 있게 할 수 있겠지요. 그러나 어찌 이것이 물의 본성이겠소! 외부에서 가한 힘이 그렇게 만든 것이지요. 사람을 선하지 않게 만들 수는 있으나, 그 본성은 다만 물의 그것과 같을 따름이외다."

해설

고자의 말 '성은 용출수와 같다'는 비유는 본시 인간의 품성에는 선악의 도덕성이 애당초 부재하다는 것이요(즉 인간은 '본능적' 동물이라는 것), '동쪽으로도 서쪽으로도 흐르게 할 수 있다'는 말은 사람을 '정치적으로' 선하게도 악하게도 만들 수 있다는 뜻이다. 외부(정치, 권력, 전통, 예의, 관습 등)의 개입으로 인간을 도덕적으로 제작할making 수 있다는 말이니 곧 이어질 '의가 밖에 있다'(11:4)는 말의 바탕이다.

한편 '물을 퍼서 올리면 산에 있게 할 수도 있다'는 맹자의 말은 눈앞에 드러나는 '현상'만 피상적으로 보고 그것을 '본질'로 호도해서는 안 된다는 경고요, 인간의 악행은 외부의 자극에 따른 현상이지 본성은 그 자체로 선할 따름이라는 것이다. 마치 물에 맑고 흐린 것이 있고, 그 흐름에 급하고 더딘 것이 있으나 모든 물이 아래로 흐르는 속성을 공유하는 것과 같다는 뜻인데, 그 비유가 탁월하다.[18]

인종이 다양하고 남녀와 노소의 구분이 있지만, 모든 인간의 본성은 선하다는 맹자의 확신은 어떤 체험을 통한 각성이리라. 범속한 일상을 맥 놓고 살던 어느 날 문득, 섬광처럼 스치는 '우주의 균열'을 목도한 것임에 분명하다. 이를테면 우물로 기어 들어가는 어린아이를 갑자기 발견한 순간이며, 굶주린 유랑자가 "야, 와서 먹어!"라는 무례한 말에 차라리 죽음을 택했다는 소식이며, 들판에 내버린 아버지의 시체가 야수에게 뜯어 먹힌 것을 발견한 아들에 대한 추체험이 그런 균열의 예이다. 이런 비상한 경험에서 머리(이성)와 관계없이 즉각적으로 반응하는 '마음'의 움직임을 포착한 것이다. 이런 순간 포착에서 문득 스쳐간 '님(우주자연)'의 따뜻한 손길(仁)을 흐뭇하게 확인하는 동시에 그 우주적 촉감에 반응하는 사람의 마음속 측은지심의 실마리도 동시에 깨달은 것이다.

그 깨달음의 순간 터져 나온 찬탄이 "자기 마음을 다하면 사람의 본성을 깨닫는다. 사람의 본성을 깨달으면 하느님을 발견하리라盡其心者, 知其性也, 知其性, 則知天矣"(13:1)라는 말이다. 결국 성선性善이란 산문散文이 아니라 시어詩語요, 논리가 아니라 게송偈頌이다! 맹자는 성선의 깨달음을 통과한 뒤 거슬러 올라가 공자를 만나고, 또 그 위로 요순을 조우하였

18　물은 고대 동양 사상가들의 단골 비유다. 노자老子가 그러하고 공자孔子가 그러하며, 장자莊子와 맹자, 순자 역시 그러하다. 사라 알란, 오만종 옮김, 『공자와 노자, 그들은 물에서 무엇을 보았는가』, 예문서원, 1999 참고.

기에 "성선을 논하고, 말마다 꼭 요순을 일컬었"으며, "세상에 인류가 생겨난 이래 공자와 같은 분은 없었다"라고 찬송했다. 이런 안팎의 확신이 있었기에 전국시대 당시의 추악하고 잔혹한 사태에 굴하지 않고, 인간의 본디 선한 품성을 바탕으로 평화 세계 건설에 확고히 매진할 수 있었다.

사상사적으로 접근하면, 『서경書經』의 표현인 도심유미道心唯微, 곧 '사람다움 속에 희박하나마 신성神聖이 깃들어 있다'라던 고대의 발견을 맹자가 성선설로 계승하는 셈이다. 그러나 맹자의 성선설을 사람이 통째로 선한 존재라는 식으로 오해해서는 안 된다. 또한 인류 전체가 온통 선하다(인간은 존재 자체로 선하다)라고 여겨서도 안 된다. 예컨대 서양 근대의 천부인권설과 맹자의 성선설은 다르다. 권리라는 말 자체가 유교에는 없기도 하거니와, 서양의 천부인권설은 하느님이 인간을 지상의 지배자로서 특별하게 창조했다는 창세기식 창조설을 바탕으로 한다. '사람이란 종 그 자체로 특별하다'는 것이다. 그러나 인성설은 다르다. 지상의 지배자로서 인간이 지닌 특권, 즉 인권은 유교에 없다. 유교에는 하나님의 심판도, 천당 지옥도, 당연히 창조주도 없다. 이를테면 유교에는 상승의 약속(모세의 율법을 지키면 천당행)은 없고, 외려 짐승으로 추락할 수 있다는 공포가 존재한다. 이를 두고 『서경』에서는 인심유위人心唯危라, '사람의 마음은 타락할 수 있기에 내내 위태롭다'라고 경고했다. 이 경고를 맹자는 "사람이 짐승과 다른 까닭은 몹시 드문데"라고 잇는다. 사람의 타고난 신성은 아주 미약한 수준이다. 그것을 옳게 회복하느냐 못 하느냐가 인생에 주어진 과업이다. 방만하고 태만하게 살다가는 짐승, 아니 짐승보다 못한 동물로 추락한다는 공포가 유교의 인간론, 맹자의 성선설

밑바탕에 깔려 있다.

사람은 특별난 창조물이 아니라, 짐승과 같은 몸뚱이를 가진 한낱 동물일 뿐이다. 인간 역시 생리적 차원에서는 식색의 욕망을 가진 동물의 일원이라는 사실을 잊지 말자. 다만 포유류→영장류→호모 사피엔스→호모 에티쿠스(윤리적 인간)로 진화하는 중에 그 언젠가 윤리성의 '뜨거운 강'을 건너는 사건이 발생했다. 이로부터 인류(HOMO)는 동물과 다른 인문학적인 종으로 '돌연변이'했고, 거기서 윤리적 동물이 탄생했다(5:5 참고). 인간 종과 침팬지의 유전자 염기서열이 고작 1.6퍼센트밖에 차이 나지 않는다는 생물학계의 보고가 가리키는 지점이 이쯤이다. 채 2퍼센트가 되지 않는 희박한 인성을 자각하고, 악행으로 잃어버렸던 인성을 되찾기도 하면서(求放心) 타고난 '신성=인성'을 회복하는 일이 '사람 공부'가 된다. 나아가 인성의 발견을 홀로 소유하지 않고 이웃으로 확충해 나아가는 일, 즉 '함께 더불어 사는 사회(與民)' 만들기가 정치의 길이다. 만일 이 과업을 실현하는 중에 혹 죽임을 당하더라도 이는 올바른 운명(正命)이겠으나, 고작 부귀영화를 누릴 양으로 동물적 욕망에 부대끼다가 사람다움을 알지 못한 채 죽는다면 이는 개죽음일 뿐이다(13:2). 실현의 결과는 또 하늘(운명)의 영역일 뿐. 다만 사람은 이 길을 알고 믿고 수행할 따름이다(이쯤이면 유교는 종교가 된다). 공자가 "남이 알아주지 않아도 성나지 않는다면 또한 군자가 아니랴!"(『논어』, 1:1)라고 추킨 것이 이 대목이다.

요컨대 맹자의 성선은 어떤 신비적 체험을 통과한, 기독교식으로 표현하자면 '신의 목소리'에 부응하는 전신(몸과 마음)의 전율을 체험한 이후 찾아온 각성이다. 북송대의 유자 호안국胡安國이 "맹자가 '성이 선하다'라고 말한 것은 이 깨달음을 탄미한 말이지, 악의 반대말로서 선을 말한 것이 아니다孟子道性善云者, 歎美之辭, 不與惡對"라고 지적했는데 뛰어난 통찰이다(5:1 참고를 볼 것).

告子曰, "生之謂性."

孟子曰, "生之謂性也, 猶白之謂白與?"

曰, "然."

"白羽之白也, 猶白雪之白; 白雪之白猶白玉之白與?"

曰, "然."

"然則犬之性猶牛之性, 牛之性猶人之性與?"

고자가 말했다.

"생이란 성이다."[19]

맹자, 말씀하시다.

"생의 속성이 성이라면, 흰 것을 희다고 하는 것과 같소이까?"

고자가 말했다.

"그렇소."

맹자가 말했다.

"그러면 흰[20] 깃털의 흰 것[21]이 흰 눈의 흰 것과 같고, 흰 눈의
흰 것은 흰 옥의 흰 것과 같은가요?"

---

19 "여기 생과 성은 맹자의 시대에 유사하게 쓰였을 것이고, 아마 발음도 거의 같았을 것이며,
따라서 의미도 '같은 말'일 것이라는데 나는 이에 찬동한다."(데이비드 S. 니비슨, 앞의 책, 312쪽)

20 형용사.

21 속성.

고자가 말했다.

"그렇소."

맹자가 말했다.

"그렇다면 (살아 있는) 개의 성이 (살아 있는) 소의 성과 같고, (살아 있는) 소의 성은 (살아 있는) 사람의 성과 같다는 말인가요?"

해설

고대 중국어에서는 '生(생)'과 '性(성)'의 발음이 같았다. 연구자들에 따르면 "生과 性은 글자 모양도 그 기원이 같다. 갑골문, 금문, 죽간 등에 나타난 生은 초목이 땅에서 발아하여 생장하는 모습으로 그려져 있다. 땅속에서 발굴된 전국시대 초나라 죽간의 '성자명출性自命出'에 대한 연구 결과 生(생), 靑(청), 性(성), 情(정)은 모두 기원이 같은 동원자로 밝혀졌다. 이들 문자의 발음은 공통적으로 'SENG'이거나 이와 유사한 음성이었다. 그 뜻은 '출생' 혹은 '발생' 등의 의미를 공유하였다. 문자의 발생 순서는 처음에 生이 생겨났고, 그다음 거의 동시에 혹은 약간의 차이를 두고 性, 靑, 情이 생겨났다."[22]

---

22   최영찬 외, 「전국시기 초죽간의 지하 자료를 통해본 『四書』의 '性', '情'의 개념과 발전」, 『四書의 字句 이해와 개념 고찰』, 신성문화사, 2004; 현대 중국의 맹자학자인 양백준과 『맹자』 영역자인 홍콩 중문대학 D. C. 라우Lau 교수, 데이비드 S. 니비슨 역시 '生'과 '性'이 동일한 발음이었으리라는 점에 찬동한다.

그렇다면 고자의 명제인 '생지위성生之謂性'은 나름 발음 효과까지 고려한 격언이다. 즉 "생은 곧 **생**이야!"라는 말투다. 공자가 가끔 구사했듯 "정자, 정야政者, 正也"나 "인자, 인야仁者, 訒也"처럼 발음의 동일성에 기대어 속뜻을 드러낸 것과 같은 방식이다(이것을 성훈聲訓이라고 한다). 중국식 말놀이(fun)인 셈이다. "생은 곧 **생**이야"라는 말에는 '태어난 그대로가 곧 본성인 게지! 뭐 별 것 있어?'라는 시큰둥한 또는 시건방진(!) 뉘앙스가 담겨 있다. 이 대목에서는 프랑스의 비교철학자 프랑수아 줄리앙의 비평이 요긴하다.

> "본성은 바로 생이다生之謂性"라는 표현은 맹자 시대에 활동한 해방론자libérateur들이 내걸었던 새로운 구호였다. 인간에게 가장 먼저 요구되는 것은 '식욕과 성욕의 해결'이다(食色性也). 격심한 혼돈 시기에 기존의 봉건 구조—주왕조—를 붕괴시킬 수 있는 자연주의 naturalisme가 대두한 것이다. 자연주의자들은 인간의 본성을 생명을 보존하게 해주는 능력으로 착각하였기 때문에, 그들의 눈에는 인간의 관심거리란 오로지 자신의 생명을 부양하고 유지하는 것으로 보였다. 그러기 위해서는 어떤 외부적인 요소—특히 공공 영역에 의한 강제나 구속—도 개인의 삶을 방해해서는 안 되며, 또한 무엇을 위해서도—특히 정치적인 이해관계—개인 생활이 침해되어서는 안 되는 것이었다. 자연주의자들에게는 삶을 영위하는 것이나 재물을 아끼는 것, 건강을 보존하는 것만큼 중요한 것은 없었다. '생'의 보존만이 그들의 유일한 가치이므로 자연주의자들은 가능한 한 최고

의 삶을 영위하는 데에만 정열을 쏟았다.[23]

도덕적 기초를 인성 위에 수립하려는 맹자의 성선설에 대해 이른바 자연주의자들은 타고난(生) 제 한 몸을 보신하는 것이 인간의 사명이요, 인간의 속성(性)도 이와 다를 바 없다고 생각했다. 인간 세상의 갈등을 초탈한 듯한 시큰둥함이 '성性은 생生이다' 또는 '식색, 즉 본능이 본성이다'(11:4)라는 도발적 격언들 속에 들어 있다.

그러나 맹자로서는 인성론에 자기 사상의 사활이 걸려 있었다. 이따위 시큰둥한 또는 시건방진 '책상물림의 형이상학'을 박살내야 했다. 맹자는 고자의 피상적이고 관념적인 사유야말로 전국시대 지식인의 책무, 즉 타락한 인간 세상을 뚫고 새 세계를 건설해야 하는 '실천적 과업'에 대한 최악의 적대라고 보았다. 맹자는 성악설은 그나마 해악이 덜하다고 여겼으리라. 성악설은 '무슨 상관이 있으랴?'는 식의 방기는 아니기 때문이다. 맹자는 시큰둥하고 초탈한 듯한 자연주의자들의 말놀이야말로 실천적 행동을 무력화시키는 큰 해악이라고 확신했을 것이다(양주楊朱, 묵적墨翟 등 처사들의 사설邪說과 횡의橫議를 혁파해야 한다! 6:9 참고).

여기 고자의 주장은 앞뒤가 똑같다. '성은 버드나무와 같다'(11:1), '성은 용출수와 같다'(11:2), '성은 생, 즉 타고난 대로다'(11:3), '성은 식색의 욕망이다'(11:4) 등은 모두 같은 생각의 다른 표현일 뿐이다. 요컨대 생리학적physiological 인간관이다. 인간도 식물이나 동물과 꼭 같은 생명체에

---

23   프랑수아 줄리앙, 앞의 책, 75쪽.

불과하므로 생존과 생식을 속성으로 할 따름이요, 사람의 마음 또한 변동하므로 성이라고 할 수 없다. 그러므로 인성을 도덕적 기초로 삼는 노력은 그 자체로 난센스다. 결국 인간만의 고유한 특성은 존재하지 않는다!

고자는 맹자를 좀 잘못 건드린 듯하다. '언어의 명수'에게 말놀이로 시비를 건 게 화근이었다. '생명의 본질은 타고난 생명을 유지하려는 것일 뿐이다'라는 생각을 '생이 곧 **생**이야!'라고 말놀이식으로 시큰둥하게 요약하는 바람에 맹자의 빈축을 샀다. 말놀이로 도발했으니 말놀이로 반박하는 수밖에.

즉 '살아 있는'을 뜻하는 '生'의 형용사 용법을, 같은 발음에 착안하여 '속성'을 의미하는 '性'의 명사적 용법으로 눙치는 고자의 말장난에 맹자는 '살아 있는 개의 본성과 살아 있는 사람의 본성이 같다는 말인데 정녕 그러하냐?'고 되받아친 것이다. 중간에 희다(白)라는 형용사 단어를 징검다리로 삼아 고자를 단단히 포박해버렸다. 여기에는 시큰둥한 말놀이가 전국시대 인류가 봉착한 처절한 상황을 돌파하려는 철학의 진지한 노력을 크게 해치고 만다는 엄중한 경고가 숨어 있다. 맹자는 말한다. 사람(의 성)은 '희소하나마' 동물(의 성)과 다른 고유한 것을 가졌다는 사실을 방기하지 말라! 장자가 지적했듯 '말재주로는 마음을 바꾸지 못하는 법.' 고자의 인성론에 대한 맹자의 비판은 다음 장으로 이어진다.

참고　이 장을 해석할 때 데이비드 S. 니비슨의 영어 번역을 참고하였다. 복잡하기는 마찬가지지만(生Sheng과 性sheng의 발음이 겹치기 때문에), 서양의 『맹자』 번역 수준도 소개할 겸 니비슨의 번역을 소개한다.

Gaozi said, "Sheng(生) is what is meant by 'sheng(性)'."

Mencius said, "Is Sheng is what is meant by 'sheng' like White is what is meant by 'white'?"

[Gaozi] said, "Yes."

[Mencius said,] "Is a white feather's white like white snow's white, and white snow's white like white jade's white?"

[Gaozi] said, "Yes."

"Then a [sheng生] dog's sheng(性) is like a [sheng] ox's sheng, and a [sheng] ox's sheng is like a [sheng] person's sheng, isn't it?"[24]

데이비드 S. 니비슨은 대표 저작인 『유학의 갈림길*The Ways of Confucianism*』에서 한 챕터를 서구어 번역본들의 번역어를 검토하는 데 할애했다(12장 『맹자』의 번역에 관하여). 그는 19세기 영국의 레게James Legge(1895)로부터 20세기 프랑스의 쿠브뢰Seraphin Couvreur(1910), 독일의 빌헬름Richard Wilhelm(1921)을 거쳐 리올Leonard A. Lyall(1932), 자일즈Lionel Giles(1942), 제임스 R. 웨어James R. Ware(1960), 덥슨W.A.C.H. Dobson(1963), 그리고 D. C. 라우(1970)의 번역본을 내용적으로, 또한 비교학적 관점에서 검토한다. 이를 통해 서구 학자들의 동양철학에 대한 학문 수준을 엿볼 수 있다.

---

24 Nivison, David S., *The Ways of Confucianism: Investigations in Chinese Philosophy*, Open Court Publishing Company, 1996, pp. 150~153.

맹자, 마음의 정치학 3

11:4. 의는 마음에서 비롯한다

告子曰, "食色, 性也. 仁, 內也, 非外也; 義, 外也, 非內也."

孟子曰, "何以謂仁內義外也?"

曰, "彼長而我長之, 非有長於我也; 猶彼白而我白之, 從其白於[25]外也. 故謂
之外也."

曰, "異於白馬之白也, 無以異於白人之白也; 不識長馬之長也, 無以異於長人
之長與? 且謂長者義乎? 長之者義乎?"

曰, "吾弟則愛之, 秦人之弟則不愛也, 是以我爲悅者也, 故謂之內. 長楚人之
長, 亦長吾之長, 是以長爲悅者也, 故謂之外也."

曰, "耆[26]秦人之炙[27], 無以異於耆吾炙, 夫物則亦有然者也. 然則耆炙亦有外
與?"

고자가 말했다.

"식욕과 성욕이 성性이다. 인은 안에 있지 밖에 있을 수 없고,
의는 밖에 있지 안에 있지 않다."

맹자, 말씀하시다.

"어쩌서 인은 안에 있고 의는 밖에 있다는 것이오?"

고자가 말했다.

---

25 於(어): '在(있다)'와 같다(데이비드 S. 니비슨).

26 耆(기): 맛있다, 즐기다. '嗜(기)'와 같다.

27 炙(자): 불고기.

"저 어른을 내가 어른으로 공경하는 것은 나이 많음이 내게 있지 않고 저 사람에게 있기 때문이오.[28] 저것이 희기에 내가 '희다'라고 하는 것과 같은데, 곧 밖에 있는 흰색을 가리켜 희다고 하는 것이니까요. 공경도 마찬가지니 의가 바깥에 있다는 것이지요."

맹자가 말했다.

"(사람의 장長과) '하얀 말'의 '흰색'은 경우가 다르지요! 백마를 희다고 하는 것과 백인을 희다고 하는 것은 다를 게 없지만, 모르긴 하나 '늙은 말(長馬)'의 늙음(長)과 '늙은 사람(長人)'의 늙음에 차이가 없을까요? 또 늙음이 의가 되나요, '늙은이를 대접하는 마음(長之)'이 의가 되나요?"

고자가 말했다.

"내 동생은 사랑하지만 진나라 사람의 동생은 사랑하지 않소. 이것은 내 동생이 내 마음을 움직인 것[29]이므로 그래서 인이 안에 있다는 것이오. 반면 초나라 사람의 어른은 어른으로 대접하

---

28 彼長而我長之, 非有長於我也(피장이아장지, 비유장어아야): '長'이 세 번 나온다. 첫째 '長'은 연장자(elder), 둘째 '長'은 선배를 공경하다(to respect), 셋째 '長'은 나이가 많다(old)는 뜻이다. 이 장은 '長'이라는 글자의 말놀이로 볼 수 있을 정도다. 번역하기가 매우 까다로운데, 이 장을 영어로 번역할 때 드러난 기술적 난점과 비교철학적 의미에 대한 해설로는 데이비드 S. 니비슨, 앞의 책, 309~355쪽 참고.

29 是以我爲悅者也(시이아위열자야): 이것은 내 마음을 움직인 것이다. '悅'을 '마음이 움직이다'로 번역하는 것은 『맹자』 5:2, 7:4, 8:4의 '悅'에도 적용 가능하다고 쾅로이슌信廣來은 권한다(쾅로이슌, 이장희 옮김, 『맨얼굴의 맹자』, 동과서, 2017, 198~199쪽 참고).

고 집안의 어른도 어른으로 대접하오. 이는 어른이라는 사실이 내 마음을 움직인 것이니, 그래서 의는 밖에 있다는 것이지요."

맹자가 말했다.

"진나라 사람이 구운 불고기를 맛있어 하는 것은 내가 구운 불고기를 맛있다고 하는 것과 다를 바 없듯, 대저 모든 사물의 이치가 그러합니다. 그러면 불고기를 맛있다고 하는 것도 밖에 있다고 할 것입니까?"[30]

해설

고자는 '의義'를 정하는 기준이 외부에 있으므로 '의는 밖에서부터 온다'고 말한다. 그 증거가 먼 나라 어른을 집안 어른과 똑같이 대접하는 것이다. 반면 인이 안에 있는 까닭은 내 동생은 사랑하지만 먼 나라 사람의 동생에게는 사랑하는 마음이 일어나지 않기 때문이다. 내 동생 사랑은 유난하지만 노인 공경은 평등한 까닭으로 고자는 인仁, 곧 동생 사랑은 내 마음에서 발하지만(內) 의義, 곧 노인 공경의 무차별(내 할

---

[30] 맹자의 말은 고자식으로 하면 내가 만든 불고기는 맛있다고 하고 진나라 사람이 만든 불고기는 맛이 없다고 해야 한다. 하지만 불고기가 맛이 좋다면 진나라 사람이 구운 것이든 내가 구운 것이든 같다. 어떻게 이것을 밖에 있다고 하는가. 그렇다면 초나라 어른을 어른으로 대접하고 내 집안 어른도 어른으로 대접하는 행동을 어떻게 밖에 있다고 할 수 있는가. 의가 밖에 있지 않다는 사실을 알 수 있다는 것(이토 진사이, 최경열 옮김, 『맹자고의』, 그린비, 2016).

아버지든 초나라 노인이든 같이 공경함)은 노인이라는 사실(外)이 마음을 강제한 때문이라는 것. 둘 다 피부에 와닿는 증거이긴 하지만, 인의 증거는 보편적이나(누구나 그럴 수 있으므로) 의의 증거는 특수한 지역적 전통을 보편화한 '범주의 오류'를 저질렀다. 노인이라면 누구나 공경하는 의례는 고대 중국(특히 중원 지역)의 관습일 따름이다. 고자가 드는 인의 구체적 사례가 '자연적'이라면 의의 증거는 사회학적이고 지역적이다. 문제는 고자와 같이 관습과 전통, 의례와 예법을 의로 인식하면, 국가의 권력과 군주의 명령에 무조건 따라야 하는 전제주의에 문을 열어주는 위험에 봉착한다. 정의의 이름으로 동원하는 국가권력에 사람이 '개'가 될 수도 있다(당시의 현실적 추세였다).

맹자는 이 사태의 끝을 두려워한다. '사람(권력자)이 사람(인민)을 잡아먹는' 참혹한 세계에 대한 두려움이다. 이에 맹자는 고자에게 언어를 세밀하게 살펴 조심스럽게 쓰는 것이 지식인의 본분사本分事임을 깨우쳐준다. 가령 사물의 흰색(白)을 '희다'라고 표현하는 경우(흰 깃털의 흼과 흰 옥의 흼은 같다)와 '나이가 많다'를 뜻하는 '長'의 쓰임새(말의 '長'과 사람의 '長'은 다르다)를 똑같이 보아서는 범주의 오류를 저지르게 된다. 즉 '長'의 경우로 좁혀서 보면 늙은 말의 늙음(長)과 늙은이의 늙음(長)은 서로 다르다. 늙은 말은 노쇠해서 힘을 쓰지 못하니 보통 도살 처분을 하지만 늙은이는 공경의 대상이다. '長'의 쓰임새 안에는 하늘과 땅만큼의 차이가 있다. 맹자의 카운터펀치는 뒤이어 넌지시 터진다. '늙음 그 자체(長)가 의일까? 늙은이를 대접하는 마음(長之)이 의로운 걸까?' 나이 또는 나이 먹음 자체가 의인지, 그 사람을 어른으로 모시는 마음이 의인지를 분명히 하라는 것. '늙은이를 공경해야 한다'라는 의리는 우리가 태어나기 전부터 존재하던 사회적 관습이고 우리가 어려서부터 배워 익힌 것이니 혹 바깥에 존재한다 여길 수도 있겠지만, 이는 피상적 관찰에 불과하다.

1. 예禮

예로 상징되는 전통은 밖에 있지 않다. 출발 당시부터 예는 사람의 '마음에서 솟아난' 것이다. 우리는 자신이 태어나기 전부터 존재하던 예를 배우는 가운데 그 의미를 각자가 자기 마음에서 재확인한다. 즉 내가 태어나기 전부터 존재하던 예를 나 역시 수용하고 또 수행하는 까닭은 그것이 사람다움의 가치를 실현하는 '진리'이기 때문이다. 나아가 우리는 예에 깃든 사람다움의 진실성 때문에 그것을 후손에게까지 가르치려 든다. 예는 주체인 '나'의 승인을 거치고 '나'의 몸짓을 통해 발현되는 것이지, 조상에게 이어받았다거나 스승이 가르쳤다는 사실, 혹은 권력의 지시나 명령 같은 외부의 힘에 의해 행해지는 것이 아니다.

그렇다면 예의 기원을 검토해보자. 3:5의 말미에 상례喪禮의 출발에 대한 맹자의 인류학적 통찰이 제시되었다. 태곳적에는 사람도 짐승과 다를 바 없이 부모의 시체를 구석진 데다 그냥 내버렸다. 언젠가 어떤 자식이 아버지의 주검 곁을 지나는데, 파리와 모기가 빨아먹고 이리와 승냥이가 훼손한 시체를 차마 보지 못하고 이마에는 식은땀이 솟아났다(이 순간이 진화론적으로는 영장류에서 인류로 전환하는 분기점이 된다). 맹자는 이 가설을 점검하면서 자식의 이마에 난 식은땀은 결코 다른 사람들이 볼까 봐 긴장하여 생긴 것이 아니라고 지적했다. 그것은 마음속 깊이 존재하는 불편함이 겉으로 드러난 것이다(中心達於面目). 그래서 자식은 급히 삽과 삼태기를 가져와 흙으로 시신을 덮었고, 이것이 장례의 기원이 된다. "이렇게 흙으로 덮어서 시신을 매장하게 된 이유는 어떤 관례나 인습 때문만은 아니라고 맹자는 강조한다. 이것은 비록 시체일지라도 결코 파괴할 수 없는 존재와 존재 간의 연계連繫를 보여주는 것이라고 할 수 있다."[31]

말하자면 전통을 계승하는 올바른 방법은 그것이 전래된 관습이기에 묵종하는 것이 아니라, 내 안에 존재하는 사람다운 양심을 그 전통이 건드려 얻은 감동으로 행하는 것이다. 여기서 사람다움이란 사람 사이를 (상대가 시체일지라도, 아니 시체이기에 더욱) 관통하는 '진리'다. 우리는 그 보편적인 사람다움, 즉 진리의 의미를 배우면서 깨닫고, 또 주체적으로 계승하는 것이다. 기원에서나 계승에서나 의리와 예법은 주체적인 활동, 즉 마음에서 우러나오는 것이지 결코 바깥에 있는 것이 아니다.

2. 의義

다시금 고자의 문제는 의의 소재다. 고자는 사람의 본성을 식색, 즉 '생존하고 번식하는' 동물적 본능과 다를 바가 없다고 여긴다. 그가 보기에 사람의 마음속에는 '정의'가 거처할 자리가 없다. 당연히 그는 정의의 소재를 바깥에서 찾는다. 그러나 바깥에 위치하는 정의의 다른 이름은 권력이나 관습 또는 전통이다. 여기서부터 사람이 권력의 수족, 전통의 노예로 추락하는 길이 열린다('예교가 사람을 잡아먹는다'라는 노신魯

---

31 프랑수아 줄리앙, 앞의 책, 25쪽.

邊의 일갈이 터지는 곳이다). 고자식으로 하면 사람의 마음속에는 정의와 불의를 판단할 본성이 부재하므로, 인민은 '정의의 이름'으로 권력(또는 관습)의 명령에 복종하고 그것을 집행할 권리(?)만을 가질 뿐이다. 권력의 정당성을 묻지 못하고, 조직 안에서 기술적인 의례를 기계적으로 집행하다가 결국 직분에 따라 목숨을 바치는 일본의 사무라이 전통이야말로 '타락한 정의'의 전형적 모습이다. 일본의 정치사상사 연구자인 와타나베 히로시渡辺浩 교수는 "이런 따위의 충성이라면 좋든 싫든 주군의 가家를 지키는 개에게나 설득력 있는 충성론일 것이다"[32]라고 조롱한 터다.

맹자는 권력의 문제에 예민하다. 권력자는 자기 이익에 매몰될 가능성이 누구보다 크다고 염려한다. 그래서 정의의 타락을 두려워하며, 그런 추세에 강력하게 반발한다. 군주든 평민이든 모든 인간의 마음속에 정의가 내재한다는 그의 주장에는 그래야만 인간이 자율적, 자각적, 자주적 주체로 설 수 있다는 신념이 담겨 있다. 그가 정의의 자리를 인간 내부의 본성에 두려 노력한 까닭은 정치가 효율성이나 경제성 혹은 특정한 가치를 위한 조직 운영 방식이 아니라, 공동체 구성원들이 함께 더불어 살아가는 '공화共和'의 생활 세계를 움직이는 것이어야 한다는 믿음 때문이다. 맹자에게 정의는 인민이 폭정에 저항할 수 있는 최후의 보루다. 오늘날 방식으로 말하자면 반反파쇼, 반독재 투쟁을 가능케 하는 '인민 저항권'의 근거다. 유명한 역성혁명론이 여기서 비롯한다(2:8).

역성혁명은 신하가 군주에게 반역을 저지르는 것이 아니라, 인의를 해

---

32 와타나베 히로시, 박홍규 옮김, 『주자학과 근세일본사회』, 예문서원, 2004, 110~111쪽.

친 타락한 권력자에 대한 저항으로 인간의 '자연권'에 해당하며 그 자체가 정의로운 행동이다. 여민與民 체제가 가능하기 위해서는 '모든 인간이 정의를 공유한다'는 전제가 필수적이다. 인과 의에 대한 감각을 모든 인간이 공유해야 '함께 더불어'라는 '여與'의 공감대가 건설될 수 있기 때문이다. 따라서 맹자의 여민 사상은 성선설과 보편적 정의론, 그리고 마음속에 정의가 깃든다는 의내설義內說을 동반한다.

만일 고자처럼 정의를 외부화한다면, 기존의 정치·사회·경제 권력이 정의를 점유해버릴 것이다. 고자의 의외설義外說에서 파생한 것이 한나라 제국주의 유학인 삼강三綱 이데올로기, 특히 군위신강君爲臣綱(권력자가 신민의 주인이다)이다. 요컨대 의의 소재에 대한 맹자와 고자의 논쟁은 '무엇이 정의인가'를 판단할 지적 권력을 군주에게 양도할 것인가, 아니면 인간 내부에 확보할 것인가를 선택하는 분수령이다. '의가 안에 있느냐, 밖에 있느냐'는 물음은 윤리학의 한가로운 공리공담이 아니라 인간의 자유, 권력의 속성을 결정짓는 핵심적인 사안이다. '인간이 조직 속의 한 요소로 기계적으로 복무하는 존재냐', 또는 '인간이 의·불의를 주체적으로 판단하고 행동하는 자율적 존재냐'를 선택하는 정치철학적 뇌관을 품고 있다.

참고   고자가 비유로 든 진秦나라-초楚나라는 극단적 대립의 상징으로 자주 쓰인다. 중원 지역에서 서북쪽으로 가장 먼 나라가 진이요, 남쪽으로 제일 먼 나라가 초다. 하늘과 땅만큼의 차이, 천양지차天壤之差의 용법과 같다. 본문에 '진나라 사람'에 이어 곧바로 '초나라 사람의 어른'이 등장하는 이유다.『맹자』에는 이 장을 비롯해 '진나라와 초나라의 조회를 받다'(1:7), '진나라와 초나라의 길'(11:12), '진나라 · 초나라 왕'(12:4) 등 초나라와 진나라의 대비가 자주 출현한다.

11:5. 의는 마음 안에 있다

孟季子³³問公都子曰, "何以謂義內也?"

曰, "行吾敬, 故謂之內也."

"鄕人長於伯兄³⁴一歲, 則誰敬?"

曰, "敬兄."

"酌³⁵則誰先?"

曰, "先酌鄕人."

"所敬在此, 所長在彼, 果³⁶在外, 非由內也."

公都子不能答, 以告孟子.

孟子曰, "敬叔父乎? 敬弟乎? 彼將³⁷曰, '敬叔父.' 曰, '弟爲尸³⁸, 則誰敬?' 彼 將曰, '敬弟.' 子曰, '惡在其敬叔父也?' 彼將曰, '在位故也.' 子亦曰, '在位故 也.' 庸³⁹敬在兄, 斯須⁴⁰之敬在鄕人."

季子聞之, 曰, "敬叔父則敬, 敬弟則敬, 果在外, 非由內也."

公都子曰, "冬日則飮湯, 夏日則飮水, 然則飮食亦在外也?"

---

33 孟季子(맹계자): 고자의 제자이거나 고자를 따르는 사람으로 보인다.

34 伯兄(백형): 큰형. 옛날에는 형제가 많았다. '伯'은 맏이, '仲(중)'은 둘째, '叔(숙)'은 셋째, '季(계)'는 넷째 또는 막내를 뜻하였다.

35 酌(작): 술을 따르다.

36 果(과): 과연.

37 將(장): '분명'이라고 번역했다.

38 尸(시): 시동尸童. 조상의 위패를 대신하여 제사상에 앉혀놓는 어린이.

39 庸(용): 평소.

40 斯須(사수): 잠시.

맹자, 마음의 정치학 3

맹계자가 공도자에게 물었다.

"어째서 '의가 안에 있다'는 거지요?"

공도자가 말했다.

"내 마음의 공경심을 실천하므로 '의가 안에 있다'고 합니다."

맹계자가 말했다.

"큰형님보다 한 살 많은 마을 사람이 있다면 누구를 공경합니까?"

공도자가 말했다.

"큰형님이지요."

맹계자가 말했다.

"마을 잔치에서는 누구에게 먼저 술을 따라야 합니까?"[41]

공도자가 말했다.

"나이 많은 마을 사람에게 먼저 술을 따라야지요."

맹계자가 말했다.

"공경하는 사람(큰형님)은 여기 있고, 나이대접하는 사람(마을 사람)은 저기 있으니 과연 의는 밖에 있지, 안에 있는 것이 아니군요!"

공도자, 말문이 막혔다. 맹자에게 가서 여쭈었다.

맹자, 말씀하시다.

41　마을 사람끼리 친목을 도모하는 술잔치를 향음주례鄕飮酒禮라고 한다. 마을에서는 연장자가 우선이므로 나이 순서대로 술을 따른다.

"그에게 '숙부를 공경하는가, 아우를 공경하는가?'라고 질문하면 저쪽은 분명 '숙부를 공경한다'라고 답할 테다. 하면 '아우가 제사 때 시동이 된다면 누구를 공경하는가?'라고 물으면, 저쪽은 분명 '아우를 공경한다'라고 답하리라.[42] 자네가 '아까 숙부를 공경한다던 것은 어디 있는가?'라고 되물으면 그는 분명 '아우가 시동의 자리에 있기 때문'이라고 답하리라. 자네 또한 말해주길 '나도 마을 사람이 손님의 자리에 있기 때문이다'라고 대답하리라. 항상 공경하는 것은 형님이지만, 잠시 공경하는 것은 마을 사람인 것이다."[43]

맹계자가 이 말을 듣고 말했다.

"숙부를 공경해야 한다면 숙부를 공경하고 또 아우를 공경해야 한다면 아우를 공경한다니 과연 의는 밖에 있는 게지 안에 있는 것이 아니로군."

공도자가 말했다.

"겨울에는 따신 물을 마시고 여름에는 찬물을 마시지요. 그렇다면 먹고 마시는 것 또한 바깥에 있겠군요!"[44]

---

42 아우가 시동이 되면 절을 받기 때문에 숙부보다 높다.

43 "때에 따라 적절하게 대응함이 모두 마음 한가운데서 나옴을 말한 것이다."(주희)

44 "이는 앞 장(11:4)의 '불고기를 맛있다고 하는 것도 밖에 있다고 할 것입니까?'의 뜻과 같다."(주희)

맹자, 마음의 정치학 3

　　의義의 소재에 대한 논의가 계속된다. 질문자 맹계자는 아마 고자 계열의 학자였던 듯하다. 바로 앞 11:4의 주제는 노인이라는 사실 자체가 의가 아니라 연장자를 공경하는 마음이 의라는 것이었다. 여기 11:5에서는 공경의 대상(位)이 평소에는 큰형님이고 때로는 마을 사람일 수 있지만, 즉 상황에 따라 달라질 수 있지만 공경하는 마음(義) 자체는 결코 외부에서 오는 것이 아니라 사람 내부에 잠재하는 타고난 것으로서 변함없음을 말하고 있다.

　고자에게는 먹고 마시는 것이 본성(=본능)이다(11:4에서 고자는 '식욕과 성욕이 성이다'라고 하였다). '숙부든 시동이든 밖에 있는 공경의 대상이 나로 하여금 공경하게 만드니 의가 밖에 있다'라면, 꼭 겨울이 내가 따신 물을 마시게 하고 여름이 내가 찬물을 마시게 한다는 말과 같다. 물론 겨울인지 여름인지 등 외부 상황에 따라 달라지지만, 갈증을 해소해야 하는 이유는 내 목이 마르기 때문이므로 갈증은 분명 내 안에 있다. 그렇듯 때에 따라 공경의 대상은 변하더라도 공경하는 의리는 언제나 마음에서 발출한다.

　눈을 안으로 돌려 마음(天理)을 발견하지 못한 자들은 육신의 욕망과 생존에 골몰하게 마련이라 고작 육안에 비치는 현상에서 진리를 찾고, 처음 본 생물을 어미로 아는 '오리 새끼' 꼴을 면하지 못한다. 공경이 마음에서 우러나오지 않고 바깥의 전통과 관습, 권력과 권위에 있다고 여기는 순간 십자가를 하느님이라며 우러르고, 돌부처를 부처라며 머리를 조아리고, 천황을 하느님으로 숭배하는 바보 짓거리가 나온다. 『금강경』의 말투를 빌리자면 "형상으로 나를 만나려 하고, 소리로 나를 찾으려는 사람은 사악한 도를 행하는 것이라以色見我, 以音聲求我, 是人行邪道"는 경고가 맹계자에게 합당하다.

맹계자! 부처를 만나면 부처 대가리를 부수는 대장부의 세계를 어찌 알리오. 맹계자의 말은 곧 고자, 순자, 한비자韓非子 등 전국시대 이른바 '사회과학주의자들'의 생각을 대변한다. 이들이 사람을 잡아먹은 짓은 근세 일본의 천황제 파시즘으로 이어진다. 대동아공영이니 뭐니 지껄이면서 막상 아시아 사람 수천만 명을 전쟁터로 몰아가 죽인 짓은 의를 밖에 놓는 생각에서 비롯한 것이다.

公都子曰, "告子曰, '性無善無不善也.' 或曰, '性可以爲善, 可以爲不善; 是故
文武興, 則民好善; 幽厲興, 則民好暴.' 或曰, '有性善, 有性不善; 是故以堯爲
君而有象; 以瞽瞍爲父而有舜; 以紂爲兄之子, 且以爲君, 而有微子啓・王子
比干.' 今曰 '性善', 然則彼皆非與?"

孟子曰, "乃若其情[45], 則可以爲善[46]矣, 乃所謂善也. 若夫[47]爲不善, 非才[48]之
罪也. 惻隱之心, 人皆有之; 羞惡之心, 人皆有之; 恭敬之心, 人皆有之; 是非
之心, 人皆有之. 惻隱之心, 仁也; 羞惡之心, 義也; 恭敬之心, 禮也; 是非之心,
智也. 仁義禮智, 非由外鑠[49]我也. 我固有之[50]也, 弗思[51]耳矣. 故曰, '求則得之,
舍[52]則失之.' 或相倍蓰[53]而無算者, 不能盡其才[54]者也. 詩[55]曰, '天生蒸[56]民, 有

45 乃若其情(내약기정): 사람의 실정에 주의하면. '乃若'은 ~에 관하여. '其'는 사람. '情'은
실정實情(펑로이순, 앞의 책, 394~397쪽 참고).

46 可以爲善(가이위선): '可以'는 '可用(가용)'과 같다. '可'는 사람이라면 누구나 할 수 있다
는 뜻이다. '以'는 '用'이다. 사람이라면 누구나 인의도덕을 갖추고 있으므로 그것을 쓰
기만 하면 된다(펑로이순, 앞의 책, 398~402쪽 참고).

47 若夫(약부): 그렇다면(화제를 돌릴 때 쓰는 조사).

48 才(재): 소질. "맹자에게 선善은 오직 하나의 소질predisposition로서 타고난 것이기 때문에
아무리 천부적인 것일지라도 잠재적으로만 존재한다."(프랑수아 줄리앙, 앞의 책, 94쪽) 한편
"才는 性과 동의어이다."(원보신, 황갑연 옮김, 『맹자의 삼변철학』, 서광사, 2012, 101쪽; 펑로이순,
앞의 책, 402~404쪽 참고)

49 鑠(삭): 녹이다.

50 固有之(고유지): 본래부터 가지고 있는 것. 타고난 앎인 양지良知와 타고난 능력인 양능良
能이 '固有之'의 기능이다(13:15).

51 思(사): 생각하다. "맹자의 思는 사고 작용만이 아니다. 반성하고 음미하는 마음 활동, 곧
성찰(省)이기도 하다."(데이비드 S. 니비슨, 앞의 책, 239쪽)

物有則[57]. 民之秉夷[58], 好是懿[59]德.' 孔子曰, '爲此詩者其[60]知道乎! 故有物必有則; 民之秉夷也, 故好是懿德.'"

공도자가 말했다.

"고자는 말하기를 '성에는 선도 없고, 불선도 없다'고 합니다. 누구는 말하기를 '성은 선해질 수도 있고, 불선해질 수도 있다. 이 때문에 문왕과 무왕이 일어나면 백성은 선함을 좋아하고, 유왕과 려왕이 일어나면 백성은 악함을 좋아한다'라고 합니다. 또 누구는 말하기를 '성이 선한 사람이 있고, 불선한 사람도 있다. 이 때문에 요가 임금일 때도 악독한 상이 있었고, 고수를 아비로 섬긴 순이 있었으며, 폭군 주를 조카이자 임금으로 섬긴 미자 계와 왕자 비간이 있었다'고 합니다. 그런데 선생님은 '사람의 성은 다 같이 선하다'고 하십니다. 하면 저들은 모두 잘못

---

52 舍(사): 버리다. '捨(사)'와 같다.

53 蓰(사): 다섯 곱절.

54 盡其才(진기재): 타고난 재질을 다하는 것이란 곧 진심盡心이다. 재질을 다하면 어떻게 되는가? "자기 마음을 다하면 사람의 본성을 깨닫는다. 사람의 본성을 깨달으면 하느님을 발견하리라"(13:1)

55 詩(시): 『시경詩經』, 「대아大雅」, '증민蒸民'.

56 蒸(증): 무리. '烝(증)'과 같다.

57 則(칙): 법.

58 秉夷(병이): '秉'은 잡음. '夷'는 떳떳함. 『시경』에는 '彛(이)'로 되어 있다.

59 懿(의): 아름답다. '美(미)'와 같다.

60 其(기): 분명히(에드윈 풀리블랭크, 『고전중국어 문법강의』, 궁리, 2005, 321쪽).

맹자, 마음의 정치학 3

된 것입니까?"

맹자, 말씀하시다.

"사람의 실정에 주의하면 누구나 선할 수 있는 능력을 갖추고 있다. 이것이 내가 선으로 의미하는 바다. 그렇다면 사람이 악행을 저지르는 것은 타고난 재질 때문이 아니다. 모든 사람이 측은지심을 가지고 있고, 모두가 수오지심을 가지고 있으며, 공경지심도 그렇고 시비지심 역시 그러하다. 측은지심은 인이요, 수오지심은 의이며, 공경지심은 예이고, 시비지심은 지이다. 인과 의, 예와 지는 바깥에서 들어와 마음을 녹이는 것이 아니라 누구나 본래부터 가진 것인데 다만 생각하지 않을 뿐이다. 그래서 '찾으면 얻고 놓치면 잃는다'라고 하는 것이다. 선악의 차이가 사람에 따라 두 배, 다섯 배가 되기도 하고, 헤아릴 수 없기도 한 까닭은 타고난 재질을 다하지 않기 때문이다.

『시경』, 「대아」, '증민'에 '하늘이 만백성을 낳으시니 사물이 있으면 법칙이 있도다. 사람들이 떳떳한 본성을 가진지라 이 아름다운 덕을 좋아한다'라고 노래하였다. 공자께서 말씀하시길 '이 시를 지은 사람은 분명 도를 아는 사람이었구나. 사물이 있으면 반드시 법칙이 있듯, 사람마다 반드시 떳떳한 본성을 가지고 있으니 이 아름다운 덕을 좋아하는 것이다' 하셨다."

　　지금 공도자가 제기한 당대의 인성론을 분류하자면 고자의 인성론은 '생리학설'이라 할 수 있겠고, 성왕이 일어나면 백성이 선하고 폭군이 일어나면 백성이 악하다는 인성론은 '환경설', 선악이 섞여 있다는 것은 '혼재설'이라고 이름 붙일 수 있겠다. 인간이 짐승과 진배없는 생물이라는 관점에서 보자면 고자의 생리학설이 유력하고, 역사적 관점에서 보면 환경설이 가능하며, 인간의 실제 행태를 보면 혼재설에 수긍이 간다. 특히 혼재설은 경험상 나쁜 사람과 좋은 사람이 뒤섞여 사회를 구성한다는 점에서 쉽게 채택할 수 있는 가설이다(혼재설로는 한나라 동중서董仲舒와 당나라 한유韓愈의 성삼품설性三品說이 유명하다).

　　이 대목에서 맹자는 질문한다. '그래서 어쨌다는 것이냐!' 탁상의 이론으로야 성악설이든 환경설이든 혼재설이든 다 좋다. 아니, 인종설人種說인들 어떠하랴. 각각의 장단점이 있고, 또 귀 기울일 만한 대목이 없을 리 없다. 그러나 지금 봉착한 세상의 대혼란과 타락한 인간을 구제할 방편이 여기 있느냐? 긴 전쟁과 인간 살육의 세상을 끝내고 평화와 질서를 회복할 '실천의 철학'은 어디에 있는 것이냐! 생리학설은 곧 인간의 본성은 짐승과 다르지 않다는 비관주의요, 환경설은 외부의 영향에 따라 인간성이 달라진다는 것이며(그러면 개개인이 할 일이 없다), 혼재설은 심각한 모순을 내포하고 있다(참고를 볼 것!) 생리학설이든 환경설이든 혼재설이든 문제는 인간의 악을 해결하지 못하는 일종의 탁상공론에 불과하다는 것이다.

　　그러나 우리는 누구나 아기가 우물로 기어 들어가는 모습을 발견한다면, 의식의 통제를 벗어난 선한 행동을 발출한다. 이 사례만으로도 인간 본성의 선함은 충분히 증명된다. 그렇다면 맹자의 선험적 인성론에 수긍하지 않을 수 없다. 본문에서 뽑자면 '고유지固有之'에 방점이 찍힌다. 고유지, 곧 '타고난 성품'을 돌이켜 스스로를 보라. 희소하지만 선한 본성을 확인할 수 있지 않은가. 인성의 본질이 무엇인가라는 철학이 아니라, 발견한 선한 싹을 어떻게 확충할 것인가라는 실천에 주안점을 두어야 한다는 것이 이 장에서 맹자가 주장하는 바다.

1. 성선

맹자가 인간이 '가히 선하다(可以爲善)'라고 규정한 까닭은 인간은 태어나면서 이미 선의 방향을 나침반처럼 보유하고 있고, 그 나침을 따라 선해질 능력을 갖추고 있다는 말이다. 이것이 맹자의 성선이 의미하는 바다. 사람이 나쁘게 되는 것은 그 사람의 구성체에 잘못이 있는 것이 아니라, 구성체를 적절한 방향으로 충분히 발달시키지 못했거나 해쳤기 때문이다. 홍콩 중문대학의 유학 연구자 큉로이슌의 해설을 감안하여 나는 이 구절을 이렇게 번역했다.

사람의 실정에 주의하면 누구나 선할 수 있는 능력을 갖추고 있다. 이것이 내가 선으로 의미하는 바다. 그러니 사람이 악행을 저지르는 것은 타고난 재질 때문이 아니다.

맹자의 성선은 사람의 육신이 몽땅 선하다는 뜻이 아니다. 희소한 인성이 선하다는 뜻이다. 그래서 단서(端)다. 사람의 생애란 타고난 선의 단서를 자각하고 스스로 당대에 펼쳐 나아가야 하는 길이다. 실은 '인성의 선함'은 대란을 극복하고 천하를 평화롭게 하기 위해 요청된 가설일지도 모른다. 여하튼 '인성의 선함'에 맹자 유교의 정체성이 들어 있다. 이에 맹자는 성선을 논하고, 말마다 꼭 요순을 일컬을 수밖에 없었다.

2. 깨달음

맹자가 사람은 누구나 본성이 선하다는 확신에 이른 데는 어떤 각성의 계기가 있었던 것으로 보인다. 모종의 깨달음을 통해 일종의 종교적 확신을 갖게 된 것이리라(11:2 해설 참고). 황홀경을 통해 진리를 체험한 사람이 맹자만은 아니다. 신화 속 영웅, 종교의 창시자, 탁월한 철학자들의 말에 깨달음(각성)은 빈번히 등장한다. 모세가 떨기나무 불꽃을 만나고, 바울이 길에서 예수의 영상을 만나고, 플라톤이 '동굴의 비유'를 제시할 수 있었던 까닭이나, 김유신이 동굴에서 신령을 영접한 경험, 동학의 최재우가 '한울님'을 만난 이력에 맹자의 신비 체험과 동질의 것이 들어 있다.

근대 서양의 계몽철학자 장 자크 루소Jean Jacques Rousseau는 흥미롭게도 맹자와 같이 '인간은 본래 선하다'라는 성선론을 제시했다. 그가 성선론을 발견한 과정 역시 맹자가 우물에 기어 들어가는 아기를 보았던 순간처럼 일종의 신비 체험에 가까웠다. 시공간의 차이에도 불구하고 동서양의 위대한 두 사상가가 인간의 성선을 체험하는 순간의 공통점을 우연으로 치부할 수는 없다. 다음은 루소가 고백하는 신비 체험 장면이다.

저는 뱅센에 연금되어 있는 디드로를 만나러 가는 길이었습니다. 저는 주머니에 넣어둔 잡지 『메르퀴르 드 프랑스』를 꺼내 여기저기 읽으면서 걸어갔습니다. 어느 한순간 저의 첫 작품의 계기가 되었던 디종 아카데미의 '논문 공모' 질문이 눈에 들어왔습니다. 만약에 갑작스러운 영감이라는 것이 존재할 수 있다면, 그 질문을 읽으면서 제게 생겨난 마음의 움직임이 바로 그것입니다. 저는 갑자기 수천 개의 불빛에 의해서 저의 정신이 밝혀지는 것을 느꼈습니다. 주체 못할 정도로 생생한 생각들이 맹렬한 기세로 한꺼번에 밀려와 정신을 차릴 수 없었습니다. 머리는 술에 취한 듯 몽롱했고, 가슴은 너무나 두근거려 숨이 막힐 것 같았습니다. 저는 더 이상 숨을 쉴 수가 없어 시골길에 늘어선 나무들 중 어느 한 그루 밑에 쓰러져버렸습니다. 그렇게 30분가량 심한 흥분 상태에 있었는데, 일어나 보니 조끼가 온통 눈물로 젖어 있었습니다. 오, 선생님. 만약 제가 그 나무 아래서 보고 느꼈던 것의 4분의 1만이라도 글로 옮길 수 있었더라면 저는 아주 명확하게 사회 체계의 모순을 밝혀내고, 아무 기탄없이 우리 제도의 남용을 드러내며, 매우 단순하게 인간은 본성적으로 선하며 단지 제도에 의해서 사악하게 된다는 것을 증명할 수 있었을 것입니다.[61]

---

61 장 자크 루소, 진인혜 옮김, 「말제르브에게 보낸 편지」, 『고독한 산책자의 몽상, 말제르브에게 보낸 편지 외』, 책세상, 2013.

루소가 영혼의 황홀한 상태에서 발견한 '인간은 본래 선하다'라는 대원칙은 그의 저작 『에밀』, 『사회계약론』 등을 관통한다. 마찬가지로 맹자가 '아기가 우물에 기어 들어가는 장면'을 접하고 각성한 '인간의 본성은 선하다'라는 확신 역시 『맹자』의 전편을 흐르고, 나아가 유교 사상사에서 내내 '집요저음執拗低音'[62]으로 보존되고 전파된다.

본문에서 공도자가 당대의 각종 인성론을 망라하여 스승을 옥죄지만, 막상 맹자는 "사람의 실정에 주의하면 누구나 선할 수 있는 능력을 갖추고 있다"라며 심드렁하게 답한 까닭도 영혼(마음)으로 성선의 빛을 보지 못한 사람에게는 따로 더 할 말이 없기 때문이다. 마치 저 앞에서 공손추에게 호연지기는 "말로는 표현하기 어렵다"라고 운을 떼던 사정과 다를 바 없다.

참고 비교철학자 프랑수아 줄리앙은 칸트를 빌려서 선악善惡 혼재설을 이렇게 비판한다.

> 만일 부분적으로 인간에게 선한 면이 있다고 한다면, 그것은 인간이 자신의 준칙maxime 안에서 도덕법을 인정하기 때문이다. 그

---

62 집요저음은 음악학 용어로 집요하게 반복되는 저음의 음형을 가리키는 'basso ostinato'의 번역어다. 일본의 정치사상가 마루야마 마사오가 일본 정치 문화의 연속된 기층을 표현하기 위해 썼다. 丸山眞男, 「政事の構造: 政治意識の執拗低音」, 『現代思想』, 1984년 11月; 가토 슈이치 외, 김진만 옮김, 「원형, 고층, 집요저음」, 『일본문화의 숨은 형』, 소화, 1995 참고.

러나 도덕법은 보편성을 내포하고 있기 때문에(즉 보편적이지 않다면 '법'이 아니기 때문에), 도덕법이 부응하는 준칙이 개별성을 갖는다는 것은(즉 누구는 선하고 누구는 악하거나 한 사람이 선하기도 하고 악하기도 하다는 등) 모순이 된다. 따라서 인간은 선한 동시에 악할 수는 없는 것이다.[63]

---

63   프랑수아 줄리앙, 앞의 책, 88쪽.

孟子曰, "富歲, 子弟多賴[64]; 凶歲, 子弟多暴[65], 非天之降才爾殊[66]也. 其所以
陷溺其心者然也. 今夫[67]麰麥[68], 播[69]種而耰[70]之, 其地同, 樹[71]之時又同, 浡
然[72]而生, 至於日至[73]之時, 皆熟矣. 雖有不同, 則地有肥磽[74], 雨露之養, 人事
之不齊也. 故凡同類者, 擧[75]相似也, 何獨至於人而疑? 聖人與我同類者. 故
龍子[76]曰, '不知足而爲屨[77], 我知其不爲蕢[78]也.' 屨之相似, 天下之足同也. 口
之於味, 有同耆也; 易牙[79]先得我口之所耆者也. 如使[80]口之於味也, 其性[81]與

64 賴(뢰): 착하다. "무뢰배無賴輩는 불량배不良輩와 같은바, 賴에 선량善良의 뜻이 있다."(성
　　 백효) 풍년이 든 해에는 의식衣食이 풍족하기에 믿고 의지하는 곳이 있어 선행을 한다(이
　　 토 진사이).

65 暴(포): 난폭함. 흉년이 든 해에는 의식이 부족하기에 그 마음을 함정에 처넣고 물에 빠트
　　 리듯 해쳐 난폭한 행동을 한다(이토 진사이).

66 爾殊(이수): 이렇게 다르다. '爾'는 이와 같이. '殊'는 다르다.

67 今夫(금부): 가령.

68 麰麥(모맥): 대맥, 보리.

69 播(파): 뿌리다.

70 耰(우): 덮다. 보리나 밀은 늦가을에 씨를 뿌리는데, 자칫 추위에 얼기 때문에 씨를 덮어
　　 주어야 한다.

71 樹(수): 심다.

72 浡然(발연): 우쩍우쩍. 식물이 갑자기 크는 모양. '浡'은 일어나다. '勃(발)'과 같다.

73 日至(일지): 하지夏至. '한여름'이라고 번역하였다.

74 肥磽(비요): '肥'는 비옥함. '磽'는 척박함.

75 擧(거): 모두, 거의.

76 龍子(용자): 고대의 현자. 5:3에 나왔다.

77 屨(구): 신발.

78 蕢(궤): 삼태기.

人殊[82], 若犬馬之與我不同類也, 則天下何耆皆從易牙之於味也? 至於味, 天下期[83]於易牙, 是天下之口相似也. 惟耳亦然. 至於聲, 天下期於師曠, 是天下之耳相似也. 惟目亦然. 至於子都[84], 天下莫不知其姣[85]也. 不知子都之姣者, 無目者也.

故曰, 口之於味也, 有同耆焉; 耳之於聲也, 有同聽焉; 目之於色也, 有同美焉. 至於心, 獨無所同然乎? 心之所同然者何也? 謂理也, 義也. 聖人先得我心之所同然耳. 故理義之悅我心, 猶芻豢[86]之悅我口."

　　맹자, 말씀하시다.

　　"풍년 든 해에는 젊은이들 대부분이 선량하지만 흉년 든 해에는 젊은이들 대부분이 난폭한 것은 하늘이 내려준 재질이 그렇게나 달라서가 아니다. 그 마음을 빠트리게 한 것이 그렇게 만들었다. 가령 보리를 파종하면 씨를 덮는데, 땅이 같고 심은 시

79　易牙(역아): 춘추시대 최고의 요리사. 제환공 때 사람. 환공이 늘 새롭고 기이한 음식을 맛보기를 원하자 나중에는 자기 자식을 죽여서 음식을 만들어 바쳤다고 전한다.

80　如使(여사): 가령. '假使(가사)'와 같다.

81　性(성): 성질, 취향.

82　殊(수): 다르다.

83　期(기): '기준으로 삼다'라고 번역하였다.

84　子都(자도): 중국 고대의 최고 미남자. 서시西施가 미녀의 대명사인 것과 같다. "산에는 무궁화 피어 있고 늪에는 연꽃이 피어 있는데, 子都는 보이지 않고 미치광이를 만나는구나 山有夫蘇, 隰有荷花, 不見子都, 乃見狂且"(『시경』, 「정풍鄭風」, '산유부소山有夫蘇')에도 등장한다.

85　姣(교): 예쁘다.

86　芻豢(추환): '芻'는 마른풀(여물)을 먹는 가축이니 소와 양을 이르고, '豢'은 곡식을 먹여 기르는 가축이니 개나 돼지를 이른다. '살코기'라고 번역하였다.

기도 같다면 싹들은 우쩍우쩍 자라나 한여름이면 다 같이 익는다. 똑같이 익지 않았다면 이것은 땅의 비옥함과 척박함, 비와 이슬의 적심이 달랐거나 농부의 보살핌이 같지 않았기 때문이다. 그러니 같은 종류는 대부분 서로 같다. 어찌 유독 사람에 대해서만 의심하겠는가! 성인도 나와 동류인 것을.

그래서 용자는 '발을 모르고 짚신을 삼더라도 삼태기가 되지 않을 것을 나는 안다'라고 했다. 신발이 비슷한 것은 세상 사람의 발 모양이 다 같기 때문이다. 입이 맛에 있어서 똑같이 좋아하는 것이 있으니 역아는 사람들 입이 좋아하는 맛을 먼저 터득한 사람이다. 가령 어떤 사람의 식성이 남들과 다르기가 마치 개와 말이 사람과 다른 만큼 유다르다면, 어떻게 세상 사람들 모두 역아의 입맛을 따르려 하겠는가. 맛에 있어서 세상 사람들이 역아를 기준으로 삼는 것은 바로 천하의 입맛이 서로 비슷하기 때문이다.

귀 또한 그렇다. 소리에 관한 한 천하에 사광을 기준으로 삼는 까닭은 세상 사람들의 귀가 서로 비슷하기 때문이다. 눈도 역시 그렇다. 자도의 아름다움을 세상에 모르는 사람이 없다. 자도의 아름다움을 모르는 사람은 눈이 없는 자다.

그렇다면 입이 맛에 대하여 똑같이 좋아하는 것이 있고, 귀가 소리에 대하여 똑같이 듣는 것이 있으며, 눈이 색에 대하여 똑같이 아름답다고 하는 것이 있음을 알겠다. 그런데 유독 마음에 있어서만 똑같이 그러한 것이 없다고 하겠는가? 사람 마음의 똑같이 그러한 것이란 무엇인가? 이치와 의리다. 성인이란 사람들 마음의 똑같이 그러한 것을 먼저 터득한 사람일 뿐이다. 그러므로 이치와 의리가 사람의 마음을 흔쾌하게 하는 것[87]은 꼭 살코기가 사람의 입을 즐겁게 하는 것과 같다."

해설

이 장과 다음 장은 비유로 가득 차 있다. 맹자는 지금 스스로 깨달은 바, 곧 '사람 마음이 다 같이 선하다'를 당대 사람들에게 가르쳐 주기 위해 줄곧 분투한다. 당시 사람들(특히 묵가)은 내 마음도 이때 다르고 접때 또 달라서 하루에도 열두 번씩 변덕을 부리는데, 다른 사람들 마음이야 오죽하랴 여겼다. 그런데 맹자가 '사람의 본디 마음은 모두 선하다'라고 하였으니 어리둥절할 수밖에. 천지자연의 사리(理)와 사람다움의 의리(義)를 '실존적으로 체험한' 맹자는 인성이 선하다는 판단을 진리로 영접했다. 그는 고작 육안으로 호오를 판단하고 육신의 영위와 생사에 골몰하는 대중에게 다양한 비유를 통해 그 진리를 깨우쳐주려 했다. 모든 깨우친 자들, 즉 부처, 예수, 공자와 마찬가지로 맹자 역시 비유를 통하는 것 이외에는 방법이 없었다.

---

87 悅我心(열아심): 여기 '悅'은 '내 마음을 움직이는 것'(11:4)이다. 바로 다음 구절의 '悅我口(열아구)'의 '悅'과 같은데, 이는 '사람의 입을 즐겁게 하다'라고 번역하였다. '悅'의 번역과 관련해서는 쾅로이슌, 앞의 책, 199쪽 참고.

이에 맹자는 사람이라면 다 갖춘 '비근한' 육신의 감각을 조목조목 예로 들면서 사람 마음의 다 같음을 체험하도록 이끈다. 가령 입이 맛에 대해 좋은 맛을 취하듯, 귀가 소리에 대해 좋은 것을 취하듯, 눈이 색에 대해 아름다움을 취하듯 마음도 좋은 것을 취함이 사람의 공통점임을 차츰차츰 깨우치도록 이끈다. '맛의 달인' 역아, '소리의 달인' 사광, '미모의 달인' 자도가 우리와 유다르지 않은 인간이면서 다만 맛과 소리와 미모를 먼저 터득 혹은 획득한 사람에 불과하듯, 요순 역시 우리와 똑같은 사람이면서 다만 마음의 선함을 먼저 깨닫고 그 마음을 확충하여 몸을 변화시키고 이웃을 변모시켜 성인聖人의 경지에 올랐음을 펼쳐 보여준 것이다.

성인은 우리네 범인이 따라야 할 사람다움의 길을 단지 '처음으로' 냈을 뿐이다. 인문학의 위대한 창시자들인 소크라테스와 예수, 석가모니, 공자를 '4대 성인'이라고 기린 카를 야스퍼스Karl Jaspers의 말이 곧 맹자의 지목과 같다. 그러므로 흰 눈길을 처음 걷는 사람은 함부로 걸음을 내디딜 수 없다. 뒷사람들이 그 발자국을 따를 것이기 때문이다. 위대한 것이다, 성인이란! 사람다움을 처음 발견하고, 최초로 발현하고, 또 처음으로 걸음을 내디뎌 길을 만들고, 몸소 기쁨을 맛보았으니 그러하다.

프랑수아 줄리앙은 맹자가 오로지 마음에서 윤리의 기초를 찾은 점을 고자와 비교하여 다음과 같이 지적한다.

> 고자식으로 '생명을 부양하는 것이 인간 본성의 사명이다'(즉 "생生이 성性이다")라고 한다면 어찌 도덕성이 생명을 부양하는 것보다 더 중요할 수 있을까? 또 고자의 견해처럼 인간의 본성이 삶의 과정에

따라 변하는 것(즉 풍년에 자제들이 선량하고, 흉년에는 난폭한 것)이라면, 결국 그것은 선하지도 않고 악하지도 않은 도덕적 중립의 차원에 있게 된다. 그렇게 되면 도덕성의 전달 방향orientation은 인간의 외부에서 내부를 향하는 것이 되어 도덕은 우리에게 강제로 부과되는 것이라는 논리가 성립할 수 있다.[88]

즉 환경에 따라 외부에서 강제하는 것이 의가 될 수 있다는 상황주의는 도덕의 기초로 삼을 수 없다. 맹자의 인성론은 대혼란의 시대에 갈피를 잃은 아노미적 인간 사회에 참된 도덕적 토대, 즉 가치의 기초를 수립해야 한다는 강력한 정치적 요구를 바탕으로 한다.

요컨대 사람 마음의 공통성과 인성의 발견, 그리고 인성이 선하다는 결단(판단)이야말로 맹자가 동아시아 사상사에 결정적으로 기여한 점이다. 이제 사람들 앞에는 싹으로서의 성선을 확충하는 노릇이 과업으로 제시된다. 위기지학爲己之學이라, 사람다움을 배우는 공부의 길, '나를 성숙하게 하는 공부'가 사람들에게 평생의 숙제로 눈앞에 펼쳐진다.

참고 　성리학자 양시楊時는 맹자가 유교에 기여한 바를 '마음의 발견'과 '성선의 발현'에 있다고 요약하였다.

『맹자』한 책은 오로지 사람의 마음을 바로잡고자 한 것이다. 사

88　프랑수아 줄리앙, 앞의 책, 75~76쪽(필자 윤문).

람이 마음을 보존하고 성품을 길러 '잃어버린 마음(放心)'을 거
둬들이게 하였다. 인의예지를 논할 때는 측은·수오·사양·시비
의 '마음'을 그 단서로 삼았고, 부정한 학설의 폐단을 공박할 때
는 '그 마음에서 생겨나서 그 정사에 해를 끼친다'라고 경고하였
고, 정치를 논할 때도 '임금의 마음을 바로잡아야 하는데, 한 번
임금의 마음을 바로잡으면 나라가 안정된다'라고 하였으니 천만
가지 경우를 다만 마음으로부터 말하였다. 사람이 마음이 바르다
면 일은 따로 할 것이 없다. 『대학大學』의 수신, 제가, 치국, 평천하
는 그 근본이 다만 마음을 바로잡고 뜻을 성실히 하는 것일 뿐이
니 역시 마음이 그 바름을 얻은 다음에야 본성이 선함을 알 수 있
다. 그러므로 맹자는 사람을 만나면 곧 성선을 말씀한 것이다.

_『맹자집주孟子集註』, 「서설序說」

맹자, 마음의 정치학 3

11:8. 잡으면 있고, 놓으면 없는 것

孟子曰, "牛山[89]之木嘗美矣, 以其郊於大國[90]也, 斧斤[91]伐之, 可以爲美乎? 是其日夜之所息[92], 雨露之所潤[93], 非無萌蘗[94]之生焉, 牛羊又從而牧之, 是以若彼濯濯[95]也. 人見其濯濯也, 以爲未嘗有材焉, 此豈山之性也哉! 雖存乎人者, 豈無仁義之心哉? 其所以放[96]其良心者, 亦猶斧斤之於木也, 旦旦[97]而伐之, 可以爲美乎? 其日夜之所息, 平旦[98]之氣, 其好惡與人相近也者幾希[99], 則其旦晝[100]之所爲, 有梏亡[101]之矣. 梏之反覆, 則其夜氣不足以存; 夜氣不足以存, 則其違[102]禽獸不遠矣. 人見其禽獸也, 而以爲未嘗有才焉者, 是豈人之情也[103]哉? 故苟得其養, 無物不長; 苟失其養, 無物不消. 孔子曰, '操則存, 舍則亡;

89　牛山(우산): 제나라 서울 임치臨淄의 남산.

90　大國(대국): 대도시, 도읍.

91　斧斤(부근): 도끼와 자귀. '도끼(斧)'는 나무둥치를 자르는 데, '자귀(斤)'는 나뭇가지를 치는 데 쓴다.

92　息(식): 숨 쉬다, 자라다.

93　潤(윤): 붇다, 적시다.

94　萌蘗(맹얼): 싹과 움.

95　濯濯(탁탁): 민둥민둥한 모양. '濯'은 희다, 씻다.

96　放(방): 놓다.

97　旦旦(단단): 매일매일, 곧 일상을 뜻한다. '旦'은 아침.

98　平旦(평단): 새벽녘, 동틀 녘.

99　幾希(기희): 거의 드물다. '幾'는 거의. '希'는 드물다.

100　旦晝(단주): 아침부터 낮까지. '낮'이라고 번역하였다.

101　梏亡(곡망): '梏'은 차꼬(수갑). '亡'은 죽다. '梏亡'은 가두어 죽이다.

102　違(위): 거리.

103　人之情也(인지정야): 원문 셋째 줄의 '山之性也(산지성야)'와 짝을 이룬다.

出入無時, 莫知其鄉[104].' 惟心之謂與!"

맹자, 말씀하시다.

"일찍이 우산의 나무숲은 아름다웠을 것이나 대도시 교외에 있
는 까닭으로 도끼와 자귀가 베어내니 아름다움을 보존할 수 있
겠던가? 산의 나무들이 밤낮으로 숨을 쉬고, 비와 이슬이 땅을
적시니 싹과 움이 터 나와 자라지 않은 적이 없을 터이나 또 소와
양들이 올라와 그 싹과 움을 뜯어먹으니 결국 민둥산이 되고 말
았다. 사람들은 그 민둥민둥한 모양을 보고 처음부터 재목[105]이
있은 적이 없다고들 여기지만 어찌 산의 속성이 그러하겠던가!
어찌 인의의 마음을 갖지 않은 사람이 있으리오! 그러나 그 양
심을 내버리는 짓[106]이 꼭 매일매일 도끼와 자귀로 나무 베어내
듯 하니 아름다움을 어찌 보존할 수 있겠던가? 더욱이 밤낮으
로 자라난 양심과 새벽의 맑은 기운[107]은 누구나 가지고 또 접
하건만, 사람의 좋아하고 미워하는 것이 남과 전혀 다른 것은 낮
에 하는 짓마다 양심을 가두어 죽여버렸기 때문이다. 가두어 죽

---

104 鄉(향): '向(향)'과 같다. '방향'을 뜻한다.

105 材(재): 재목, 산의 나무숲. 사람의 재질(才)에 대응하는 말.

106 放其良心(방기양심): 그 양심을 버리다. '良心'이란 타고난 선한 마음, 곧 도덕심이니 인
의지심仁義之心과 같다. '放'의 반대말이 '存(존)'이니 이 장의 '存心' 대 '放心'의 대결 구
도에 유의할 것.

107 平旦之氣(평단지기): 새벽의 맑은 기운. 주희는 "사물과 접촉하지 않을 때의 청명한 기운
이라"고 하였다(『맹자집주』).

이기를 반복하다 보면 '밤에 자라나는 선한 기운'[108]이 보존될 수 없고, 그 기운을 보존할 수 없으면 짐승과 다를 바가 없게 된다. 그 짐승 같은 짓을 보고 그 사람에게는 애당초 선한 재질[109]이 없다고들 하지만, 어찌 사람의 실정이 그렇겠는가?

그러므로 잘 길러주면[110] 어느 생명이든 자라지 않을 것이 없고, 기르지 못하면 죽지 않을 생명도 없다[111]. 그래서 공자는 '잡으면 있고 놓으면 없다. 들고 남이 정해진 때가 없고, 향하는 곳을 알 수 없는 것은 오로지 사람의 마음이다'라고 하셨다."

해설

비유는 적실하고 속뜻은 절실하다. 민둥산의 모양과 인간의 타락상, 산의 나무숲과 타고난 인성의 선함, 산의 속성과 사람의 실정, 나무의 싹과 성선의 단서 등이 짝을 이루고 전개된다. 맹자는 지금 누구에겐

---

108 夜氣(야기): "밤에 잠을 자고 새벽에 일어났을 때의 깨끗한 심기心氣. '日夜之所息(일야지소식)'의 '夜'와 '平旦之氣(평단지기)'의 '氣'를 합하여 이름한 것이다."(성백효)

109 才(재): 양심의 '소질'. 민둥산의 재목(材)에 대응한다. '才'와 '材(재)'의 동음이의에 유의할 것.

110 養(양): 마음을 보존하고(存心) 본성을 양육함(養性)을 아우른다. 앞에 "올바름을 잘 길러 해치지 않으면 호연지기가 하늘과 땅 사이를 꽉 채울 수 있다以直養而無害 則塞于天地之間"에서의 '養'과 같다(3:2).

111 명리학에 비유하자면, 타고난 사주팔자는 같아도 실제 삶이 크게 다른 이유가 이 때문이다.

가 항변하듯 말하고 있다. 눈앞의 민둥산! 나도 보고 있다. 사람들이 자행하는 악행! 나 역시 알고 있다. 사람들은 짐승조차 행하지 않는 전쟁을 일으켜 사람이 사람을 잡아먹는 짓을 수백 년 동안 자행해왔다. 이 장은 맹자가 전국시대 인간들의 황폐함이 꼭 저 산의 민둥함과 닮았음을 절실하게 알았고, 정확하게 이해했음을 잘 보여준다.

사실 이 장의 교훈은 아주 간단하다. 인간은 본래 도덕심을 가지고 있다. 그러나 산림이 사라진 것처럼, 도덕심도 외부의 영향으로 상실할 수 있다. 다만 이 비유가 의미하는 바는 여기에 그치지 않는다. 좀 더 자세히 관찰해보면, 맹자의 비유는 우리가 매일매일의 생활—존재 양식의 차원—에서 본성을 잃어버리고 있다는 사실을 깨닫게 해준다. 나무의 수액이 가지 끝까지 순환을 계속하여 나무를 재생시키는 것과 마찬가지로, 새벽의 적막함 속에 잠에서 깨어나 이러한 생생한 유입influx을 통해 마음을 정화하면, (타인이 나와 다를 바 없다는 의식을 갖게 하는) 우리의 본성은 인간 사회 공동체로 한 발 가까이 다가서게 된다. 밤부터 아침까지 휴식을 취하면서 어제의 고민과 걱정에서 벗어날 수 있고, 내일의 일이 아직 시작되지 않은 상태에서 의식을 가다듬을 수 있다. 이러한 휴식을 통해 인간은 도덕적인 성향을 회복할 수 있다(우리는 여기서 다시 한 번 동정심과 수치심의 반응에서 보았던 단端의 의미를 발견하게 된다).

그러나 이런 도덕적인 성향은 새싹처럼 불안정한 상태에서 간신히 재현될 뿐이다. 하루의 일을 시작하면 자기도 모르는 사이에 또다시 억눌리기 때문이다. 이렇게 억눌리면, 휴식을 통해 얻은 교정 효과의 도움을 받을 수 없다. 게다가 이해관계가 얽혀 있는 일상생활은 우리가 본성에

부합하는 일을 행하기 어렵게 한다.[112]

본문 중에 야기夜氣는 전통적으로 유학자들이 수기修己의 방법론으로 중시한 개념이다. 새벽녘 잠이 깨었을 때 마음은 침잠하고(盡心) 양심이 깨어나는(知性) 것이 야기다. 사위는 적요한데 마음 깊숙한 곳에서 문득 부끄러움이 솟아 나와 얼굴이 발그레 물들 때가 있다. 부끄러움은 불의를 감촉한 것이니 곧 수오지심이다. 또 애틋한 마음이 불쑥 솟아날 때도 있는데 이는 측은지심이다. 어제 내내 치달았던 욕망이 차분히 가라앉고 저 밑의 양심이 드러나기 좋은 때가 한밤중이나 새벽녘이기 때문에 야기다. 맹자는 실제로 오밤중에 인과 의의 도덕성을 체험한 것이 분명하다(야기와 호연지기는 연결된다). 훗날 야기론은 성리학자들이 '경敬 철학'을 함양하기 위한 공부론으로 승화한다. 가령 주희는 스승 이통李侗에게 배운 것이 야기의 중요성이었노라고 지목한다.

선생님이 말씀하셨다.

"사람이라면 누구나 리理와 의義의 마음이 있지 않은 이가 없으니 오로지 그것을 잡아서 잘 지키면 바로 여기에 있음을 볼 것이다. 만일 낮에 그 마음을 가두어 죽이는 데 이르지 않는다면 야기는 더욱 맑아질 것이고, 야기가 맑아지면 새벽에 사물과 접하지 않았을 때 해맑고(湛然) 비어 있고 밝은(虛明) 기상을 스스로 느낄 수 있을 것이다. 맹자가 이런 '야기의 논리'를 발명하였는데 학인들에게 지극히

---

112 프랑수아 줄리앙, 앞의 책, 106~107쪽 참조.

요긴하니 마땅히 숙성하도록 보고 깊이 성찰하여야 할 것이다."

_『맹자집주』

인용문은 선불교의 체취가 물씬 풍긴다. 담연湛然, 허명虛明 등의 단어가 그렇고, 부산한 일상의 사회적 관계는 기피되고("낮에 그 마음을 가두어 죽이는 데 이르지 않는다면") 홀로 가부좌를 튼 채 벽을 바라보고 조용히 참선할 때나 가능한 경지를 말하는 것 역시 그러하다("오로지 그것을 잡아서 잘 지키면 바로 여기에 있음을 볼 것이다"). 사회생활을 중시하는 선비가 아니라 절간의 승려를 연상케 한다.

성리학이 당송대唐宋代 선불교의 영향을 받은 것은 널리 인정된 사실이다. 주희부터 이미 불교와 깊은 관련을 맺고 있었다. 한 불교학자가 지적하기로 "주자는 유년 시절부터 부친을 통해 불교를 알았다. 그는 소년 시절에 당시를 풍미했던 선승인 원오극근과 대혜종고에게 가르침을 받았으며 청년 시절에는 이들의 맥을 이은 개선도겸을 스승으로 받들어 배웠다. 성리학 자체가 불교의 영향으로 성립되었던 것처럼, 성리학을 집대성한 주자 역시 불교로부터 지대한 영향을 받았다."[113]

그러므로 훗날 유학자들이 성리학에 깃든 이교異敎의 체취를 비판하는 것도 당연하다. 조선의 정약용이 그랬고, 일본의 이토 진사이伊藤仁齊도 그러했다. 특히 진사이는 야기를 중시하는 성리학자들의 해석을 극력 비난하였다. 그리고 이 장의 핵심이 '본성의 보전'이 아니라 '본성을 기

---

113   윤영혜, 『주자의 선불교 비판 연구』, 민족사, 2000, 4~5쪽.

르는 것'에 있다고 강조한다. 그러나 애당초 인도 불교가 중국화하는 과정에서 전래의 유교적 사유와 장자의 표현을 수용한 것도 분명한 사실이다. 사상사의 전개는 토착 사상과 전래 사상이 서로 영향을 주고받는 가운데 변주되고 변화한다는 사실에도 주의해야 한다(불교가 중국화하는 과정에서 수용한 유교 전통에 대해서는 11:14의 해설을 참고할 것).

孟子曰, "無或¹¹⁴乎王之不智也. 雖有天下易生之物也, 一日暴¹¹⁵之, 十日寒
之, 未有能生者也. 吾見亦罕¹¹⁶矣, 吾退而寒之者至矣, 吾如有萌焉何哉? 今
夫¹¹⁷奕¹¹⁸之爲數¹¹⁹, 小數也; 不專心致志, 則不得也. 奕秋, 通國之善奕者也.
使奕秋誨¹²⁰二人奕, 其一人專心致志, 惟奕秋之爲聽. 一人雖聽之, 一心以爲
有鴻鵠¹²¹將至, 思援¹²²弓繳¹²³而射¹²⁴之, 雖與之俱¹²⁵學, 弗若之矣. 爲是其智
弗若與? 曰, 非然也."

맹자, 말씀하시다.

"왕이 지혜롭지 않다¹²⁶고 이상하게 생각할 것이 없다. 설령 하
늘 아래 가장 빨리 크는 식물이 있다 해도 햇볕을 하루 쪼이고

---

114 或(혹): '惑(혹)'과 같다. '이상하게 생각하다'라고 번역하였다.

115 暴(폭): 햇볕을 쬐다.

116 罕(한): 드물다.

117 今夫(금부): 비록.

118 奕(혁): 바둑.

119 數(수): 기술.

120 誨(회): 가르치다.

121 鴻鵠(홍곡): '鴻'은 기러기. '鵠'은 고니.

122 援(원): 당기다.

123 繳(작): 주살.

124 射(석): 쏘아 맞추다.

125 俱(구): 함께.

126 不智(부지): 지혜롭지 않다. '不智'는 '無智(무지)'와 다르다(해설 참고).

열흘을 차갑게 한다면 살아남을 수 없으리라. 내가 임금을 만나는 것은 드물고, 내가 물러나면 왕의 마음을 차갑게 하는 자들이 이르니 싹이 있은들 내가 어떻게 할 수 있을까?

비록 바둑 두는 기술이 사소한 기예지만 마음을 오로지하고 뜻을 다하지 않으면 터득할 수 없다. 혁추는 나라에서 바둑의 최고수다. 혁추가 두 사람에게 바둑을 가르친다고 할 때, 하나는 마음을 오로지하고 뜻을 다하여 그의 말에 귀를 기울이고, 또 하나는 듣고는 있으나 마음 한편에 기러기와 고니가 날아오면 활과 주살을 쏘아 맞출 궁리나 하고 있다면, 비록 함께 배우고 있어도 그와 같을 수가 없으리라. 이는 지혜가 그만하지 못하기 때문일까? 그렇지 않을 것이다."

해설

사람이라면 누구나 '본성이 선하다'는 것은 누누이 확인하였다. 다만 성선은 단서(端)일 뿐이다. 이 장의 비유로 하자면 싹(萌)으로 존재할 따름이다. 이제 그 싹을 틔우고 키우는 것이 문제가 된다. 이 장에서는 그 확충 과정의 어려움을 논하고 있다. 교육의 성공 여부는 배우려는 자의 의지와 열정이 절반 이상을 차지한다. 배우는 자의 머리, 곧 이해력이나 지식은 두 번째다. 핵심은 배우려는 마음가짐, 본문 표현으로는 전심치지專心致志, 곧 '마음을 오로지하고 뜻을 다하는' 것이다. 왕양명王陽明이『전습록傳習錄』에서 입지立志를 배움의 핵심으로 논한 것이나 율곡 이이가『격몽요결擊蒙要訣』부터『성학집요聖學輯要』에 이르기까지 모든 저술의 서두를 입지로 열었던 것이 같은 맥락이다. 거슬러 올라가면 이미 공자부터 인생의 첫걸음을 15세의 지학志學, 곧 '배움을 결심하기'에서 시작했다고 토로한 바다.

이 장의 첫머리가 "왕이 지혜롭지 않다(不智)고 이상하게 생각할 것이 없다"인 것은 맹자가 학습자의 태도, 즉 마음가짐과 뜻의 중요성을 지목한 것이다. '부지不智'는 '무지無智'와 다르다. 무지는 모르는 상태이기 때문에 오히려 교사에게는 희망적이다. 진리를 알게 되면 실천할 수 있다는 희망이 있기 때문이다("진리가 너희를 자유롭게 하리라"는 예수의 말씀도 무지한 인간에 대한 희망을 설한 것이다). 반면 부지의 문제는 까다롭다. 앞에서 맹자는 '할 수 없음(不能)'과 '하지 않음(不爲)'의 문제를 다룬 바 있다. 사람이 "태산을 옆구리에 끼고 북해를 뛰어넘는 것"은 할 수 없는 것, 곧 불능이지만 "어른을 위해 나뭇가지 꺾는 것"을 하지 않는다면 이는 '불위'라고 구별한 터다(1:7).

거기서나 여기서나 제선왕은 머리가 나쁜 사람, 혹은 지식이 없는 사람이 아니다(주희에 따르면 본문의 왕은 제선왕을 가리킨다). 그는 머리도 좋고 소의 울음소리에서 안타까움을 느낄 줄 아는 '차마 어찌지 못하는 마음'을 가진 재능 있는 사람이다. 문제는 그가 싹(萌)을 확충하고 기르려는 (養) 뜻을 세우지 않는다는 것, 곧 마음의 통솔자인 지志를 발휘하지 않는다는 것이다. 이런 자들의 특징은 유들유들하고 심드렁해하며 귀 기울이지 않고 설렁설렁 넘겨듣고 만다. 좋은 때는 그냥 그냥 넘어가겠으나 발밑이 뜨거울 때는 금방 무너진다.

1. 손가락이 가리키는 곳

맹자가 '햇볕을 하루 쪼이고 열흘을 차갑게 한다'고 비유한 자는 구체적으로 누구를 가리키는 것일까? 혹 제선왕의 총신으로 맹자가 극도로 증오한 왕환王驩이 아닐까? 맹자의 제자인 악정자가 노나라 재상이 되었을 때 주군(노평공)과 스승 맹자를 만나게 하려다가 총신 장창의 벽을 넘지 못했듯, 맹자 역시 왕환의 벽을 뚫지 못하고 실패한 것(4:6)을 제선왕의 '학습열'이 부족한 탓으로 돌리고 있는 것은 아닐까?

『맹자』 전편을 헤아려보면 맹자는 격군심格君心 프로젝트, 즉 '군주 마음 바로잡기'의 한계를 스스로 두 가지로 인식했던 듯하다. 첫째는 혼자 힘으로는 안 된다는 것. 송나라 재상 대불승戴不勝이 당시 현자로 알려진 설거주薛居州로 하여금 송나라 왕을 계몽하도록 조치했을 때, 맹자가 가한 비평이 그러했다(6:6). 즉 아무리 현자라도 혼자 힘으로는 군주의 마음을 바꿀 수 없다. 환경이 중요하다는 말이다.

둘째는 이 장에서 논하듯 학습자(군주)의 뜻과 마음가짐에 교육의 한계가 있다. 제선왕은 젊고 총명한 군주였고 소 울음소리에 측은지심이 발동할 만큼 선한 본성을 가진 사람이었다. 즉 지식과 성선을 겸비한 학생이었다. 문제는 그가 성선을 확충하여 실제에 사용하지 않았다는 것이다. 여기서 철학사의 해묵은 난제와 맞닥뜨린다. 지식이 곧 행동으로 연결되지 않는 의지박약의 문제다.[127] 학습자의 의지가 교육의 절반 이상을 차지하는 것은 교단에 서본 사람이라면 모두 수긍할 것이다. 맹자가 지적했듯 교육이란 "스승이 중도中道를 시범하는데, 따라 할 수 있다면 따라서 하면 되는 것"(13:41)인데 문제는 '소를 물가에 끌고 갈 수는 있으나, 물을 마시게 할 수는 없다'는 점이다. 아, 학생이 자발적으로 찾아온 학교에서라면 배우려 들지 않는 사람에겐 가르쳐주지 않으면 그만이다.

문제는 유세의 경우에 발생한다(오늘날로 치면 좋은 대학 졸업장만을 목표로 수업을 듣는 교실도 마찬가지다). 학생이 지성적이긴 하나 건성으로만 들을 뿐 마음을 기울이지 않을 때 유세는 한계에 봉착한다(제선왕, 양혜왕의 경우). 분명히 머리로는 과업을 이해하고, 도덕적 자질도 선한데 올바로 배우려 들지 않는 것이다. 공자가 마주한 상황도 그러했다. 위영공衛靈公이 가르침을 수용하려 들지 않음을 알았을 때 공자가 할 수 있는 행동은 그 나라를 떠나는 것뿐이었다(『논어』, 15:1). 지금 맹자가 토로하는 속내도 마찬가지다. 이곳이 도덕 교육론의 한계인 듯하다.

2. 교양의 중요성

과연 도덕 교육의 한계를 돌파할 수 있을까? 순자는 이 지점에서 도덕 교육의 현실적 한계를 인정하고, 예禮라는 개념을 확장하여 군주의 권력 욕구를 포섭하는 '사상의 융합(유가+법가)'을 감행했다. 결과

---

127 지각이 곧바로 실천으로 연결되지 않는다는 것은 일찍이 아리스토텔레스가 인식했다. 그는 아크라시아*akrasia*, 아케디아*acedia*라는 개념을 통해 의지박약의 문제를 다룬 바 있다 (7:10의 해설 참고). 아리스토텔레스의 의지박약(아크라시아)과 동양 사상(공자와 맹자)의 방심放心을 비교한 논문으로 정용환, 「아크라시아 혹은 방심: 플라톤, 아리스토텔레스, 유가」, 『동서철학연구』, 제52호, 2009년 5월호와 데이비드 S. 니비슨, 앞의 책 참고.

는 성공이었다. 다만 그의 시도는 한비자의 형벌주의로 극단화했고, 이를 통해 진시황의 전제정치가 완성되었다. 그 귀결은 2000년에 이르는 군주 독재 체제였다(서양 근대의 계몽사상가라면 주권재민의 혁명 이론으로 그 한계를 돌파하려 했으리라. 이를테면 루소가 그러했다).

전국시대 지식인 가운데 인민 중심의 공동체를 건설하여 전제정치를 돌파하려 한 유일한 사상가가 맹자였다. 그러나 "인민을 주체로 인식하는 것은 역사적으로 불가능한" 당시 동아시아의 시대적 한계를 감안하면[128], 여민 사상을 제안하고 계몽하며 교육하는 것밖에는 다른 대안이 없었다. 즉 사상가로서 생각을 저술하고, 교육가로서 제자를 기르는 계몽의 길만이 유일한 비상구였다. 맹자 도덕 정치론의 전망은 공자와 마찬가지로 역사적 공간에서는 실패한 것이 맞다. 그러나 순자 사상의 종말을 염두에 둔다면 맹자의 '엉거주춤한 멈춤(止)'이, 즉 교양을 기르고 인문을 확충하는 교육의 길이 전제정치에 길을 열어준 '상황주의적 조합'보다는 나은 방책이 아닐까? 오늘날 역시 도덕의 실천이 쉬울 리 없고, 또 실현된다는 보장도 없다. 다만 희소한 도덕성에 인간 문명의 사활이 걸려 있듯, 어렵지만 불가능하지만은 않은 '선한 사람들의 공동체'를 실현하려는 희망은 지금도 존재한다. 이쯤에서 신영복 선생의 비평을 참고할 만하다.

패도는 성공하고 왕도는 실패했습니다. 그러나 패도와 왕도를 승패

---

128 우치야마 도시히코, 석하고전연구회 옮김, 『순자 교양강의』, 돌베개, 2013, 259쪽.

를 기준으로 칼같이 일도양단으로 평가할 수 없습니다. 패도는 그 과정이 엄청난 파괴와 살상으로 점철되었을 뿐만 아니라 천하를 통일한 진나라가 불과 14년 만에 패망하기 때문입니다. 반면에 왕도와 화和의 논리는 실패했지만 유학은 한나라의 관학으로 격상되고 공자는 여전히 건재하기 때문입니다.[129]

그러면 패도의 암흑을 뚫고 탈출할 희망의 비상구는 무엇일까? 현대 일본의 지성 가토 슈이치加藤周一가 테크놀로지의 세계를 탈출할 유일한 비상구로 제시한 교양의 길이 맹자의 비상구를 떠올리게 한다.

테크놀로지는 군사력에 이용되고, 군사력은 그것을 직접 반영하는데 그것만 가지고는 미래가 어둡습니다. 그렇게 되면 전쟁을 반복하는 이 세상으로부터 벗어날 출구는 없다고 봅니다. 만일 출구가 존재한다고 가정한다면, 테크놀로지가 아니라 교양의 도움을 받아야 할 겁니다. 교양으로 무엇이 가능한가. 그것은 알 수 없지만, 교양밖에 없고 교양에 미래를 걸 수밖에 없다고 봐요. 희망은 교양뿐이에요. 넓은 의미에서 교양은 정글의 법칙, 곧 약육강식의 세계에서 인류가 탈출할 수 있는 유일한 길입니다. 그 길은 교양을 발판 삼아 차근차근 쌓아 올린 것입니다. 그것이 지금 아주 무력하게 보이는 이유는, 쌓아 올린다는 것은 무엇이건 어렵기 때문입니다. 파괴야 하루아침

---

129 신영복, 『담론』, 돌베개, 2015, 83쪽.

맹자, 마음의 정치학 3

에도 가능하지요. …… 교양이 무력하고 아무것도 아닌 양 비칠지 몰라도, 어떻게라도 하기 위해서는 그래도 교양을 쌓아 올리는 길밖엔 달리 뾰족한 대안이 없습니다. 그 작업은 시간도 오래 걸리고, 품도 아주 많이 들겠지만요.[130]

무능해 보이고 품도 많이 들지만 교양만이 인간다운 세상을 건설할 수 있는 유일한 탈출구라는 말! 인공지능으로 상징되는 테크놀로지의 창궐과 전쟁 무기의 극단화, 사람을 자본과 권력의 기계로 전락시키는 오늘날 제도 교육에 두려움을 갖는 사람이라면, 인문과 교양 외에 탈출구가 없다는 가토 슈이치의 '절망 속에서 희망 찾기'에 동의하지 않을 수 없다. 당대 권력에 영합하는 사상의 절충이 아니라 사람다움을 보존하고 교육하는 길만이 유일한 비상구다. 맹자가 당대에 행한 정치적 실천이 바로 이러한 비상구의 개척이었다. 권력자의 마음을 움직이지도 못했고 여민 체제를 건설하는 데도 실패했으나, 맹자는 도덕 정치의 희망을 보존하는 씨앗을 만들기 위해 저술을 남겼고 교육을 통해 이를 실천했다. 이것이 맹자의 '정치학'이다. 시절이 무르익을 때 그가 보존한 사람다움의 씨앗은 움이 트고 발아하여 끝내 천지를 아름답게 수놓을 '수도' 있을 것이다.

그렇다면 사람이 마땅히 가야 할 길이 있다. 사람과 함께 더불어 그 길

---

130 서경식·노마 필드·가토 슈이치, 이목 옮김, 『교양, 모든 것의 시작』, 노마드북스, 2007, 149쪽; 가토 슈이치, 이목 옮김, 『양의 노래』, 글항아리, 2015 참고.

을 걷되 정 아니라면 홀로 가는 수밖에 없는 길이다. "남이 알아주지 않아도 성나지 않는다면 또한 군자가 아니랴!" 이건 공자의 말이다. 그 뜻을 이어 맹자가 우리에게 이렇게 권하는 듯하다. 멀찍이 서서 비평하는 객관적인 제3자가 아니라, 지금 여기 삶의 현장에서 사생취의捨生取義라는 실존의 칼끝 위를 걸어가라고. 다음 장에서 이 권고를 잇는다.

孟子曰, "魚, 我所欲也, 熊掌亦我所欲也; 二者不可得兼, 舍魚而取熊掌[131]者
也. 生亦我所欲也, 義亦我所欲也; 二者不可得兼, 舍生而取義者也. 生亦我所
欲, 所欲有甚於生者, 故不爲苟得也; 死亦我所惡, 所惡有甚於死者, 故患有所
不辟[132]也. 如使[133]人之所欲莫甚於生, 則凡可以得生者, 何不用也? 使人之所
惡莫甚於死者, 則凡可以辟患者, 何不爲也? 由是則生而有不用也, 由是則可
以辟患而有不爲也, 是故所欲有甚於生者, 所惡有甚於死者. 非獨賢者有是心
也, 人皆有之, 賢者能勿喪耳.

一簞食[134], 一豆羹[135], 得之則生, 弗得則死, 嘑爾[136]而與之, 行道之人弗受; 蹴
爾[137]而與之, 乞人[138]不屑[139]也. 萬鍾[140]則不辨[141]禮義而受之. 萬鍾於我何加
焉? 爲宮室之美, 妻妾之奉, 所識窮乏[142]者得我與? 鄉[143]爲身死而不受, 今爲

---

131 熊掌(웅장): 곰발바닥 요리. 예로부터 진미珍味의 하나. '熊'은 곰. '掌'은 손바닥, 동물의
발바닥.

132 辟(피): 피하다. '避(피)'와 같다.

133 如使(여사): 만약 ~한다면. 가사假使, 가령假令과 같은 허사.

134 簞食(단사): '簞'은 대그릇. '食'는 밥.

135 豆羹(두갱): '豆'는 나무 그릇. '羹'은 국.

136 嘑爾(호이): '야, 너'라며 부르다. '嘑'는 꾸짖다. '爾'는 조사.

137 蹴爾(축이): '蹴'은 차다. '爾'는 조사. 위의 호이嘑爾와 조응한다.

138 乞人(걸인): 거지. '乞'은 구걸하다.

139 屑(설): 달갑게 여기다.

140 萬鍾(만종): '수만금'이라고 번역하였다. 1鍾은 6섬 4말.

141 辨(변): 따져보다. '辯(변)'으로 된 판본도 있다.

142 乏(핍): 가난하다.

143 鄉(향): 앞서, 접때. '曏(향)'과 같다.

宮室之美爲之; 鄕爲身死而不受, 今爲妻妾之奉爲之; 鄕爲身死而不受, 今爲
所識窮乏者得[144]我而爲之, 是亦不可以已乎? 此之謂失其本心."

맹자, 말씀하시다.

"생선 요리도 내가 바라는 것이고, 곰발바닥 요리 또한 내가 바
라는 것이지만 둘 다 가질 수 없다면 생선 요리를 버리고 곰발
바닥 요리를 택할 것이다. 삶도 내가 바라는 바요, 의 또한 내가
바라는 바이지만 둘을 다 얻을 수 없다면 삶을 버리고 의를 취
할 것이다. 삶은 내가 바라는 바이지만 삶보다 더 간절히 바라
는 것이 있기에 구차하게 살려고 하지 않는다. 죽음 역시 내가
싫어하는 바이지만 싫어하기가 죽음보다 더한 것이 있기에 환
란 중에도 피하지 않는 것이 있다.

만약 사람이 바라는 것 중에 삶보다 더 간절한 것이 없다면, 무
릇 살기 위해 무슨 방도인들 쓰지 않으리오. 또 사람이 싫어하
는 것 중에 죽음보다 더 싫은 것이 없다면 무릇 환란을 피하기
위해 무엇인들 하지 않으리오. 이런 까닭에 살 수 있는 방도가
있어도 쓰지 않는 것이 있고, 저런 까닭에 환란을 피할 수 있어
도 하지 않는 것이 있다. 그러므로 바라는 것에는 삶보다 간절
한 것이 있고, 싫어하는 것에는 죽음보다 더 싫은 것이 있다. 현
자만이 이런 마음을 지닌 것이 아니라 사람이라면 누구나 이런

144　得(득): 고맙게 여기다, 감사하다.

마음을 지니고 있다. 다만 현자는 이를 잃지 않고[145] 간직할 따름이다.

한 그릇의 밥과 한 대접의 국을 먹으면 살고, 먹지 못하면 죽을지라도 '야, 너!'라고 낮춰 부르며 던지듯 주면 길 가는 나그네도 받지 않고, 발로 차듯 주면 거지도 달가워하지 않는다. 한데 수만금의 녹봉은 예와 의를 따져보지도 않고 덜컥 받으니, 수만금이 내게 무엇을 더해준단 말인가! 저택의 호사스러움과 처첩의 융숭함, 나를 아는 궁핍한 사람들로부터 칭송하는 소리를 듣기 '위함'인가? 앞에서는 자신을 '위해' 죽어도 받지 않다가 이제는 저택의 호사를 '위해' 받고, 앞에서는 자신을 '위해' 죽어도 받지 않다가 이제는 처첩의 융숭함을 '위해' 받으며, 앞서는 자신을 '위해' 죽어도 받지 않다가 이제는 궁핍한 지인에게 감사하다는 소리를 듣기 '위해' 받는다니, 이런 짓을 또한 그만둘 수 없는가! 이를 두고 '그 본디 마음을 잃었다'라고 하는 것이다."

해설

유교가 권하는 사람다움의 길과 인간다움의 가치가 선명하게 드러난 대목이다. 사생취의捨生取義라, 이 땅의 수많은 지사들이 목숨을

---

145 勿喪(물상): 마음을 잃지 않음. 곧 '마음을 보존함(存心)'과 같다.

던진 문자다. 여기서 곽재우의 의병義兵이 나왔고, 안중근은 의사義士가 되었다. 성삼문이 목을 바친 자리가 이곳이고, 김시습이 미쳐 돌아다닌 것이 저 글자 때문이다. 대장부大丈夫론과 더불어 안과 밖을 이룬다(6:2). 유교의 사람다움이 사생취의라는 네 글자에 걸려 있으니, 조선 선비들이 평생을 두고 하얗게 선 칼날 위를 걸어간 것이다. 성삼문이 죽음을 향해 걸어가며 지었다는 시가 떠오른다.

> 둥둥둥 북소리 목숨을 재촉하는데,
> 고개 돌려보니 해는 서산으로 지는구나.
> 황천길엔 주막이 없다는데 오늘밤은 어디서 잘꼬.

> 남의 밥 먹고, 남의 옷 입으면서 평생에 잘못 없기를 바랐다네.
> 이 몸은 죽어가도 충의는 살아,
> 꿈에도 잊지 못할래라. 현릉[146]의 솔 빛.

나이 어린 임금의 안전을 생전의 부왕父王에게 부탁받은 신하로서 그 도리를 다하고, 담담히 죽음을 향해 걸어가는 선비의 마지막 노래에서 우리는 가슴에 서늘하게 와닿는 푸르디푸른 결기를 느낀다. 선비의 행동 규범이 여기서 비롯한 것이니 『맹자』 속의 한 글자 의義에 목숨을 걸었음을 알 수 있다. 유교적 가치가 가뭇없이 사라진 오늘이지만, 『맹자』

---

146 顯陵: 조선 제5대 왕인 문종의 능호陵號. 경기도 구리시에 있다.

를 읽은 다음에야 어찌 이 글자들을 얼음판 위를 스치는 썰매처럼 지나칠 수 있으리오! 차마 손가락이 오그라들고 입술조차 들러붙지만, 그럼에도 옷깃을 여기며 저 네 글자를 대하는 까닭은 내 안에 인의의 도덕심이 흐릿하게나마 존재하기 때문이리라.

1. 사람이라는 동물

여기 맹자가 사람다움의 극단적 사례로 든 "'야, 너!'라고 낮춰 부르며 던지듯 주면 길 가는 나그네도 받지 않는다"라는 대목은 유래가 있다. 『예기禮記』, 「단궁檀弓」의 일화다.

당시는 난세였다. 수많은 사람이 먹을 것이 없어 굶어 죽었다. 검오黔敖라는 부자가 있어 길가에서 죽을 끓여 배고픈 사람들에게 나눠 주었다. 그때 한 사내가 남이 알아볼까 봐 소매로 얼굴을 가리고 잔뜩 웅크린 채 천천히 그쪽으로 다가섰다. 검오가 그에게 외쳤다.

"야! 이리 와서 좀 먹어嗟, 來食."

사내는 가렸던 소매를 내리고 허리까지 쭉 펴더니 이렇게 말했다.

"내가 이 지경이 된 것은 지금까지 한 번도 차래지식嗟來之食을 먹지 않았기 때문이오."

검오는 곧바로 사과하고는 공손히 음식을 대접하고 싶다고 고쳐 말했다. 그러나 사내는 끝까지 뜻을 굽히지 않고 먹기를 거부하다가 결국은 굶어 죽고 말았다.

맹자는 당시 이 실화를 전해 듣고 충격을 받았던 것 같다. 어린아이가 우물에 기어 들어가는 장면에서 본성을 엿보았듯이 여기서도 사람다움의 극한적 사례를 발견하였다. 위하기로 치자면 제 목숨만 한 것이 없건마는 인간이란 진실로 기묘한 동물인지라 제 혀를 깨물고 제 목숨을 스스로 죽이면서까지 견지하는 어떤 가치가 따로 있더라는 발견이다. 그 틈새에서 자존심이라고 할까 존엄성이라고 할까, 그런 신성神聖의 물방울을 문득 발견한 것이다. 이 존엄성(신성)의 물방울을 맹자는 인성人性이라고 이름 붙였음을 이제 우리는 알고 있다. 이 장은 맹자의 인간 본성론을 '불식차래지식不食嗟來之食'의 일화를 통해 독자의 손에다 쥐어주는 절실한 대목이다.

2. 파블로프와 맹자

흥미로운 '과학적' 사실은 러시아의 생물학자 이반 파블로프Ivan Pavlov의 개 연구다. 파블로프가 짐승과 인간의 차이를 논한 대목은 맹자의 인간 인식과 겹친다.

개는 누가 주는 먹이든 일정한 시간에 먹이를 보면 반사작용을 일으켜 위액이 솟아난다. 인간도 배고플 때 음식을 보면 반사작용으로 식욕이 동해서 침이 고인다. 그런데 중요한 건 개는 제 아무리 똑똑해도 '이건 짐승의 먹이'라는 걸 알지 못한다. 개는 먹이를 주는 태도를 헤아려 기분 나쁘다고 여길 만큼의 굴욕감이나 노여움을 느끼지 못한다.

맹자, 마음의 정치학 3

인간도 인류라는 생물이지만, 땅바닥에 던져주는 것을 아무거나 분별없이 함부로 허겁지겁 먹는 생물은 아니다. 인간만이 사회생활을 하는 동안 생물로 살기 위한 먹이에 대한 슬픔과 노여움과 잘잘못을 자각한다. 진정한 의미의 사회의 발전이란 그 하루하루가 사람의 가슴마다에 인간적 자각을 일깨우는 데 있다. 짐승하고는 판이한 먹이에 대한 여러 가지 감정과 판단을 하게 한다. 먹이는 지금도 역시 매우 복잡 미묘한 제2명령체第二命令體의 대상이다.[147]

배고플 때 먹이를 보면 위액이 솟기로는 개나 인간이나 마찬가지다. 그렇다. 생리적 존재라는 점에서는 동일하다(제1명령체). 그러나 "인간도 인류라는 생물이지만, 땅바닥에 던져주는 것을 아무거나 분별없이 함부로 허겁지겁 먹는 생물은 아니다."(제2명령체) 본문의 "한 그릇의 밥과 한 대접의 국을 먹으면 살고, 먹지 못하면 죽을지라도" 먹는 밥과 먹지 말아야 할 밥을 분간하는 것, 이 지점에서 사람과 짐승이 갈린다. 천하 진미로 유혹하고 높은 벼슬로 대우해도 '옳고 그름(의와 불의)'을 분별하여 선택하는 사람이 선비다. 파블로프의 과학적 관찰, 즉 인간과 짐승의 먹이에 대한 생리학적 분석은 기막히게도 맹자의 인문학적 진술과 절묘하게 맞아떨어진다. 특별히 다음 대목은 더 절실하다.

---

147 전우익, 『호박이 어디 공짜로 굴러옵디까』, 현암사, 2002, 69쪽에서 재인용. 일정한 조건에 대한 생리적 반사작용을 '제1명령체'라 하고, 사물을 판단할 수 있는 기능을 '제2명령체'라 하는데 인간 생활에 미묘하고 심각한 영향을 미치는 건 '제2명령체'라고 한다.

개는 먹이를 주는 태도를 헤아려 기분 나쁘다고 여길 만큼의 굴욕감이나 노여움을 느끼지 못한다. 인간도 인류라는 생물이지만, 땅바닥에 던져주는 것을 아무거나 분별없이 함부로 허겁지겁 먹는 생물은 아니다.

이 대목은 본문의 '불식차래지식' 일화와 직접 연결된다. 파블로프의 실험 결과를 따져 읽으면 맹자의 인간론을 이해하는 데 필요한 것을 몇 가지 더 얻을 수 있다. 첫째 개는 누가 주는 먹이든 가리지 않지만, 인간은 "먹이를 주는 태도를 헤아려 기분 나쁘다고 여길 만큼의 굴욕감이나 노여움을 느끼"는 존재, 즉 수치를 스스로 깨닫는 존재라는 사실이다. 누가 주는 밥인지, 어떤 밥인지, 어떻게 주는 밥인지 따져보지 않고, 던져주듯 주는 밥에도 굴욕감을 느끼지 못하는 인간(국가)이라면 실상 개와 다를 바 없다는 것.

둘째, 파블로프의 분석은 맹자가 수오지심을 인간 고유의 마음으로 지목했던 것과 통한다. 맹자에게 수오지심은 의의 단서로서 인간 내부, 마음속에 거처한다. 이것이 본심本心이다. 이것을 잃느냐, 보존하느냐에 사람다움(性)의 사활이 걸려 있다는 것이 맹자의 생각이다. 흥미롭게도 파블로프 역시 맹자와 똑같은 목소리로 "인간만이 사회생활을 하는 동안 생물로 살기 위한 먹이에 대한 슬픔과 노여움과 잘잘못을 자각한다"라고 지적한다. 현대 과학자와 고대 유교 사상가의 말이 똑같다는 사실이 놀라울 따름이다.

셋째, 인간 문명의 정체는 먹을 것을 잔뜩 생산하는 데 있지 않고, 먹

맹자, 마음의 정치학 3

을 것과 먹지 말아야 할 것을 가리고 선택하는 도덕적 자각을 일깨우는
데 있다. 파블로프가 "진정한 의미의 사회의 발전이란 그 하루하루가 사
람의 가슴마다에 인간적 자각을 일깨우는 데 있다"라고 한 말은 맹자가
"사람이 짐승과 다른 까닭은 몹시 드문데, 범인은 그 까닭을 몰라 내버리
고 군자는 그 이치를 알아 보존하며 산다"(8:19)라던 지적과 조금도 다를
바 없다. 맹자와 파블로프에게 정치의 역할은 풍요로운 물질 생산이 아
니라 도덕적 가치를 따져 사람의 가슴마다에 사람다움의 자각을 일깨우
는 것이다.

  넷째, 사람은 먹어야 생존한다는 점에서 짐승이지만, 궁극적으로 "짐
승하고는 판이한 먹이에 대한 여러 가지 감정과 판단을" 한다. 맹자와 파
블로프 모두 인간의 먹이 인식과 짐승의 먹이 인식은 서로 다르다고 여
겼다. 번역하자면 '언젠가부터' 인간에게 먹이는 생명체의 필수 요소일
뿐만 아니라 인문학의 대상이 되었다. 파블로프식으로 표현하자면 짐승
은 '제1명령체'의 단계이지만, 인간은 '제2명령체'의 단계로 진화했다.
인류는 생물의 차원에서 인문학의 차원으로 진화하였다고 표현할 수 있
을까? 이를테면 맹자는 인간이 생리학적 동물에서 인문학적 존재로 전
환하는 분수령(돌연변이?)을 예의 관찰했고, 그 이후 진화된 인간의 종적
특성에 '성性'이라는 철학적 개념을 부여한 것이다. 파블로프의 관찰은
맹자가 주목했던, 인문학적 존재와 생리학적 동물의 사이(間)를 과학적
으로 탐구하여 근사한 결과를 제공했다는 점에서 맹자의 인성론을 이해
하는 데 중요한 증거 사례가 된다.

3. 생리학에서 인문학으로

이 점은 덧붙여 설명해야겠다. 맹자는 사람이 본디 짐승의 일원임을 알고 있었다. 이는 고자를 위시한 전국시대의 여타 사상가들과 다를 바 없다. 다만 고자 등은 본능적 차원 혹은 생물학적 차원이라고 할 곳에 머물러 인간과 짐승을 구분해보지 않았다. 즉 분화된 인류의 인문학적 특성에까지 나아가지 못했다. 그들은 인간을 생존과 생식만을 추구하는 동물의 차원에서 보았다는 말이다("식욕과 성욕이 성性이다").

오로지 맹자만이 생리학적 차원에 머물던, 즉 짐승의 일원에 불과하던 인류가 어느 날 '돌연변이를 일으켜' 인문학적 존재로 '진화한' 지점부터를 인간이라고 부른다. 맹자는 그 진화의 지점을 주목하고, 그 특성을 추론했다(아이가 우물에 기어 들어가는 장면, 짐승에게 파헤쳐진 부모의 시신을 발견한 자식). 여기서 도덕성을 인간 고유의 품성으로 인식하고, 인간의 특성은 자율적이고 자각적이며 자립적이라고 판정한 것이 맹자 인간론의 특징이다.

맹자는 동물에서 진화한 인류의 고유성을 인의仁義로 압축한다. 인류는 누구나 도덕적이고자 한다. 따라서 인성은 선하다(11:6). "하려 들면 누구나 할 수 있는 것을 선可欲之謂善"(14:25)이라 하기 때문이다(동어반복이지만, 근본적이고 자연스러운 것을 정의하려면 동어반복의 회로를 거듭할 수밖에 없다). 이처럼 선善이란 인간의 속성(欲)이다. "생선 요리도 내가 바라는 것이고, 곰발바닥 요리 또한 내가 바라는 것이지만 둘 다 가질 수 없다면 생선 요리를 버리고 곰발바닥 요리를 택할 것이다"라고 했을 때 곰발바닥 요리가 인간의 고유성을 상징한다. 마찬가지로 "삶도 내가 바라는 바요, 의 또한 내가 바라는 바이지만 둘을 다 얻을 수 없다면 삶을 버리고 의를 취할 것이다"라고 했을 때, 이 역시 사람만의 고유한 속성이다.

선의 뒷면은 악이다. 선과 악 사이에서의 올바른 선택이 사람다움의 분수령이다. 선택하는 힘은 '사람다운 마음'에서 발출하는데 이것을 맹자는 달리 수오지심(수치심과 증오심)이라고 칭했다. 의를 선택하는 본심을 보전하는 것이 그래서 중요하다. 이 장의 끝에서 "이런 짓을 또한 그만둘 수 없는가! 이를 두고 '그 본디 마음을 잃었다'라고 하는 것이다"라고 개탄하면서 본디 마음(本心)을 거론하는 까닭이다. 본심이 인간의 고유한 사람다움을 구성한다. 사람은 먼 옛날 언젠가 생리학적 동물에서 인문학적 존재로 진화하였다.

11:11. 집 나간 개는 찾으면서 마음은 찾을 줄 모르누나

孟子曰, "仁, 人心也; 義, 人路也. 舍其路而不由, 放其心而不知求, 哀哉! 人
有鷄犬放, 則知求之; 有放心而不知求. 學問之道無他, 求其放心而已矣."

맹자, 말씀하시다.

"인은 사람다운 마음이요, 의는 사람다운 길이다. 그 길을 버리
고 가지 않으며, 그 마음을 잃고 찾을 줄 모르니 애달프구나! 사
람들이 닭과 개는 잃어버리면 찾을 줄 알면서 잃어버린 마음은
찾을 줄 모르는구나. 학문의 길이란 다른 게 아니라 오직 잃어
버린 마음 찾기일 뿐!"

해설

'애재哀哉'라는 탄식 속에 맹자의 안타까움이 절절하다. 누구
나 할 수 있는데 하지 않아서 자초하는 불행이 기막힌 것이다. 자기 안에
서 찾으면 있는 것을 저 바깥에서 찾으려 드니 각주구검舟求劍의 꼴이
된다. 방향만 돌리면 되는데! 맹자의 혀 차는 소리는 자기를 잃고 바깥에
서 원인을 찾아 헤매는 우리 범인을 내려치는 채찍이다. 그런데 동서양
이 다르지 않다. '너 자신을 알라!'는 소크라테스의 철학하기가 이와 다
를 바 없고 공자의 말도 그러하다. "누군들 문으로 출입하지 않는 사람이

있던가? 그런데 어찌하여 이 길(斯道)로 드나들지 않는 것인가?"(『논어』, 6:15)라던 개탄이 맹자의 것과 같다. 맹자는 비유의 달인이다. "닭과 개는 잃어버리면 찾을 줄 알면서 잃어버린 마음은 찾을 줄 모르는구나"라는 개탄은 몇 천 년 후의 독자에게도 스스로 마음을 챙기게 하는 힘이 있다.

더욱이 이 장의 끝 대목은 무섭기조차 하다. "학문의 길이란 다른 게 아니라 오직 잃어버린 마음 찾기일 뿐!"이라니, 오늘날 실용성과 효용성에 주력하는 학문들과 얼마나 다른가. 따져보면 맹자의 학문론은 형이상학의 고원한 것이 아니라 외려 근본적이고 본질적인 것이다. 내가 없이 남이 없듯, 나를 모르는데 학문이며 기술이 무슨 의미가 있을쏜가! 옳고 그름을 알지 못하고, 사랑할 줄도 모르는 사람이 돈만 알아서 돈만 벌려고 들면 그 결과는 사회의 재앙이 된다. 권력의 힘을 맛보고 권력을 취하려 정치를 하면 나라를 망친다. 학문이란 나를 알고 나를 성찰하는 것이라는 맹자의 말은 타락한 세상을 광정할 한 줄기 빛이다.

다만 유교의 인의는 기독교식 신의 계명처럼 바깥에서 '말씀'으로 다가오는 것이 아니라, 그저 본디 타고난 사람의 사람다움을 구성하는 요소일 따름이다. 도덕성은 사람이 나면서부터 지닌 것이다. 즉 "하늘이 사람에게 명한 것이 성性이다."(『중용中庸』) 범인은 그것을 잊거나 잃고 살 뿐이다. 그러니 잃어버린, 또는 잊어버린 본래의 마음을 되찾으면 사람다워진다! 공자의 말처럼 "잡으면 있고 놓으면 없다". 그러므로 공부란 다른 것이 아니라 잃어버린 마음을 구하는 것, 곧 구방심求放心일 따름이다.

한편 "학문의 길이란 다른 게 아니라 오직 잃어버린 마음 찾기일 뿐"이라는 대목은 바로 앞 장의 "사람이라면 누구나 이런 마음을 지니고 있다. 다만 현자는 이를 잃지 않고 간직할 따름"이라던 말을 부연한 것이다. 현자가 현명한 까닭은 타고난 도덕심을 보존할 줄 아는 지혜(存心)에 있고, 보통 사람이 학문하는 까닭은 놓쳐버린 도덕심을 되찾는 방법(求放心)을 배우는 것이다. 보통 사람이 학문을 통해 '방심 구하기'에 성공하면, 결과적으로 현자의 존심과 같게 된다.

공자가 말했듯 "나면서부터 아는 사람이 있고, 배워서 아는 사람이 있으며, 곤경을 체험하고 배워서 아는 사람이 있"지만, 주희가 격려했듯 "배워서 알든 곤란을 겪고 난 뒤 알든, 알고 나면 결과적으로는 태어나면서 안 사람과 다를 바 없다."(『논어집주』, 16:9) 현자를 부러워하지 말고, 놓쳐버린 도덕심을 회복하는 이른바 극기복례를 익히고 행하라는 권고다. 공자의 수제자 안연의 분발이 이와 같았다. "순은 어떤 사람이며 나는 어떤 사람인가. 무엇을 하려 하는 사람이라면 다만 순임금과 같이 할 따름인 것을!"이라는 의욕, 이 자리에 안연이 있을 뿐이다(5:1).

11:12. 존엄과 비루, 둘 중 하나를 택하라

孟子曰, "今有無名之指[148]屈而不信[149], 非疾痛害事也, 如有能信之者, 則不遠秦楚之路[150], 爲指之不若人也. 指不若人, 則知惡之; 心不若人, 則不知惡, 此之謂不知類[151]也."

맹자, 말씀하시다.

"무명지가 굽었는데 아프지 않고 불편하지 않아도 만약 펴주는 의사가 있다면 진나라나 초나라의 먼 길도 마다하지 않을 터인데, 그것은 손가락이 남과 같지 않기 때문이다. 손가락이 남과 같지 않으면 싫어할 줄 알면서 마음이 남과 같지 않으면 싫어할 줄을 모르니, 이를 두고 류를 알지 못한다고 하는 것이다."

---

148 無名之指(무명지지): 무명지, 넷째 손가락. 별 쓰임새가 없다. 한약 탕제를 맛볼 때를 제외하고는. 그래서 약지藥指라고도 부른다.

149 信(신): 펴다. '伸(신)'과 같다.

150 秦楚之路(진초지로): '秦'은 중국 서북방의 끝. '楚'는 중국 남방의 끝. 하늘과 땅 사이처럼 먼 거리를 천양지차라고 하듯 중국인들은 가장 먼 거리를 '진나라와 초나라의 길'에 비유하곤 했다.

151 類(류): 전국시대 '類' 개념에 대한 논의는 10:4의 해설 참고.

앞 장의 뜻이 이어진다. 이번에는 가깝고도 사소한 손가락을 예로 들어서 사람이 마음을 돌이켜 살피지 못하는 행태를 비판하고 있다. 곧 '불능不能'이 아니라 '불위不爲'하여 악에 떨어지는 범인의 행태를 알려주려는 맹자의 안타까움이 깃들어 있다. 돌이켜 스스로 생각해보라. 그리하면 내 안에 든 본연의 선을 발견할 수 있으리라. 그 순간 그는 생리학적 동물이 아니라 사람다운 존재임을 확인한다. 신성神聖은 내 안에 깃들어 있으니 구태여 하느님을 따로 찾을 필요가 없다. 다만 내 안에서 발견한 그 싹을 일상에서 키워나가라. 그러나 조장하지 말고 그렇다고 잊지도 말며, 무엇을 목표로 삼지도 말고서!

진리는 너와 내가 함께 어울려 '우리'가 되는 지금 이 자리, 이 순간에 있는 것이지 따로 저 멀리 천상에 있지 않다. 그러니 매 순간을 '낯설게 보고 느끼며(敬)' 살아가는 것이 공부 길이다.

11:13. 나무는 기를 줄 알면서 몸은 키울 줄 모른다니

孟子曰, "拱把¹⁵²之桐梓¹⁵³, 人苟欲生之, 皆知所以養之者. 至於身, 而不知所以養之者, 豈愛身不若桐梓哉? 弗思¹⁵⁴甚也."

맹자, 말씀하시다.

"한두 움큼의 작은 오동나무, 가래나무 기르는 법은 누구라도 안다. 한데 자기 한 몸 기르는 법은 알지 못하니 어찌 몸이 오동나무나 가래나무보다 아깝지 않아서이랴. 다만 생각하지 않음이 심하기 때문이다."

해설

성선과 확충의 비근한 예로 이번에는 뜰의 나무를 든다. 그 뜻

---

152 拱把(공파): 어린 나무를 이른다. '拱'은 두 손으로 에워 잡는 것이니 두 움큼. '把'는 한 손으로 잡는 것이니 한 움큼.

153 桐梓(동재): '桐'은 오동나무. '梓'는 가래나무. 둘 다 건축 자재로 쓰임새가 많은 나무다.

154 弗思(불사): 생각하지 않다. 왜 생각하지 않는 것일까? 맹자의 '思'는 머리로 하는 지식 활동만이 아니라 마음으로 반성하고 음미하는 심적 활동이기도 하다(데이비드 S. 니비슨, 앞의 책, 239쪽) 한나 아렌트Hannah Arendt가 아이히만Adolf Eichmann의 심리를 추적하며 도달한 '악의 평범성banality of evil'이란 결국 '생각하지 않음thoughtlessness'이라고 지목했을 때, 그 '생각하지 않음'과 여기 '弗思'가 같은 것이다(한나 아렌트, 김선욱 옮김, 『예루살렘의 아이히만』, 한길사, 2006 참고)

은 앞 장과 같다. 곧 눈을 돌려 가장 중요한 것(마음)을 보라. 진리는 저 산 너머, 또는 바다 건너에 있지 않다. 지금 이 순간을 경영하는 나, 내 주인을 돌이켜 바로 보라! 그리고 내 안의 선한 싹을 일상에서 확충해나가라. 평생을 두고 선한 싹을 키우고 길러라.

이렇게 쓰다 보니 어쩐지 선불교 냄새가 묻어난다. 그러나 사실 인도에서는 충동充棟하던 '말'의 종교(팔만대장경!)인 불교가 중국으로 건너와 '이심전심以心傳心', '불립문자不立文字'로 축약되고 침묵(默)의 종교로 변하는 과정에서 전래의 유교와 노장의 체취가 훈습되었다고 봐야 한다. 이를테면 고려의 고승 지눌知訥이 스스로 이름자에 '말을 삼가다'라는 뜻의 눌訥을 집어넣었을 땐 이미 공자와 맹자에까지 생각이 미쳤던 것이다. 공자가 "군자란 말에는 어눌하고자 하며, 행동은 민첩하고자 한다君子欲訥於言而敏於行"(『논어』, 4:24)라던 말이 어찌 지눌이라는 이름자에 들어 있지 않다고 하랴.

그러므로 주희가 이기론理氣論을 논하고 본연지성, 기질지성을 설한 것을 꼭 선불교의 영향이라고 일방적으로 몰아칠 것이 아니다(중국의 대진戴震, 조선의 정약용, 일본의 이토 진사이는 잘 들어라!). 애초에 인도 불교가 중국 땅에 뿌리내리기 시작할 적부터 불교는 공자와 맹자, 노자와 장자의 사유 구조와 언어 습관을 익히지 않을 수 없었다(유불습합儒佛習合). 예를 들자면 요순-우탕-문무-공자로 계승되는 유교의 도통론은 중국 불교에서 의발전수衣鉢傳受의 계보학으로, 즉 달마에서 혜능으로 승계되는 전통으로 수용되었다. 그러니 맹자의 심성론을 해설할 때 선불교와 비슷한 냄새가 아니 날 수 없지만, 오늘날 보고 듣기에 그러한 것이지 '마음'

은 맹자가 선불교보다 훨씬 앞서 선취한 것이다. 다만 맹자는 마음을 텅 빈 것으로 보지 않고 그 안의 도덕을 사람의 관계 속에서 함양한다고 보았으니, 같이 마음을 논해도 서로 다른 것이다.[155]

참고 『대학』에 "마음이 거기 있지 않으면 봐도 보이지 않고, 들어도 들리지 않으며, 먹어도 그 맛을 모른다"라고 했고, 『중용』에서도 "밥을 먹지 않는 사람이 없건마는 밥맛을 아는 사람이 드물다"라고 했으니 마음은 유교 경전이 공통으로 중시한 것임을 알 수 있다. 맹자가 논한 마음의 보존(存心)과 놓친 마음 거두어들이기(求放心)는 유교의 진리를 처음 현시한 것이다. 다만 여기 11:13 본문에서 말하는 '생각'이란 어떤 대단한 것이 아니라, 일상사의 의미와 자신의 말과 행동을 자각하며 사는 것이다. 순간순간을 살아 있음이니 문학 이론으로는 '낯설게 보기'가 이것이요, 성리학으로는 '경敬'이 그것이며, 불교식으로는 '깨어 있음(성醒)'이 이에 합당하다.

---

155 유교와 불교의 관계를 논한 저술로는 남회근, 설순남 옮김, 『맹자와 진심』, 부키, 2017; 윤영혜, 앞의 책 참고.

孟子曰, "人之於身也, 兼所愛[156]. 兼所愛, 則兼所養也. 無尺寸之膚[157]不愛焉, 則無尺寸之膚不養也. 所以考其善不善者, 豈有他哉? 於己取之而已矣. 體[158] 有貴賤, 有大小. 無以小害大, 無以賤害貴. 養其小者爲小人, 養其大者爲大人. 今有場師[159], 舍其梧檟[160], 養其樲棘[161], 則爲賤場師焉. 養其一指而失其肩背[162], 而不知也, 則爲狼疾人[163]也. 飮食之人, 則人賤之矣, 爲其養小以失大也. 飮食之人無有失也, 則口腹[164]豈適[165]爲尺寸之膚哉!"

맹자, 말씀하시다.

"사람은 자기 몸 전체를 아낀다. 온몸을 아끼므로 온몸을 고루 기른다. 한 자의 살갗이든 한 치의 피부든 아끼지 않는 것이 없

---

156 兼所愛(겸소애): '兼'은 전체. '愛'는 아끼다.

157 膚(부): 살갗.

158 體(체): '몸'이라고 번역하였다. 다만 묵가의 개념어 사전 『묵경墨經』에는 "體는 전체(兼)로부터 나뉜 것을 말한다體, 分於兼也"라고 하였다(염정삼 주해, 『묵경 1』, 한길사, 2012, 60쪽).

159 場師(장사): 뜰을 가꾸고 나무를 보살피는 원예사.

160 梧檟(오가): '梧'는 벽오동. '檟'는 개오동. 질 좋은 목재를 뜻한다. 가구나 관곽의 재료로 썼다.

161 樲棘(이극): '樲'와 '棘' 둘 다 멧대추나무. 열매를 보고 심으니 가치가 오동나무에는 미치지 못한다.

162 肩背(견배): '肩'은 어깨. '背'는 등.

163 狼疾人(낭질인): '狼'은 이리. 돌팔이 의사(조기).

164 口腹(구복): 입과 배.

165 豈適(기적): 어찌 다만.

으니, 한 자의 살갗이든 한 치의 피부든 고루 기르지 않을 리 없다. 몸을 잘 기르는지 잘못 기르는지 살펴보는 방법이 어디 딴 곳에 있으랴! 자신에게서 취할 따름이다.

그러하나 몸에는 귀하고 천한 것이 있고, 크고 작은 것도 있다. 작은 것으로 큰 것을 해쳐서는 안 되고, 천한 것으로 귀한 것을 해쳐서도 안 된다. 작은 것을 기르는 자는 소인이 되고, 큰 것을 기르는 자는 대인이 될 따름.

만일 어떤 원예사가 오동나무와 가래나무를 버려두고 멧대추나무를 기른다면 이자는 엉터리 원예사요, 또 어떤 의사가 손가락 하나를 살리려고 어깨나 등짝의 병을 알지 못한다면 그자는 돌팔이 의사인 것과 같다. 음식을 밝히는 자를 사람들이 천하게 여기는 까닭은 작은 것을 기르느라 큰 것을 잃어버리기 때문이다.[166] 음식 밝히는 자라도 (큰 것을) 잃어버리지 않는다면, 입과 배가 어찌 한 자의 살갗, 한 치의 피부일 뿐이겠으랴!"

해설

첫 문장에서 벌써 묵가의 냄새가 물씬 풍긴다. '人之於身也, 兼所愛(인지어신야, 겸소애)'라고 하였으니, 지금 맹자가 묵자의 겸애설兼愛說

---

166 입 때문에 예를 잃어버렸다.

을 겨누고 있음을 알겠다. 이 장은 묵자의 겸애설을 비판하는 가운데 마음의 중요성을 강조하고 사랑의 '차등성'을 천명하는 곳이다. 맹자가 보기에 백 보를 양보하면 묵자의 전제는 이해해줄 만하다. 곧 사람은 누구나 온몸을 사랑하므로 특정 부위를 유별나게 아끼지 않는다는 것(멀리서 보면 묵가의 겸애설이 일리가 있다). 그러나 구체적으로 살펴보라. 정말 심장이 손발과 똑같은가? 손발 역시 사랑하지 않는 것은 아니지만, 목숨을 염두에 두면 심장이 손발보다 더 중요하다. 이 지점에서 우리는 맹자의 "몸에는 귀하고 천한 것이 있고, 크고 작은 것도 있다"는 말에 동의하지 않을 수 없다. 그렇다면 "작은 것으로 큰 것을 해쳐서는 안 되고, 천한 것으로 귀한 것을 해쳐서도 안 된다"라는 지적도 수긍할 만하다.

몸의 비유를 사회관계로 확충하면 사람의 사랑도 차등적임을 알 수 있다. 혈육에 대해서는 친親하고, 사회관계에서는 인仁하며, 사물에 대해서는 아낄(愛) 따름이다(13:45). 물론 친과 인, 애 모두 '사랑'이 맞다. 사랑의 변주가 친, 인, 애일 따름이다. 그렇다고 어찌 내 조카에 대한 사랑이 남의 집 아이에 대한 사랑과 동등하겠는가. 역시 자기 육신 가운데 어느 것 하나라도 아끼지 않는 사람은 없겠으나 생명과 관련해서 보면 목숨을 보전하는 데 소중한 장기와 부차적인 장기가 구분되고, 큰 것과 작은 것(심장과 손가락) 사이에 차등이 없을 수가 없다. 다음은 해부학 교수의 말이다.

의사한테 사람 몸의 3대 기관을 꼽으라면, 뇌와 심장을 먼저 꼽는다. 나머지 하나는 의사마다 다르게 꼽는다. 허파, 간, 이자, 콩팥, 내분

비샘, 골수……. 의사마다 자기가 다루는 기관을 꼽으려고 한다. 하여튼 이 기관을 모두 생명기관이라고 부른다. 크게 다치면 생명을 잃기 때문이다. 생명기관이 아닌 기관도 있는데, 보기를 들면 위이다. 수술로 위를 다 떼어내면, 밥을 조금씩 먹어야 하므로 힘들지만 생명을 잃지는 않는다. 생명기관의 대표는 역시 뇌와 심장이다.[167]

동양의학에서는 '심心'을 피를 돌게 하는 육신의 심장이라는 의미와 사유하는 '마음'의 뜻을 겸하여 칭했다(영어로 '心'을 'mind & heart'로 번역하는 까닭이기도 하다). 맹자의 말뜻은 '마음=심장'이 몸의 대체大體이니 유독 중요하다는 것인데, 여기 심장의 중요성은 현대 서양의학에서도 동의하는 부분이다. 그렇다면 "몸에는 귀하고 천한 것이 있고, 크고 작은 것도 있다"는 말이 맞다. 나무도 마찬가지다. 오동나무는 최고급 목재다. 대추나무는 열매를 얻기 위해 심지만 그 가치로 치면 오동나무에 미치지 못한다. "적어도 반백 년은 길러야 하는 오동나무를 기르는 마음은 10년만 기르면 되는 대추나무를 기르는 마음과 차원이 다를 것이다. 약삭빠르게 눈앞의 작은 이익만 바라는 원예사는 소인, 원대하게 미래의 큰 이익을 바라는 원예사는 대인일 테다."[168]

원예사가 몇 푼 되지 않는 열매에 집중하여 그것을 기르느라 오히려 재목으로 쓰일 오동나무를 내팽개친다면 자신이 엉터리임을 스스로 증

---

167 정민석, "뇌와 심장을 꺼내면", 〈한겨레〉, 2014년 6월 7일자.
168 임형석, "楓棘(이극)", 〈국제신문〉, 2011년 1월 20일자.

명하는 것이듯, 의사라면서 손가락 하나를 치료하려고 등짝에 난 고름을 버려두어 목숨을 잃게 하는 자는 스스로 돌팔이임을 증명하는 것이다. 마찬가지로 사람으로서 소체(입과 창자)의 욕망에 사로잡혀 대체(사람다움)의 길을 잃는다면, 사람이 사람인 까닭에 생각이 미치지 못하는, 이른바 '사람의 탈을 쓴 야만'과 다를 바 없다. 곧 "음식을 밝히는 자를 사람들이 천하게 여기는 까닭은 작은 것을 기르느라 큰 것을 잃어버리기 때문이다."

흥미롭게도 음식을 탐하는 자에 대한 경멸은 서양에서도 다를 바 없다. 정치철학자 레오 스트라우스Leo Strauss는 말하길 "음식물의 소비와 그것의 소화에만 관심이 한정된 사람을 경멸해서는 절대 안 된다고 하는 사람이 있다면 그는 관대한 계량경제학자일 수는 있다. 하지만 그는 인간 사회의 성격과 관련하여 어떠한 의미 있는 말은 할 수가 없다."[169] 여기 계량경제학자에 묵자를 앉히고, 음식에 껄떡거리는 자를 경멸하는 사람에 맹자를 앉히면 동서양이 다를 바 없다. 제 입 하나 기르려다가 예의(사람다움)를 잃어버리는 인간을 비천하게 여기는 것도 동서를 막론함을 알겠다.

요컨대 이 장의 의미는 앞 장에서 목숨을 버리고 의를 선택하는 것을 곰발바닥 요리와 생선 요리에 비유하던 것과 류가 같다. 주희도 "사람에게 귀하고 소중한 것은 마음과 의리와 천하이고, 가벼운 것은 몸뚱이와 욕망이다"(『맹자집주』)라고 짚었다. 공자에게서 살신성인의 전통을 계승

169 레오 스트라우스, 양승태 옮김, 『정치철학이란 무엇인가』, 아카넷, 2002, 26쪽.

한 맹자이니 따로 여기에 부언할 것은 없다. 마음과 의리를 기르면 대인이 되고, 육신과 식색의 욕망에 사로잡히면 소인배가 되고 마는 것은 유교 공통의 가치인 것이다. 다만 주의할 점은 육신을 팽개치고 마음만 부여안고 살라는 뜻은 아니다. "마시고 먹기만 하는 사람들은 다른 사람들로부터 멸시를 받기 마련인데, 그 이유는 그러한 사람들이야말로 자신 안에 있는 하찮은 것만 보양하고 훌륭한 것을 잃어버리게 되기 때문이다."[170] 그걸 어떻게 알 수 있느냐고? 어떤 것이 중요한지 잴 수 있는 객관적인 기준이 있어야 하지 않느냐고? '억지 춘양'이라 구태여 둘러갈 이유가 무엇인가! 스스로 돌이켜 보면 심장이 손가락보다 귀한 줄을 금방 알 터인데.

참고　본문에 '兼(겸)', '愛(애)', '體(체)'라는 단어가 속출하는데 이들은 묵자의 전문 용어들이다. 따라서 이 장은 묵가의 겸애설에 대한 비평을 담은 게 확실하다.

170　프랑수아 줄리앙, 박희영 옮김, 『장자, 삶의 도를 묻다』, 한울아카데미, 2014, 120~121쪽.

公都子問曰, "鈞[171]是人也, 或爲大人, 或爲小人, 何也?"

孟子曰, "從[172]其大體[173]爲大人, 從[174]其小體[175]爲小人."

曰, "鈞是人也, 或從其大體, 或從其小體, 何也?"

曰, "耳目之官[176]不思, 而蔽[177]於物. 物交物[178], 則引之而已矣. 心之官[179]則思, 思則得之, 不思則不得也. 此天之所與我者. 先立乎其大者, 則其小者不能奪也. 此爲大人而已矣."

공도자가 물었다.

"다 같은 사람인데 누구는 대인이 되고, 누구는 소인이 되는 까
닭은 무엇입니까?"

---

171 鈞(균): 같다. '均(균)'으로도 쓴다. 무게로는 30근을 뜻한다.

172 從(종): 대체를 '從'함은 주체적으로 판단하고 선택한 뒤 따른다는 뜻이니 '택하다'라고
번역했다(9:6의 주석 191 '從之' 참고).

173 大體(대체): '큰 몸'이니 마음의 권능(心之官)을 뜻한다.

174 從(종): 감각기관(小體)을 '從'함은 주체적 판단이 개입되지 않으므로 여기서는 '따르다'
라고 번역했다.

175 小體(소체): '작은 몸'이니 보고 듣는 감각기관, 즉 이목지관耳目之官을 뜻한다.

176 耳目之官(이목지관): 눈과 귀의 기능. '官'은 기능. 참고를 볼 것.

177 蔽(폐): 가리다.

178 物交物(물교물): 앞의 '物'은 감각기관, 곧 눈과 귀요, 뒤의 '物'은 눈에 비치는 외물과 귀
에 들리는 소리다. '交'는 접촉하다.

179 心之官(심지관): 마음의 권능. '耳目之官'의 '官'은 기능이지만, '心之官'의 '官'은 권능
이 합당하다.

맹자, 말씀하시다.

"사람의 대체를 택하면 대인이 되고, 소체를 따르면 소인이 되지."

공도자가 말했다.

"다 같은 사람인데 누구는 대체를 택하고, 누구는 소체를 따르는 까닭은 무엇입니까?"

맹자가 말했다.

"눈과 귀의 기능은 생각하지 못하므로 사물에 가려진다. 눈과 귀가 외물과 접촉하면 눈과 귀는 외물에 꺼둘릴 뿐이다. 반면 마음의 권능은 생각하는 일이니 생각하면 (인의를) 얻고, 생각하지 않으면 얻지 못한다[180]. 이 마음의 권능은 하늘이 사람에게 부여한 것이다. 그 대체인 마음을 먼저 세우면 소체인 눈과 귀는 외물에 빼앗기지 않는다. 이러면 대인이 될 따름이다."

해설

앞 장의 뜻이 계속 이어진다. 사람다움의 조건을 소체/대체, 육

---

[180] 思則得之, 不思則不得(사즉득지, 불사즉부득): 생각하면 얻고 생각하지 않으면 얻지 못한다. 이 구절은 조금씩 변주되어 자주 출현한다. 가령 "찾으면 얻고 놓치면 잃는다求則得之, 舍則失之"(11:6, 13:3) 또는 "잡으면 있고 놓으면 없다操則存, 舍則亡"(11:8)라는 식이다. 모두 마음을 두고 하는 비유다.

신의 욕망/마음의 도덕성, 소인/대인으로 구분하면서, 둘 가운데 선택하기를 우리에게 요구한다. 누구나 선한 본성을 타고났지만 끝에는 하늘과 땅의 차이가 벌어지는 까닭, 이를테면 어떤 자는 아이히만이 되고, 또 어떤 자는 체 게바라Che Guevara가 되는 이유가 무엇인가? '생각하기(思)'에 있을 따름이라는 것이 맹자의 답변이다. 그러면 맹자에게 생각하기란 무엇인가?

"맹자에게 생각하기는 주의를 집중하는 것과 마음의 이상적인 대상, 즉 의를 추구하는 것을 포함하는 듯하다."[181] 반면 "감각은 무엇이 합당한지를 반성할 능력을 결여하고 있다는 점에서 생각하지 않으며, 이상적인 대상과 접하면 더 고려함이 없이 그 대상에게 꺼둘릴 뿐이다. 이런 점에서 외부적인 사물에 의해 가려져 있거나 그 작용이 외부적인 '사물과의 관계에 전적으로 달려 있다.' 마음과 감각의 한 가지 중요한 차이는, 마음만이 무엇이 합당한지를 반성할 능력과 그에 따라 행동을 규제할 능력을 가지고 있다는 것이다. 그러므로 생각하기는 아마도 마음의 윤리적 성향에 의해 인도되는 과정으로 반성의 과정과 관련이 있을 것이다."[182]

근대 서양철학의 비조 데카르트René Descartes의 생각하기와 맹자의 생각하기가 다르다는 점에 주의해야겠다. 데카르트의 '나는 생각한다, 고로 존재한다Cogito ergo sum'가 존재에 대한 지성적 활동을 뜻한다면, 맹자의 생각하기는 마음의 활동에 의한 윤리적 반성 과정이라는 점에서 차

---

181 큉로이슌, 앞의 책, 287쪽.
182 큉로이슌, 앞의 책, 290~291쪽.

맹자, 마음의 정치학 3

이가 있다. 맹자는 마음으로 "생각하면 얻고, 생각하지 않으면 얻지 못한다"라고 했는데, 과연 무엇을 얻고 무엇을 얻지 못한다는 것일까? 분명사리 판단(理)과 도덕적 가치(義)다. 자신을 돌이켜 마음을 점검하고, 거기서 발견한 선한 싹을 틔워 확충하라. 여기서 달라질 뿐이다. "생각하는 백성이라야 산다"라는 함석헌의 말이 맹자의 이 말과 같다. 다만 그것을 깨닫고 행할 따름이다.[183]

눈과 귀라는 감각 기능(곧 소체)은 외물에 접촉하면 거기에 꺼둘려 그것들에 물들어버리는 반면, 마음의 권능(곧 대체)은 생각하기를 통해 주체성을 지키는 보루가 된다는 점도 흥미롭다. 하늘에서 물려받은 선험적 도덕성의 영토가 마음이요, 그 영토를 지키는 보루가 생각이며, 그 영토를 지금 여기서 실현하는 것이 행동이 된다. 정치란 '차마 어쩌지 못하는 마음'을 펼쳐서 실천하는 '차마 어쩌지 못하는 정치'일 뿐이라는, 맹자가 저 앞에서 했던 말과 뜻이 같다. 생각과 실천의 사이에 세차게 흐르는 의지박약의 강물만은 누구도 어쩔 수 없겠지만. 쯧!

이어지는 11:16, 11:17은 모두 '대체=마음' 정치학의 부연이다.

참고 이목지관, 즉 눈과 귀의 기능에 대한 과학자의 설명을 참고할 만하다.

---

183 데이비드 S. 니비슨에 따르면 "맹자가 생각하는 '생각'은 선善에 대해 인식론적으로 주목하는 것뿐만 아니라 자발적으로voluntarily 추구하는 것이기도 하다."(데이비드 S. 니비슨, 앞의 책, 183쪽) 즉 '생각하기'는 단지 생각에 머무는 것이 아니라 의욕적 행동을 포함한다. "생각하면 얻고, 생각하지 않으면 얻지 못한다"는 것은 구체적으로 도덕(善)에 대한 인식(識)과 그것을 추구하는 행위까지 동반하는 포괄적 개념이지, 관념적 숙고에만 그치지 않는다. 또한 공리적인 사려prudence와는 다른 것이다.

인간의 눈은 작은 것도 보지 못하고, 몸속도 보지 못하므로, 절대 이런 변화를 목격할 수 없다. 또 목격하더라도 그것이 뭔지 알아보는 지혜가 없으면, 봐도 뭘 봤는지 모른다. 개가 컴퓨터 작업을 하는 인간을 본들 인간이 뭘 하고 있는 줄 알겠는가? 개도 두 눈으로 보긴 하되 무슨 일이 일어나고 있는지는 이해하지 못하는 것이다. 인간과 달리 지혜가 없기 때문이다. 눈과 지혜는 '감시 카메라와 소프트웨어'에 비유할 수 있다. 카메라는 자기가 뭘 봤는지 모르나, 소프트웨어와 연결하면 뭘 봤는지 알아내어 합당한 경고를 한다.[184]

이목지관은 기계적 공능일 뿐 바로 보고, 바로 듣기 위해서는 마음의 통할을 받아야 한다는 맹자의 생각을 현대식으로 잘 번역했다.

---

184   강병균, "'남진제 북송담'의 진화론 부정, 정당한가", 〈법보신문〉, 2015년 6월 17일자.

11:16. 하늘의 벼슬, 사람의 벼슬

孟子曰, "有天爵者, 有人爵者. 仁義忠信, 樂善不倦[185], 此天爵也; 公卿大夫, 此人爵也. 古之人修其天爵, 而人爵從之. 今之人修其天爵, 以要人爵; 旣得人爵, 而棄其天爵, 則惑之甚者也, 終亦必亡而已矣."

맹자, 말씀하시다.

"하늘이 내린 벼슬인 천작이 있고, 사람이 주는 벼슬인 인작이 있다. 인의와 충신, 선을 즐겨 게을리 하지 않는 것은 천작이요, 공경과 대부 벼슬은 인작이다.

옛사람들은 천작을 닦음에 인작이 저절로 따라왔다. 지금 사람들은 천작을 닦아 인작을 요구하고 인작을 얻고 나면 천작을 내버리니, 이는 미혹됨이 심한 것이다. 결국 그 인작마저 필시 잃고 말 것이다."

185 樂善不倦(낙선불권): 선을 즐겨 게을리 하지 않다. 앞서 순임금의 정치를 "남의 선을 취해 자기 것으로 만들기를 즐겨했다樂取於人以爲善"(3:8)라고 했던 구절을 연상하자. 공자는 "좋아하는 것은 즐기는 것만 못하다"(『논어』, 6:18)라고 하였고, 맹자는 악정자를 호선好善 (선을 좋아함)이라고 평하였는데(12:13) 호선이 몸에 무르익은 상태가 '樂善'이다.

비유는 적확하고 그 뜻은 섬뜩하다. 특히 끝 대목이 그렇다. "옛사람들은 천작을 닦음에 인작이 저절로 따라왔다. 지금 사람들은…… 인작을 얻고 나면 천작을 내버리니…… 그 인작마저 필시 잃고 말 것이다." 공자가 "자리 없음을 근심하지 않고, 설 바를 근심한다不患無位, 患所以立"(『논어』, 4:14)라던 뜻을 맹자가 잇고 있다. 나는 몸과 마음의 공부에 몰두하며 살아갈 따름인데 타인이 그것을 알아주어 벼슬이 따라오는 구도다. 그 사이를 연결하는 것이 추천이다. 앞에 "옛사람들이 벼슬 살기를 바라지 않았던 것은 아니나 정당한 소개 절차 없이 벼슬하려는 짓을 미워한 것이외다. 정당한 소개 절차를 통하지 않고 출사하는 짓은 담장에 구멍을 뚫고 틈을 내는 짓과 같은 종류올시다"(6:3)라던 대목과 통한다. 수신의 덕목이란 본문의 인의와 충신, 그리고 낙선불권樂善不倦, 곧 '선을 즐겨 게을리 하지 않는 것'이다.

반면 당시 구직자들의 행태는 인의충신과 낙선불권을 배우긴 하되 지식을 빌미로 벼슬(인작)을 요구한다. 여기 '要(요)'는 스스로 자기 손을 들고 나서서 벼슬을 추구한다는 뜻이다. 맹자는 제 손으로 자리를 요구했던 이들은 벼슬을 얻고 나면 그동안 배웠던 '사람 공부(천작)'를 포기하거나, 인작과 천작을 몽땅 다 잃어버리기 마련이라고 생각한다. 하긴 공자도 "내 학교에서 3년을 배우고 난 뒤 벼슬을 구하지 않는 녀석이 드물더라"(『논어』, 8:12)며 개탄한 바 있다. 벼슬을 요구하고, 지위를 얻은 다음 '본디 마음(인의예지)'과 '배운 공부(낙선불권)'를 내팽개치고 권력자의 개가 되고 마는 비천한 인간들의 행태는 동서고금을 막론하고 유사하다(사마천司馬遷의 『사기열전史記列傳』에 그런 사례가 많다).

여기서 우리는 유교 학술의 정체와 정치적 행동의 전형을 엿볼 수 있다. 배움(학 또는 학습)이란 무엇을 '위하여' 하는 행위가 아니라 사람다움 그 자체를 완성하는 독립적이고 완정한 과정(이를 위기지학爲己之學이라고 부른다)으로 생활 속에서 '함께 더불어 삶'을 실현하는 실천적 행위와 직결된다. 즉 앎(知)과 실천(行)은 한 벌이다. 다만 앎을 빌미로 지위를 요구할 때는 권력이라는 마성魔性에 빠져 몸을 망칠 수 있다는 것이 맹자의 경고다. 곧 천작·인작론 밑에는 '권력자에 복종하는 기능적 인간이 될 것인가, 공공선에 기여하는 주체적 인간이 될 것인가'라는 선택 문제가 깔려 있다. 정치에 마땅히 참여해야 하지만 참여 일변도로 나가면 권력에 삼켜지고, 그것이 두려워 숨는다면 야만의 세계(전국시대)를 구제하지 못한다. 이 둘 사이의 딜레마를 지식인은 어떻게 헤쳐 나갈 것인가. 공공선을 위한 지식인의 책무를 실현하면서 권력의 도구로 타락하지 않고, 동시에 개인의 존엄성도 보존하는 모순적인 요구를 감당해야 하는 좁고도 아슬아슬한 선택이다.

한편 제 손 들고 스스로 지위를 요구하는 자들이 가득한 국가의 끝은 어떤 모습일까? 반드시 망한다! 청나라 고증학자 최술崔述은 타인이 추천하고 본인은 사양하는 이른바 '덕치의 구도'가 사라지고, 스스로 자리를 요구하는 풍조가 나라를 망치는 사태를 춘추시대의 역사 속에서 논증한다.

내가 『춘추좌전春秋左傳』을 읽다가 진晉나라와 초楚나라의 필邲 땅에서의 전투에 이르러서 진나라 정치가 쇠락한 것을 알 수 있었다. 필땅의 전투에서 진나라 군사들은 왜 패했을까? 혹자는 "진나라의 장수들이 화합하지 못하고, 자신들의 힘을 헤아려보지 않고 바로 황하를 건넜으며, 대비도 하지 않았기 때문에 패했다"고 한다.

나는 말한다. 이 말이 맞다. 그러나 그것이 본질적인 이유는 아니다. 『춘추좌전』에 "진나라 위기魏錡가 공족公族의 지위를 구했지만 얻지 못했다"라고 했고, 또 "조전趙旃이 경상卿相의 지위를 구했지만 얻지 못했다"라고 했다. 경대부가 어찌 구해서 되는 자리인가! 지위를 구해서 얻은 자가 있고, 지위를 구하지 않아서 얻지 못하는 자가 있다. 이 때문에 사람들은 지위 구하기를 다투게 된다. 만약 지위를 얻은 자가 모두 그 지위를 구하지 않고도 얻은 것이라면, 다시는 지위를 구하려는 자가 없게 될 것이다. 진晉나라 문공 때에 조최趙衰가 극곡郤穀을 원수元帥로 추천했다. 극곡이 어찌 일찍이 그 지위를 구했겠는가! 서신胥臣이 극결郤缺의 현명함을 추천하자, 문공이 하군대부下軍大夫로 삼았다. 극결도 그 지위를 구하지 않았다. 단지 지위를 구하지 않은 것만이 아니다. 문공이 조최를 경상으로 삼자, 조최는 난지欒枝와 선진先軫에게 양보하고, 또한 자기가 얻은 것을 남에게 양보했다. 이렇게 쓰는 사람마다 모두 현명하니 한 번 싸워서 패자霸者가 된 것이 이상할 것이 없다.[186]

---

186 최술, 박준원 옮김, 『맹자사실록』, 지식을만드는지식, 2010, 85~87쪽(일부 어휘는 달리 번역해 인용했다).

인작인 공경대부를 요구하는 풍토에서 공공 부문은 타락하고, 끝내 나라는 쇠락하게 된다. 반면 공경대부의 지위를 남이 추천하고 본인은 양보하는 풍토에서는 나라가 흥륭한다. 문제는 어떤 시스템이냐다. 리더십, 곧 인치가 중요한 까닭이다.

11:17. 조맹이 준 벼슬, 조맹이 회수한다

孟子曰, "欲貴者, 人之同心也. 人人有貴於己者, 弗思耳. 人之所貴者, 非良貴[187]也. 趙孟[188]之所貴, 趙孟能賤之. 詩[189]云: '旣醉以酒, 旣飽以德.' 言飽乎仁義也, 所以不願人之膏粱之味[190]也; 令聞廣譽[191]施於身, 所以不願人之文繡[192]也."

맹자, 말씀하시다.

"존귀해지고 싶은 것이야 사람들 모두 같은 마음이다. 다만 누구나 존귀함을 품고 있건마는 생각하지 않을 뿐이다. 남이 귀하게 해준 것은 진짜 존귀한 것이 아니다. 조맹이 귀하게 만든 것

---

187 良貴(양귀): 진짜 존귀함. "良은 동작이나 행위에 대한 강조 및 긍정을 나타낸다. '진실로, 확실히'로 해석한다."(연세대학교 허사사전편찬실 편, 『허사대사전』, 성보사, 2001)

188 趙孟(조맹): 춘추시대 진晉나라 정경正卿 조순趙盾의 자字가 '孟'이다. 이에 그 자손들을 두루 '趙孟'이라 칭했다(양백준). 모두 쟁쟁한 권력자들이다. 여기 '趙孟'은 그중 누구인지 특칭할 수 없다. 이에 주희는 '춘추시대 진나라 대부'라고 간략히 주석했다.

189 詩(시): 『시경』, 『대아』, '기취旣醉'. 이 구절 다음에 '君子萬年, 介爾景福(군자만년, 개이경복)', 곧 "군자가 만년토록 큰 복을 크게 받으리로다"라는 칭송이 이어진다(경복궁의 이름이 여기서 나왔다).

190 膏粱之味(고량지미): 고량진미膏粱珍味와 같다. 기름지고 맛있는 음식을 이른다. '膏'는 살진 고기. '粱'은 잘 찧은 밥.

191 令聞廣譽(영문광예): '令'은 아름다움. '令聞'은 영명令名, 곧 명예를 뜻하고, '廣譽'는 좋은 평판.

192 文繡(문수): '높은 벼슬'로 번역하였다. '文繡'는 '紋繡(문수)'와 같은 것으로 비단에 무늬를 수놓은 옷을 뜻하는데 "반드시 관작의 명이 있는 사람만이 무늬를 수놓은 옷을 입을 수 있었다."(양백준)

　　　　　　　　　　　　　　맹자, 마음의 정치학 3

은 조맹이 천하게도 만들 수 있는 것. 『시경』, 『대아』, '기취'에 '이미 술에 취하였고, 이미 덕으로 배불렀다'라고 노래하였다. 이는 인의로 배불렀으니 따로 남의 고량진미를 바라지 않고, 아름다운 명성과 좋은 평판이 한 몸에 드리웠으니 남의 높은 벼슬을 바라지 않는다는 말이다."

해설

앞의 천작·인작론을 잇고 있다. 하늘로부터 물려받은 참된 존귀함, 곧 양귀良貴는 2퍼센트의 희소한 도덕성(인·의·충·신)을 이른다. 이는 남이 빼앗을 수 없는 나만의 '귀물'이건만, 사람들이 제 안에 그것이 갖춰진 줄 모를 뿐이요(애재라!), 세속의 존귀함인 공경대부의 벼슬은 다들 구하려 들지만 막상 그걸 준 사람이 앗아가는 줄 모른다.

춘추시대 진晉나라는 초강대국이었던 터. 진나라의 유력한 재상이 조맹이다. 조맹은 남에게 높은 벼슬을 주어 호사를 누리게 할 수 있지만, 그 호사를 뺏어가는 것 역시 그의 권능이다. 그렇다면 그 호사는 참된 것이 아니다. 오늘날 재벌이나 권력자에게 재능을 팔아 호사를 누리는 것과 같은 이치요, 남의 묘지에 가서 찌꺼기 밥과 술을 얻어먹고 거들먹거리는 비천한 사내의 예화(8:33)가 여기 '조맹의 벼슬'과 겹친다. 천작을 귀히 여기고, 인작을 낮춰 보는 맹자의 호연한 기운이 잘 드러난 대목이기도 하다.

고대 그리스의 아리스토텔레스가 『맹자』를 읽는다면, 이 대목 "조맹이 귀하게 만든 것은 조맹이 천하게도 만들 수 있는 것"이라는 문장 앞에서 흐뭇한 웃음을 머금었으리라. 권력이나 재화는 '최종적 행복(에우다이모니아)'이 아니라 우연적이거나 부차적인 것이라고 여겼기 때문이다.[193] 또 불교의 종지인 일체유심조一切唯心造도 그 방향(내향성)은 같다. 불성이 마음 자리에 있으니 바깥에서 찾지 말라는 뜻이기에 그렇다. 고려시대 선승 지눌이 지은 『초발심자경문初發心自警文』을 법정스님이 번역하면서 제목을 『밖에서 찾지 말라』라고 고쳐 붙였는데, 그 말이나 여기 타고난 하늘 벼슬(천작)을 추구하라는 맹자의 말이 가리키는 방향은 다 같다.

반면 묵자는 세속의 부귀를 구하는 것을 사람의 성취로 알 뿐 마음속 존귀함은 알지 못한다. 그는 말하길 "부귀하고 싶은 사람이 우리 집안사람 중에는 그것을 바라는 사람이 없으므로 나는 부귀를 원치 않는다 하고 말하겠는가? 부하고 귀하게 되고 싶은 사람은 남들의 눈치를 보지 않고 오히려 힘껏 그것을 쟁취하고자 한다"[194]라고 하였으니 얕고도 얕다.

맹자 역시 부귀 추구가 사람의 공통 심리라는 점은 인정한다. 다만 그보다 더 귀중한 가치가 내면에 있음을 안다는 것이 묵자와 다른 점이다. 나아가 그는 부귀를 추구하다 보면 결국 자신을 해치는 데까지 이른다고 경고한다. 묵자가 '사람이라면 마땅히 부귀를 힘껏 쟁취한다'라는 명제를 보편적 진리로 보고 그 욕망을 골고루 나누기를 권한다면(실은 그 과

---

193 아리스토텔레스, 천병희 옮김, 『니코마코스 윤리학』, 숲, 2013.

194 欲富貴者, 豈曰吾族人莫之欲, 故不欲哉. 欲富貴者, 不視人, 猶强爲之(『묵자』, 「공맹公孟」).

정조차 비현실적이다), 맹자는 부귀의 가치를 도덕적으로 판단하고 권력의 타락 가능성에 주의하며 벼슬을 살아야 한다고, 즉 공적 긴장을 놓쳐서는 안 된다고 조언한다. 후기 묵가에서 편찬한 개념어 사전 『묵경』에 "의義는 이利다"라고 정의하였으니, 맹자와 상반되는 지점을 알 수 있다. 이렇게 보면 이 장은 묵가를 염두에 둔 논설이다.

참고   권력자權力者와 책임자責任者는 문자학적으로도 차이가 있다. '권權'은 저울추라는 뜻이니 권력자는 저울대를 마음대로 조절할 수 있는 힘을 가진 사람이다. 반면 '책責'은 빚이니 책임자란 빚 갚듯 맡은 일을 수행하는 사람이다. "조맹이 귀하게 만든 것은 조맹이 천하게도 만들 수 있는 것"이라는 구절이야말로 권력자의 행태를 잘 묘사한 표현이다.

孟子曰, "仁之勝不仁也, 猶水勝火. 今之爲仁者, 猶以一杯水救一車薪[195]之火
也; 不熄[196], 則謂之水不勝火, 此又與於不仁之甚者也. 亦終[197]必亡而已矣."

맹자, 말씀하시다.

"인이 불인을 이기는 것은 물이 불을 이기는 것과 같다. 오늘날
인을 행한다는 사람은 물 한 잔으로 한 수레 가득한 땔감의 불
을 끄듯 한다. 불이 꺼지지 않으면 '물이 불을 이기지 못한다'
고 하는데, 이건 불인보다 더 심각한 것이다. 결국엔 반드시 인
을 망쳐버리고 말 것이다."

해설

여기 물과 불 속에 들어 있는 맹자의 무의식을 추리해보자. 인
을 물에, 불인을 불에 비유하면서 물이 기필코 불을 이기는 것처럼 인은
기필코 불인을 이기고 만다는 맹자의 확신에서 도리어 그의 초조함과 유

---

195 薪(신): 섶, 땔감.

196 熄(식): 꺼지다, 식다.

197 亦終(역종): 결국에는. 11:16 끝 구절의 개탄과 같다. 다만 거기서는 '終亦(종역)'이라고
했던 것을 이곳에선 '亦終'이라고 순서를 바꾼 것이 좀 다르다.

교를 정통으로 수립하려는 강한 욕망을 읽을 수 있다. 또한 당대를 큰불에 사람과 자연이 타 죽는 재앙의 시대로 여기는 무의식과 '물 비슷한 것'으로는 불을 끌 수 없다는 비관주의도 엿볼 수 있다. 전국시대에 횡행했던 담론 가운데 특히 묵가의 겸애설이 맹자에게는 '물 비슷한 것'이다. 기름과 물이 같은 액체이지만 불에 대해서는 전혀 다른 기능을 하는 것처럼, 유교의 인과 비슷한 듯하지만 같지는 않은 겸애 같은 사이비似而非가 도리어 천하의 불을 더 키우고 말리라는 경고다.

요컨대 인만이 참되고 올바른 물이니 천하의 불(대란)은 오로지 인으로만 끌 수 있다는 게 맹자의 강력한 신념이다. 공자 역시 유교라는 외길에 대한 자신의 신념을 피력한 바 있다.

> 공자, 말씀하시다.
> "이단을 전공하면 해롭다."
> _『논어』, 2:16

> 공자, 말씀하시다.
> "누군들 문으로 출입하지 않는 사람이 있던가? 그런데 어찌하여 이 길(斯道)로 드나들지 않는 것인가?"
> _『논어』, 6:15

이단에 대한 경고와 더불어 유교(斯道)에 대한 공자의 자부를 확인할 수 있다. 따라서 이 장은 공자의 확신을 맹자가 계승하였음을 잘 보여준다.

한편 본문 끝 구절의 개탄을 오늘날로 당겨 와서 해석하면 이렇다. 인이 어떻다느니, 덕이 어떻다느니 말로만 떠들면서 막상 실천해본 적은 없는 사이비 학자들의 죄악이 몰라서 악행을 저지르는 사람보다 더 크다. "임금의 악행을 조장하는 짓은 외려 그 죄가 작으나, 임금의 악행을 부추기는 짓은 그 죄가 크다"(12:7)라는 말도 여기서 멀지 않다.

孟子曰, "五穀者, 種¹⁹⁸之美¹⁹⁹者也; 苟爲不熟, 不如荑稗²⁰⁰. 夫仁亦在乎熟之
而已矣."

맹자, 말씀하시다.

"오곡은 알곡 가운데 맛난 것이지만, 만일 숙성하지 않으면 가
라지나 피만도 못하다. 대저 인도 숙성하는 데 달려 있을 따름
이다."

해설

뜻이 계속 이어진다. 유교 경전의 말이라고 하여 그 자체로 진
리일까? 그럴 리가 없다는 것(공자의 말이라도 의심하라!). 인이라는 말조차
쭉정이가 있고, 껍데기가 있고, 알곡이 있다. 공자를 빌리자면 인에 무젖
어 한 몸이 된 상태가 안인安仁이요, 인이 좋은 줄 알아서 행하는 것은 이

---

198 種(종): 곡식 종자. '알곡'이라고 번역했다.

199 美(미): '味(미)'와 같다.

200 荑稗(제패): 가라지와 피. '荑'는 가라지(돌피라고도 한다). '稗'는 피. 문체(스타일)의 명칭
으로도 쓴다. '稗說(패설)'은 오늘날 말로는 잡설雜說이다. 고려시대 문인 이제현의 〈역
옹패설櫟翁稗說〉의 '패설'은 자기 글을 낮춰 붙인 이름이다.

인利仁이다.²⁰¹ 인이 좋은 줄 알면서도 아직 거기에 미치지 못한 상태는 또 미인未仁이다. 맹자 역시 인의 등급을 조밀하게 논했으니 일단 가인假仁이라 '거짓된 인'이 있고, 외려 인을 해치는 불인不仁도 있다. 양혜왕이 불인이라는 불명예를 얻었고(14:1), 걸과 주 같은 폭군도 역시 불인한 자들이다. 그 반대편에는 지인至仁이 있으니(14:3) 요순이나 탕무 같은 성인을 이른다. 그러니까 지향하는 길이 바르고 뜻이 옳다 해도 끝까지 도달하여 무젖어야지 중도에 폐기하거나 곁가지로 빠지거나 겉치레로 가는 척해서는 자신도 속이고 남도 해치는 결과를 낳는다.

따라서 어찌 알곡이 눈앞에 보이는 곡식만을 두고 하는 말이랴. 내 눈을 맑혀 말글을 바로 알고, 안 것을 삶 속에서 실천하여 숙성할(熟) 때 현상하는 것이 알곡이다. 말이든 글이든 사상이든 사람다움이든 숙성에 그 사활이 걸려 있다. 일본의 이토 진사이 역시 "이 장의 주제는 전적으로 숙熟이라는 한 글자에 놓여 있다"(『맹자고의』)라고 지적했는데 옳게 봤다.

유교의 궁극은 인의충신 같은 겉말이 아니라 그 말의 속살을 채우는 실천, 곧 확충과 획득의 과정에 있다. 인의, 충신, 지혜와 용기 등은 좋고도 좋은 말(종자)이긴 하나 그것이 껍데기로, 쭉정이로 말라비틀어진 채 횡행하면 도리어 해악이 되는 수가 있다. 요체는 호학, 곧 숙성의 과정이다. 어쩌면 유교는 숙성의 과정 그 자체인지도 모르겠다(요즘 말로 하면 유교는 과정 철학이다!).²⁰²

---

201 仁者安仁, 知者利仁(『논어』, 4:2).

202 로저 에임스, 앞의 책, 181쪽.

맹자, 마음의 정치학 3

오늘날에도 숙성의 중요성은 아무리 강조해도 지나치지 않다. 현대 학문과 예술도 숙성 과정에 사활이 걸려 있다. 산업기술 분야도 그렇다고 한다. 서울대학교 공과대학의 원로 학자들은 한국의 공업기술이 숙성 과정, 곧 '축적의 시간'을 도외시한 결과 위기에 봉착했다고 진단한다.

> 우리나라 산업 전반에서 창의적 개념 설계 역량이 부족하다는 진단은 어제오늘 이야기가 아니다. 그러나 이런 개념 설계의 역량이 어떻게 형성되는 것인가에 대한 논의는 상대적으로 소홀했다. 멘토들은 개념 설계의 역량이 반짝이는 아이디어가 아니라, 반드시 오랜 기간 지속적으로 시행착오를 '축적'해야 얻어지는 것이라고 조언한다. 곧 창의적 경험지식이 축적된 결과가 성공적인 개념 설계로 나타나는 것이다. 반대로 표현하자면, 개념 설계 역량이 부족하다는 것은 겉으로 드러난 증상이고, 그 원인은 사실 다양한 실패의 경험을 축적해오지 못한 데 있다는 뜻이다.[203]

이렇게 보면 축적, 숙성, 성숙, 발효는 분야를 막론하고 예나 지금이나 '사람살이' 전체에 걸친 핵심 가치임을 알 수 있다.

---

203 서울대학교 공과대학 엮음, 『축적의 시간』, 지식노마드, 2015, 44~45쪽.

孟子曰, "羿之教人射, 必志於彀²⁰⁴; 學者亦必志於彀. 大匠²⁰⁵誨人, 必以規
矩²⁰⁶, 學者亦必規矩."

> 맹자, 말씀하시다.
> "예가 활쏘기를 가르친다 해도 반드시 활시위를 한껏 당기도
> 록 할 것이고, 배우는 자 역시 시위를 끝까지 잡아당기는 데 뜻
> 을 두어야 한다. 도목수가 기술을 가르칠 때는 반드시 그림쇠와
> 곱자 사용법부터 가르칠 것이고, 배우는 자 역시 그림쇠와 곱자
> 사용법을 배우지 않을 수 없다(이게 기본이기 때문이다)."

해설

예羿는 전설적인 명궁의 이름이다(8:24). 신화에 따르면, 먼 옛
날 열 개의 해가 한꺼번에 떠서 산천초목이 다 타들어갔다. 그때 예가 활
을 쏘아 아홉 개를 명중시키고 하나만 남겨 세상을 구했다. 이런 천하 명
궁도 초보자에게 활쏘기를 가르칠 때는 시위를 한껏 잡아당기는 기본에

---

204 彀(구): 활시위를 한껏 당기다(주희).
205 大匠(대장): 우두머리 장인. 목공의 경우 도목수.
206 規矩(규구): '規'는 그림쇠. '矩'는 곡척.

집중했으리라는 것(그 밖에 무슨 다른 길이 있으랴!). 과녁의 정중앙에 적중 시키는 기술은 그다음이다. 적중의 기술이 아무리 중요하다 해도 화살을 과녁까지 보낼 수 없다면 그 기술을 어디에 쓰랴! 마찬가지로 대궐처럼 큰 집을 훌륭하게 짓는 건축가라도 나무에 먹줄을 긋고 컴퍼스를 쓰는 법부터 배워야 한다. 최고의 기술을 갖춘 명장이라도 초보자를 가르칠 때는 그림쇠와 곱자 사용법부터 가르치는 수밖에 없다.

활쏘기나 목공 기술조차 근본을 중시한다면 사람다움을 성취하는 공부야 말할 나위가 있으랴. 그렇다면 '사람 공부'의 기본은 과연 무엇이겠는가? 여기 「고자 상」에서 내내 추적한 것이 그 기본이었다. 누구나 가진 마음을 돌이켜 보는 것, '사람의 본성이 선하다'는 원칙을 확인하고 확충하는 것이 '사람 공부'의 기본이다. 만일 스승이 기본은 젖혀두고 기술만 가르치려 들면 어떻게 될까? 제자의 손에 죽임을 당하는 수가 있다. 명궁 예가 제자 방몽에게 죽임을 당했던 예화가 이곳을 겨눈다(8:24).

참된 스승은 스승으로 자처하지 않고, 그렇다고 누구를 편애하지도 않고, 다만 기본부터 가르칠 뿐이다. 제자는 제 안목과 역량만큼 그 가르침을 받아들인다. 바둑이 비록 잔기술에 불과하지만 "하나는 마음을 오로지하고 뜻을 다하여 그의 말에 귀를 기울이고, 또 하나는 듣고는 있으나 마음 한편에 기러기와 고니가 날아오면 활과 주살을 쏘아 맞출 궁리나 하고 있다면"(11:9) 그 결과는 보나 마나다. 그러므로 "도목수는 서툰 목수를 위해 먹줄 치는 법을 고치거나 없애지 않고, 예는 서툰 궁사를 위해 활 당기는 기준을 바꾸지 않는다."(13:41) 사람 공부의 기본이 제 한 몸의 수련, 수신修身임도 명확하다. 아니면? 말고!

제12편

고자 하 告子下

사제 간 문답, 경쟁학파와의 논전으로 이루어져 있다.
모두 16장이다.

12:1. 비교하기 전에 경중을 헤아리라

任人[1]有問屋廬子[2]曰, "禮與食孰重?"

曰, "禮重."

"色與禮孰重?"

曰, "禮重."

曰, "以禮食, 則飢而死; 不以禮食, 則得食, 必以禮乎? 親迎[3], 則不得妻; 不親

迎, 則得妻, 必親迎乎?"

屋廬子不能對, 明日之鄒以告孟子.

孟子曰, "於答是也, 何有[4]? 不揣[5]其本, 而齊其末, 方寸[6]之木可使高於岑樓[7].

金重於羽者, 豈謂一鉤金[8]與一輿羽[9]之謂哉? 取食之重者與禮之輕者而比之,

1　任人(임인): 임나라 사람. '任'은 나라 이름으로 맹자의 고향인 추鄒와 서쪽으로 접경한
지역이다. 12:5에는 임나라의 군주 대행 계임季任과 맹자 사이의 교제가 나온다.

2　屋廬子(옥려자): 맹자의 제자. 이름은 련連.

3　親迎(친영): 예를 갖춰 혼인하다. '迎'은 맞이하다. 조선의 전통 혼례와 중국식 혼례는 달
랐다. "고대 중국의 혼례는 신랑이 친히 신부를 맞아들였다. 즉 여자가 '시집을 갔다(이것
이 親迎의 본래 뜻이다)'. 그러나 우리나라 옛 풍속은 남자가 여자 집으로 '장가丈家(장인의
집)를 갔다'. 조선 중기까지도 우리 풍속은 장가를 가는 것이었다. 점차 유교화가 진척되
면서 중기 이후 친영례親迎禮, 즉 시집을 가는 예가 퍼졌다. 시대의 질곡이 시작된 셈이다.
요컨대 親迎은 중국 고대의 풍속이지 우리 풍속이 아니다."(이숙인, 『동아시아 고대의 여성사
상』, 여성문화이론연구소, 2005)

4　何有(하유): 무슨 어려움이 있겠는가?

5　揣(췌): 헤아리다.

6　方寸(방촌): 사방 한 치. 작다는 뜻.

7　岑樓(잠루): 망루 꼭대기. '岑'은 멧부리. '樓'는 망루.

8　鉤金(구금): 허리띠쇠. '鉤'는 갈고리쇠.

奚翅[10]食重? 取色之重者與禮之輕者而比之, 奚翅色重? 往應之曰, '紾[11]兄之臂[12]而奪之食, 則得食; 不紾, 則不得食, 則將紾之乎? 踰[13]東家牆[14]而摟[15]其處子[16], 則得妻; 不摟, 則不得妻; 則將摟之乎?'"

임나라 사람이 옥려자에게 물었다.

"예와 음식 가운데 무엇이 소중하오?"

옥려자가 말했다.

"예가 중하지요."

임나라 사람이 말했다.

"여색과 예 가운데는 무엇이 소중하오?"

옥려자가 말했다.

"예가 중하지요."

임나라 사람이 말했다.

"예를 차려 음식을 구하면 굶어 죽고, 예를 차리지 않으면 음식

9   輿羽(여우): 한 수레에 가득 실은 깃털.
10 奚翅(해시): 어찌 ~뿐이랴. '奚'는 어찌. '翅'는 뿐.
11 紾(진): 비틀다(주희).
12 臂(비): 팔뚝.
13 踰(유): 넘다.
14 牆(장): 담.
15 摟(루): 끌다(주희). 우리 풍습의 '보쌈'과 같다(보쌈은 혼기를 놓친 총각이 과부를 밤에 몰래 보에 싸서 데려와 부인으로 삼는 것이다). 뒤에 제후의 자격을 논하는 대목에 '摟'의 용례가 다시 나온다(12:7).
16 處子(처자): 처녀.

맹자, 마음의 정치학 3

을 얻을 수 있어도 예는 반드시 차려야 합니까? 또 예를 갖춰 혼인하려면 아내를 얻을 수 없고, 예를 갖추지 않으면 아내를 얻을 수 있어도 예는 반드시 차려야 합니까?"

옥려자, 말문이 막혔다. 다음 날 추 땅으로 가서 맹자에게 여쭈었다.

맹자, 말씀하시다.

"그런 질문에 응대하는 게 무에 어려울 것이 있겠는가! 뿌리는 재보지 않고 끄트머리만 나란히 한다면, 작은 나무토막도 망루 꼭대기보다 높게 할 수 있는 것. 쇠가 깃털보다 무겁다는 것이 어찌 허리띠쇠 하나와 한 수레 가득한 깃털을 두고 하는 말이겠는가. 음식의 중한 것과 가벼운 예를 비교한다면 어찌 다만 음식이 소중하지 않을 뿐이겠으며, 또 여색의 중한 것과 가벼운 예를 비교한다면 어찌 다만 여색이 소중하지 않을 뿐이랴!

가서 이렇게 말해주어라. '형의 팔뚝을 비틀어 빼앗아야 밥을 먹을 수 있고, 그렇지 않으면 먹을 수 없다고 해도 형의 팔뚝을 비틀 것인가?' 또 '이웃집 담장을 넘어가 처녀를 훔쳐야 혼인할 수 있고, 그렇지 않으면 혼인할 수 없다고 해서 이웃집 처녀를 훔치겠는가?' 라고."

질문자 임인任人은 '식욕과 성욕이 사람의 본성'이라는 '인성=동물성' 등식을 상식으로 아는 자다. '사람은 다만 동물이다, 육신의 생존(본능)이 사람다움(본성)보다 소중하다'는 것. 인간의 본성에 대한 관점 차이는 앞의 제11편에서 소상하게 밝혔다. 예와 음식, 예와 여색 가운데 무엇이 소중하냐는 질문이 나온 것은 임인이 고자학파의 일원이거나, 당시 대중 사이에 고자의 학설이 유행처럼 번져 있었기 때문인 듯싶다. 여기서 맹자가 지적한 요지는 임인의 비교 방법론이 형평성을 잃었다는 점이다. 앞에 "한 자를 굽혀 한 길을 편다"(6:1)던 것과 같은 맥락이다. 당대는 논전의 시대인지라 이런 식의 말다툼이 흔했던 모양이다.

비유나 비교는 그 한계를 고려해야 하고 균형이 맞아야 한다. 만장이 '제후들은 모두 강도다!'라고 몰아친 것을 맹자가 충류지의充類至義(10:5)라는 개념을 통해 꼬집은 바 있듯이 비유가 극단으로 치달으면 문제가 발생한다. 여기서 임인도 비교의 극단화(하나는 극대, 또 하나는 극소)라는 오류를 범했다. 둘 다 이의역지以意逆志(작자의 본래 뜻에까지 거슬러 올라가 텍스트의 맥락을 헤아리기)의 방법론, 즉 비교 대상에 대한 맥락적 이해가 부족한 탓이다. 사물의 본말, 사태의 경중, 사업의 선후를 각각 비교하여 잘 아는 것이 지혜의 소관이다.

『대학』에서 "사물에는 근본과 말단이 있고 사업에는 시작과 끝이 있으니, 먼저 행할 것과 뒤에 행할 것을 알면 곧 진리에 가까우리라"[17]고 지적하면서 그 결론으로 "근본이 흐트러졌는데 말절이 가지런한 경우가 없

고, 두텁게 대접해야 할 것을 야박하게 대한 자가 야박하게 대해야 하는
것을 두텁게 대접하는 경우 또한 있을 수 없다"[18]라고 경고한 것이 참고
가 된다. 또 맹자가 요순의 정치가로서의 자질을 두고 "요순 임금의 지혜
로도 만물을 다 알지 못한 것은 먼저 알아야 할 것을 급하게 여겼기 때문
이다. 요순 임금의 인으로도 만인을 모두 사랑하지 못한 것은 가족과 현
자를 앞세웠기 때문이다"(13:46)라고 비평한 것 역시 다르지 않다. 정치란
한계가 있는 재화와 한정이 있는 에너지를 본말경중과 선후완급을 비교
하고 또 조절하여 적절히 분배하는 것이다. 합리성, 경제성이 여기서 나
오는 것이요, 중용의 용庸(항상성)이 중요한 정치적 개념인 까닭이다.

다시 질문해보자. 예가 왜 인간에게 근본인가? 되풀이하여 답한다. 예
에 희소한 사람다움이 들어 있기 때문이다. 사람의 속성 대부분은 짐승
과 다를 바 없으나(식욕과 성욕), 문제는 사람이 사람으로 불리는 까닭은
육신의 생존 때문이 아니라 여기 희소한 예(사람다움) 때문이다. 예는 사
람들 사이에 난 사람다움의 길이다. 산 사람과 죽은 사람 사이에 난 길
이기도 하다. 구덩이에 내다버린 아비의 시신을 발견한 최초 인간의 '마
음속에서 분출한 뜨거운 느낌'과 그로부터 장례식이 생겨났음을 추론한
'맹자 인류학'의 가설을 상기하자(5:5). 예는 '사람의 사람다운 마음'에
서 비롯한 것이다! 사람다움의 길이 혹 흐릿해질 때도 있겠으나, 그렇다
고 하여 어찌 이 길 없이 사람이 사람과 함께 살아갈 수 있겠으며, 또 사

---

17 物有本末, 事有終始, 知所先後, 則近道矣(『대학』).

18 其本亂, 而末治者, 否矣; 其所厚者薄, 而其所薄者厚, 未之有也(『대학』).

람이 사람다울 수 있겠는가.

자연 세계에 비유하자면 황무지荒蕪地라도 생명은 산다. 또 숲이라면 곤충과 동물이 서식하고 이를 노리는 새매가 산다. 그러나 사람만은 황무지에서 살아갈 수 없다(황무지는 무례無禮한 땅의 비유다). 사람은 오로지 농경지農耕地에서만 살아갈 수 있다. 농경지는 단순히 옥토만을 두고 이르는 말이 아니다. 농경지도 본래는 황무지였으나 사람들이 모여 함께 일군 땅이다. 사람과 사람이 일군 문명의 땅인 것이다. 이곳이야말로 동물이 '생존'하는 땅이 아니라 사람이 '생활'하는 터전이다. 문명의 땅은 생활하는 곳이요, 생활은 '더불어 사는 삶'이기에 사람과 사람 사이에는 예가 필수조건이다. 더불어 살기 위한 사람다움의 약속, 이것 없이 사람다운 '생활'은 없다. 생존과 생활 사이에, 즉 황무지와 농경지 사이에 존재하는 가느다란 분수령이 예다.

한편 앞에서 "음식 밝히는 자라도 (큰 것을) 잃어버리지 않는다면, 입과 배가 어찌 한 자의 살갗, 한 치의 피부일 뿐이겠으랴!"(11:14)라고 하였고, 또한 "받아도 좋고 받지 않아도 좋을 경우에 받으면 청렴을 해치고, 주어도 좋고 주지 않아도 되는 경우에 주면 은혜를 해치며, 죽어도 좋고 죽지 않아도 되는 경우에 죽으면 용맹을 해친다"(8:23)라고 하였다. 모두 '본말과 경중을 올바로 헤아려야 본질에 닿는다'는 뜻이니 본문의 지적과 다를 바 없다.

참고 공자의 제자들 가운데 자공이 남과 비교하기를 좋아했다. 자공은 "자하와 자장 가운데 누가 더 나은지요?"라고 질문하여 스승에게서 과유불급, 즉 '지나침은 미치지 못함과 같다'라는 답을 얻기도 했다. 공자는 스스로 성찰하여 개선해나가는 것이 올바른 공부법이라고 여겼다. 그래서 자공의 질문에 "자네는 남과 비교할 시간이 많은 모양이구나. 나는 그럴 여가가 없는데"라며 꾸짖었다(『논어』, 11:15). 하지만 제 버릇을 버리지 못한 자공이 자꾸 남과 비교하자, "자네와 안회 중에 누가 나은가?"라고 호된 질문을 던진 뒤, 자공이 "안회가 열을 안다면 자신은 둘밖에 모른다"고 답하자 냉정하게도 "흠, 그래? 제 분수는 알고 있구만"이라고 질책한 적도 있다(『논어』, 5:8). 공자와 맹자의 공부법은 손가락을 바깥으로 돌려 남과 비교하는 것이 아니라, 자성하고 자각하며 자책하는 데서 출발함을 주의해야겠다.

12:2. 내 주변에 진리가 숨 쉰다

曹交[19]問曰, "人皆可以爲堯舜, 有諸?"

孟子曰, "然."

"交聞文王十尺, 湯九尺, 今交九尺四寸以長, 食粟而已, 如何則可?"

曰, "奚有於是?[20] 亦爲之而已矣. 有人於此, 力不能勝一匹雛[21], 則爲無力人矣; 今曰擧百鈞[22], 則爲有力人矣. 然則擧烏獲[23]之任, 是亦爲烏獲而已矣. 夫人豈以不勝爲患哉? 弗爲耳. 徐[24]行後長者謂之弟[25], 疾[26]行先長者謂之不弟. 夫徐行者, 豈人所不能哉? 所不爲也. 堯舜之道, 孝弟而已矣. 子服堯之服, 誦[27]堯之言, 行堯之行, 是堯而已矣. 子服桀之服, 誦桀之言, 行桀之行, 是桀而已矣."

曰, "交得見於鄒君, 可以假[28]館, 願留而受業於門."

曰, "夫道若大路然, 豈難知哉? 人病不求耳. 子歸而求之, 有餘師."

19 曹交(조교): 조曹나라 임금의 아우(조기).

20 奚有於是(해유어시): 그게 무슨 상관이 있겠는가?

21 匹雛(필추): 오리 새끼. '匹'은 '鴄(필)'과 같다. '雛'는 새끼.

22 鈞(균): 30근.

23 烏獲(오확): 고대 천하장사의 이름.

24 徐(서): 천천히.

25 弟(제): 공경하다. '悌(제)'와 같다.

26 疾(질): 빠르다.

27 誦(송): 외다.

28 假(가): 빌리다.

맹자, 마음의 정치학 3

조교가 물었다.

"사람이라면 누구나 요순이 될 수 있다고 하셨는데[29], 그러합니까?"

맹자, 말씀하시다.

"그렇소!"

조교가 말했다.

"제가 듣기로 문왕의 키는 열 자요, 탕임금은 아홉 자라고 합니다. 지금 저의 키는 아홉 자 네 치인데, 밥이나 축내고 있을 뿐이니 어찌해야 하겠습니까?"

맹자가 말했다.

"그게 무슨 상관이 있겠소. 다만 행할 따름이지요. 여기 어떤 사람이 '오리 새끼 한 마리도 들 수 없다'고 하면 힘없는 사람이지만, 만일 그가 100균의 무게를 들 수 있다고 한다면 힘센 사람이 되지요. 그러니 오확이 들던 무게를 드는 사람이 있다면 그 또한 오확인 게지요. 사람이 왜 '하지 못할까'[30]를 걱정할까요? 다만 실행하지 않을 뿐인 것을! 어른 뒤를 천천히 따라 걷는 것은 '공손하다'고 하고, 어른을 앞질러 빨리 걷는 것은 '불손하다'고 하지요. 대저 천천히 뒤따라 걷는 것이 어찌 사람의

---

29 '사람이라면 누구나 요순이 될 수 있다'는 맹자의 원칙이다. 이에 '~하셨는데'라고 번역하였다.

30 不勝(불승): 이기지 못함. 곧 '不爲(불위)'와 같다. 곧 나올 '不能(불능)'과 짝을 이룬다. 끝 구절의 '不求(불구)' 역시 '不勝'과 마찬가지로 '하지 않음'이라는 뜻이다.

'할 수 없는 짓'이겠소이까. 다만 '하지 않는 것'이지요. 요순의 도는 효제일 따름이외다. 그대가 요임금의 옷을 입고 요임금의 말을 읊고 요임금의 짓을 하면 요임금이 될 것이요, 그대가 걸왕의 옷을 입고 걸왕의 말을 읊고 걸왕의 짓을 하면 다만 걸왕이 될 따름이외다."

조교가 말했다.

"제가 추나라 임금을 뵈면 관사를 빌릴 수 있을 터인데 그곳에 머물면서 선생님 문하에서 배움을 얻고 싶습니다만……."

맹자가 말했다.

"대저 도는 큰길과 같아서 알기가 어렵지 않소. 사람들이 찾으려 하지 않는 것[31]이 문제일 따름. 그대의 나라로 돌아가 찾아보아도 얼마든지 스승은 있을 것이외다."

해설

여기 조나라 임금의 아우 조교曹交라는 녀석, 어떻게 보면 바보 같고 또 어떻게 보면 맹자를 조롱하는 것 같기도 하다. 요와 순의 크기를 키로 재고 있는 꼴을 보노라면 그렇다. 백 보를 양보하여 이해하자면, 조교에게 요순은 다만 '전설적인 권력자'로 인식되었음직하다. 권력權力과

31　不求(불구): '不爲(불위)'와 같다.

덕력德力의 차이를 알지 못하니 허튼소리를 지껄인 것이리라. 무사 출신 자로에게 군자君子가 '군왕의 자식'을 뜻했듯, 귀족 출신인 조교 역시 요순을 정치 권력자로 인식한 것이겠다. 이건 당대의 상식일 것이다. 그러나 공자가 자로에게 군자란 왕족 신분이 아니라 도덕적 인간임을 뚱겨주었듯, 마찬가지로 맹자는 조교에게 효孝와 제悌를 몸소 실천하는 자리에서 요순의 덕력이 파생한다고 알려준다. 요순은 조교의 선입관처럼 천상천하의 권력자가 아니라, 마음속 도덕성을 발견하고 숙성하여 가족에서 대중에게로 확충한 '범속한 성인'일 따름이다. 춘추시대 대장부 성간이 "저이들(요순 등의 성인)도 사내요, 나도 사내다. 내가 왜 저들을 두려워하리오!"(5:1)라며 다졌던 각오 속의 요순이 그렇다.

한 걸음 더 들어가 조교를 이해하자면, 마음으로는 요순을 따르고 싶은데 실행하기 어려운 범인의 의지박약 문제를 질문한 것일 수도 있다. 그러나 이 문제는 어느 성인도 해결해주지 못한다. 소를 물가까지 끌고 갈 수는 있으나 물을 먹일 수는 없는 것과 같다. 그러니 맹자로서는 '입에 떠먹여 달라'는 식의 어리광은 끊어버리는 수밖에(의지박약의 문제는 7:10 해설에서 따져보았다).

맹자의 '누구나 요순이 될 수 있다'는 말은 모든 사람은 평등하다, 귀족도 없고 왕후장상의 씨도 따로 없으며, 천민 역시 따로 없다는 뜻이다. 루소의 말을 빌리자면, 만인은 평등하게 태어났다! 누구든 자기 속에 든 성선을 헤아려 발아시키면 자유自由로운 인간, 자립自立하는 인간, 자율自律적인 인간이 된다는 파천황의 인간 평등 사상을 맹자는 조교라는 귀족에게 가르치고 있다. 이 장에 주희가 "군자를 실천하면 그가 곧 군자다

行君子, 爲君子"라고 주석을 단 것이 그런 뜻이다. 곧 맹자의 요순론은 유가의 법통이다.

다시금 "누구든 요순이 될 수 있다"라는 말의 폭발력에 유의하자. 여기서 한 걸음 더 나아가면 혁명론, 방벌放伐론으로 직입한다. 곧 혈연에 의한 특권은 없다. 요순의 옷을 입고, 요순의 행실을 따르면 곧 요순이 되는 것이지 성혈聖血은 따로 존재하지 않는다! 요컨대 할 수 없는 것은 하지 말고, 할 수 있다면 하면 되는 것이다. 자명하고 자연하다. 서양식 의지will의 범주가 맹자에게는 없고, 가까운 지금 이 자리에서 실천하느냐 마느냐만이 문제가 될 뿐이다. 그래서 "도는 큰길과 같아서 알기가 어렵지 않소. 사람들이 찾으려 하지 않는 것이 문제일 따름. 그대의 나라로 돌아가 찾아보아도 얼마든지 스승은 있을 것이외다"라고 말꼬리를 자른 것이다.

물론 더 큰 문제는 가까이 있는 큰길을 찾는 마음이겠지만(11:11에서 보았듯이 "학문의 길이란 다른 게 아니라 오직 잃어버린 마음 찾기일 뿐!") 진리가 저 먼 곳에 존재한다고 여기며 덤벼들지 않는 마음은 더 큰 장애물이다. "도는 가까운 데 있건만 먼 곳에서 구하려 들고, 일은 쉬운 데 있는데 어려운 데서 구하려 하는구나!"(7:11)라던 개탄이 그것이다.

公孫丑問曰, "高子[33]曰, '小弁[34], 小人之詩也.'"

孟子曰, "何以言之?"

曰, "怨."

曰, "固哉[35], 高叟[36]之爲詩也! 有人於此, 越人關[37]弓而射[38]之, 則己談笑而道[39]之; 無他, 疏[40]之也. 其兄關弓而射之, 則己垂涕泣[41]而道之; 無他, 戚[42]之也. 小弁之怨, 親親也. 親親, 仁也. 固矣夫, 高叟之爲詩也!"

曰, "凱風[43]何以不怨?"

曰, "凱風, 親之過小者也; 小弁, 親之過大者也. 親之過大而不怨, 是愈疏也;

32　에리히 프롬Erich Fromm의 『사랑의 기술』에서 따왔다.

33　高子(고자): 제나라 사람. 밑에 '高子'를 고수高叟, 즉 '고영감'이라 칭하는 것으로 보아 맹자와 친교가 있던 동년배 지식인인 듯하다.

34　小弁(소반): 『시경』, 「소아小雅」의 시. 주나라 임금 유왕幽王에게 신申나라 제후의 딸인 정식 왕후가 있었고 그녀가 낳은 태자 의구宜臼가 있었다. 그런데 미첩 포사褒姒의 계략으로 유왕은 신왕후를 폐하고 태자를 포사의 아들 백복伯服으로 대체한 뒤 본부인 신왕후와 태자 의구를 쫓아냈다. 의구의 스승이 이를 슬퍼하여 지은 노래라고 한다(「모시毛詩」). '弁'은 '般(반)'과 같으니 '즐기다'라는 뜻.

35　固哉(고재): '固'는 꽉 막힌 모양. '답답하다'라고 번역했다. 공자도 "꽉 막힌 말들을 미워했다疾固也."(『논어』, 14:34)

36　高叟(고수): '고영감'이라고 번역했다. '叟'는 늙은이.

37　關(만): 활을 당기다. '彎(만)'과 같다.

38　射(석): 겨누다.

39　道(도): 타이르다.

40　疏(소): 성기다, 소원하다.

41　垂涕泣(수체읍): 눈물을 흘리며 울다. '垂'는 드리우다. '涕'는 눈물. '泣'은 울다.

42　戚(척): 피붙이. '가깝다'라고 번역하였다. '疏(소)'와 상대되는 말.

親之過小而怨, 是不可磯[44]也. 愈疏, 不孝也; 不可磯, 亦不孝也. 孔子曰, '舜其[45]至孝矣, 五十而慕.'"

공손추가 물었다.

"고자는 '소반'의 시는 소인이 지은 것이라 합디다만."

맹자, 말씀하시다.

"어째서 그렇다더냐?"

공손추가 말했다.

"원망하기 때문이랍니다."

맹자가 말했다.

"답답하구나, 고영감의 시론이여. 여기 월나라 사람이 활을 당겨 자기를 겨눈다면 웃으면서 타이를 것이다. 다름 아니라 월나라 사람은 소원하기 때문이다. 반면 형이 활을 당겨 자신을 겨눈다면 울면서 부르짖을 것인데, 이는 다름이 아니라 형은 절친하기 때문이다. '소반'의 시에서 원망한 것은 친친[46]이라, 곧 어버이를 사랑하기 때문이다. 어버이를 사랑함은 인이다! 참 답답하구나, 고영감의 시론이여!"

---

43 凱風(개풍): 『시경』, 「국풍國風」, '패풍邶風'의 시. '凱風'은 남풍과 같다. 남쪽에서 부는 따뜻한 바람.

44 磯(기): 물가(물의 가장자리).

45 其(기): 정말로. 강조법으로 자주 쓴다.

46 親親(친친): 앞의 '親'은 '친애하다'라는 뜻이요, 뒤의 '親'은 어버이를 뜻한다. '親親'은 곧 부자유친父子有親의 요약이다.

공손추가 말했다.

"그러면 '개풍'의 시는 어째서 부모를 원망하지 않았던가요?"

맹자가 말했다.

"'개풍'은 어버이 잘못이 작기 때문이요, '소반'은 어버이 잘못이 크기 때문이다. 어버이 잘못이 큰데 원망하지 않으면 더욱 멀어지고, 어버이 잘못이 적은데도 원망하면 털끝도 건드리지 못하게 팩팩거리는 짓[47]이다. 더욱 멀게 하는 짓도 불효요, 털끝도 건드리지 못하게 팩팩거리는 짓 또한 불효다. 공자도 말씀하셨지. '순임금은 정녕 지극한 효자[48]였구나! 쉰 살에도 부모를 사모하셨으니'라고."

해설

효도가 왜 '효孝+도道'이겠는가? 효의 방향(矢)은 부모를 향한 사랑이니 하나이지만, 사람마다 혹은 처한 상황마다 실행하는 길(道)은 각색이기 때문이다. 성인들도 그랬다. 행동의 지향은 모두 같았으나[49] 각

---

47 不可磯(불가기): '磯'는 강물이 들고 나면서 물가의 자갈들에 잘그락잘그락 소리가 나는 것이다. '可磯'는 건드릴 때마다 소리가 난다는 말이니 여기 '不可磯'는 부모가 자식의 털끝도 건드리지 못할 정도로 팩팩거린다는 의미다. 이에 '팩팩거리다'라고 번역하였다. '不可磯'는 기간幾諫(은미하게 간하다)과 상반된다.

48 至孝(지효): 「만장」에서는 '大孝(대효)'라고 하였다(9:1 참고).

49 先聖後聖, 其揆一也(8:1).

기 시공간에서 행한 구체적 행동은 다양했다.[50] 마찬가지로 사랑의 본질은 보편적이지만 그 실현 방식은 각양각색이다. 그 스펙트럼이 넓어서 원망('소반'의 노래)에서 자책('개풍'의 노래)에 이르기까지 다양하다는 것이 이 장의 뜻이다. 이미 공자가 적절하게 지적했듯 "오로지 인자만이 사람을 좋아할 수 있고, 사람을 미워할 수도 있다唯仁者, 能好人, 能惡人."(『논어』, 4:3) 효도 역시 시공간의 특성에 따라 중용의 도리가 있다는 말이다.

한 걸음 더 나아가면 사랑할 줄 아는 사람만이 사랑이라는 겉말 속에 든 참뜻을 알 수 있고, 또 그 사랑의 마음을 적절하게 표현할 줄 안다고도 하겠다. 사랑 노래에 깃든 마음의 깊이를 꼬집어 드러내기로는 공자만 한 사람이 없다.

'아가위꽃이여! 꽃잎이 펄럭이네. 어찌 그대가 생각나지 않을까마는 우리 사이의 거리가 너무 멀구료!'
공자가 이 노래를 듣고 비평했다.
"생각하지 않으면 모르되 사랑한다면 거리가 먼 게 무슨 문제가 될까?"
_『논어』, 9:30

공자가 어디선가 노래를 들었다. 이를테면 부산 용두산공원에서 연인과 산책하며 보았던 꽃을 서울 남산에서 다시 보니 문득 고향 연인이 떠올라 읊조린 노랫말이 "아가위꽃이여! 꽃잎이 펄럭이네. 어찌 그대가 생

---

50 聖人之行不同也. 或遠, 或近; 或去, 或不去(9:7).

각나지 않을까마는 우리 사이의 거리가 너무 멀구료!"였던 것. 이에 대한 공자의 비평이 "생각하지 않으면 모르되 사랑한다면 거리가 먼 게 무슨 문제가 될까?"다. 절실한 사랑이라면 국경도, 나이도 장애가 되지 않는다고들 한다. 외려 먼 거리나 버거운 장애물은 사랑을 북돋는 윤활유가 되기도 한다. 그런데 이 작자는 먼 거리를 탓하고 있다. 사랑한다는 말과 사랑하는 마음 사이에 거리가 천리만리나 벌어져 있다. 여기 먼 거리는 실제로 멀다는 뜻이 아니라 그만큼이나 멀어져버린 마음이다. 저 작자의 '식은 마음'을 공자는 적발해낸 것이다(이것이 이의역지以意逆志다!) 식어버린 사랑을 먼 길 탓으로 돌리는 가짜 사랑 타령에 공자는 날카로운 통찰을 가해 사랑이라는 한마디에 켜켜이 쌓인 여러 마음(증오, 참사랑, 얕은 사랑, 무관심, 변심, 변명 등)을 증명해 보인다. 놀랍지 않은가, 공자의 매서운 눈길이! 슬프지 않은가, 3000년이 지나도 변치 않는 사람의 얄팍한 마음이!

1. 시

한편 이 장은 맹자가 공자의 시詩론을 얼마나 잘 계승했던가를 보여준다. 어버이를 원망하는 겉말에 붙잡혀 '소반'을 '소인의 시'라고 한 고자의 비평을 답답하게 여기는 맹자의 마음, 역시 두 노래('소반'과 '개풍')의 표현 차이에 붙들려 그 밑에 공히 흐르는 사랑의 마음을 포착하지 못한 공손추의 소견머리를 통타하는 맹자의 통찰력은 공자의 웅숭깊은 시론에서 비롯했음이 분명하다.

사랑이란 저토록 증오와 자책으로 벌어질 만큼 스펙트럼이 넓고도 깊다! 인이니 효니 충이니 의니 하는 유교의 말들이 타인을 위해 나를 희생하라는 봉사의 요구가 아니요, 군주와 부형을 섬기라는 권력의 강요도 아니며, 상급자의 명령에 복종하는 노예가 되라는 것도 결코 아님을 여기서 분명하게 알아야겠다. 인의와 충신, 효제 등은 사랑하는 사람만이, 사랑할 줄 아는 사람만이, 또는 사랑의 경제학을 유지할 줄 아는 사람만이 '사람다운' 사람이라는 이야기에 지나지 않는다.

우리는 이 장에서 표면에 드러난 현상 아래에 여러 겹으로 존재하는 사실의 켜들을 발견할 줄 아는 안목의 중요성도 배우게 된다. 책을 채우고 있는 문자는 육안으로 볼 수 있다. 그러나 말글의 뿌리인 작가의 속뜻은 그 문자들 사이(행간)에 있으니, 육안으로는 볼 수 없다. 본말론本末論이든 심신론心身論이든 체용론體用論이든 둘을 겸하여 감안할 때 작자의 참뜻을 얻을 수 있다. 독자의 뜻(意)을 저자의 뜻(志)에까지 거슬러 올라가 영접할(逆) 때만이 근본을 획득할 수 있음은 앞에서 맹자가 이의역지라는 말로 논한 바다(9:4).

시를 말글로만 읽는 고영감의 눈이 천박한 까닭은 육안으로 문자의 겉만 훑어볼 뿐, 심안으로 작자의 속뜻을 꿰뚫지 못했기 때문이다. 말글이란 마음의 바다 위에 떠 있는 한낱 섬에 불과하다. 파도에 떠밀려 어떤 때는 오도五島가 되고 또 어떤 때는 육도六島가 되는 환상의 섬이 문자다. 바다와 섬 사이, 즉 행간을 통찰하지 않고선 오륙도五六島의 진상에 다가가지 못하리라. 마찬가지로 불효자로 소문난 광장이 품었던 아버지에 대한 증오가 막상 '슬픈 효행'이었음을 보았듯, 또한 당시 현자로 소문난 순우곤의 장광설이 고작 경망한 골계에 불과하듯 거죽만 훑는 외눈으로는 사물과 사태의 겹겹한 속뜻을 만날 수 없다. 진실은 노천광처럼 눈앞에 펼쳐져 있지 않고, 깊숙이 파고 들어가야 겨우 만날 수 있다.

우리가 고전을 읽는 까닭도 다를 바 없다. 소문과 진실, 견문과 사실을 가려서 알고, 깊숙한 진실을 발견 및 발굴할 줄 아는 웅숭깊은 안목을 기르기 위함이다. 효라는 말이 참말이 되려면, 효에 대한 시가 진짜 시가 되려면, 아니 사랑이 참된 것이려면 그 속살이 '원망(怨)과 사랑(慕)의 패러독스'를 다 품게 마련이다. '진리=패러독스'의 아취를 체험할 때라야 작자의 뜻에 닿을 수 있다. 이에 맹자는 본문의 끝에 공자의 말을 빌려 "순임금은 정녕 지극한 효자였구나! 쉰 살에도 부모를 사모하셨으니"라고 지적하면서 역설의 세계로 독자를 인도한 것이다.

2. 이의역지

이 장은 앞의 9:1과 겹쳐서 읽어야 한다. 거기서 맹자는 원모怨慕, 즉 원망과 그리움의 역설을 통해 순의 참된 부모 사랑을 드러낸 바 있다. 참사랑은 역설임을 거기서 짚었다. 이번에는 공손추다. 그는 맹자에게 『시경』을 배우던 어느 날, '소반'의 노랫말을 자식의 원망이 서린 '소인배의 시'라고 비평한 고자의 말을 전하며 스승의 견해를 여쭈었다. '소반'의 첫 구절만 떼어 맛보면 이렇다.

弁彼鸒斯(반피예사) 날갯짓하는 저 갈까마귀여.

歸飛提提(귀비시시) 돌아가며 나는 모양 한가롭구나.

民莫不穀(민막불곡) 남들은 불행한 이 없거늘,

我獨于罹(아독우리) 나만 홀로 근심에 싸였구나.

何辜于天(하고우천) 하늘에 무슨 허물을 저질렀고,

我罪伊何(아죄이하) 나의 죄는 무엇이란 말인가.

心之憂矣(심지우의) 마음의 근심함이여!

云如之何(운여지하) 어찌하면 좋을꼬.

삼가三家의 해설에 따르자면 "이 시는 주나라 선왕 때 신하인 윤길보의 아들 백기伯奇가 지은 것이다. 전하는 말에 윤길보는 후처를 맞아들여 백방伯邦이란 아들을 낳았는데, 후처가 길보에게 백기를 모함하니 길보가 백기를 추방하였다. 이에 백기는 아버지를 원망하며 이 노래를 지었다."(「모시」에 대한 소개는 139쪽 주석 34 참고) 애욕에 눈이 멀어 자식을 내쫓은 아버지의 큰 잘못을 자식이 원망한 노래가 '소반'이라는 것. 앞서 순임금의 원모, 즉 원망 속에 든 그리움이 참된 사랑이듯 여기 '소반'에 드러난 원망도 깊숙한 사랑의 표출로 읽을 때만이 작자의 참뜻을 이해할 수 있다는 것이 맹자의 소론이다. 그래서 맹자는 문면에만 집착하여 소인의 시라고 평한 고영감의 시론을 꽉 막혔다 비평한 것이다.

'소반'에 대한 맹자의 설명이 끝나자, 문득 공손추는 원망조차 사랑이라면 '개풍'의 노랫말은 어버이를 원망하지 않고 도리어 자책하는 것인데, 이건 어떻게 평가할 수 있느냐고 묻는다. '개풍' 가운데 문제가 되는 부분을 보면,

凱風自南, 吹彼棘心(개풍자남, 취피극심).

맹자, 마음의 정치학 3

개풍이 남쪽으로부터 저 극심[51]에 불어오도다.

棘心夭夭, 母氏劬勞(극심요요, 모씨구로).

'극심'이 여리고 여리거늘 어머니 매우 수고하셨도다.

……

母氏聖善, 我無令人(모씨성선, 아무영인).

어머니가 성스럽고 선하시거늘 우리 형제 중엔 좋은 사람이 없구나.

爰有寒泉, 在浚之下(원유한천, 재준지하).

이에 차가운 샘물이 준 마을 아래 있도다.

有子七人, 母氏勞苦(유자칠인, 모씨노고).

아들 일곱이 있으되 어머니를 고생시킨단 말인가.

『시경』의 주석자가 "'개풍'은 효자의 시다. 위나라에는 음탕한 풍속이 유행하였다. 일곱 아들을 둔 어머니조차 바람이 났다. 그 자식들이 효성이 미진함을 자책하면서 도리어 어머니의 마음을 위로하고, 어머니가 뜻을 이룰 수 있었음을 찬미한 것이다"라고 해설하였듯, '개풍'은 어머니

---

51 棘心(극심): 어린 자식들.

의 음행(과오)을 외려 자식들이 자책한 것임이 문면에 잘 드러나 있다. 노랫말로만 보면 부모를 원망함('소반')과 자식들이 자책함('개풍')은 크게 다르다. '개풍'이 사랑 노래라면, '소반'은 증오의 노래다. 이 정도가 고영감과 공손추의 인식이다. 그러나 맹자는 행간 읽기를 권한다. 상반된 표현(원망/자책) 속에 들어 있는 작자의 마음에까지 나아가 속뜻을 읽어야 제대로 시를 이해할 수 있다는 것(이의역지).

표현에는 작자의 의도(意)가 들어 있다. 표현만으로 의도를 억단해서는 안 되며, 의도만으로 행동을 예단해서도 안 된다. 표현과 의도를 함께 아울러 그 속에 품은 의미를 헤아릴 때 작자의 뜻을 잃지 않으면서 작자의 속임수에 속지도 않는다. 여기서도 중용이 필요하다. "기대지도 말고, 치우치지도 말라." 앞서 "한낱 선만으로 정치를 할 수 없고, 법은 스스로 작동하지 않는다"라던 겹의 논리가 시를 바로 이해하는 데도 겹쳐진다. 이에 맹자는 논한다. "'개풍'은 어버이 잘못이 작기 때문이요, '소반'은 어버이 잘못이 크기 때문이다. 어버이 잘못이 큰데 원망하지 않으면 더욱 멀어지고, 어버이 잘못이 적은데도 원망하면 털끝도 건드리지 못하게 팩팩거리는 짓이다. 더욱 멀게 하는 짓도 불효요, 털끝도 건드리지 못하게 팩팩거리는 짓 또한 불효다." 따져서 읽어보면, 맹자는 '소반'에서 이 대목에 주의하였던 것 같다.

何辜于天(하고우천) 하늘에 무슨 허물을 저질렀고,
我罪伊何(아죄이하) 나의 죄는 무엇이란 말인가.

맹자는 자식의 이런 개탄이 순임금의 '하늘을 향해 부모를 원망하던' 원모의 패러독스와 같은 것임을 읽어냈다. 본문 끝자락에 "순임금은 정녕 지극한 효자였구나! 쉰 살에도 부모를 사모하셨으니!"라는 공자의 말을 인용하여 매듭지은 까닭이다. '소반'의 노랫말에 든 '원망=친친=인'의 등식과 순임금의 효행을 대효 또는 지효로 찬양한 까닭이 같은 밀도로 인식된 것이다.

3. 충류지의

　　맹자의 시론을 이해하는 데 참고가 되는 것은 10:4이다. 거기서 만장은 당시 제후들의 정치가 강도들의 도적질과 같다는 욕설을 곧이곧대로 받아들여 '제후=강도', '정치=도적질'의 등식으로 항변한 터다. 이에 대해 맹자는 충류지의充類至義의 오류를 범하지 말라고 경고하였다. 본문에서 공손추가 '소반'의 원망은 불효로, '개풍'의 자책은 효도로 단순하게 이해하는 것에도 맹자는 같은 경고를 한다. 시어의 맥락까지 들어가 독해하면 '소반'은 아버지의 큰 잘못에 대한 자식의 사랑이 증오로 표출된 것임을 알 수 있다. '개풍'의 자책은 또 그것대로 어머니에 대한 자식들의 효심이 드러난 것임을 알 수 있다. 어찌 증오가 사랑이 아니랴.

신영복 선생의 말을 빌리자면 "우리는 증오의 안받침이 없는 사랑의 이야기를 신뢰하지 않습니다. 왜냐하면 증오는 '사랑의 방법'이기 때문입니다."[52] 또 전우익 선생의 말도 빌리자면 "난장판 같은 세상에서 속

52　신영복, 『감옥으로부터의 사색』, 돌베개, 1998, 256쪽.

빈 강정같이 사랑, 사랑 하는데 참된 삶이란 사랑과 증오로 이뤄집니다. 증오도 사랑과 존경 못지않게 소중합니다. 사랑의 배경은 증오고 미움의 배경은 사랑이나 존경입니다. 배경 없는 사진이 어디 있어요?"[53] 사랑의 반대말은 증오가 아니라 무관심이다. 외려 증오는 사랑의 뒷면이다. 그러므로 "어버이 잘못이 큰데 원망하지 않으면 더욱 멀어지는 것"이다. 이 경우에는 원망하지 않는 것이 불효가 된다. 반면 "어버이 잘못이 적은데도 원망하면 털끝도 건드리지 못하게 팩팩거리는 짓"이 된다. 이때는 원망이 불효다.

요컨대 겉에 드러난 말글의 속살까지 들어가 맥락을 살펴 '오십 보'와 '백 보'의 사이를 세심하게 고려할 때라야 작자의 참뜻을 포착할 수 있다. 그렇다면 무척 어려운 일이다, 효행이란 짓은! 효도는 그저 부모의 명령에 복종하고, 부모의 생각을 섬기는 단순한 행위가 아니다. 불효로 보이는 말이 실은 효도일 수 있고, 겉으로는 효인 듯하나 실은 불효인 행위도 있다.

4. 충효는 없다

여기서 우리는 효도가 일방적 섬김이 아니라는 것, 부모의 지배에 자식이 복종하는 짓이 아니라는 것에 다시금 주의해야겠다. 일본식으로 "아버지가 아무리 포악하더라도 자식은 아버지를 따라야 한다"[54]

---

53   전우익, 『사람이 뭔데』, 현암사, 2002, 122쪽.
54   요시카와 고지로, 조영렬 옮김, 『요시카와 고지로의 공자와 논어』, 뿌리와이파리, 2006, 188쪽.

라는 식은 유교의 효도가 아니다. 일본의 효행은 복종 훈련으로 상급자와 국가에 헌신(곧 봉공奉公)하기 위한 수련 과정이다. 이에 일본식 윤리는 충효가 된다. 그러나 공자와 맹자의 유교에는 충효도 없고, 부모에게 맹종하는 효행은 더더욱 없다. 일본식 '효도 파시즘'을 맹자는 크게 염려한다(8:30 해설 참고). 법가와 유교를 절충한 순자조차 효도에 대해서는 엄격한 입장을 관철한 바다.

> 자식이 아버지를 추종하기만 한다면 자식의 효는 어디다 쓸 것이냐?
>
> _『순자荀子』, 「자도子道」

이에 한나라 조기는 "자식은 부모 슬하에서 태어났으니 그 살과 피를 계승하였다. 부모와 소원해지면 부모를 원망하고, 사모하기에 하늘에 부르짖는다. 그러므로 '소반'의 원망은 허물이 되지 않는다"라고 지적할 수 있었다. 훗날 『소학小學』에서도 "자식의 여러 번 지적에도 부모가 들어주지 않으면, 따라다니면서 울부짖어야 한다三諫不聽則隨而號之"라고 하였다(「계고稽古」). 부모가 잘못을 고칠 때까지 충간하여야 한다는 말이다. 이에 대해서는 7:18의 참고도 같이 보자.

宋牼[55]將之楚, 孟子遇於石丘[56], 曰, "先生[57]將何之?"

曰, "吾聞秦楚構兵[58], 我將見楚王說[59]而罷[60]之. 楚王不悅, 我將見秦王說而罷之. 二王我將有所遇焉."

曰, "軻[61]也請無問其詳, 願聞其指[62]. 說之將何如?"

曰, "我將言其不利也."

曰, "先生之志則大矣, 先生之號[63]則不可. 先生以利說秦楚之王, 秦楚之王悅於利, 以罷三軍之師, 是三軍之士樂罷而悅於利也. 爲人臣者懷[64]利以事其君, 爲人子者懷利以事其父, 爲人弟者懷利以事其兄, 是君臣·父子·兄弟終去仁義, 懷利以相接, 然而不亡者, 未之有也.

---

55 宋牼(송경): 송나라 사람. 『장자』, 『순자』에서는 宋鈃(송견)이라 불리고 『한비자』에서는 宋榮(송영)이라고 했다. 한비자는 "송영자의 주장은 투쟁을 반대하고, 원수를 갚지 않으며, 옥에 갇힘을 부끄러워하지 않고, 모욕을 당하고도 치욕으로 여기지 않는다"(「현학顯學」)라고 소개한다. 요약하면 "욕심을 줄이고 업신여김을 당해도 모욕으로 여기지 않고, 백성들이 서로 싸우는 것을 진정시키고, 공격을 금하고 전쟁을 그만두며, 주관적인 편견을 극복하고 만물의 참모습을 인식하자는 것이다."(양백준)

56 石丘(석구): 송나라 지명.

57 先生(선생): 나이가 많으면서 덕이 있는 사람을 칭한다(양백준).

58 構兵(구병): 교전交戰과 같다. '構'는 맺다. 반대는 '弭兵(미병)'. 휴전을 뜻한다.

59 說(세): 유세하다, 설득하다.

60 罷(파): 그치다.

61 軻(가): 맹자의 이름.

62 指(지): 뜻. '취지'라고 번역했다.

63 號(호): 구호. '슬로건'이라고 번역했다.

64 懷(회): 생각하다.

先生以仁義說秦楚之王, 秦楚之王悅於仁義, 而罷三軍之師, 是三軍之士樂罷
而悅於仁義也. 爲人臣者懷仁義以事其君, 爲人子者懷仁義以事其父, 爲人弟
者懷仁義以事其兄, 是君臣·父子·兄弟去利, 懷仁義以相接也, 然而不王者,
未之有也. 何必曰利?"

송경이 초나라로 가던 길에 석구에서 맹자를 만났다.

맹자, 말씀하시다.

"선생께서는 어디로 가시려는지요?"

송경이 말했다.

"듣건대 진나라와 초나라가 전쟁을 벌이려 한다니, 내가 초나
라 왕을 만나 설득하여 그만두게 하려 하오. 초나라 왕이 마뜩
찮게 여긴다면 또 진나라 왕을 만나 설득하여 그만두게 하려
하오. 아마 두 왕 가운데 내 뜻에 합치할 사람이 있을 게요."

맹자가 말했다.

"저[65]로서는 그 상세한 내용은 알고 싶지 않고, 다만 그 취지나
들어볼까 합니다. 장차 무엇을 주장하려는지요?"

송경이 말했다.

"전쟁의 불리함을 깨닫게 할 참이오."

맹자가 말했다.

---

65 송경을 선생先生이라 했고, 자신을 가리킬 때는 이름(軻)을 말했으니 송경은 맹자보다 연
상인 듯하다. 이에 '저'라고 번역하였다.

"선생의 뜻은 원대합니다만, 그 '슬로건'은 옳지 않습니다. 선생이 진나라·초나라 왕을 이익으로 유세해서 진나라·초나라 왕이 이익에 설득되어 삼군의 군사를 철군한다고 합시다. 이건 삼군의 병사들이 철군을 즐거워하더라도 이익 때문에 기뻐하는 겁니다. 신하 된 자가 이익을 꾀하여 자기 임금을 섬기고, 자식 된 자가 이익을 꾀하여 자기 아비를 모시며, 아우 된 자가 이익을 꾀하여 형을 섬기면 이는 군신·부자·형제가 인의를 내버리고 이익을 꾀하여 서로를 대하는 것인데, 이러고서 망하지 않는 경우는 없습니다.

반면 선생이 진나라·초나라 왕을 인의로 유세해서 진나라·초나라 왕이 인의에 설득되어 삼군의 군사를 철군한다고 합시다. 이건 삼군의 병사들이 철군을 즐거워하되 인의 때문에 기뻐하는 겁니다. 신하 된 자가 인의로 자기 임금을 섬기고, 자식 된 자가 인의로 자기 아비를 모시며, 아우 된 자가 인의로 형을 섬기면 이는 군신·부자·형제가 이익을 내버리고 인의로 서로를 대하는 것인데, 이러고서 천하의 왕이 되지 못한 경우는 없습니다. 이런데도 반드시 이익을 가지고 유세하시겠습니까?"

해설

앞서 맹자는 당대 지식계의 지형도를 총람하는 가운데 공자를 제외한 백가의 주장은 모두 이익으로 귀결한다고 비판한 바 있다. 즉 "천하의 학자들이 말하는 성性은 다만 고故일 따름이다. 그 고란 결국 이利를 본질로 한다"(8:26)라던 대목을 이 장 앞에 놓고 보아야겠다. 맹자는 제자백가의 면면이, 예컨대 겸애를 주장하는 묵가든, 자기 보존을 최상의 가치로 삼는 양주楊朱든, 또 법가法家든 종횡가縱橫家든, 아니 음양학파陰陽學派까지도 모두 '이익 추구'를 지향한다고 보았다.

1. 하필왈리

그들이 공유하는 인간관은 '인간은 이기적 동물이다. 이익은 취하고 해로움은 피한다'라는 '인간=짐승'의 등식으로 요약된다(12:2). 여기 송경이 천하를 평화롭게 만들겠다고 하는 유세 방식의 밑에도 이익이라는 미끼가 달려 있다. 『장자』에도 송경의 기사가 실려 있는데, 그의 사상을 이렇게 요약했다.

> 송견[66]은…… 위아래가 '평평한 관(華山之冠)'을 자기 학파의 상징물로 삼았다. …… 부드러움으로 대하여 서로 기뻐하면 천하가 평화롭게 되리라는 것이 이 학파의 주요 사상이다. '남에게 모욕을 당해도 부끄럽게 여기지 말라'는 것을 사람들 사이의 갈등을 해결할 방도로 삼고, '공격 전쟁을 금지하고, 무기를 내려놓는 것'으로써 나라 간 전쟁을 멈추게 할 수 있다고 여겼다. 송견은 이런 논리로써 천하를

66　장자는 송경을 송견이라고 칭한다.

유세하며, 위를 설득하고 아래를 가르쳤다.

_『장자』,「잡편雜篇」, '천하天下'

장자의 소개말로 볼 때 송경은 묵가와 공유하는 바가 있다. 현대 중국의 학자 바이시白奚도 "송경은 묵자에 비해서 내적으로 주관적 정신 수양을 더 중시했고 인간 행위가 자기 마음에 대해 책임을 져야 하고 타인에 대해 관용적이어야 한다는 점을 강조하였다. 또 묵자와 마찬가지로 외부의 물질에 대한 욕구를 최소한으로 낮춰야 한다고 보았다. 이렇게 할 때 물질적 이익 때문에 발생하는 갈등을 피할 수 있고, 또 명예욕으로 인한 다툼도 피할 수 있으며, 결국 사람 사이의 다툼도 없고 나라 간의 전쟁이 없어질 수 있다고 보았다. 『장자』에서는 '전쟁을 금하고 군사 활동을 종식하는 것을 외적 활동으로 삼고, 정욕을 줄이는 것을 내적 수양으로 삼았다'고 하였다."[67]

묵가는 애당초 의義라는 가치의 본질도 이익(利)일 뿐이라는 비관주의를 깔고 있던 터다.[68] 맹자는 책 첫머리에서 이미 분명하게 선언했듯, 이익을 미끼로 갈등을 봉합하는 것은 '임시 평화의 미봉책', 즉 잠정적 조치에 불과하다고 결론 내린 바다. 맹자가 춘추시대의 명재상으로 유명한 관중을 그토록 증오한 까닭도 제환공의 전폭적 지원에도 불구하고 그가 천재일우의 역사적 호조건을 고작 패권(이익) 때문에 잠정적 질서, 임시

---

67 바이시, 이임찬 옮김, 『직하학 연구』, 소나무, 2013, 380쪽.

68 "의는 이익이다. 이익을 아끼는 것이 의다義, 利也. 愛利, 此也." (염정삼 주해, 『묵경 2』, 한길사, 2012, 397쪽)

적 평화 체제 구축에 허송세월해버렸다는 사실, 이로써 전국시대라는 유례없는 대전란의 시대를 열었다는 역사적 과오 때문이었다(1:6, 3:1 참고). 마찬가지로 송경의 유세술이 아무리 정교하다 해도 그 기초가 이익에 터한 것이라면 목표한 평화가 열리더라도 이는 미봉책에 불과하고, 외려 이익을 도화선으로 한 포퓰리즘으로 귀결하리라는 것이 맹자의 예측이다(실은 춘추시대가 이런 미봉책으로 인해 전국시대로 추락했다).

결국 "선생이 진나라·초나라 왕을 이익으로 유세해서 진나라·초나라 왕이 이익에 설득되어 삼군의 군사를 철군한다고 합시다. 이는 삼군의 병사들이 철군을 즐거워하더라도 이익 때문에 기뻐하는 겁니다"라는 맹자의 예측은 이익에 환호작약하는 인민을 위한 정치, 곧 '타락한 민중주의=포퓰리즘'으로 전락하리라는 경고다. 반면 "선생이 진나라·초나라 왕을 인의로 유세해서 진나라·초나라 왕이 인의에 설득되어 삼군의 군사를 철군한다고 합시다. 이는 삼군의 병사들이 철군을 즐거워하되 인의 때문에 기뻐하는 겁니다"라는 전망은 도덕 정치만이 '좋은 공동체(善國)'를 형성할 계기임을 제시한 것이다. 이익이냐 도덕이냐의 선택이 타락한 포퓰리즘이냐 건강한 여민주의냐의 갈림길이 된다.

2. 현실주의

다만 문제는 이익으로써 진나라와 초나라 왕을 설득할 수는 있지만, 도덕으로는 설득할 기회조차 주어지지 않는 현실이다. 맹자의 주장은 관념적이고 이상적이라며 경원시되었던 터다. "가르친다고 하나 효력은 없다*doceo, sed frustra*"라는 조롱이 맹자의 귓가에 쟁쟁했을 법하다. 그러나 이런 현실을 맹자가 몰랐을 리 없다. 그렇다면 거꾸로 이익으로 군왕들을 설득하여 정전停戰 체제를 이끌어내는 데 성공했다고 가정해보자. 즉 송경이 맹자를 이겼다고 해보자. 그다음은 이익의 균형으로 이룬 정전 체제가 형성될 것이다. 겉으로는 평화롭지만 안에서는 이익 분쟁이 끊이지 않는 '잠정적 평화'란 실은 더 큰 전쟁을 위한 준비 기간에 불과하다. 예컨대 춘추시대에 잠정적 평화를 이끌어내 위대한 정치가로 추앙받은 관중의 노력이 무슨 의미가 있었던가. 외려 춘추시대보다 더 극악한 '전쟁의 시대(전국시대)'를 여는 단서에 지나지 않았다(앞서 관중에 대한 맹자의 증오가 이 때문이라고 짚었다). 현대사 전공자들이 공통적으로 지적하듯 2차 대전은 1차 대전의 열매였다. 이쯤에서 한나 아렌트의 지적은 맞춤하다. "폭력의 실천은 모든 행동과 마찬가지로 세계를 변화시키지만, 더 폭력적인 세계로 변화시킬 가능성이 가장 크다."[69] 내부에서 들끓는 이익 갈등을 겉으로 봉합한 정전 체제는 외려 폭발적인 폭력의 실천으로, 더 큰 전쟁으로 드러날 것이다.

만일 잠정적 평화, 이익 추구의 결과가 대전란이라면 사태의 본질을 직시하지 않을 수 없다. 이 대목에서 "인간은 언제나 자기 이익을 추구하는 동물이라는 인간관에 기초해서는 자기 이익보다 공공의 복지를 우선적으로 배려하는 인간을 길러내려 해도 길러낼 수 없다"라는 역설을 상기해야 한다. 이를테면 "국가의 미래를 책임질 차세대 구성원의 성숙을 돕는다는 교육 목표가 말로는 존재하지만, 이 교육 프로그램에서 높은

---

69 한나 아렌트, 김정한 옮김, 『폭력의 세기』, 이후, 1999, 123쪽.

성적을 받는 아이에게는 상을 주고, 점수가 낮은 아이에게는 벌을 주는 평가 기준을 채택하고 있다면, 그것은 '자기 이익'을 생각하는 아이를 조직적으로 길러내는 결과를 초래할 뿐"인 것과 같다.[70]

'하필왈리何必曰利'라는 맹자의 비판은 이런 의도하지 않은 결과까지 내다본 뒤 내린 결단이다. 현실에 눈감은 관념주의나 비현실적 우회로가 아니라 현실에 대한 도저한 고민과 현상의 배면을 꿰뚫는 고뇌를 통한 비상 탈출구로서 제시된 것이 '하필왈리'다. 이익을 미끼로 아무리 선을 요구한들 결국은 이익 증진에 복무할 뿐이라는 우치다 선생의 조언은 이 지점에서 요긴하다. 그렇다면 이해利害의 세계관(현실주의)을 인의의 패러다임으로 완전히, 근본적으로 바꾸는 대전환 이외에는 다른 길이 없다. 이상주의라고 손가락질 받을지도 모르겠으나, 죽음과 살상의 어두운 미래 앞에서는 어렵지만 불가능하지만은 않은 이 좁은 길로 나아가는 수밖에 없다(놀랍게도 이 길은 문왕과 탕임금을 통해 역사상 실현되었던 적이 있다). 맹자는 이 결단을 당대 군주들에게 촉구한 바요, 이 길을 설득하기 위해 이 나라 저 나라를 전전하였던 것이다.

이른바 현실주의란 실은 '과거주의'임을 잊어서는 안 된다. 근본적으로 새로 시작하는 미래주의야말로 진짜 현실주의다. 맹자에 앞서 공자가 '참된 현실주의'의 길을 걸었다. 춘추시대 은둔자가 "안 될 줄 알면서 행하는 사람知其不可而爲之者"(『논어』, 14:41)이라고 공자를 비평한 말이 참된 현실주의자의 실제 모습을 대변한다. 공자가 길을 내고 맹자가 따라나선

---

70   우치다 타츠루, 김경옥 옮김, 『어른 없는 사회』, 민들레, 2016, 163쪽.

희망의 길은 오늘날에도 역시 어렵지만 불가능하지만은 않은 길이다. 농익은 자본주의 시대, 인간이 자본에 내몰려 낱낱이 쪼개지고 극도로 소외된 오늘, 우리가 맹자를 읽는 까닭도 여기 있다. 이쯤이면 맹자 읽기는 심심파적 소일거리가 아니라 비상 탈출구를 모색하는 일이 된다.

12:5. 선물과 뇌물의 차이

孟子居鄒, 季任⁷¹爲任處守⁷², 以幣交⁷³, 受之而不報. 處⁷⁴於平陸⁷⁵, 儲子⁷⁶爲

相⁷⁷, 以幣交, 受之而不報. 他日, 由鄒之任, 見季子; 由平陸之齊, 不見儲子.

屋廬子喜⁷⁸曰, "連⁷⁹得間⁸⁰矣."

問曰, "夫子之任, 見季子; 之齊, 不見儲子, 爲其爲相與?"

曰, "非也; 書⁸¹曰, '享多儀⁸², 儀不及物曰不享, 惟不役志于享.' 爲其不成享

也."

屋廬子悅. 或問之. 屋廬子曰, "季子不得之鄒, 儲子得之平陸."

---

71 季任(계임): 임나라 임금의 아우. 임금이 조회하러 자리를 비운 동안 '季任'이 대신 나라
를 지켰다(주희).

72 處守(처수): 임금이 조회 등으로 자리를 비웠을 때 대행代行하는 것. '유수留守'라고도 한다.

73 幣交(폐교): 예물을 갖춰 인사하다. '幣'는 폐백, 예물.

74 處(처): 머물다. 출사出仕와 반대되는 뜻이니 재야在野와 같다.

75 平陸(평륙): 제나라 읍성(4:4 참고).

76 儲子(저자): 제나라 정승(주희).

77 相(상): 정승.

78 喜(희): 좋아하다. '좋아라 하다'라고 번역하였다. 밑에 '悅(열)'이 나오는데, 그건 진리를
알아서 정말 기쁜 것이다. '喜'와 '悅'은 다르다. '喜'의 계기는 바깥에 있고, '悅'은 안에
서 터져 나오는 것이다.

79 連(연): 옥려자의 이름.

80 間(간): 틈.

81 書(서): 『서경書經』, 「주서周書」, '낙고洛誥'. '낙고'는 주공周公이 조카인 성왕成王에게 주
나라 건국의 정당성과 통치 방법을 조언하는 글이다.

82 享多儀(향다의): 향례는 예법을 중시한다. '享'은 올리다. '多'는 중시하다. 노자가 "몸과
재물 중에 무엇이 소중한가身與貨孰多"(『도덕경道德經』, 제44장)라고 물었을 때도 '多'가 소
중하다는 뜻으로 쓰였다. '儀'는 의례.

맹자가 추나라에 있을 적에 계임이 임나라 처수가 되자 예물을 보내 인사하였는데, 예물은 받고 답례하지 않았다. 맹자가 평륙에 있을 적에 저자가 제나라 정승이 되자 예물을 보내 인사하였는데, 역시 예물은 받고 답례하지 않았다.

뒷날 맹자가 추나라에서 임나라를 방문했을 때 계임을 찾아가 답례하였다. 반면 맹자가 평륙에서 제[83]로 갔을 때는 저자를 찾아가 만나보지 않았다.

옥려자가 좋아라 하며 말했다.

"내가 틈새를 발견했네."

옥려자가 물었다.

"선생님께서 임나라에 가서는 계자를 만나 답례하셨는데, 제에 가서는 저자를 만나지도 않았습니다. 저자의 지위가 정승일 뿐이라서 그랬던 건가요?"

맹자가 말했다.

"아니다. 『서경』, 「주서」, '낙고'에 이르기를 '윗사람에게 예물을 올리는 향례는 예법을 중시한다. 예의가 예물에 미치지 못하면 예가 성립하지 않는다. 이는 예물에 뜻을 담지 않았기 때문이다'라고 하였다. 저자는 예법을 충족시키지 못했기 때문이다."

옥려자가 기뻐하였다. 누가 기뻐하는 까닭을 묻자 옥려자가 말했다.

---

83 齊(제): 제나라 도읍 임치臨淄를 말한다.

"계자는 나라 밖에 있는 맹자를 방문할 수 없는 처지였으나, 저자는 나라 안에 있는 맹자를 찾아갈 수 있었는데도 가지 않았기(예물만 보냈기) 때문이다."

해설

예는 사람과 사람 사이의 관계를 맺는 것이니 상호성이 기본조건이다. 『예기』의 서문이라고 할 「곡례曲禮」 첫머리에서 예의 속성을 이렇게 지적한다.

예는 오고 가는 데 있다. 가기만 하고 오지 않는 것은 예가 아니다. 또 오기만 하고 가지 않는 것도 예가 아니다. 사람이 예가 있으면 편안하고 예가 없으면 불안하다. 그러므로 예를 배우지 않으면 안 된다고 한 것이다. 예라고 하는 것은 스스로를 낮추고 상대방을 공경하는 것이다.[84]

예의 구조가 오고 가는 것, 즉 상호성을 특징으로 한다면 "스스로를 낮추고 상대방을 공경하는" 태도가 예법의 내실이 된다. 상대방에 대한

---

84   禮尙往來. 往而不來, 非禮也. 來而不往, 亦非禮也. 人有禮則安. 無禮則危. 故曰 禮者不可不學也. 夫禮者, 自卑而尊人(『예기』, 「곡례 상」).

존중과 감사의 마음을 표현하는 물건이 예물이다. 그러므로 예를 집행하면서 예물에 공경심이 깔려 있지 않으면 물건만 덩그러니 남고, 예의 실질은 형식화, 경직화된다. 이미 공자가 "예다 예다 하지만, 폐백을 두고 예라 하겠더냐!"(『논어』, 17:11)라던 탄식이 이 장의 뜻을 요약한다. 예물로 사귐, 곧 폐교幣交의 내실은 상대방을 공경하는 마음가짐과 그 절차의 정당성에 달려 있다는 말이다.

여기 절차의 정당성이란 보내는 예물에 성의가 깃들어야 하는 것은 기본이고, 답례 또한 예물을 받자마자 금방 인사해서는 안 되고, 일정한 시간이 지난 뒤에야 인사하는 것이다. 본문에서 맹자는 예물(폐백)을 수령한 후, 일정한 시간이 지난 뒤에 답례를 행하고 있다. 이것이 올바른 답례 방식이다. 놀랍게도 시차를 두고 하는 답례는 동서고금을 막론하고 어디서나 통용되었다. 다음은 인류학자의 보고다.

> 선물에는 반드시 답례가 따르게 마련인데, 이 경우에도 교환의 경우와는 전혀 다른 원리가 작용합니다. 선물을 받고 바로 그 자리에서 답례를 하는 것은 실례입니다. 또한 동일한 가치를 가진 '물(物)'로 답례를 해서도 안 됩니다.
>
> 선물을 받고 어느 정도 시간이 흐른 다음에 서서히 답례를 해야 합니다. 교환의 경우에는 상품과 그에 대한 대가는 가능한 한 빨리 교환되어야 합니다. 하지만 증여에서는 시간적으로 어느 정도 간격을 둔 다음에 답례가 이루어지는 편이 우정이나 신뢰의 지속에 대한 증거로 간주되어, 오히려 더욱 예의바른 행동으로 받아들여집니다.[85]

맹자, 마음의 정치학 3

이는 본문 속 맹자의 행동과 한 치도 어긋남이 없다. 즉 "예물은 받고 답례하지 않았다." 다만 옥려자가 의문을 품은 것은 누구에게는 답례하고, 누구에게는 답례하지 않은 이유다. 계자는 군주의 대리니까 찾아가서 답례를 했고, 저자는 고작 정승의 지위에 불과하기에 답례하지 않은 것인가 하고 의심한다. 그러나 맹자는 '예의 본래 정신'을 일깨우며 대답한다. 풀어서 설명하자면 이렇다.

맹자가 훗날 찾아가 답례한 계자는 선물을 보낼 때 군주 대리의 지위였다. 군주 대리가 자리를 비운 채, 즉 관할 영토를 벗어나 외국(추나라)에 거주하는 맹자를 찾아가서 만날 수는 없으므로(不能) 예물만 보낸 것은 예법에 합당하다. 반면 저자는 제나라 정승 자격으로 예물을 보냈는데, 이때 맹자는 제나라 경내(평륙)에 거처하고 있었다. 이 경우는 예물을 직접 가지고 와서 상대방을 대면하고 인사를 하는 것이 예에 합당하다. 자기 나라 안에 현자(맹자)가 살고 있기 때문이다. 그러나 저자는 그렇게 하지 않던 것(不爲)이다('할 수 없는 것'과 '하지 않는 것'의 차이는 1:7 참고를 볼 것). 정승(권력자)이라도 현자를 예우하려면, 물건만 보낼 것이 아니라 몸소 찾아와서 인사해야 한다. 물건만 보내고 겉으로 '관계를 맺었다', '친구 사이다'라며 정치적으로 이용해선 안 된다. 역시 지식인도 거기에 꾀어 권력자의 꼭두각시 노릇을 해서는 안 된다.

이처럼 한 사람은 예에 합당했지만, 또 한 사람은 무례를 범했기에 맹자는 그에 따라 답례 여부를 조정한 것이다. 여기서 예를 행할 때 각각의

---

85 나카자와 신이치, 김옥희 옮김, 『사랑과 경제의 로고스』, 동아시아, 2004, 42쪽.

맥락을 세심하게 헤아리는 맹자의 해석학적 노력을 엿본다. '예의 정신'을 소상히 살펴 구체적 상황에 적절히 응대하는 일은 유교의 본질에 속한다. 공자가 "친구의 선물은 비록 수레와 말 같은 귀중한 물건이라도 제사 지낸 고기가 아니면 절하지 않았"던 반면, "친구가 죽었는데 의탁할 곳이 없자 '내 집에 빈소를 차려라'라고 말했"(『논어』, 10:14)던 것은 예의 정신이 무엇인지 일깨워준다. 예의 근본을 헤아리지 않고 그저 형식화된 의례를 기계적으로 행하다 보면 노신의 일갈처럼 '예교가 사람을 잡아먹는' 사태가 발생한다.

맹자는 예물의 본질을 논한 『서경』, 「주서」, '낙고'의 기사를 인용하여 제자의 의문을 풀어준다. 요컨대 진정성이 담기지 않은 예물은 뇌물 곧 상품으로 전락하고, 상대방을 거래자로 추락시킨다. 이런 물건은 상대방을 외려 모욕하는 꼴이 된다. 저 앞에서 맹자가 "까닭 없이 보내는 금품은 뇌물로 매수하려는 것이지. 어찌 군자가 뇌물에 농락당하는 수가 있다더냐!"(4:3)라던 분노와 직결된다. 예물이 뇌물로 변질되면, 인간관계는 교제가 아니라 이익을 위한 거래로 타락한다. 선물이 그 이름에 합당하지 않을 때는 외려 관계를 파탄시키는 폭발물이 된다는 사실을 여기서 배운다. 또 맹자(유교)가 까탈스러울 정도로 세심하게 예를 챙기는 까닭도 이해할 수 있다.

여기 혀를 차는 독자도 있으리라. 사소한 의례에 붙들려 천하 평화라는 큰 뜻을 놓치는 수가 있지 않겠느냐고! 맹자의 답변은 이랬다. "자기를 굽혀 남을 바로잡는 경우는 있을 수 없네."(6:1) 사소한 것 하나에 오만 가지 이치가 깃들어 있음을 놓치지 말라.

12:6. '소피스트'와의 두 번째 대결[86]

淳于髡曰, "先名實[87]者, 爲人也; 後名實者, 自爲也. 夫子在三卿之中, 名實未加於上下而去之, 仁者固如此乎?"

孟子曰, "居下位, 不以賢事不肖者, 伯夷也; 五就湯, 五就桀者, 伊尹也; 不惡汚君, 不辭小官者, 柳下惠也. 三子者不同道, 其趨[88]一也. 一者何也? 曰, 仁也. 君子亦仁而已矣, 何必同?"

曰, "魯繆公[89]之時, 公儀子[90]爲政, 子柳·子思爲臣, 魯之削[91]也滋甚[92]; 若是乎, 賢者之無益於國也?"

曰, "虞不用百里奚而亡, 秦穆公用之而覇. 不用賢則亡, 削何可得與?"

曰, "昔者王豹[93]處於淇[94], 而河西善謳[95]; 緜駒[96]處於高唐[97], 而齊右善歌[98]; 華

---

86 7:17에서 맹자와 순우곤 사이에 '첫 번째 대결'이 있었다. 이에 제목을 '소피스트와의 두 번째 대결'이라고 붙였다.

87 名實(명실): '名'은 명예. '實'은 업적.

88 趨(추): 향하다. 여기 '趨'는 앞에 "앞의 성왕이든 뒤의 성왕이든 지향한 바는 똑같았구나 先聖後聖, 其揆一也"(8:1)의 '규(揆)'와 같다.

89 魯繆公(노목공): 춘추시대 노나라 군주. 참고로 '繆'은 '무'로 읽으면 얽어매다(綢繆牖戶, 『시경』)라는 뜻.

90 公儀子(공의자): 노나라 재상. 이름은 휴休.

91 削(삭): 깎이다.

92 滋甚(자심): 매우 심하다. '滋'는 더하다. '甚'은 심하다.

93 王豹(왕표): 위衛나라 사람.

94 淇(기): 위나라를 흐르는 물 이름.

95 謳(구): '謳'는 반주 없이 흥얼대다. 참고로 '歌'는 소리를 내어 억양을 붙여 읊다. 또 '謳歌(구가)'는 본래 '임금의 은덕을 칭송하다'라는 뜻이었으나, 근세에 들어 '마음껏 떠들고 노래하다'로 많이 쓰인다. (예) 자유연애를 구가謳歌하다.

周[99]・杞梁之妻[100]善哭其夫而變國俗. 有諸內, 必形諸外. 爲其事而無其功者, 髡未嘗覩[101]之也. 是故無賢者也; 有則髡必識之."

曰, "孔子爲魯司寇[102], 不用. 從而[103]祭, 燔肉[104]不至, 不稅冕[105]而行. 不知者以爲爲肉也, 其知者以爲爲無禮也. 乃[106]孔子則欲以微罪行, 不欲爲苟去. 君子之所爲[107], 衆人[108]固不識也."

---

96 縣駒(면구): 제나라 사람.

97 高唐(고당): 제나라 서쪽에 위치한 읍.

98 歌(가): 앞의 주석 95 내용 참고.

99 華周(화주): 기량杞梁과 함께 거莒나라와의 싸움에 참가한 제나라 대부.

100 杞梁之妻(기량지처): '杞梁'은 제나라 대부로 거나라와의 전쟁에서 죽었다. 남편이 전사하자 '杞梁'의 처는 통곡했다. 보는 사람마다 눈물을 훔치지 않는 자가 없었으며, 그렇게 10일을 울자 성이 무너졌다. 처의 이름은 맹강孟姜으로 훗날 맹강녀에 대한 노래와 연극이 유행하는 계기가 되었다. '杞梁'의 처 기사는 『춘추좌전』, 「양공襄公 23년」에 있다. 이것이 한나라 때 『설원』, 『열녀전列女傳』을 통해 열녀전 형식으로 변하였다(최술, 이재하 옮김, 『수사고신여록』, 한길사, 2009, 300쪽 참고)

101 覩(도): 보다. '睹(도)'로도 쓴다.

102 司寇(사구): 사법을 관장하는 장관.

103 從而(종이): 더 나아가, 게다가.

104 燔肉(번육): 제사를 지낼 때 쓴 고기. '제육祭肉'과 같다. '燔'은 굽다. 날고기는 신脈, 구운고기를 '燔肉'이라고 한다(한국고전용어사전편찬위원회, 『한국고전용어사전』, 세종대왕기념사업회, 2001).

105 稅冕(탈면): '稅'은 '脫(탈)'과 같다. '冕'은 갓, 예모禮帽.

106 乃(내): 그러나. '내가 보기에는'이라고 번역하였다.

107 所爲(소위): 행하는 까닭. '所行(소행)'과 같다. 행동의 밑에 깔려 있는 의미를 이른다.

108 衆人(중인): '무지렁이'라고 번역하였다. 뒤에 "행하고 있으면서 그 의미를 깨닫지 못하고, 익숙해 있으면서 그 까닭을 이해하지 못하는구나. 죽도록 따라 하면서도 그 원리를 알지 못하는 자"(13:5)가 '衆'이라고 하였다.

순우곤이 말했다.

"명예와 공적을 중시하는 사람은 '백성을 위하는 자'요, 명예와 공적을 경시하는 사람은 '자신을 위하는 자'이외다. 선생은 삼정 승 가운데 있었으면서 그 명예나 공적이 위로나 아래로나 더해진 것이 없는데, 떠나신다니 유가의 인仁이란 정녕 이와 같답니까?"

맹자, 말씀하시다.

"낮은 지위에 있어도 우매한 윗사람을 섬기는 데 지혜를 쓰지 않은 이는 백이요, 성왕 탕에게 다섯 번 나아가고 폭군 걸에게 다섯 번 나아간[109] 이는 이윤이요, 추잡한 임금이라도 혐오하지 않고 미관말직도 사양하지 않은 이는 유하혜였소. 세 분의 방식 (道)은 같지 않았으나 그 방향(趨)은 하나였소. 하나란 무엇이겠 소? 바로 인이외다. 군자는 다만 인을 행할 따름이니 어떻게 반 드시 똑같이 행동한단 말이오?"

순우곤이 말했다.

"노나라 목공 때 공의자가 재상이었고 자류와 자사가 그 신하

---

109 五就湯, 五就桀(오취탕, 오취걸): 많은 학자들이 이 기록을 의심한다. 성호 이익은 『죽서기 년書竹書紀年』과 『맹자』의 이곳을 비교하면서 여섯 글자의 진위를 이렇게 진단했다. "이윤 이 다섯 번 탕에게 나아가고 다섯 번 걸에게 나아갔다"라는 말은 의심할 만하다. 이미 탕 의 초빙을 받고 다섯 번이나 걸에게 나아갔다면 마땅히 여섯 번째로 탕에게 나아가게 되 었을 것이다. 걸에게 나아가 그를 이미 익히 알았다면 두 번, 세 번 잇달아 나아갈 리가 있 었겠는가? 나는 그가 두 번은 탕에게 나아가고, 한 번은 걸에게로 나아갔다고 생각한다. 여기에 반드시 오자誤字가 있었을 것이고, 이 『죽서기년』 또한 증거할 수 있다. 그 말이 비 록 어긋나고 허망한 것도 없지 않으나, 당시에 반드시 이런 말이 있었기 때문에 밝혀놓았 을 것이다(『성호사설』,「죽서竹書」).

였는데도 노나라는 그 영토를 크게 잃었습니다. 이렇답니까? 현자들이 나라에 무익한[110] 것이!"

맹자가 말했다.

"우나라는 백리해를 쓰지 못해 망했고, 진나라 목공은 그를 써서 천하의 패자가 되었소. 현자를 쓰지 않으면 나라가 망하는 판에 땅을 잃는 것이 무슨 대수란 말이오?"

순우곤이 말했다.

"옛적에 왕표가 기수 가에 살았는데 하서 지방 사람들이 노래를 잘했고, 면구가 고당에 살았는데 제나라 서쪽 지방 사람들이 노래를 잘했으며, 화주와 기량의 아내가 지아비 죽음에 곡을 잘하자 나라 풍속이 바뀌었습니다. 안에 있는 것은 반드시 밖으로 드러나기 마련인 법.[111] 일을 행하고 그 공적이 없는 경우는 내 일찍이 본 적이 없소이다. 그래서 이 나라에 현자가 없다고 한 것이니, 있다면 내가 반드시 알아봤을 게요!"

맹자가 말했다.

"공자가 노나라 사구 벼슬을 할 때, 간언이 받아들여지지 않았소.[112] 게다가 나라 제사에 쓴 고기가 오지 않자 관모도 벗지 않은 채 나라를 떠났지요. 모르는 자들은 고기 때문이었다고 하고, 아는 사람들은 나라가 무례했기 때문이라고 했소. 내 보기

---

110 無益(무익): 순우곤은 이익을 잣대로 사람과 사건을 평가한다. 앞서 본 송경의 인식과 같다.

111 『대학』에도 유사한 표현이 있다. 다만 『대학』은 자기 성찰을 뜻하는데 순우곤의 말은 기계적이다.

맹자, 마음의 정치학 3

엔 공자가 작은 허물을 빌미로 삼아 떠나려 했던 것이지, 조국을 욕보이며 떠나고 싶지 않았던 것[113]이외다. 그러니 군자가 행하는 까닭을 무지렁이들은 결코 알지 못하는 법이라오."

순우곤은 해학과 골계로 당시 정치가들을 우회적으로 깨우치는 변설가였다. 『여씨춘추呂氏春秋』에는 "순우곤이 제나라 사신으로 초나라에 파견되었다" 하고, 『회남자』에도 "제나라 사람 순우곤이 합종책을 가지고 위나라 왕에게 유세하였다"라고 하였으니 순우곤이 외교가였음을 알 수 있다. 이에 사마천은 순우곤이 "여러 차례 제후국에 사신으로 파견되었는데 한 번도 모욕을 당한 적이 없었다"(『사기』, 「골계열전滑稽列傳」)라고 소개한 것이리라. 다음 기사가 외교가로서 그의 이력과 자질을 증명한다.

제나라 위왕威王 8년, 초나라가 대군을 동원하여 제나라를 침범하였

---

112 사마천에 따르면 "공자가 노나라 사구가 되어 정승의 일을 대행했는데, 제나라가 이를 듣고 두려워하여 여성 악단을 노나라에 보냈다. 노나라 임금과 집정자(계환자)가 같이 가서 구경하고 정사에 태만하였다."(『사기』, 「공자세가」) 본문에 "간언이 받아들여지지 않았다"라는 것은 이때 공자의 충간을 말한다.

113 不欲爲苟去(불욕위구거): '苟去'는 조국을 욕보이며 떠나다. 참고를 볼 것.

다. 제왕은 순우곤을 조趙나라에 사신으로 보내 원군을 요청하게 하였다. …… 조나라는 순우곤에게 정예병 10만과 전차 1000대를 주었다. 초나라는 이 소식을 듣자, 그날 밤으로 철병하였다.

_『사기』,「골계열전」

나아가 사마천은 "양혜왕이 곤경에 처했을 때, 후한 폐백으로 당대 지식인을 초청하였는데, 그때 함께 응한 인물로서 맹자, 추연과 더불어 순우곤"을 꼽았다(『사기』,「골계열전」). 또 순우곤은 "제나라 선왕이 세운 직하학궁稷下學宮에 일찌감치 자리 잡아 학술을 논하기도 하였던 사람이다."(바이시) 곧 순우곤은 맹자와 함께 양나라, 제나라에 걸쳐 교유한 동시대 사람으로서 종횡가(외교가)에 속하는 인물임을 알겠다.

1. 명실상반 대 명실상부

지금 종횡가 순우곤과 유자인 맹자가 맞붙고 있다. 맹자에 대한 순우곤의 공격은 네 방면에 걸쳐 집요하게 이뤄진다. 첫째는 공자의 정명론正名論을 꼬투리 삼아 맹자의 처신이 이를테면 명실상반名實相反(이름과 실제가 어긋남)이라는 비판이다. 제나라 고위직을 누렸음에도 '정승'이라는 이름(名)에 걸맞은 실적(實)도 없이 떠나겠다니 맹자의 처사는 이른바 '먹튀'가 아니냐는 조롱이다. 순우곤의 명실론은 공리주의(이익/손실)를 바탕에 깔고 있다. 특히 "유가의 인이란 정녕 이와 같답니까仁者固如此乎?"라는 말투에는 조롱이 가득 들어 있다.

반면 맹자는 순우곤이 쓴 '인자仁者'라는 단어를 실마리 삼아 다시 공자의 말을 빌려 "군자는 다만 인을 행할 따름"이라고 되받아친다. 맹자는 순우곤의 공리주의적 명실론, 곧 직책(名)-실적(實)의 구도를 공자의 군자(名)-도덕(實)의 차원으로 대체한 것이다. 그 예로 백이, 이윤, 유하혜를 들어 겉보기는 달라도 내실이 도덕적일 때만이 이름(군자)에 합당함을 뜻겨준다. 공리주의 명실론이 고작 외면의 상동성을 따지는 것이라면, 현자들은 의미의 동질성에 주목하였는데 이것이야말로 참된 명실상부名實相符라는 응답이다. '명실상반'이라는 순우곤의 비판에 맹자는 인자란 인의의 가치를 실현하려는 사람이므로 '나야말로 명실상부한 유자이노라' 하고 변호한 셈이다. 맹자의 행보는 "하필 이利를 말씀하십니까! 다만 인의가 있을 따름이외다"로 요약되는 것이기에 그렇다(1:1). 이리하여 순우곤은 도덕에 어두운 얄팍한 공리주의자임이 드러났다. 스코어는 1 대 0이다.

2. 손익 대 존망

이어 순우곤은 유교의 현자들(자사/자류)을 등용했더니 외세의 침탈에 속수무책이라 국토가 깎이고 만 춘추시대 노나라의 사례를 들어 현자(곧 맹자를 겨눔)는 무익無益하다고 공격한다. 이 역시 공리주의에 기초한 비판이다. 이에 맹자는 백리해를 등용한 진秦나라 목공은 천하의 패자가 되고, 그를 잃은 우나라는 멸망한 사례를 들어 손익損益의 수준보다 존망存亡의 수준이 더 근본적이고 중차대한 것이 아니냐고 되받아친다(백리해에 대해서는 9:9 참고). 즉 공리적 차원에서 보더라도 나라의 '존-망'은 국토의 '증-감'과 비교할 수 없을 정도로 심각한 사태임에 동의한다면, 국가의 흥망과 직결되는 현자의 득실이야말로 중차대한 국사가 된다. 역시 순우곤의 공리주의적 계산이 이해利害의 차원에서조차 사소하고 편협하다는 점이 폭로되었다. 스코어는 2 대 0이다.

3. 일명일실 대 다명다실

셋째, 순우곤은 '내용(實)이 있으면 반드시 표현된다(名)'라는 기계적 언어관을 제시한다. 이를테면 낭중지추囊中之錐라, 호주머니 속에 숨은 송곳이 '반드시' 겉으로 드러나기 마련인 것처럼. 그래서 순우곤은 장담하길, 현자가 "있다면 내가 반드시 알아봤을 게요髡必識之!"라는 것이다. 이런 기계적 언어관을 일명일실一名一實, 즉 '이름은 단 하나의 의미를 가지고 있다'라고 할 수 있는데, 당시 전국시대 논리학의 대부분은 이와 같은 '명=실'주의로 이루어져 있었으니 순우곤은 당대 지성계를 대변한다고 할 수 있다.

그러나 속에 있는 것은 반드시 겉에 드러나기 마련인가?『여씨춘추』에 이런 비판이 있다. "믿을 것이라곤 눈이겠지만 눈으로 직접 본 것도 믿을 수 없을 때가 있다. 믿을 것이라곤 마음이겠지만 마음도 믿을 수 없을 때가 있다. 제자들은 기억하라. 사람을 제대로 알기란 참으로 어렵다는 사실을."[114] 또 현대 한국의 인문학자 고종석이라면 순우곤의 소박한 일명일실주의를 이런 식으로 조롱할 듯하다. "언어는 세계와 1 대 1로

---

114 所信者目也, 而目猶不可信. 所恃者心也, 而心猶不足恃. 弟子記之, 知人固不易矣(『여씨춘추』; 최술, 앞의 책, 56쪽).

대응하지 않는다. 플로베르의 일물일어설一物一語說이 우스꽝스러운 허풍인 것은 그래서다. 세계는 연속적이지만, 언어는 불연속적이다. 언어는 세계를 재현할 수 없다"[115]라고.

역시 맹자는 명(표현)과 실(내용) 사이의 단순하고 기계적인 상응 관계를 부정한다. '사실'의 의미층은 겹겹하고 말은 다양하게 표현될 수 있다. 말(名) 한마디 속에 다양한 의미(實)가 담겨 있기도 하고, 하나의 의미를 다양한 말로 표현하기도 한다. 이를테면 다명다실多名多實이라고 이름 붙일 수 있을까? '척 보면 압니다'라는 순우곤의 일명일실 논리를 맹자는 한 가지 기록이 세 가지 서로 다른 해석을 포괄할 수 있음을 제시하면서 격파한다. 유명한 공자의 출국 사건이다. 공자가 고국을 떠난 역사적 사건을 두고, 첫째 속사정을 모르는 자들은 나라 제사를 지낸 뒤 대부들에게 나눠주는 제사 고기(燔肉)를 공자가 받지 못했기 때문이라고 해석하고, 둘째 공자의 처지를 이해하는 자는 나라의 처사가 무례했기 때문이라고 판단하고, 셋째 (이건 맹자의 연구 결과인데) 공자가 진작 노나라를 떠나고 싶었는데, 제사 고기라는 사소한 일(微罪)을 빌미로 삼아 떠났다는 세 가지 해석의 층을 보여준다. 공자의 출향이라는 한 가지 사건(實)에 세 가지 의미(名)의 층이 쌓여 있는 것이다(참고를 볼 것).

이렇게 '사실은 반드시 겉으로 드러난다'는 기계적 명실론은 얄팍한 논리임이 밝혀지고, 또 '겉말과 속뜻이 동일하다는 보장이 없음'도 분명해졌다. 의기양양하게 이 나라에 현자가 있다면 내가 반드시 알아보았으

115　고종석, 『불순한 언어가 아름답다』, 로고폴리스, 2015 참고.

리라던(必識) 순우곤의 자부는 금방 "군자가 행하는 까닭을 무지렁이들은 결코 알지 못하는 법"이라는 고불식固不識의 나락으로 떨어지고 말았다. 삼세 번 잽을 날리던 순우곤이 결국 맹자의 어퍼컷에 KO로 쓰러진 꼴이다. 3 대 0으로 승부가 끝났다. 결국 순우곤의 눈이 겉(名)에 붙들려 표층만 핥는 외눈박이라면, 맹자의 눈은 한 사건에서 세 겹의 의미층을 발굴하는 복안複眼, 곧 심오한 안목임이 드러났다.

이 논전을 통해 순우곤은 겉으로 드러난 표현을 진리로 인식하는 피상적인 인간이자, 이利와 불리不利라는 공리주의 잣대로 세계를 재는 천박한 인간임이 드러났다. 한마디 말이 함축하는 다양한 세계를 알지 못하는 경박한 인간! 넓히면, 당시 임금들을 설득한답시고 이 나라 저 나라를 전전하던 유세객들은 순우곤과 대동소이한 인간들이었다. 이런 따위들은 언어의 유희나 재간, 재치로 권력자들의 비위를 맞추고 아랫돌 빼서 윗돌을 괴는 기술주의자들일 뿐이다(6:2 참고). 이 따위 눈으로 피갈회옥被褐懷玉이라, '겉에는 거친 옷을 걸쳤으나 속에는 고귀한 옥을 품고 있는' 현자를 어찌 발견할 수 있으리오. 애재!

4. 위민 대 여민

뿐만 아니다. 이 논쟁 밑에는 근본적인 문제가 깔려 있다. '정치란 무엇인가'라는 질문에 대한 순우곤과 맹자의 상반된 생각이다. 먼저 순우곤의 생각이 드러나는 첫 번째 질문을 주의해서 살펴보자. "명예와 공적을 중시하는 사람은 '백성을 위하는 자'요, 명예와 공적을 경시하는 사람은 '자신을 위하는 자'이외다." 이는 순우곤에게 정치란 '백성을 위하는 행위', 즉 위민爲民이거나 '자기 이익을 위해 공직을 탐하는 것', 곧 자위自爲 둘 가운데 하나일 따름이라는 뜻이다. 순우곤의 눈에 정치는 남을 위하거나 자기를 위하거나, 여하튼 '위하여'의 차원을 벗어나지 않는다. 앞서 지적했듯 '위하여 정치'는 이익을 획득하기 위한 수단에 불과하며, 결국 권력자의 이익에 복무한다. 도구로서의 정치, 기능주의 정치관이 그의 신념이다. 그 밖에 맹자가 제시하는 여민 정치, 국가와 인민이 함께 더불어 사는 세계는 도무지 그의 인식 지평 위로 떠오르지 않는다. 정치는 수단일 뿐 가치는 부재하다(순우곤의 냉소주의, 조롱과 골계는 이런 도구주의적 세계관에서 비롯했다). 왕도든 패도든, 아니 독재든 전제정치든 관계없이 인민을 배불리 먹게 해주면 그만이라는 식이다. 모 아니면 도다. 정치란 위민과 자위 가운데 하나일 뿐이니 맹자더러 둘 가운데 하나를 선택하라고 압박한다. 즉 '남을 위하려는 사람'만이 정치가로서 자격이 있는데, 맹자는 고작 제 한 목숨 먹고살려고 아등바등하는 이기적인 자에 불과하지 않느냐는 조롱이다.

그러나 이제 우리가 익히 알듯 맹자에게 정치란 가치의 실현 과정이다. 여민, 곧 '함께 더불어 함'이다. 여민 정치 안에서 대화와 소통, 연대가 형성되고, 그것이 실현될 때 국가는 '너의 나라'가 아닌 '우리나라'가 되며, 선국이 건설될 수 있다. 이는 앞에서 누누이 논하였으니 부언하지 않겠다(특히 3:8).

따로 떼놓고 보아도 '남을 위한다', '백성을 위한다'는 위민 정치론에는 나를 희생한다, 나를 덜어내 상대에게 더해준다는 베풂의 의식이 '숨어 있다'. 베푼다는 생각에서 그 반대급부에 대한 바람이 씨앗처럼 잉태

된다. 위함을 받은 상대방이 나의 '위함'을 무시하거나 보답하지 않을 때 그 씨앗은 싹을 틔우고 점점 미움과 분노, 미련과 회한 같은 오욕칠정의 열매를 맺는다. 즉 '위하여'의 문제는 오늘을 단지 내일을 위한 도구로 소외시키고, 나를 나로서 살지 못하게 하며, 나아가 상대방에게 내 욕망을 투사해 상대를 나의 도구나 수단으로 타락시킨다는 점이다. 당연히 순우곤은 정치가의 도덕성이나 정치의 의미에 대해서는 묻지 않는다. 결과의 효율성을 정치 행위의 척도로 삼는다는 점에서 평화주의자 송경의 정치관과 동일하다(12:4). 당시 백가들의 정치 인식이란 것이 이렇게 '하필왈리'의 비평에서 벗어나지 않았다.

순우곤은 맹자를 이렇게 네 방면에 걸쳐 집요하게 공격했지만, 결국 제 혀를 스스로 깨무는 자가당착의 오류를 범하며 무너지고 말았다. 이 나라에 현자가 있다면 내가 모를 리 없다며 오만을 떨다가, 금방 군자가 행하는 까닭을 결코 알지 못하는 무지렁이로 추락하고 만 것은 요컨대 도구주의 세계관 때문이었다.

5. 평가

근본적으로 순우곤은 정치가의 행동 윤리, 즉 출/처와 진/퇴의 정당성에 대한 고민이 없다. 그의 생각에는 자기를 알아주기만 하면 누구에게든 나아가고, 몰라주면 알아달라고 스스로 손을 쳐드는 비천함이 있다. 또한 그의 행동에는 공동체에 대한 고려 없이 내 재능을 발휘하면 그만이라는 경망스러움이 있다. 맹자가 공자의 출국 사건으로 논전을 매조진 것에도 뜻이 있다. 육안에 비치는 것이 진실이 아니요, 욕망으로 자주 왜곡되는 것이 눈이니 속살을 볼 수 있는 심안을 열라는 가르침이다(이렇게 읽자면 맹자는 순우곤을 끝까지 깨우쳐주고 있다). 또 공자의 출국 사건에 대해 오해가 많았듯 내가 지금 제나라를 떠나는 것도 당신이 오해하고 있으니 한번 돌이켜 보라는 충고도 들어 있다. '나는 반드시 안다(必識)'라는 그 오만하고 천박하며 독선적인 눈길을 되돌아보라는 것. 이토 진사이의 적절한 비평처럼 이 장은 "공자의 일을 들어 군자가 벼슬에 나아가고 물러나는 일, 곧 출처와 진퇴는 함부로 말할 수 있는 게 아님을 밝혀 순우곤을 깨우쳐준 것이다. 역시 공자가 노나라를 떠난 일을 인용한 것을 보면, 맹자가 제나라를 떠난 것도 필시 이유가 있었을 것이다. 다만 드러내놓고 말하고 싶지 않았을 뿐이다."[116]

참고 　주희는 『맹자집주』에서 공자의 출국 사건에 내재하는 세 겹의 의미층을 이렇게 서술하였다.

맹자 말씀은 제사 고기 때문에 공자가 나라를 떠났다고 한 자들은 진실로 거론할 만한 것이 못 되고, 무례하기 때문이라고 말한 자들도 공자를 깊이 안 자가 되지 못한다. 공자는 부모님이 살던 나라의 군주와 재상의 과실을 드러내고자 하지 않았고, 또 이유 없이 구차히 떠나려고 하지 않았다. 이에 여악女樂 때문에 떠나지 않고 제사 고기를 빌미 삼아 떠났다는 것이다.

116　이토 진사이, 앞의 책, 493~494쪽.

12:7. 왕도와 패도, 춘추와 전국

孟子曰, "五覇[117]者, 三王[118]之罪人也; 今之諸侯, 五覇之罪人也; 今之大夫,
今之諸侯之罪人也. 天子適[119]諸侯曰巡狩[120], 諸侯朝於天子曰述職[121]. 春省
耕而補不足, 秋省斂而助不給. 入其疆, 土地辟[122], 田野治, 養老尊賢, 俊傑在
位, 則有慶[123]; 慶以地. 入其疆, 土地荒蕪, 遺老失賢, 掊克[124]在位, 則有讓[125].
一不朝[126], 則貶[127]其爵; 再不朝, 則削其地; 三不朝, 則六師移之[128]. 是故天子

---

117 五覇(오패): 춘추시대 다섯 패자(hegemon). 제환공齊桓公, 진문공晉文公, 진목공秦穆公, 송양
공宋襄公, 초장공楚莊公을 일컫는다. 제환공이 대표적 패자였다.

118 三王(삼왕): 삼대三代의 건국자, 하왕조의 우禹임금, 상(은)왕조의 탕湯임금, 주왕조의 문
무文武왕이다.

119 適(적): 가다.

120 巡狩(순수): 천자가 제후를 방문하여 실적을 감찰하는 것. '巡行(순행)'이라고도 한다. 『예
기』, 「왕제王制」에 "천자는 5년에 한 번씩 巡狩한다. 그해 2월에 동쪽으로 巡狩하여 대
종岱宗(곧 태산)에 이르러 시제柴祭를 올리고 산천에 망사望祀를 지낸다. 제후를 접견하고
100세 된 자가 있는가를 묻고, 있으면 친히 가서 찾아본다. 태사太師에게 명하여 시詩를
모아 진열하게 하며 백성의 풍속을 살펴본다." '巡'은 순회하다. '狩'는 사냥하다.

121 述職(술직): 제후가 천자를 찾아와 실적을 보고하는 것. 정약용은 제후가 자신의 치적을
직접 입말로 보고하여 잘잘못을 반드시 본인이 책임지는 계기가 되므로 이것이 '述職'의
정치적 의의라고 보았다(정약용, 『상서고훈尙書古訓』). '巡狩'와 '述職'은 2:4의 제경공과 안
영의 대화를 참고.

122 辟(벽): 개간하다. '闢(벽)'과 같다.

123 慶(경): 상을 주다, 표창하다.

124 掊克(부극): 가렴주구. '탐관오리'라고 번역하였다. 『시경』에 '증시부극曾是掊克'이라고
하였다. '掊'는 그러모으다. '克'은 수탈하다.

125 讓(양): 꾸짖다, 견책하다.

126 朝(조): 조회하다. "제후가 봄, 가을로 천자를 찾아뵙는 것을 朝라 하고, 가을, 겨울에 찾아
뵙는 것은 覲(근)이라고 한다."(『예기』, 정현의 주석)

討而不伐, 諸侯伐而不討. 五覇者, 摟¹²⁹諸侯以伐諸侯者也. 故曰, 五覇者, 三王之罪人也.

五覇, 桓公爲盛. 葵丘¹³⁰之會¹³¹, 諸侯束牲載書¹³², 而不歃血. 初命¹³³曰, 誅不孝, 無易樹子¹³⁴, 無以妾爲妻. 再命曰, 尊賢育才, 以彰¹³⁵有德. 三命曰, 敬老慈幼, 無忘賓旅. 四命曰, 士無世官, 官事無攝¹³⁶, 取士必得, 無專殺大夫. 五命曰, 無曲防¹³⁷, 無遏糴¹³⁸, 無有封而不告. 曰, 凡我同盟¹³⁹之人, 既盟之後, 言歸于好¹⁴⁰.

今之諸侯皆犯此五禁, 故曰, 今之諸侯, 五覇之罪人也. 長君之惡¹⁴¹其罪小,

---

127 貶(폄): 낮추다. (예) 폄하貶下.

128 移之(이지): 변치變置와 같다. 지위를 박탈하다(14:14 참고). '移'는 바꾸다.

129 摟(루): 끌다. 꾀다(12:1 참고). '摟'는 천자의 '討(토)'와 짝을 이룬다. 천자의 권한을 오패가 대행했으므로 '討' 대신 '摟'라고 표현한 것이다. 이것이 일종의 춘추필법이다.

130 葵丘(규구): 지명.

131 會(회): 곧 '會同(회동)'이다. 제후들이 미리 정한 중간 지점에서 만나 회담하는 것. '葵丘之會(규구지회)'는 춘추시대 9차의 회맹 가운데 최후이자 규모가 가장 큰 것으로 제환공패업의 완성이자 절정이었다.

132 束牲載書(속생재서): '載書'는 맹약을 마친 후 맹세문을 희생물 위에 얹는 것. '束牲'이 회맹 의식의 시작이라면 '載書'는 회맹 의식의 끝이다. '束'은 묶다. '牲'은 희생.

133 初命(초명): '제1조'라고 번역하였다. 이하 '再命(재명)'은 '제2조', '三命(삼명)'은 '제3조' 등으로 번역하였다.

134 樹子(수자): 세자. 장자 상속을 명문화한 것. '樹'는 세우다.

135 彰(창): 드러내다.

136 攝(섭): 겸하다.

137 曲防(곡방): 둑을 모두 틀어막다. '曲'은 조밀함이니 '曲盡(곡진)'과 같다. 상류에서 단단히 모든 둑을 메우면 하류에서는 물을 댈 수 없다. 뒤에서 백규가 우임금보다 치수법治水法이 탁월하다고 자랑한 것이 '曲防'이다(12:11).

138 遏糴(알적): 곡물의 반출을 막다. '遏'은 막다. '糴'은 곡물을 사들이다. 참고로 곡물을 파는 것은 '糶(조)' 하고, 곡물을 사고파는 행위는 '糶糴(조적)'이라고 한다.

逢君之惡[142]其罪大. 今之大夫皆逢君之惡, 故曰, 今之大夫, 今之諸侯之罪人
也."

맹자, 말씀하시다.

"춘추의 오패는 삼왕의 죄인이요, 오늘날 제후는 오패의 죄인
이며, 오늘날 대부는 그 제후의 죄인이다. 천자가 제후를 시찰
하러 가는 것을 순수라 하고, 제후가 천자에게 조회하러 오는
것을 술직이라 한다. 천자의 순수하는 때가 봄철이면 농사일을
살펴보아 부족한 것을 도와주고, 가을이면 풍흉을 살펴서 부족

139 同盟(동맹): '盟'은 외교 용어다. '同盟'의 절차는 "먼저 지정한 장소에서 제후들이 회동
한다. 둘째 '네모꼴 구덩이(方坎)'를 판다. 셋째 희생에 쓸 소양을 죽여 왼쪽 귀를 잘라 피
를 받는다. 넷째, 그 피로 맹약의 글을 적는다(여기 5개조 맹약이 그 예다). 다섯째, 맹약에 참
여한 제후들은 모두 그 피를 찍어 입에 바르고 '맹세문(盟書)'을 읽는다. 여섯째, 희생을
구덩이에 넣고 맹세문을 그 위에 놓는다. 일곱째, 구덩이를 메우고 '同盟'의 의식을 끝낸
다. 이때 희생의 귀를 잘라 받은 피를 담은 접시를 손에 들고 그 자리에 참여한 '同盟'의
제후들 입에 피를 발라주는 자가 맹주盟主다. '盟'이라는 글자의 받침에 그릇을 뜻하는
'皿(명)'이 들어 있는 이유다(이민수 옮김, 『예기』, 혜원출판사, 2001, 63쪽 주석). 근세에 '同盟'
은 사회주의 사상을 일본어로 번역하는 와중에 결사結社의 뜻으로 사용되었다.
140 言歸于好(언귀우호): 우호 관계를 회복하다. '言'은 조사. '好'는 우호 관계. '歸'는 회복하
다. 상세는 『춘추좌전』, 「희공僖公 9년」 참고.
141 長君之惡(장군지악): 임금의 악을 간취하고 돕는 것. '長君之惡'의 죄는 아래 주석142의
'逢君之惡'보다 덜하다. '長'은 조장하다.
142 逢君之惡(봉군지악): 어떤 일의 옳고 그름을 미처 판단하지 못한 임금을 나쁜 쪽으로 유도
하는 것. '임금의 악행을 부추기다'라고 번역했다. '逢'은 拏(끌어당김)'과 같다. 공자도
"남의 잘못을 떠벌이는 짓을 미워하느니라"(『논어』, 17:24)고 하였다. 12:9에서 "임금이 요
순의 도를 지향하지 않고, 인에 뜻을 두지 않는데도 그런 임금을 위하여 부유하게 만들려
는 짓은 폭군 걸을 부유하게 하는 것과 같다"는 것이 여기 '逢君之惡'에 해당한다.

한 세액을 채워준다. 제후의 영지에 들어섰을 때 토지가 개간돼 있고, 밭과 들이 정리돼 있으며, 노인을 봉양하고 현자를 존중하며 인재가 조정을 채우고 있으면 표창한다. 포상은 토지로 한다. 반면 영지에 들어섰을 때 토지가 거칠고 잡초만 무성하며, 노인은 버려지고 현자는 지위를 잃고 탐관오리가 조정을 채우고 있으면 제후를 견책한다.

(술직의 경우) 제후가 한 번 조회에 불참하면 작위를 강등하고, 두 번 불참하면 영지를 깎고, 세 번 불참하면 군사를 출동시켜 지위를 박탈한다. 대저 천자는 죄를 성토(討)할 뿐이며 직접 군사를 통솔하여 징벌(伐)하지는 않는다.[143] 제후는 천자의 명을 받아 군사를 출동시켜 징벌하되 성토하지는 못한다. 춘추오패는 (천자의 명을 받지 않고 동류인) 제후들을 끌어들여 제후를 징벌한 것이다. 그래서 '오패는 삼왕의 죄인'이라 한 것이다.[144]

춘추오패 가운데 제나라 환공이 가장 강성하였다. 규구에서 제후들과 회동할 때 희생을 묶고 그 위에 맹세문을 얹되 희생의 피는 마시지도 않고[145] 5개조 회맹을 맺었다.

제1조. 불효자는 처벌하고, 세자를 바꾸지 않으며, 첩을 부인으로 삼지 않는다.

---

143 "토討는 명령을 내려 그 죄를 성토하고 방백方伯과 연수連帥(연합군사령관)로 하여금 제후를 거느리고 징벌(伐)하게 하는 것이다."(주희)

144 춘추시대 오패가 하·은·주 삼왕의 죄인인 까닭은 왕자의 덕에 근거하지 않고, 동류인 제후들의 힘(力)의 우열로 서열을 정해 잠정적 평화의 회합을 이뤘기 때문이다.

제2조. 현자를 존중하고, 인재를 기르며, 유덕한 사람을 현창한다.

제3조. 노인을 공경하고, 아이들을 보살피며, 방문객과 나그네를 홀대하지 않는다.

제4조. 사의 관직은 세습하지 않게 하고, 직무를 겸하지 못하게[146] 하며, 사를 쓸 때는 반드시 적임자를 기용하고, 함부로 대부를 살해하면 안 된다.

제5조. 제방을 완전히 틀어막지 말 것이며, 곡물의 반출을 금지하지 말고, 새로 대부를 임명할 때는 반드시 통보한다.

이상 동맹에 참여한 우리는 맹세한 지금부터 우호 관계를 회복한다고 하였다.

오늘날 제후들은 이 5개조 회맹을 모두 위반하고 있다. 그러므로 '오늘날 제후는 오패의 죄인'[147]이라고 한 것이다. 신하로서 임금의 악행을 조장하는 짓은 외려 그 죄가 작으나, 임금의 악행을 부추기는 짓은 그 죄가 크다. 오늘날 대부들은 모두 임금

---

145 不歃血(불삽혈): '歃血'은 맹세를 다짐하며 희생의 귀를 잘라 그 피를 마시는 것. 실은 입술에 피를 묻히는 정도였다(희생물로 제후는 소, 대부는 수퇘지를 썼다). 오늘날 협정문에 사인하는 것과 비슷하다. 삽혈의 순서를 놓고 다투기도 했다. 제일 먼저 삽혈하는 자가 맹주다. 이때는 최강자인 제환공이 주재했으니 구태여 삽혈 의식을 행하지 않아도 제후들이 따르지 않을 수 없었기에 '不歃血'한 것.『춘추곡량전春秋穀梁傳』에 상세히 나온다.

146 현재賢才를 구하여 직책에 충당할 일이며, 사람이 없다고 업무를 폐해서는 안 된다는 것 (주희).

147 오패는 죄인이기도 하지만, 또한 공로가 없지 않다는 뜻이다. '천하의 정치'를 망실한 것이 죄라면, 규약으로 국제 질서를 유지한 것은 공로가 된다. 그러나 전국시대 제후들은 오로지 전쟁에 골몰한다는 것.

의 악행을 부추기므로 '오늘날 대부는 제후의 죄인'이라 한 것이다."

맹자가 고대 정치사를 3대 시기, 즉 왕도시대(삼대)와 패권시대(춘추), 전쟁시대(전국)로 구분하고 각 시대의 정치 구조를 제시 및 평가하는 곳이 이 장이다. 정치에 대한 맹자의 생각이 역사적 사례를 통해 드러난 곳이므로 주목을 요한다.

1. 왕도시대

왕도 정치 시대의 국國과 가家는 연방체聯邦體, united states로 구성되었다. 천하 정치의 통수자인 왕자(곧 천자)는 개별 국가 수장인 제후들과 상호 소통하며 천하를 다스렸다. 천자와 제후 간 소통 방식이 순수巡狩와 술직述職이다. 순수란 천자가 제후국을 찾아가 직접 시찰하면서 정치력을 평가하고 그 결과에 따라 상과 벌을 내리는 일이다. 또 인민의 생활 형편과 고충을 직접 관찰하고 어려움을 해소하여 천하를 균평하도록 하는 일도 순수의 중요한 기능이다(평천하). 예컨대 천자의 '봄철 시찰에는 농사에 부족한 것을 보충(補)하고, 가을 시찰에는 세액의 부족분을 도와주는(助)' 보조補助 활동이 이른바 평천하의 '평平'에 해당한다. 이러한 생활 보조는 왕자의 여민 정치가 천하 수준에서 거행되었음을 암시한다. 천자의 방문이 인민의 어려운 삶에 큰 도움이 되었기에 하나라 속담에도 "우리 임금님 봄에 다니러 오지 않으면 우리가 어떻게 쉬어볼까. 우리 임금님 가을에 다니러 오지 않으면 우리가 어디서 도움을 얻을까"(2:4)라는 노래가 있을 정도였다.

한편 술직은 각 나라 제후가 5년마다 정기적으로 천자를 찾아와 그간의 실적을 구두로 보고하는 행사다. 맹자는 술직의 상세한 내용을 밝혀 놓지 않았지만, 정약용은 요순의 정치는 '술직에서 시작하여 순수에서 끝난다'라고 주장할 정도로 순수와 술직을 왕도 정치의 핵심으로 중시하였다. 그는 『서경』(「우서虞書」의 '고요모皐陶謨' 및 '익직益稷')에 대한 연구를 통해 순수와 술직을 이렇게 논하였다.

> 술직이란 제후 본인이 직접 천자와 서로 낯을 맞대고 묻고 답하는 것이다. 제후가 보고할 때 천자는 들을 뿐이요, 사관은 그 내용을 기록할 따름이다. 천자는 순수하는 해에 이르러 해당 제후가 제출한 술직의 보고 내용과 진짜 실적을 비교·검토한다. '밭과 들이 넓어졌다'고 했는데 정말 그러한가, '농로와 수로를 잘 닦았다'고 했는데 과연 그러한가, 교화는 잘 행해지고 있는가, 고아와 홀아비, 과부는 제대로 양육되고 있는가, 농지의 경계는 흐트러지지 않았는가, 계급과 실제 지위에 차이는 없는가(爵秩平), 제도는 한결같은가 등등이다. 보고와 실제가 같다면 수레와 옷을 하사하지만, 감히 거짓된 내용이 있을 경우에는 땅을 깎고 작록을 낮추는데, 이를 일러 명시이공明試以功이라고 한다.[148]

맹자, 마음의 정치학 3

즉 천자의 순수는 국토 순례나 민정 시찰이 아니라 제후들이 제출한 정무 보고인 술직의 내용을 확인하고 감찰하는 감사監査 활동이라는 것. 술직과 순수가 한 세트로 이뤄진 왕정의 핵심 활동이라는 정약용의 연구는 받아들일 만하다. 물론 이는 인민과 함께 더불어 살기를 도모하는 여민 정치를 실현하기 위함이다.

둘째, 천자는 천하 질서를 유지하는 책임자이기도 했다. 만일 세 번 연속 천자에게 술직(조회)하지 않은 제후가 있다면, 천자는 그 잘못을 판정하고 성토(討)하는 권한을 보유한다. 천자의 권력은 옳고 그름을 판정하고, 그것을 언어화하는 힘에서 나온다고 할 수 있다(討而不伐). 그 언어 권력이 지시한 바에 따라 제후들은 연합군을 결성하고, 지목된 제후(국가)를 징벌하는 정치적 실천을 행한다(伐而不討). 다만 천자가 일률적으로 천하를 지배 통치하는 것이 아님은 유의해야겠다. 제후 각각은 해당 국가에 대한 자치권을 확보하고 있다. 즉 천하는 다원적 국가 체제(연방체)이다. 천하의 평화와 국가 간 질서를 침해하지 않는 한 각 국가는 내부적으로 자율적이다. 천자의 역할은 국가들의 다양성을 인정하면서 전체적으로 조화를 이루도록 하는 것이다. 다만 공인된 질서를 침해하는 국가에 대해서는 제후들과 논의를 거쳐 그 죄상을 문서화한 뒤 제후들의 동의를 얻고, 그들로 하여금 치죄治罪하도록 한다. 천자 권력은 정치적 행동을 형성하는 바탕으로서 존재하며, 행위의 정당성을 규정하는 언어 권력이라고 할 수 있다. 즉 천자 권력의 근거는 '말의 정당성(正名)'에 있다.

148 정약용, 『상서고훈』.

해석하자면 천자의 정치 활동은 재난을 당한 인민을 구제하고, 질서를 어긴 제후를 제거하며, 각 국가의 다양성을 인정하면서 국가 간 협력을 도모하는 균형자balancer로서의 역할이다. 이런 천하 정치의 양상은 흥미롭게도 노자가 활쏘기에 비유한 '하늘의 질서'에도 나타나 있다.

> 하늘의 도는 활을 당기는 것과 같습니다. 높은 쪽은 누르고, 낮은 쪽은 올립니다. 남으면 덜어주고, 모자라면 보태줍니다. 하늘의 도는 남는 데서 덜어내어 모자라는 데에 보태지만, 사람의 도는 그렇지 않아 모자라는 데서 덜어내어 남는 데에 바칩니다.
>
> _『도덕경』, 제77장[149]

노자는 천도天道를 '높은 것은 누르고, 낮은 것은 올리는' 활 당김의 형세에 비유하고 있다. 맹자가 생각하는 천자의 역할 역시 '높은 자는 누르고, 낮은 자는 올리는' 균평均平을 이루는 것이다. 나아가 '남는 쪽을 덜어서 모자라는 쪽에 보태주는 것'이 순수와 술직의 소통 과정을 통해 이루려는 천하 정치의 공능이다. 요컨대 천자는 연방체의 최고 수장으로서 각 국가의 자율성을 인정하면서(다양성) 국제 질서와 평화를 유지하고, 또 천하 인민의 기초생활 보장과 재난 구조의 책무를 지닌 무한 책임자다. 이러한 천하 정치에 대한 묘사 속에 맹자 본인이 지향하는 정치적 이상이 담겨 있음에도 유의하자.

149　오강남 풀이, 『도덕경』, 현암사, 1995, 324쪽.

　　　　　　　　　　　　　　　　맹자, 마음의 정치학 3

2. 춘추시대

천자에 의해 유지되던 왕도 정치는 춘추시대에 접어들면서 제후들의 패권 정치로 변질된다. 말장난을 하자면 '정치'가 끝나고 '통치'가 시작되었다. 춘추시대 패권 정치의 특징은 제환공(그의 뒤에는 관중이 있다)이 주도한 '규구의 회맹'에서 극명하게 드러난다. 그 가장 큰 문제는 정치 행위를 시비할 판단 기준인 천자의 언어 권력, 즉 정명正名이 사라졌다는 점이다. 천자의 언어 권력이 사라진 뒤, 패자의 '힘의 권력'이 그 자리를 대신했다. 물론 패권 정치의 공능이 전혀 없던 것은 아니다. 강요된 협약이긴 하나 '5개조 회맹'은 공공적이며 합리적이었고, 이런 합리성과 공공성이 (잠정적이긴 하나) 국가 간 평화를 유지하는 데 기여하였다. 그 공로자가 관중이었다(공자는 관중의 이런 역할을 크게 기렸다.『논어』, 14:17 참고) 그러면 규구의 회맹 5개조를 현대식으로 풀어보자.

제1조. 불효자는 처벌하고, 세자를 바꾸지 않으며, 첩을 부인으로 삼지 않는다.

제후 가문의 정통성legitimacy을 유지하기 위한 방책이다. 군주권의 장자 상속을 규정하고 부인을 함부로 내치지 못하도록 한 것은 제후 가문의 혈연적 정체성을 보존하여 국제 질서의 토대를 확보하기 위함이다. 특히 첩을 부인으로 삼지 못하게 한 것은 제후국들이 정략결혼을 통해 세력 확대를 꾀하던 풍조와 관련 있다. "첩을 부인으로 삼을 경우 왕위 계승을 둘러싼 적자들의 치열한 싸움으로 구생국舅甥國(사위-장인 관계 나라)이 개입하는 등 각국의 질서는 물론 모든 제후국의 소용돌이가 예견되기 때문이었다. 이 맹약은 패권 쟁탈의 와중에서 현실적인 규제력을 잃게 된 서주西周 초기의 혼인 예제를 회복하자는 것이다."[150]

제2조. 현자를 존중하고, 인재를 기르며, 유덕한 사람을 현창한다.

전통 문화를 계승하고 교사와 학교를 확충하여 인류 문명을 보존하기 위한 방책이다. 오늘날 교육·과학·문화의 보급 및 교류를 통한 국가 간 협력 증진을 목적으로 설립된 국제연합 전문기구인 유네스코United Nations Educational, Scientific and Cultural Organization(UNESCO)의 취지와 다를 바 없다. "모든 이를 위한 평생 교육, 인류에 기여하는 과학, 세계유산 보호와 창의성을 바탕으로 하는 문화 발전, 정보와 정보학의 기반 구축에 활동 목표를 두고 있다"라는 유네스코의 창립 목표와 여기 '현자를 존중하고 인재를 기른다'는 규구의 맹약은 같은 뜻이다.

제3조. 노인을 공경하고, 아이들을 보살피며, 방문객과 나그네를 홀대하지 않는다.

노약자들에 대한 사회복지, 외국인의 처우와 통행을 보장하여 국가 간 교류를 증진하려는 사회적 방책이다. 오늘날식으로 하자면 "난민의 권리와 복지를 보호하는 데 주요 목표를 두고 누구나 비호를 신청할 권리를 누리고, 자발적 본국 귀환, 현지 동화 혹은 제3국 재정착의 방법으로 다른 나라에서 안전한 피난처를 보장 받을 수 있도록 하기" 위해 설립된 유엔난민기구United Nations High Commissioner for Refugees(UNHCR)의 역할

---

150 이숙인, 앞의 책, 235쪽.

과 유사하다.

제4조. 사의 관직은 세습하지 않게 하고, 직무를 겸하지 못하게 하며, 사를 쓸 때는 반드시 적임자를 기용하고, 함부로 대부를 살해하면 안 된다.

당시 상공업의 발달에 따라 증가하던 사 계층을 적정 수준에서 묶고, 귀족 계층의 권한을 보장하기 위한 대책이다. 사에 대한 특별 조항이 기입된 것은 그만큼 사 집단이 지배 계급에 위협적일 정도로 강대해졌다는 반증이다. 실제로 거대한 사회 변동에 맞닥뜨린 각 나라는 더 이상 혈연으로 이루어진 귀족 계층만으로 통치를 수행할 수 없었다. 학식이나 재능이 있는 사 계층을 관리로 널리 수용해야 했다. 이런 지식인 특수特需 붐을 타고 재주 있는 평민은 누구나 사를 지망하였다. 사마천이 『사기』에 평민을 위한 '열전列傳'이라는 특별한 자리를 마련해야 할 정도였다. '군주의 자제들'을 지칭했던 군자君子라는 정치 용어를 자기 수양을 이룬 '도덕적 존재'로 전환한 공자나, 공경대부를 지칭하던 대인大人이라는 정치 용어를 도덕적 의미로 번역한 맹자에게서도 사의 흥륭을 엿볼 수 있다. 사 계층이던 공자가 군주에 의해 대부로 임명될 기회가 여러 차례 있었으나 기존 세력(안영晏嬰과 자서子西)이 거부했던 것처럼(『사기』,「공자세가孔子世家」), 귀족의 입장에서는 사 계층의 성장이 초래할 지배 계급의 비대화는 막아야 할 정치적 문제였다. 여기 제4조에서 규정한 내용은 사 계층이 대부로 상승하는 것을 막아 기존의 대부 계급을 보호하기 위한 대책이다.

제5조. 제방을 완전히 틀어막지 말 것이며, 곡물의 반출을 금지하지 말고, 새로

대부를 임명할 때는 반드시 통보한다.

'제방을 완전히 틀어막지 말라'고 번역한 원문은 '무곡방無曲防'이다. 『예기』, 「곡례」가 '의례에 대한 자세한 절차'라는 뜻인 것처럼 '곡曲'은 '사소하고 미세한 것'을 의미한다. 따라서 곡방은 샐 틈 없이 물을 틀어막는 것이다. 황하나 장강이 그렇듯 중국의 하천은 길다. 또 황하 문명이라는 말이 상징하듯 국가들은 대개 강 주변에 형성되었다. 만일 상류에서 물샐틈없이 단단히 모든 둑을 메우면 하류의 나라들은 물을 댈 수가 없게 된다. 즉 무곡방 조항은 수리水利의 독점 금지 법안과 같은 것이다. 이 규정은 오늘날도 유효하다. 1997년 유엔 총회에서 발안한 '유엔다국적수로협약UN Watercourses Convention(UNWC)'이 꼭 이와 같다. UNWC는 민물 관련 세계 최초의 국제협약으로, 2개국 이상이 강을 사이에 두고 있는 경우 상류 국가의 강물 점유와 오염, 독점으로 인한 분쟁과 전쟁 등을 방지하고 해결하기 위한 협약이다. 그 이념이나 실제가 무곡방과 똑같다.

'곡물의 반출을 금지하지 말라'는 규정은 천재지변이나 재해를 입은 국가에 대한 구제 방안이다. 국제적인 구제 활동을 조정하기 위해 1972년에 설치된 유엔재해구제조정관사무국Office of the United Nations Disaster Relief Coordinator(UNDRO)과 그 기능이 유사하다. UNDRO는 "구제를 기다리는 피해국 주민들에게 유엔 명의로 직접적인 원조를 제공할 수도 있고 국제적십자사와 같은 비정부기구의 도움을 요청할 수도 있다"니 더욱 그러하다. 이렇게 보자면 오늘날 유엔의 기능과 규구 회맹의 역할은 유사하다.

다만 맹자는 규구에서 합의한 5개조 회맹이 고작 현상 유지 정책에 불과하다고 폄하한다. 춘추시대의 패권 정치를 왕자들의 천하 정치로 회복할 수 있는 유일한 정치가가 관중이었다. 그러나 관중은 현상 유지 정책에 골몰하여 그에게 부여된 역사적 책무를 방기하였다고 맹자는 판정한다(3:1 참고). 이것이 맹자가 관중을 규탄하는 이유다. 관중의 태만으로 인해 춘추시대는 삼대의 왕도시대를 회복하지 못하고 외려 전국시대라는 야만의 시대를 열고 말았다는 것.

3. 전국시대

그나마 춘추시대의 패권 정치는 힘에 의해서이긴 하지만 국가 간 질서 유지는 가능했다. 그러나 전국시대는 무질서의 질곡에 빠져 헤어 나오지 못했다. 개인의 영달과 군주의 이익을 위한 무한 경쟁, 영구 전쟁의 시대로 추락한 역사였다. 이 와중에 대부들은 제후를 권력과 이익으로 꾀어 전쟁을 유도하고 사익을 부식하고 있었다. 이 장 끝에 "임금의 악행을 조장하는 짓은 외려 그 죄가 작으나, 임금의 악행을 부추기는 짓은 그 죄가 크다. 오늘날 대부들은 모두 임금의 악행을 부추기므로 오늘날 대부는 제후의 죄인"이라는 말이 악화된 사태를 증명한다(천하 정치의 주역이 왕이요 춘추 패권의 주역이 제후라면, 전국시대는 알량한 대부들이 나대는 비천한 정치가의 시대라고도 읽을 수 있다).

토머스 홉스Thomas Hobbes가 묘사한 자연 상태state of nature가 전국시대다. 맹자는 이 야만의 시대에 굳어져버린 상식과 관습을 '혁파'하고, 정치를 '혁신'하여, 새로운 시대를 '혁명'하지 않으면 인류의 미래는 없다며 절박해 했다. 그가 제시하는 새 세계는 패권 통치가 아니라 왕도 정치를 회복하는 방식으로 전개되어야 할 터인데, 요컨대 인간의 성선에 기초한 왕도 정치, 여민주의가 그것이다.

참고 이 장에는 유독 단음절어가 많이 나온다. 왕王과 패覇, 전戰과 쟁爭, 토討와 벌伐 등이 그렇다. 단음절어란 '한 글자가 한 개 단어로 표현된 것'이다. 오늘날 주로 쓰이는 한자어는 서양의 개념을 번역한 것으로 보통 두 글자로 되어 있다. 이들 한자는 대개 근대 일본 지식인들이 서양어를 번역한 것이다. 전쟁, 정벌, 정치, 경제, 사회, 문화, 신문, 연애, 결혼, 과학, 물리, 화학, 미술, 음악 등 헤아릴 수 없다. 그런데 이런 두 음절 한자 읽기는 고문古文을 해독하는 데 오히려 장애가 된다. 고문은 대부분 단음절어이기 때문이다. 단음절어 위주인 고문을 해독하는 데 참고할 만한 지침이 있어 인용해본다.

한자어에서 전쟁을 가리키는 표현은 매우 다양하다. 사실 전戰이나 쟁爭은 모두 도덕적으로 비슷비슷한 무리들이 힘을 겨루는 일이며, 이런 싸움에서 상대방을 죽이는 일은 살殺이라고 한다. 하지만 공자가 쓴 역사책 『좌전』에는 이런 표현과 달리 정征이니, 토討니, 벌伐 같은 표현이 나온다. 이것은 도덕적으로 더 나을 것도 없는 고만고만한 세력들의 다툼이 아니라 옳은 사람이 옳지 못한 사람을 치는 싸움이다. 그래서 대의명분이 분명한 이런 싸움을 가리켜 '정벌'이나 '토벌'이라고 하는 것이며, 이런 싸움에서

맹자, 마음의 정치학 3

옳지 못한 세력의 우두머리를 죽이면 주誅라고 한다. 물론 싸움이란 힘이 센 옳지 못한 세력이 거꾸로 힘없는 옳은 세력을 치는 경우도 있다. 이런 경우는 반畔이나 반反이라고 부르며, 이런 싸움에서 옳은 사람을 죽이면 시弑라고 한다. 이처럼 유가에서는 다양한 형태의 싸움을 도덕이라는 동일한 잣대로 재고 평가하였다.

맹자는 「공손추」편에서 '힘으로 억누르면서 겉으로만 어진 척하는 자'와 '덕을 가지고 정말 어진 일을 행하는 자'를 나누었다. 힘으로 남을 복종시키면 당하는 쪽에서는 힘이 달리기 때문에 어쩔 수 없이 따르는 척하더라도 마음으로 복종하지 않지만, 덕을 가지고 남을 복종시키면 마음속에서부터 기뻐하면서 참으로 복종하게 된다는 것이다. 그리고 '힘으로 하는 자'를 패覇라고 하고, '덕으로 하는 자'를 왕王이라고 하였다.[151]

---

151 김교빈, "이라크로 간 공자, 도덕의 저울추 어디로?", 〈한겨레〉, 2003년 3월 16일자.

12:8. 반전·평화주의, 소국주의

魯欲使愼子[152]爲將軍[153]. 孟子曰, "不敎民[154]而用之, 謂之殃[155]民. 殃民者, 不容於堯舜之世. 一戰勝齊, 遂[156]有南陽[157], 然且不可……."

愼子勃[158]然不悅曰, "此則滑釐[159]所不識也."

曰, "吾明告子. 天子之地方千里; 不千里, 不足以待[160]諸侯. 諸侯之地方百里; 不百里, 不足以守宗廟之典籍[161]. 周公之封於魯, 爲方百里也; 地非不足, 而儉[162]於百里. 太公之封於齊也, 亦爲方百里也; 地非不足也, 而儉於百里. 今魯方百里者五, 子以爲有王者作, 則魯在[163]所損乎, 在所益乎? 徒取諸彼以與此, 然且[164]仁者不爲, 況於殺人以求之乎? 君子之事君也, 務[165]引其君以當道,

---

152 愼子(신자): 노나라 장군. 용병을 잘했다(조기). 이름은 골리滑釐.

153 將軍(장군): '총사령관'이라고 번역했다.

154 敎民(교민): 주희는 '敎民'을 "효제충신의 행동과 농사에 힘쓰고 무예를 익히는 법을 가르치는 것"이라고 하였다(『논어집주』). 맹자는 "선정善政은 백성의 재물을 취하지만, 선교善敎는 백성의 마음을 얻는다"(13:14)라고 하였으니 '敎'는 교화, '政'은 강제와 관련된다.

155 殃(앙): 재앙.

156 遂(수): 마침내.

157 南陽(남양): 지금의 문양汶陽. 태산의 서남쪽, 문수汶水의 북쪽에 위치(양백준).

158 勃(발): 변색하다.

159 滑釐(골리): 신자의 이름.

160 待(대): 대접하다.

161 典籍(전적): 고대의 법령, 제도 등을 기록한 책.

162 儉(검): 더 할 수 있음에도 멈추는 것, 곧 자족함이다. 검소는 가난과 다르다. 사치할 수 있음에도 자족함이다. 애써 선을 넘지 않는 중용의 묘리가 '儉' 속에 들어 있다.

163 在(재): '有'와 달리 '어느 쪽에 속함'을 뜻한다(성백효).

164 然且(연차): 뒤에 '況(황)'과 함께 '~한데도 하물며'로 쓰인다.

165 務(무): 반드시. '必(필)'과 같다.

맹자, 마음의 정치학 3

志於仁而已."

노나라가 신자를 총사령관으로 임명하고자 하였다.

맹자, 말씀하시다.

"백성을 가르치지 않고 군사로 동원하는 짓을 앙민, 곧 백성에게 재앙을 끼치는 짓이라고 일컬었다. 백성에게 재앙을 끼치는 짓은 요순의 치세에는 용납될 수 없었다. 단 한 번 싸워 제나라를 이겨 바로 남양 땅을 점령할지라도 옳지 않은 일이거니와……[166]."

신자가 발끈 화를 내며 말했다.

"그건 내 알 바 아니외다!"

맹자가 말했다.

"내 그대에게 분명하게 알려주리라. 옛날 천자의 영지는 사방 1000리였다. 1000리 땅이 아니면 제후들을 대접하기에 부족하기 때문이다. 제후의 봉지는 사방 100리였다. 100리 땅이 아니면 종묘의 전적을 보전할 수 없기 때문이다. 주공이 노나라에 봉해졌을 때 사방 100리였으니 토지가 널려 있었건만 100리 땅에 족했다. 또 태공이 제나라에 봉해졌을 때도 사방 100리였으니 토지가 널려 있었건만 그도 100리 땅에 족했다.

---

[166] 然且不可(연차불가): 맹자가 계속 말하려는 것을 신자가 문득 말을 끊고 불쑥 제 말을 내뱉는 것이다. 그래서 '일이거니와……'라고 표기했다(양백준 참고).

지금 노나라에 사방 100리를 영지로 보유한 대부가 다섯이다. 그대 생각은 어떠하신가. 성왕이 다시 나온다면[167] 노나라를 땅을 덜어내는 쪽에 놓겠는가, 더해주는 쪽에 놓겠는가? 다만 저쪽 것을 가져다가 이쪽에 주는 짓도 인자라면 하지 않을 짓인데, 하물며 사람을 살해하면서까지 땅을 구한단 말인가?[168] 군자의 사군[169]이란 반드시 자기 임금을 '요순의 도'로 이끌어 인을 지향하게[170] 할 따름인 것을!"

해설

『맹자』 전편에 걸쳐 여기만큼 격앙된 논전이 벌어지는 곳이 없다. 순우곤과의 논쟁은 그나마 점잖은 편이다. 지금 맹자는 군사령관 신골리愼滑釐의 면전에다 전쟁의 이유를 가르치지 않고 백성을 동원하는 짓은 재앙이라 직공하고, 사령관은 발끈 화를 내면서 그건 내가 알 바 아

167　有王者作(유왕자작): 앞에 만장이 당시 제후들을 몽땅 강도라고 몰아붙일 때, 맹자가 "만약 성왕이 일어난다면 지금 제후들을 모조리 죽일 것이라고 보는가, 아니면 요순의 도를 가르치고 나서 고치지 않으면 그다음에 죽일 것이라고 보는가?"(10:4)라며 반문할 때도 썼던 문자다.

168　백성을 살해하여 질서를 잡겠다는 계강자에게 공자가 "정치를 하겠다면서 어찌 사람을 죽이는 방법을 쓰겠느냐"(『논어』, 12:19)라며 견책한 바 있다.

169　여기 '君子之事君(군자지사군)'은 12:9의 첫머리 '今之事君(금지사군)'으로 이어진다. 곧 이 장과 다음 장은 연결된 문장이다.

170　여기 '志於仁(지어인)'도 다음 12:9의 끝부분 '不志於仁(부지어인)'과 대조된다.

니라고 맹자의 말을 중간에서 끊는 무례를 저질렀다. 이런 대응에 맹자는 "내 그대에게 분명하게 알려주리라吾明告子"며 맹박을 펴고 있다.

나무는 쪼개봐야 속을 알 수 있고, 사람은 성을 낼 때 그 진심이 드러나는 법. 눈에 핏발이 설 만큼 분노한 말들이 오가는 이 장에서 오히려 우리는 유가와 병가의 진면목을 엿볼 수 있다. 애당초 맹자는 "전쟁을 잘하는 자는 극형에 처해야 한다善戰者服上刑"(7:14)라며 백가 가운데 병가를 최악의 기술로 폄하하였으니, 신골리 장군에 대한 맹자의 분노와 증오는 내력이 있다. 이 장에는 전술 전략(전쟁술)에 전념하는 병가의 기술주의가 대재앙을 초래한다는 맹자의 시각이 잘 드러나 있다. 또한 전국시대가 장기 지속되는 원인이 승전만을 기획하는 전쟁 기술자들의 맹목적 활동 때문이라는 판단도 뚜렷이 보인다. 지금 맹자는 전쟁 기술자가 승리라는 목표만을 향해 매진할 때 그 결과는 인명 살상과 증오, 전쟁의 확대뿐임을 분명히 인식해야 한다고 경고한다. 동시에 맹자의 공박에는 그의 꿈이 함께 서려 있으니 곧 반전反戰과 평화, 소국주의의 이상이 그것이다. 우리는 이 점을 잘 살펴보아야 한다.

1. 반反전문가주의

총사령관으로 임명된 신골리가 맹자의 경고(殃民)에 화를 내며 대든 것은 우선 맹자의 말을 비현실적이고 관념적인 헛소리라 여겼기 때문이다. 마치 자로가 스승에게 정치의 급선무를 물었다가 공자가 '이름을 바로잡겠다(正名)'고 답하자, 이에 '관념적(迂遠)'이라며 짜증을 냈던 것처럼 말이다(『논어』, 13:3). 신장군이 보기에 군인은 일단 명령이 내려오면 무슨 수단을 써서라도 승리를 이끌어내는 '전쟁 기술자'일 따름이다. 명령의 정당성은 정치가의 소관이지 군인의 몫이 아니라는 것. 이것이 그가 맹자의 말을 끊고 퉁명스레 "그건 내 알 바 아니외다!"라고 내뱉은 까닭이다. 반면 공거심이라는 지방관은 관할하는 백성이 굶어 죽는 것을 자기 책임으로 인정했다. 두 태도의 차이에 주의해야 한다(4:4 참고). 승리를 위해서라면 장병들의 목숨은 물론이고, 제 목숨마저 잃어도 후회가 없다는 무자비한 전쟁 기술자들의 행태는 공자에게 비판을 받았다.

> 자로가 물었다.
>
> "선생님께서 총사령관이 된다면, 누구를 참모로 쓰시겠습니까?"
>
> 공자, 말씀하시다.
>
> "용맹스럽기가 맨손으로 호랑이를 때려잡고, 맨발로 황하를 뛰어 건너며, 죽어도 후회하지 않는 자는 참모로 쓰지 않을 것이다. 반드시 작전에 임할 때 두려워하며, 전술 전략을 잘 써서 승리할 수 있는 자를 참모로 쓰리라."[171]

전쟁을 하지 않아야 하지만 기필코 하지 않을 수 없다면, 살상을 최소화하려는 참모와 함께하겠다는 말이다. 전쟁 그 자체를 일로 삼아 제 목숨조차 함부로 하는 자라면 휘하 군졸의 목숨이야 이를 데 있겠는가. 공

---

171 子路曰, "子行三軍, 則誰與?" 子曰, "暴虎馮河, 死而無悔者, 吾不與也. 必也臨事而懼, 好謀而成者也."(『논어』, 7:10)

자의 이런 뜻을 이어 맹자는 당대의 급선무는 전쟁 승리가 아니라 전쟁을 막는 것임을 강조한다. 전쟁을 막고 평화를 지향하는 정책이 장군 이전에 공직자의 도리라는 것(여기서 직업 윤리가 중요해진다). 본문 끝 문장의 뜻이 그렇다. 공직자는 군주의 명령을 기계적으로 집행할 것이 아니라 군주를 올바른 도리로 이끌어야 한다는 말이다. 앞서 맹자는 "사람 죽이기 좋아하지 않는 사람이 천하를 통일"(1:6)하기를 기원했으며, 또 "대인만이 임금의 잘못된 마음을 바로잡을 수 있다(7:2)"고 했다. 한편 공자는 "대신이란 지위는 도로써 군주를 섬기다가 옳지 않으면 그만두는 것"(『논어』, 11:23)이라 논한 바 있으니 두루 일관된다.

그런데 신골리의 성냄은 우리에게도 낯익다. 군인은 오로지 군인의 업무에만, 과학자는 오로지 과학에만 몰두하는 전문가주의를 우리는 당연시해왔던, 아니 숭배해왔던 터다. 그러나 '핵 과학자' 아인슈타인이 2차대전에서 핵무기의 경악할 파괴력을 목도한 다음 반反핵주의자로 입장을 바꾸었던 일을 상기하자. 상부의 명령에 복종하기를 일삼는 전문가들은 말과 말 사이, 일과 일 사이, 사람과 사람의 사이를 보지 못한다. 일과 일 사이에 숨어 있는 사태의 진실, 사람과 사람 사이에 존재하는 사람다움을 보지 못한다. 시대를 막론하고 전문가들의 태도는 동일하다. 맥락과 사이의 의미, 즉 의와 불의는 따질 겨를이 없고 오로지 주어진 명령을 맹신하고 그에만 천착하는 것이다. 막스 베버Max Weber는 이것을 근대 관료제의 핵심으로 보았다. 그러나 천착은 국가를 망치는 위험한 태도다(천착의 위험에 대해서는 8:26 참고).

맹자가 최악의 범죄자로 병가를 꼽고, 그다음으로 나라의 땅을 개간하려는 경제가와 외교 술책을 통해 군주의 이익을 꾀하는 종횡가를 꼽는 까닭이 여기 있다(7:14).

2. 반전·평화주의

맹자가 말머리에 "백성을 가르치지 않고 군사로 동원하는 짓을 앙민, 곧 백성에게 재앙을 끼치는 짓"이라고 목청 돋우며 공박한 것은 내력이 있다. 이미 공자가 "백성을 가르치지 않고 전쟁에 동원하는 것을 백성을 내버리는(棄) 짓이라 한다"(『논어』, 13:30)라고 비판한 바요, 또 "선인善人이 백성을 교화하기를 7년 동안 행하면 백성을 종군하게 할 수 있다"(『논어』, 13:29)라고도 했던 터였다. 왜 '앙민'이겠는가? 전쟁의 이유를 백성에게 설명하지도 않은 채 전쟁터로 끌고 가는 짓이 꼭 마소를 끌고 가는 짓과 다를 바 없고, 끌려간 장정들로서는 왜 죽어야 하는지도 모른 채 죽어가니 이것이야말로 재앙 중의 재앙이기 때문이다. 맹자의 반전·평화주의에 성호 이익도 적극 찬동할 것이다. 다음은 성호 선생의 말이다.

> 나는 병혁兵革(전쟁)의 일은 화친을 빌어서 될 수 있다면 화친하고 항복을 빌어서 될 수 있다면 항복할 뿐, 나라가 깎이고 약해지는 것은 돌아볼 겨를이 없다고 본다. 왜 그런가? 집에 대대로 전해 오는 귀중한 보화가 있는데 누가 와서 빼앗으려 할 때, 맞서서 다투면 사랑하는 자식이 반드시 죽고, 순순히 주면 부자父子가 그런대로 편안할 것이다. 사랑하는 자식의 생명을 집에서 전하는 보화와 바꿔야 하겠는가? 아니면 그 형세가 비교되지 못할 것을 헤아려서 순순히

주어야 하겠는가? 나는 오월왕 전씨의 처사[172]에 대하여 취하는 바가 있다. 부득이한 경우에 이르러 항복했으니 이는 백성을 위한 것이요, 나라를 이롭게 하자는 것이 아니었다.

_『성호사설』,「걸화걸항乞和乞降」

보통 항복하기를 죽음보다 더 큰 치욕으로 아는데 성호 선생은 전쟁을 혐오하여 "화친을 빌어서 될 수 있다면 화친하고 항복을 빌어서 될 수 있다면 항복할 뿐, 나라가 깎이고 약해지는 것은 돌아볼 겨를이 없다"라고 극언한다. 이것보다 더 강력한 반전·평화주의 논설이 따로 있으랴. '무릎을 꿇고 빌어서라도 평화를 보존해야 한다'는 성호 선생의 평화주의는 여기 맹자의 반전과 평화, 소국주의의 이상과 궤를 같이한다.

그렇다면 식민지 시대 일제가 명령하는 대로 동족(조선인)을 살육하는 데 앞장섰다가 한국전쟁 때는 또 상부의 명령에 따라 동포를 '효과적으로' 살상한 백선엽 장군을 영웅으로 치켜세우려는 근래의 행태는 비루하다. 백선엽은 뛰어난 '전쟁 기술자'일지 모르나(신골리와 같다) 영웅일 수는 없다. 전쟁의 의미에 대한 고려 없이 명령(일본이든, 미국이든, 남한이든)을 충직하게 수행한 자일 뿐이기 때문이다. 전쟁의 달인이라면 몰라도 일개 선비조차 아닌 자가 어찌 영웅일 수 있으랴. 공자와 노자, 맹자와 장자, 그리고 성호 선생이 두루 내 말에 동의할 것이다.

---

172 이것은 오월왕吳越王 전유錢鏐의 손자 전숙錢俶이 송 태종 태평흥국太平興國 3년에 오월의 땅을 바치고 항복하자 그를 회해국왕淮海國王으로 봉하였던 것을 두고 한 말이다(《통감강목通鑑綱目》참고).

3. 소국주의

　　그러면 맹자의 대안은 무엇인가. 소국주의다. 전국시대 중원의 대지는 넓었다. 백성을 부려 개척하면 얼마든지 땅을 넓혀 부강한 나라를 만들 수 있었다. 제선왕이 천하의 패자가 되려는 큰 욕망을 고백한 바 있듯(1:7), 패권을 취하려면 기필코 대국주의를 지향하지 않을 수 없다(3:3). 소국 노나라조차 사방 100리가 넘는 땅을 소유한 대부가 다섯이라면 팽창주의, 대국주의가 전국시대의 조류였음을 뜻한다. 그러나 노나라 건국자 주공과 제나라 건국자 강태공조차 봉지封地인 100리 땅에 멈추었다(儉)는 점에 주목하자. 주공과 태공이 사방 100리에 족했다는 것은 더 할 수 있음에도 불구하고 멈추었다는 뜻이다. 영토 확장의 욕망을 발휘할 수 있음에도 자족함에, 혹은 '멈춤'에 왕정의 운영 원리가 있다. 팽창을 추구하는 대국주의로는 전쟁을 멈출 수 없고, 평화적 소국주의를 지향해야만 인류의 살길을 찾을 수 있다는 인식 전환이 들어 있다.

　　뒤집어 생각하라는 것이다. "눈이 어질어질하지 않은 약으로는 병이 낫지 않는다"(5:1)고 했듯 전복적 사유를 하지 않으면 영속된 인명 살상을 끝낼 수 없다! 대국주의를 지속하는 한 인명 살상은 계속될 것이며, 결국 초강대국의 전제적 제국 체제로 결말이 날 텐데 그 순간 인민은 국가의 노예로 전락할 것이다. 신골리와 같은 전쟁 기술자들은 때를 만났다고 설치지만, 그들 역시 전쟁터에서 구더기의 밥이 되거나 승리한다 해도 결국 권력 투쟁 중에 처참하게 죽어갈 것이다(토사구팽).

　　장기 지속되던 전쟁을 종식하고 인류를 구제할 유일한 방법은 평화적 소국주의뿐이다. 그러므로 신골리와 맹자의 충돌은 고작 국가 정책 차원의 다툼이 아니요, 현실주의 대 이상주의의 대립도 아니다. 초점은 소국주의를 회복하여 평화를 도모할 것인가, 아니면 대국주의를 고수하여 전쟁의 시대를 계속할 것인가에 있다. 이 밑에는 '국가란 무엇인가', '정치란 무엇인가'라는 근본적 질문, 나아가 '인민은 국가 정책을 위한 동원의 대상인가, 아니면 국가의 주인인가'라는 정치철학적 문제의식이 깔려 있다(맹자의 '소국주의 국제정치론', '소국연방체제'는 2:3의 해설 참고).

참고　노자도 전쟁에 반대하고, 무기를 상서롭지 않게 여겼다.

대저 무기는 상서롭지 못한 물건, 사람들이 모두 싫어합니다.
도를 행하는 사람은 이런 것에 마음을 두지 않습니다.

무기는 상서롭지 못한 물건, 군자가 쓸 것이 못 됩니다.
할 수 없이 써야 할 경우, 조용함과 담담함을 으뜸으로 여기고
승리하더라도 이를 미화해선 안 됩니다.
미화한다는 것은 살인을 즐거워한다는 뜻입니다.
살인을 즐거워하는 자, 세상에 큰 뜻을 펼 수 없습니다.

길한 일이 있을 때는 왼쪽을 높이고, 흉한 일이 있을 때는 오른쪽을 높입니다.
둘째로 높은 장군은 왼쪽에 자리하고, 제일 높은 장군은 오른쪽에 자리합니다.

이는 전쟁을 상례喪禮로 처리하는 까닭입니다.

많은 사람이 살상되었으면 이를 애도해야 하는 법,

전쟁에서 승리하더라도 상례로 처리해야 합니다.

_『도덕경』, 제31장

맹자, 마음의 정치학 3

孟子曰, "今之事君者[173]曰[174], '我能爲君辟土地, 充府庫.' 今之所謂良臣[175], 古之所謂民賊也. 君不鄕[176]道, 不志於仁, 而求富之, 是富桀也. '我能爲君約與國[177], 戰必克[178].' 今之所謂良臣, 古之所謂民賊也. 君不鄕道, 不志於仁, 而求爲之强戰, 是輔桀[179]也. 由今之道, 無變今之俗, 雖與之天下, 不能一朝居也."

맹자, 말씀하시다.

"오늘날 사군하는 자들은 '내가 임금을 위하여 토지를 개간하여 창고를 채울 수 있다'[180]라고 말한다. 오늘날은 이들을 좋은 신하라고 하지만, 옛날에는 백성의 도적이라고 했다. 임금이 요순의 도를 지향하지 않고, 인에 뜻을 두지 않는데도 그런 임금

---

173 今之事君者(금지사군자): 12:8의 '君子之事君(군자지사군)'과 대조를 이룬다. 12:7의 '今之大夫(금지대부)', 즉 '오늘날의 대부'와는 동일한 존재다. 따라서 이 세 장은 이어지는 내용이다.

174 曰(왈): '皆曰(개왈)'로 된 판본도 있다.

175 良臣(양신): 좋은 신하. 양처良妻라고 할 때의 '良'과 같다.

176 鄕(향): 지향. '嚮(향)'과 같다.

177 約與國(약여국): 외교를 잘하다. 『설문해자說文解字』에는 "與는 黨與(당여)를 뜻한다"라고 하였다. 의기가 투합하고 지향하는 바가 같은 사람을 서로 '黨與'라 하고, 동맹국을 '與國'이라고 부른다(바이시, 앞의 책, 318쪽 참고).

178 戰必克(전필극): 싸우면 반드시 이긴다. 병가의 논리. 12:8의 신골리 장군을 참고할 것.

179 輔桀(보걸): 폭군 걸을 보좌하다. '富桀(부걸)'도 나쁘지만 '輔桀'은 최악이다. 이를테면 '富桀'은 장군지악長君之惡에 해당하고, '輔桀'은 봉군지악逢君之惡이다.

180 법가 사상가 상앙商鞅과 이회李悝의 논리다.

을 위하여 부유하게 만들려는 짓은 폭군 걸을 부유하게 하는 것과 같다. 또 '내가 임금을 위하여 외국과 조약을 잘 맺고 전쟁을 하면 반드시 이길 수 있다'[181]라고 하는 자를 오늘날은 좋은 신하라고 하지만, 옛날에는 백성의 도적이라고 했다.

임금이 요순의 도를 지향하지 않고, 인에 뜻을 두지 않는데도 그런 임금을 위한다며 전쟁을 강요하는 짓은 폭군 걸을 보좌하는 것과 같다. 오늘날 사군하는 방식으로는 지금 풍속을 변혁할 수가 없다. 천하를 거저 준다 한들 반나절도 유지하지 못하리라."

해설

앞 장의 뜻이 이어진다. 여기 여러 번 나오는 '사군事君'과 '위군爲君'은 정치학적 개념으로 쓰이고 있다(그래서 '사군'을 번역하지 않고 그냥 두었다). 사군은 '임금을 섬기다'라는 뜻이지만 '정치에 종사하다'라는 넓은 의미로도 쓰였다. 『논어』에도 빈번하게 나온다. 예컨대 "대신이란 지위는 도로써 '사군'하다가 옳지 않으면 그만두는 것"(『논어』, 11:23)이라든지 "사군의 도리는 직분을 앞세우고 먹는 것은 뒤로 미루는 것이다"(『논어』, 15:37) 또는 "사군의 도리는 직무에 몸을 바치는 것이다"(『논어』, 1:7), "사군의 도리는 예를 다하는 것"(『논어』, 3:18) 등이 그런 예다.

---

181 종횡가와 병가의 논리다.

맹자, 마음의 정치학 3

백미는 사군의 도리를 질문한 자로에게 "임금을 속이지 말고 도리어 덤벼들어라勿欺也, 而犯之"(『논어』, 14:23)라고 했던 공자의 대답이다. 이 말은 사군이 본래 공적인 정치 활동이지, 사적인 비서 행위가 아님을 보여준다. 즉 군주의 말에 그저 맹종하는 것은 신하의 도리가 아니며, 사리를 따져 잘못된 정사에 대해서는 '덤벼드는(犯)' 것이 사군, 곧 신하의 참된 도리라는 것이다.

본문에서 맹자는 공적 개념이었던 사군이란 말이 위군爲君으로 변질되었음을 고발하고 있다. 전국시대의 정치 현실은 '백성과 함께한다'는 여민은 이미 까마득히 잊었고, '백성을 위한다'는 위민조차 무색해졌을 뿐더러 고작 군주 개인의 이익에 봉사하는 수준으로 타락하고 말았다는 고발이다. 앞의 12:6에서 순우곤이 위민주의를 내세워 맹자의 여민주의를 조롱하였는데, 여기서는 고작 군주 개인을 떠받드는 위군주의가 당시 정치의 실체임이 폭로되었다. 위민이든 위군이든 그 끝은 모두 자기 이익으로 귀결될 뿐이다.

1. 충의 변질

사군에서 위군으로의 변질은 꼭 충忠이라는 개념의 타락 과정과 흡사하다. 원래 공자에게 충이란 '자기 직분에 충실함'을 뜻하는 책임성의 윤리였다. 군주라면 군주라는 직분에 충실하고, 신하라면 신하라는 이름에 충실하기(君君臣臣), 곧 정명과 다를 바 없는 말이 충이었다. 윤동주의 「서시序詩」를 빌리면, 스스로 "하늘을 우러러 한 점 부끄럼 없기"를 기약함이 충이다. 그러나 충이 권력자를 위한 백성의 절대 복종으로 변질하는 과정이 전국시대 정치사였다. 그 변질의 계기는 순자에서 비롯한다.

> 순자는 "군은 군, 신은 신, 부는 부, 자는 자다"라는 말로 군신과 부
> 자의 구별을 강조하고 "나라에서는 군주가 높고 집안에서는 아버지
> 가 높다"라는 말에서처럼 군과 부를 병칭하며 특히 「예론」편에서는
> 충신효자라는 단어를 사용합니다. 이는 쓰다 소키치가 지적한 것처
> 럼 유가 서적에서 충과 효를 병렬한 최초의 사례로, 이후 『효경』 등
> 으로 이어지게 됩니다. 오지마 스케마 씨는 효에 비해 충을 군주에
> 대한 특별한 도덕의 명칭으로 사용하게 된 것이 유가에서는 순자로
> 부터 비롯한다는 점을 밝히고 있습니다.[182]

맹자는 충이 자기 성찰의 윤리에서 권력자에 대한 복종으로 변질되던
당시의 추세를 날카롭게 의식하고 있었다. 이 장에서는 맹자가 사군이 위
군으로 타락했음을 경고하고 있다는 점을 주의해서 봐야 한다. 맹자는 여
민 체제, 왕도 정치를 내걸고 대화와 소통의 정치를 제시하며 군주 전제
화 추세에 결연히 저항하고 있다. 우리에게 친숙한 '유교=충효, 절대 복
종=충성'이라는 등식을 외려 공자와 맹자는 끊임없이 경고하고 비판하
며 저항했다는 사실을 분명히 인식해야 한다. 당시 지식계 일반이 (겸애를
주장한 묵가조차도) 군주 전제를 당연한 것으로 수용한 데 반해, 오로지 맹
자만은 이에 저항했다는 사실은 특기해야 할 사항이다(9:4 해설 참고).

---

182 우치야마 도시히코, 앞의 책, 283쪽.

눈여겨볼 점은 오늘날 '양신良臣=좋은 신하'가 옛날에는 도리어 '인민의 적'이었다는 맹자의 대비다. 오늘날의 양신이란 "내가 임금을 위하여 토지를 개간하여 창고를 채울 수 있다"며 앞장서서 인민을 수탈하는 자요, "내가 임금을 위하여 외국과 조약을 잘 맺고 전쟁을 하면 반드시 이길 수 있다"며 앞장서서 전쟁의 화근을 심는 자들이다. 이자들이 앞서 나온 봉군지악, 곧 '임금의 악행을 부추기는 신하'에 해당한다(12:7 참고). 이자들이 '인민의 적'이었다는 맹자의 강조는 그가 지향하는 정치의 성격을 반증한다. 즉 여민 정치가 위민 정치로, 나아가 위군 정치로 타락하고 말았다는 현실 인식을 바탕으로 차후 여민의 세계를 회복해야 한다는 비전을 이 속에 심어둔 것이다.

2. 변혁의 시대

한편 끝자락에 "오늘날 사군하는 방식으로는 지금 풍속을 변혁할 수가 없다. 천하를 거저 준다 한들 반나절도 유지하지 못하리라"는 맹자의 개탄에 주목하면, 당시를 변혁(變)의 시대로 본 맹자의 무의식을 발견할 수 있다. 위민은커녕 위군으로 타락한 전제주의 추세를 변혁하지 못하면, 끝내 짐승보다 못한 야만 상태로 추락하고 말리라는 맹자의 초조감이 드러난다. 이익 추구와 권력 경쟁, 영토 전쟁이 일상화된 전국시대의 정치관을 '혁파'하지 않고, 제도를 새롭게 '혁신'하지 못하며, 새 세상을 '혁명적'으로 상상하지 못한다면, 천하를 거저 준다 한들 반나절도 누리지 못할 것이다. "오늘날 사군하는 방식으로는 지금 풍속을 변혁할 수가 없다"라는 저주 속 '오늘날 방식(今之道)'이란 법가와 병가, 종횡가,

경제가 등 군주에게 권력을 집중시키는 기술주의적 방책을 포괄한다. 이른바 백가쟁명百家爭鳴이라는 말로 표현되는 전국시대의 정치 전술, 군사 외교 전략이 다 여기 포함된다. 기술주의 정책은 국가를 군주의 소유물로 전제하고 있으며, 그 기술은 권력자의 사익 증진에 복무한다. 그들에게 인민 대중은 목적에 동원될 한낱 수단으로 대상화되어 있다. 인민의 처지는 『장자』의 조삼모사朝三暮四 일화에 등장하는 원숭이 꼴과 같다.

오직 백성과 함께 더불어 행하는 여민 정치 이외에는 모두 조삼모사의 반인민적 기술일 따름이다. 토지를 개간하여 군주를 부유하게 하는 방책, 외교술과 병술 등은 '국가 이익'이라는 미명하에 백성을 도륙하는 '인민의 적'에 다름 아니라는 것. 오늘날로 당겨서 해석하자면 맹자는 국가발전주의, 경제성장주의, 생명을 도외시하는 경쟁자본주의 등의 뒷면에 숨어 있는 반인간주의, 반정치적 야만주의를 고발하고 있다고 하겠다.

그렇다면 맹자가 권하는 신하의 도리는 무엇인가. '요구(求)하지도 말고, 위(爲)하지도 말라!'가 적당한 답이 되리라. '위함'은 주제넘은 짓이요, '요구함'은 제 것 아닌 남의 것을 구걸하는 꼴이다. 이 둘은 12:8의 해설에서 지적한 검속(儉)과 자족(足)의 정확히 반대 지점에 위치한다. 이런 점에서 12:8과 여기 12:9의 내용은 대칭되면서 연속된다. 본문에 "임금을 위하여 토지를 개간하여 창고를 채울 수 있다"고 하는 이른바 좋은 신하가 인민에게는 도적이 되는 예시를 다음 백규의 사례에서 살펴볼 수 있다.

12:10. 중우 정치 대 여민 정치

白圭[183]曰, "吾欲二十而取一, 何如?"

孟子曰, "子之道, 貉[184]道也. 萬室之國, 一人陶, 則可乎?"

曰, "不可, 器不足用也."

曰, "夫貉, 五穀不生, 惟黍[185]生之; 無城郭·宮室·宗廟·祭祀之禮, 無諸侯·幣帛[186]·饔飧[187], 無百官·有司. 故二十取一而足也. 今居中國, 去人倫, 無君子[188], 如之何其可也? 陶以寡, 且不可以爲國, 況無君子乎? 欲輕之於堯舜之道者, 大貉小貉[189]也; 欲重之於堯舜之道者, 大桀小桀[190]也."

백규가 말했다.

"세금을 20분의 1로 경감하고 싶은데, 어떠합니까?"

맹자, 말씀하시다.

"그대의 제안은 북녘 맥나라 오랑캐 방식이외다. 1만 가구가 사는 도성에 옹기장이가 하나뿐이라면 괜찮겠소이까?"

183 白圭(백규): 전국시대 대부호. 이름은 단丹. 『사기』, 「화식열전貨殖列傳」 참고.

184 貉(맥): '貊(맥)'과 같다. 북방 유목민족 국가. 신화학계에서는 고조선의 강역으로 추정한다(정재서, 『앙띠 오이디푸스의 신화학』, 창비, 2010 참고).

185 黍(서): 기장. 밭에서 나는 곡식.

186 幣帛(폐백): 예물의 총칭. 교제交際라고 번역하였다(10:4 참고). '幣'는 비단. '帛'도 비단.

187 饔飧(옹손): '향연'이라고 번역하였다. '饔'은 아침밥. '飧'은 저녁밥.

188 君子(군자): 공직자를 뜻한다.

189 大貉小貉(대맥소맥): '큰 오랑캐', '작은 오랑캐'로 번역하였다.

190 大桀小桀(대걸소걸): '큰 폭군', '작은 폭군'으로 번역하였다.

백규가 말했다.

"아닙니다. 그릇 수요를 댈 수 없습니다."

맹자가 말했다.

"저 맥 땅은 오곡이 자라지 않아 고작 기장이 날 뿐이요, 성곽과 궁궐이 없고 종묘와 제사 예식이 없으며 제후들도 없어 교제와 향연의 예법이 없고, 군자와 관리들도 없는 곳이오. 그래서 20분의 1 세만으로도 족할 수 있지만, 지금 중국 땅에 살면서 사회 질서가 없고 군자도 없다면 어떻게 나라를 운영할 수 있겠소? 옹기장이가 드물어도 나라를 운영할 수 없는 터에, 하물며 군자가 없어서야 되겠소? 요순의 제도보다 세금을 가볍게 하려는 것은 '큰 오랑캐'를 좇아 '작은 오랑캐'가 되려는 짓이요, 요순의 제도보다 무겁게 하려는 것은 '큰 폭군'을 좇아 '작은 폭군'이 되려는 격이외다."

해설

백규白圭는 전국시대 대부호다. 요즘 말로 '재벌열전'이라고 할 『사기』, 「화식열전」에 등재된 인물이다. 사마천이 전하기로 "백규는 음식을 소박하게 먹고 욕망을 잘 억제했으며 하인들과 동고동락하였다. 시세 변화를 잘 관찰하여 남아도는 물건은 사두고, 귀해지는 물건은 풀어서 재화를 축적했다." 주의할 점은 그가 주周나라(이미 약소국으로 전락했지만) 재상을 지냈다는 사실이다. 지금 백규의 첫 질문, 곧 20분의 1 세제를 시행하겠다는 말에는 대중영합주의 정책, 즉 포퓰리즘을 펴서 민심을 잡겠다는 정치적 의도가 들어 있다. 그렇다면 백규는 맹자와 정반대의 정책적 지향을 가진 인물이라 할 수 있다. 백성을 이익으로 유인하여 공공 영역을 시장으로 변질시키려 하니 말이다.

감세 정책으로 대중의 인기를 얻으려는 포퓰리스트 정치가들은 동서고금을 막론하고 언제나 있었다. 여기 백규와 맹자 사이에 벌어진 세금 제도 공방은 고대 그리스에서도 유사한 사례를 확인할 수 있다. 페리클레스와 각을 세운 대장군이자 대부호였던 키몬의 인기 영합 정책이 대표적이다. 또 키몬에 대한 페리클레스의 대응도 백규에 대한 맹자의 반응과 유사하다. 고대 그리스 사례를 살펴보면,

> 당시 아테네에서 가장 부유한 가정 경제를 가지고 있었던 귀족 키몬은 그 부를 이용해 자신의 정치적 영향력을 확장한다. 매일 저녁 공짜 식사를 제공하여 누구든 배고픈 자가 와서 먹도록 하거나 아예 자신의 토지의 울타리를 없애서 아무나 그 밭의 수확물을 거둬가도록 개방했다. 그런가 하면 잘 차려입은 수행자 몇 명을 거느리고 시내를 돌아다니다가 헐벗은 노인이 보이면 얼른 옷을 벗어서 입혀주기도 한다. 이렇게 되면 키몬의 인기는 절대적이 되고, 당시 가난에 시달리던 수많은 자유민들은 자신들에게 은혜를 베푼 키몬에게 사실상의 식객이나 '쇤네'로 종속될 수밖에 없다.
>
> 그리하여 키몬은 수많은 사람들을 마음껏 동원할 수 있는 권력을 가

지게 되었고, 이를 이용해 다시 큰 토목공사를 벌여 아테네를 '환경 미화'하거나 간척사업을 벌이기도 한다. 민주정을 확립하고자 했던 경쟁자 페리클레스는 이렇게 수많은 시민들이 부자에게 매수당하는 것을 보면서 민주주의의 위협을 느꼈다.[191]

고대 그리스의 대부호 키몬의 포퓰리즘과 전국시대 중국의 대부호 백규의 감세 정책이 겹쳐진다. 반액으로 감축한 20분의 1 세제에 깃든 백규의 정치관과 10분의 1 세제의 공공성을 수호하려는 맹자의 정치론은 고대 그리스에서 벌어진 키몬과 페리클레스의 갈등과 동질적이다. 금권주의 대 민주주의, 대중주의 대 여민주의 사이의 갈등이 그러하다. 전국시대 사상사의 관점에서 검토하면, 이익을 매개로 한 송경의 평화주의에 맹자가 '하필왈리'라고 공박한 것처럼(12:4), 이 장은 백규의 포퓰리즘에 대한 비판으로 읽을 수 있다.

맹자는 시장이 물류와 소통의 마당으로서 사회의 필수 공간이라는 점을 인정한다(4:10). 다만 시장의 이익 추구가 공공 영역을 침해하면 공동체는 회복 불능 사태에 빠진다는 점을 두려워했고, 이를 처음부터 경고한 바다(하필왈리). 세금은 국가의 공공성과 인민의 사익이 만나는 접점에 위치한다. 공동체를 운영하려면 세금이 필요하지만 지나치게 많으면 수탈이 되고, 적으면 경영 불능 상태에 빠진다. 과유불급이라, 세금이야말로 구체적인 시공간에서 적절하게 운용하는 일이 중요하다. 단순하고

---

191 홍기빈, 『아리스토텔레스, 경제를 말하다』, 책세상, 2001, 67~68쪽.

소박한 삶을 꾸리는 북방 유목민족인 맥나라에는 20분의 1 세제가 적정할지 몰라도 문화와 예법, 도시와 관리가 필요한 문명국가를 운영하려면 10분의 1 세제가 적정하다는 것이 맹자의 지론이다. 흥미롭게도 『논어』에는 소득의 5분의 1로 증세 정책을 펴려는 군주가 공자의 제자에게 힐난을 당하는 장면이 있다.

> 애공이 유약에게 물었다.
>
> "올해 흉년이 들어 재용이 부족한데 어찌하면 좋겠소?"
>
> 유약이 대하여 말했다.
>
> "어찌 철법(10분의 1 세제)을 쓰지 않으시는지요?"
>
> 애공이 말했다.
>
> "10분의 2를 거둬도 오히려 부족할 판에 어떻게 철법을 쓰라고 하시오?"
>
> 유약이 말했다.
>
> "백성이 풍족하다면 임금께서 누구와 더불어 부족할 것이며, 백성이 부족하다면 임금께서는 누구와 함께 풍족할 수 있겠습니까?"
>
> _『논어』, 12:9

재용이 부족한 군주가 증세 정책을 써서 5분의 1 세율로 세금을 부과하려는데, 공자의 제자가 10분의 1 세제를 권하고 있다. 그 이유는 백성과 함께 넉넉하고, 백성과 함께 부족함이 정치가의 도리라는 것이다. 즉 '함께할 여與'자에 국가의 흥망과 군주의 생사가 걸려 있다. 애공의 5분의 1 세율이 군주의 이익으로써 공공성을 해치는 것이라면, 백규의 20분의 1 세율은 인민의 이익에 편승하여 공공성을 해치는 짓이라는 것이 유가의 세금 철학이다. 과유불급의 적정선이 10분의 1 세제라는 공식이 유가 정통으로 확립되었음을 알겠다.[192] 때문에 맹자는 10분의 1 세제를 요순의 제도라고까지 확언한 것이다. 본문 끝에 "요순의 제도보다 세금을 가볍게 하려는 것은 '큰 오랑캐'를 좇아 '작은 오랑캐'가 되려는 짓이요, 요순의 제도보다 무겁게 하려는 것은 '큰 폭군'을 좇아 '작은 폭군'이 되려는 격이외다"라는 말이 그렇다. 포퓰리즘도 국가주의도 모두 이익을 위주로 공공성을 해친다는 것. 다시금 하필왈리!

맹자가 염려하는 것은 시장 영역이 확대되면서 이익 추구가 사회 전반의 분위기로 굳어져 공공 영역이 줄어들다가 마침내 사라지는 사태다. 백규의 20분의 1 감세 정책은 일시적으로는 달콤하겠지만, 장기적으로는 공공 투자의 여력을 소진하여 결국 빈민과 노약자의 고통이 커지는 결과를 낳는다. 맹자가 보는 경제 정책의 왕도는 맥도貊道(최소 정부, 자유주의)와 걸도桀道(통제 경제, 국가주의) 사이의 중용이라고 할 수 있다. 여민주의 재정 정책은 현대식으로 말하자면 사회복지와 사회경제, 사회정의를 도모하는 복지사회주의로 해석할 수 있을 듯하다. 아마 맹자는 케인스의 재정 정책이나 스웨덴형 복지사회주의 정책에 찬성했을 것이다. 맹자가 지향하는 새로운 국가 모델은 소국주의, 평화주의, 재상 중심 정부,

---

192 『대학』의 논리로 치면 10분의 1 세제는 세금 제도의 지어지선止於至善, 즉 '지극한 선에 멈춤'이다. 앞에서 주공과 강태공이 땅을 더 넓힐 수 있었음에도 100리에서 멈춘 것(儉)도 마찬가지다. 여기서 중용이 행위 규범만이 아니라 정치 원리임을 알 수 있다.

맹자, 마음의 정치학 3

다원주의 연방 체제, 사회적 경제로 구성된다고 할 수 있다.

한편 백규가 제안한 감세 정책을 시대 변화를 감안한 혁신적 제안으로 볼 수도 있다. 가령 전국시대 새로운 제철 기술의 발달로 농업 생산력 증대, 시장 확대, 상공업 발전, 건축과 토목, 광업과 공예 등 각 분야의 기술 발전이 이루어져 20분의 1 감세로도 국가 경영이 가능해졌기 때문에 나온 제안일 수 있다는 것. 상인 출신이었던 만큼 백규를 유가의 보수적 경제철학에 비해 진보적 경제사상을 지닌 정치가로 볼 여지가 있다. 바로 다음 장에서 토목 기술을 뽐내는 백규의 모습과 겹쳐보면 더욱 그러하다. 그렇다면 이 장은 유가와 경제가 사이에 벌어진 국가 운영에 관한 이론 투쟁으로도 읽을 수 있다.

12:11. 우임금의 치수, 백규의 치수

白圭曰, "丹之治水也愈於禹."

孟子曰, "子過矣. 禹之治水, 水之道也, 是故禹以四海爲壑[193]. 今吾子以鄰國
爲壑. 水逆行謂之洚[194]水 — 洚水者, 洪水也 — 仁人之所惡也. 吾子過矣."

백규가 말했다.

"나의 치수 기술은 우임금보다 뛰어납니다."

맹자, 말씀하시다.

"그대 말은 잘못되었소. 우임금의 치수는 물길을 따랐지요. 그
래서 우임금은 바다를 물받이로 삼았는데 지금 그대는 이웃 나
라들을 물받이로 삼고 있소. 물이 거슬러 오르는 것[195]을 홍수
라고 하는데 — 홍수란 곧 큰물이다 — '어진 사람'이 증오하는
바라오. 그대의 말은 잘못되었소."

---

193 壑(학): 웅덩이. '물받이'라고 번역하였다.

194 洚(홍/강): 큰물.

195 '水逆行(수역행)'은 '逆天者(역천자)'와 같은 어법이다. "자연의 이치에 순응하면 살아남
고, 자연의 이치를 거스르면 망하는 법順天者存, 逆天者亡"(7:7)이 그 예가 된다.

맹자, 마음의 정치학 3

우는 순임금의 명을 받아 황하의 범람을 해결한 치수 기술자이
자, 그 공로로 왕위를 계승한 사람이다(5:4). 그런데 지금 백규는 우임금
보다 자신이 물을 다스리는 기술이 뛰어나다고 자랑하고 있다. 이런 자
랑은 당시에 이루어진 기술 발전 덕에 가능했다. 앞에 규구에서 제후들
이 맹약한 국제 법규 가운데 무곡방無曲防 조항은 전국시대 토목 기술의
발달이 전제된 것이다. 강 상류를 둑으로 단단히 틀어막으면, 하류에 있
는 나라에서는 물을 댈 수가 없기에 곡방을 금지한 것이다. 무곡방 협약
이 필요할 만큼 전국시대에 둑 축조 기술이 크게 발전했다는 걸 알 수 있
다. 실제로 전국시대에 이뤄진 다양한 분야의 기술 발전은 중국사 연구
자들이 모두 동의하는 바다. 다음 지적은 그 전형이다.

> 전국시대 말에는 철과 청동 등의 금속 공업, 명주 등의 직물업, 칠기
> 도기 제조나 제염 등 수공업이 춘추시대에 비하면 눈에 띄게 발전했
> 다. 도성 건설 때문에 토목, 건축 기술도 발달했다. 이런 사실은 문헌
> 자료나 고고학적 유물, 유적으로 알려진 내용이다. 그리고 수공업의
> 발전이 상업의 활성과 상인 계급의 등장을 촉진했다는 것은 말할 필
> 요도 없다. 『사기』에서 부호의 전기인 「화식열전」에는 제염, 제철 등
> 으로 거금을 축적한 사람들이 등장한다.[196]

196 우치야마 도시히코, 앞의 책, 100쪽.

인용문 말미에 등장하는 '거금을 축적한 사람들' 가운데 백규가 속함은 앞에서 이미 확인했다. 더욱이 『한비자』, 「유로喩老」에는 "백규가 제방을 순시하다가 작은 구멍을 발견하고 이들을 막았으니, 이로써 백규에게는 물의 재앙이 없었다"라는 기사도 있다. 이런 기록들과 여기 백규의 자랑을 겹쳐서 보면 이 장은 정치경제학적으로 해석할 수 있다.

강물은 국가 재정의 대상이 되었다. 발전된 축조 기술로 둑을 단단히 쌓아 물을 독점하고, 저수된 물로 황무지를 개간하고 농사를 지어 재화를 축적할 수 있게 되었다. 요컨대 물은 이익의 근원이요, 둑은 독점의 기술이다! 따라서 "나의 치수 기술은 우임금보다 뛰어납니다"라는 백규의 으스대는 말에는 첫째 물을 가두어 이익을 취득하는 기술력에 대한 자부, 둘째 그 이익(水利)을 독점하여 국부를 증진한 정치가로서의 자부가 들어 있다. 기술력-경제력-정치력이 함께 움직인다. 백규에게 정치란 재화를 축적하여 백성을 부유하게 만들고, 결국 국가를 강대하게 하는 일이다. 백규는 근대 자본주의 국가 경영자의 모델이라고 할 만하다.

문제는 둑을 쌓으니 물이 고이고, 고인 물이 역류하여 사람들을 해치는 것이다. 이익(독점)을 위한 기술 발달이 사람을 잡아먹는 결과를 낳는 이 명백한 사실을 어떻게 할 것인가! 맹자의 힐난은 바로 이 점을 겨눈다. "우임금의 치수는 물길을 따랐지요. 그래서 우임금은 바다를 물받이로 삼았는데 지금 그대는 이웃 나라들을 물받이로 삼고 있소."

그러나 백규는 이에 관심이 없다. 나만, 내 나라만 잘살면 그만이다. 백규의 관심사는 '홀로 독獨'자로 요약할 수 있다. 이익을 독점할 수 있다는 점에서 둑은 최상의 기술이다. 앞서 살펴본 전투의 승패 이외에는 무관심했던 신골리 장군의 전문가주의와 여기 백규의 '경영가주의mana-gerialism'[197]는 하나로 연결된다.

맹자의 염려는 기술 발달과 이익 추구가 생명을 해칠 수 있다는 것이다. 맹자에게 정치와 경제는 사람의 생명을 살리는 것이지 이익을 목적으로 한 것이 아니다. 따라서 내 나라만 이익을 취하는 짓은 정치가 아니다. 더욱이 이웃 나라가 내 나라의 이익 독점으로 피해를 입는데 그걸 다행스럽게 혹은 자랑스럽게 여긴다면, 이는 '함께 더불어 삶'을 도모하는 정치가의 말일 수 없다. 그건 양심이 마비된 불인한 짓이다. 영토를 회복할 욕심으로 자식을 살해한 양혜왕이 불인하다는 딱지를 맞은 것과 같다(14:1). 생생지리生生之理라, 내 목숨과 내 나라가 중하다면 타인의 목숨과 이웃 나라의 생존도 소중한 법이다. 추기급인推己及人의 도리가 말살된 독점적 모리謀利 행태는 정치가의 탈을 쓴 백규의 큰 죄목이다. 정녕 불인하다, 백규여(어찌 백규뿐일까. 오늘날 신자유주의 국가들은 어떠한가)!

여기 백규에 대한 맹자의 비평은 12:9의 내용과 직결된다. 당시로는 '좋은 신하'일지 모르나, 성왕의 시대라면 '인민의 적'이라던 비평 말이다. 그 비평에 등장하는 이른바 '좋은 신하'의 전형이 백규다. 물막이 기술을 자랑하는 백규의 말투에는 기술과 이익을 추구해온 상식이 깔려 있으니, 이 장의 경영가주의와 앞 장의 감세 정책도 상통하는 바가 있다. 나라를 '이익의 논리'로 다스리려는 자는 공공선을 해치고, 나아가 이

---

197 "'경영가주의'의 근본적 오류는 인간의 '세계'를 '삶의 세계'로 보는 것이 아니라 '경영의 대상'으로 보는 데 있다."(김홍우, 『현상학과 정치철학』, 문학과지성사, 1999, 735쪽, 각주 27)

웃 나라까지 해치게 되니 결국 분쟁과 갈등, 국제 분규와 전쟁을 초래할 것이다. 백규 정치학의 키워드가 '독獨'이라면 맹자 정치학의 핵심어는 '여與'이다. 다시금 맹자의 목소리를 듣는다. 하필왈리!

한편 이 장은 기술주의에 대한 비판으로도 읽을 수 있다. 백규는 과거 (우임금)보다 현재(전국시대)가 발전한 시대라는 상식을 가지고 있다. 이런 발전주의-기술진보주의 시각은 순자나 한비자에게 드러날 현왕주의, 곧 당시 임금이 옛날 봉건제의 임금(선왕)보다 낫다는 정치관과 통한다. 반면 맹자는 기술의 발전은 물질적 풍요를 가져오긴 하지만, 인간을 해치는 데까지 나아가서는 안 된다는 입장이다. 그러나 과연 그런 제어가 쉬울까? 오히려 인간의 욕망이란 한 번 고삐가 풀리면 끝이 없는 것이 아닐까? 서양의 이카루스 신화나 장자의 용두레 일화가 상징하는 바가 욕망과 기술의 무한정성에 대한 경고일 것이다.

참고 동서양을 막론하고 고금古今 논쟁은 언제나 있었다. 서양 근대의 문을 연 르네상스는 고대 그리스와 로마를 향한 강렬한 선망이었다. 한편 계몽주의는 나침판의 발명을 통한 지리상의 발견, 망원경을 통한 천체의 재발견, 폭약을 이용한 자연의 제압 등을 낳았다. 계몽주의는 동시대를 과거보다 위대하다고 인식하는 진보의 열망으로 가득 차 있었다.

시대가 앞으로 나아갈수록 인류는 지혜를 쌓아 올리고 젊은 세대는 이전 세대보다 발전한다는 오늘날의 '진보' 개념은 옛날부터 늘 있었던 것이 아니다. 근대의 진보 개념을 낳은 것은 과학사상이다. 진보를 의미하는 프랑스어 '프로그레progrès'는 원래는 '전진'이나 '진행'을 뜻하는 단어다. 지금 같은 의미가 정착된 것은 18세기 계몽시대부터다.[198]

백규는 현재(전국시대)가 성왕(우임금)의 시대보다 발전했다고 생각했으니 일종의 진보주의자로 볼 수 있다. 이렇게 본다면 그는 근대 서양의 계몽주의와 친화적이다. 반면 맹자는 물질적 진보가 인간 삶의 질을 증진하는 데 도리어 해가 될 가능성이 있다고 생각한다. 인간의 삶에는 불변의 가치가 존재하고, 그것은 시대 변화에도 불구하고 영구적이라는 것.

---

198 쓰지 유미, 이희재 옮김, 『번역사 산책』, 끌레마, 2008, 138~139쪽.

12:12. 강요된 약속은 신이 듣지 않는다

孟子曰, "'君子不亮[199]', 惡乎執?"

> 맹자, 말씀하시다.
> "'군자란 신뢰를 지켜야 하나, 말뿐인 약속에는 강요되지 않는
> 다'라고 하였으니, 무엇을 택해야 할까?"(다만 의에 따를 뿐!)

해설

문장이 짧아 도리어 해석하기 난감한 장이다. 맹자 학교에서
『논어』 수업을 하던 중에 스승의 강의를 제자가 메모해둔 것이 아닐까
하고 억측해본다. 앞부분 '君子不亮(군자불량)'이 『논어』에 나오는 "君子,
貞而不諒(군자, 정이불양)"(『논어』, 15:36)의 압축으로 보이기 때문이다. 주
희도 본문의 '亮(량)'과 『논어』의 '諒(양)'이 같은 말이라고 판단하고, "諒
은…… 옳고 그름은 따지지 않고, 고작 말에만 구애되는 약속"(『논어집
주』)이라고 하였다. 그러므로 본문의 '君子不亮'은 "군자란 신뢰를 지켜
야 하나, 말뿐인 약속에는 강요되지 않는다"라고 해석해야겠다.

요컨대 이 장은 신뢰가 중요하지만 고작 언약에 휘둘려서는 안 된다

---

199 亮(량): 신실하다.

는 뜻이다. 이 장과 같은 의미가 실제로 『논어』에도 서술되어 있다. "말은 반드시 행하려 하고(言必信), 행동은 반드시 결과를 보려 한다(行必果)고 믿는 사람은 자잘한 소인배에 불과하다"(『논어』, 13:20)라는 힐책이 그렇다. 또 『사기』에는 공자가 약속을 위반한 것에 자공이 불만을 토로하는 장면이 있는데 그 뜻 역시 이 장과 같다.

> 진나라와 채나라 사이에서 공자 일행이 곤욕을 치를 때 "위나라에는 가지 않는다"라고 맹세하면 풀어준다는 말에 공자는 "그러하마" 하고 맹세하였다. 그러나 실제로는 이를 어기고 공자가 위나라로 갔다. 이에 자공이 물었다.
> "맹세를 어찌 저버릴 수 있습니까?"
> 공자가 말했다.
> "강요한 맹세는 신이 듣지 않느니라."
> _『사기』, 「공자세가」

자공이 "맹세를 어찌 저버릴 수 있습니까?"라고 한 힐문은 속사정이야 어찌되었든 이미 뱉은 언약이라면 반드시 지켜야 한다는 뜻이다. 이에 대해 공자는 담담하게 "강요한 맹세는 신이 듣지 않느니라"라고 답하였으니 여기 '가짜 약속'인 '亮'에 속한다. 아, 물론 공자 사회론의 핵심은 신뢰에 있다. 길지 않은 『논어』 제1편(총 16장)에 신뢰를 강조한 곳이 7~8곳이나 될 정도다(외려 인仁은 3회에 불과하다). 나아가 공자는 '신뢰 없는 사람은 인간이 아니다'라고까지 극언한다.

공자, 말씀하시다.

"사람으로서 신뢰가 없다면 사람이라고 할 수 있을지 모르겠다. 큰 수레에 멍에 고리가 없고, 작은 수레에 멍에 고리가 없다면 그 수레가 움직일 수 있겠더냐!"

_『논어』, 2:22

이처럼 공자에게 신뢰란 사람다움의 핵심이다. 그러나 신뢰의 속살은 겹겹하다. 미생지신尾生之信이라, 언약에 구애되어 천재지변에도 그 말을 지키려다가 목숨을 잃은 미생의 어리석음은 범하지 말아야 한다. 지금 '참된 신뢰'와 '헛된 약속' 사이에서 갈피를 잡지 못하여 질문한 제자에게 맹자는 "약속은 지켜야 하지만, 헛말에는 구속되지 않는다(貞而不諒)"라는 공자의 말로써 해결책을 제시하고 있다. 그러면서 맹자는 '지금 그대가 처한 환경에서 군자다운 처신이란 무엇일까?'라고 제자에게 되묻고 있는 듯하다(선불교의 화두 같다고 할까?). 질문만 남겨놓은 이 장의 뜻은 추론을 통해 짐작할 수밖에 없다. 『논어』와 『맹자』의 맥락으로 추론하자면 다음 두 구절이 맹자의 손가락이 가리키는 달이다.

공자, 말씀하시다.

"군자란 천하에 꼭 해야만 할 것도 없고, 반드시 하지 말아야 할 것도 없어 다만 의를 기준으로 삼을 뿐이다."

_『논어』, 4:10

맹자, 마음의 정치학 3

맹자, 말씀하시다.

"대인이란 말을 하되 반드시 자신하지 않으며, 일을 하되 반드시 성과 내기를 기약하지 않는다. 다만 의를 기필할 따름이다."

_8:11

공자와 맹자는 똑같이 의義, 곧 의리와 사안의 이치를 판단 기준으로 삼기를 권하고 있다. 특별히 맹자는 의를 인만큼 중시하여 '인의'로 개념화하고 또 상용하고 있으니 의야말로 '참된 신뢰'와 '헛말 약속' 사이에서 탈출하기 위한 공자, 맹자의 공통된 처방이라고 할 수 있다. 그래서 본문 번역의 끝에 "(다만 의에 따를 뿐!)"이라고 덧붙였다.

12:13. 호선하면 천하도 너끈히 다스린다

魯欲使樂正子爲政[200].

孟子曰, "吾聞之, 喜而不寐[201]."

公孫丑曰, "樂正子, 强乎?"

曰, "否."

"有知慮[202]乎?"

曰, "否."

"多聞識[203]乎?"

曰, "否."

"然則奚爲喜而不寐?"

曰, "其爲人也好善."

"好善足乎?"

曰, "好善優於天下, 而況魯國乎? 夫苟好善, 則四海之內皆將輕千里, 而來告之以善; 夫苟不好善, 則人將曰, '訑訑[204], 予旣已知之矣.' 訑訑之聲音顏色[205]

---

200 爲政(위정): 정권을 쥐고 정사를 전단하는 재상을 뜻한다. '爲政者(위정자)'와 같은 뜻.

201 寐(매): 잠자다.

202 知慮(지려): 병법과 외교술 같은 간지奸智를 말한다.

203 多聞識(다문식): 다문박식多聞博識의 줄임말. 곧 정보와 식견이 많은 것.

204 訑訑(이이): "자기 지혜를 스스로 만족하게 여겨서 남의 좋은 말은 기꺼워하지 않는 모습."(주희) '訑'는 거들먹거리다.

205 聲音顏色(성음안색): 속마음이 말투와 표정에서 드러나고, 말로 표현되며 일로 나타난다. 따로 맹자는 "마음에서 나온 말이 정치를 타락시키고, 정치에서 나온 말이 백성을 해친다"라고도 하였다. 맹자의 정치학이 마음에서 발출하는 까닭이다. '聲音'은 말투. '顏色'은 표정.

距²⁰⁶人於千里之外. 士止於千里之外, 則讒諂面諛²⁰⁷之人至矣. 與讒諂面諛之人居, 國欲治, 可得乎?"

노나라가 악정자를 재상에 임용하고자 하였다.

맹자, 말씀하시다.

"내가 소식을 듣고 기뻐서 잠을 이루지 못했노라."

공손추가 말했다.

"악정자는 강력한 사람입니까?"

맹자가 말했다.

"아니다."

공손추가 말했다.

"하면 지려가 있는 사람입니까?"

맹자가 말했다.

"아니다."

공손추가 말했다.

"그러면 정보와 식견이 많은 사람입니까?"

맹자가 말했다.

"아니다."

---

206 距(거): 거리를 두다, 가로막다. 앞 구절의 천릿길을 멀다 않고 선비들이 '몰려오다(來)'와 정반대에 위치한다.

207 讒諂面諛(참첨면유): '讒'은 참소하다. '諂'은 아첨하다. 뒤의 '諛(유)'와 같다. '面諛'는 면전에서 비위를 맞추다. '讒諂面諛'는 두루 간신배의 특징이다.

공손추가 말했다.

"그런데 어째서 기뻐서 잠을 이루지 못했다는 건지요?"

맹자가 말했다.

"그 사람됨이 선을 좋아하기 때문이다."

공손추가 말했다.

"선을 좋아하면 일국의 재상 되기에 충분합니까?"

맹자가 말했다.

"선을 좋아하면 천하를 다스리기에도 넉넉하거늘 하물며 노나라쯤이랴! 위정자가 선을 좋아하면 천하 사람들이 천릿길을 멀다 않고 '좋은 정책'을 알려주려 몰려들 터이나, 선을 좋아하지 않으면 사람들이 '거들먹거릴 줄 이미 알고 있다'고 하리라. 위정자의 거들먹거리는 말투와 표정이 사람들을 천 리 밖에서 가로막는다. 선비들이 천 리 바깥에서 멈추면, 참소하고 아첨하며 면전에서 알랑대는 자들이 몰려들게 마련. 참소하고 아첨하며 면전에서 알랑대는 자들과 함께 어울리면, 과연 나라를 잘 다스리고 싶다 한들 그리 될 수 있겠더냐?"

해설

여기 악정자가 누구던가? 맹자가 증오한 왕환과 어울려 돌아다니다가 뜨거운 꾸중을 당했던 제자 아닌가? 그러면서도 스승의 꾸지람에 자기 잘못을 솔직하게 인정한 인물이다. 제 잘못을 성찰하는 사람이었던 것(7:24). 또 노나라 재상이 된 뒤 임금 평공에게 맹자를 소개하려 했던 사람이기도 하다(2:16). 본문은 두 사건 사이에 위치한다. 벼슬을 찾아 권력자 왕환과 어울려 제나라까지 유력했던 악정자가 지금 노나라 재상으로 임용될 참이고, 임용된 다음 스승을 임금에게 소개할 테니 말이다.

1. 악정자

이 장의 핵심어는 호선好善이다. 선이 좋은 줄 알아서 그냥 추구하는, 성품의 자연스런 발로가 호선이다. 저 뒤에 "하려 들면 누구나 할 수 있는 것을 선可欲之謂善"(14:25)이라 했는데 여기 호선의 뜻과 같다. 마치 에베레스트를 최초로 등정한 힐러리 경이 왜 등산을 하느냐는 질문에 "산이 거기 있기에 산에 오른다"라고 답한 것과 같다. 무엇을 위해서 산에 오르는 것이 아니라 그냥 산이 거기 있기에 오르듯 타고난 본성이 선하기에 자연스레 선을 행하는 것이 호선이다.

지금 악정자가 노나라 재상에 임용된 것에 맹자가 "잠을 이루지 못할 정도"라고까지 기뻐한 이유는 제자의 선한 성품이 덕치를 베풀어 유가의 꿈을 이룰 희망을 발견했기 때문이다(1:7에서 보았듯 선한 마음을 미루어 나아가면 선정을 이룰 수 있다). 그렇다면 호선의 정치란 무엇인가? 공손추의 질문에 대한 맹자의 답변을 검토하면 악정자는 머리 좋은 사람도, 사병을 거느린 유력자도, 전술 전략가도 아니다. 악정자의 자질은 호선 한 마디로 요약될 따름이다. 호선은 지식, 무력, 명망이 아니라 남의 '좋은 말', 즉 선언善言을 좋아한다는 뜻이다. 마치 "우임금은 좋은 말을 들으면 절을 하였다禹聞善言則拜"(3:8)라던 것이 꼭 여기 호선과 같다. 호선은 자신이 보유한 권력이나 능력이 아니라, 남의 지혜와 능력을 수용하고 활용하는 능력이니 '열린 마음'과 '경청하는 자세'가 기본이다. 이것이 대안과 정책을 가진 천하의 인재들을 불러 모으는 효과를 낳는다("선을 좋아하면 천하 사람들이 천릿길을 멀다 않고 '좋은 정책'을 알려주려 몰려들 터"). 그렇다면 맹자에게 정치란 폭력이나 실력, 지식과 같은 어떤 가시적인 실체(덩어리)를 발휘하는 유위有爲적 또는 기술적 행위가 아니라, 타인의 지혜와 지식이 유통될 수 있도록 자리를 마련해주는 무위無爲적 행태가 된다. 주희가 "선을 좋아하면 천하 사람들이 천릿길을 멀다 않고 선을 알려주려 몰려들 것"이라면서 "이 장은 정치가 한 사람의 탁월함에 있지 않고 천하의 선을 끌어들이는 능력을 소중하게 여긴다는 말이다"[208]라고 요약하였으니 핵심을 찔렀다.

2. 호선의 정치학

공손추가 의아하게 여기며 이런저런 질문을 던진 것에 유의하면 전국시대 일반의 정치 상식, 정치가론을 규탐할 수 있다. 첫째 질문이 "강력한(强) 사람입니까?"다. 여기서 재상 곧 정치가의 자질로 강한 군사력을 중시했음을 알 수 있다. 아니, 강한 사병 집단을 거느린 사람이라야 재상이 될 수 있다는 뜻으로 해석할 수 있겠다.[209] 둘째가 "지려智慮가 있는 사람입니까?"다. 전국시대 양상을 감안하면 지려는 병가 또는 장자의

208　此章言爲政, 不在於用一己之長, 而貴於有以來天下之善(『맹자집주』).

조삼모사식 용인술을 포괄하고 특별히 임기응변, 정세 판단, 전략 전술과 같은 외교술을 뜻한다. 그리고 셋째 질문이 "정보와 식견이 많은 사람입니까?"인데 정보는 국제 정세에 대한 폭넓은 지식, 식견은 세력을 활용하여 이익을 취하는 지혜를 뜻한다. 역시 당시의 정치 상식은 군사력과 정보력, 외교력을 기반으로 했음을 엿볼 수 있다. 또한 정치가란 강력한 힘을 갖춘 권력자이자 정보력을 활용하는 재력가이면서 외교술을 구사할 지력을 갖춘 능력자를 뜻했다는 것을 알 수 있다.

생각하면 호선의 '호好', 즉 '좋아함'이란 스스로 부족함을 인지함이요, 자신이 행한 일을 꺼림칙하게 여기는 마음가짐을 전제한다. 따라서 호학자는 자기 결핍을 알기에 사람들에게 배우려 들기 마련이고, 호선자는 타인의 좋은 말을 경청하려는 태도를 갖출 수밖에 없다. 그 밖에 다른 태도가 있을 수 없다. 결국 '호'란 스스로 만족하지 못하여 내내 불만함이요, 또 불급함을 자책한 데서 피어나는 갈증이다. 여기서 타인을 '님'으로 섬기는 간절한 자세가 생겨난다. 또 상대방의 조언과 가르침을 귀기울여 들으려는 경청의 몸짓이 표출된다. 이에 옛 현왕은 선을 좋아하고 권세는 잊었던 것이요, 공경을 다하고 예를 다해 현사賢士를 초빙하려 애썼던 것이다. 여기서 선비를 만나기도 어려운 판에 "하물며 선비를 얻

---

209 공손추는 전국시대의 총아, 용사가 되고 싶었던 사람이다. 부동심을 질문한 자리에서 맹자가 당대의 용사들인 북궁유, 맹시사 등을 거명한 이유다(3:2 참고). 여기 첫 질문 "강력한 사람입니까?"에서도 그의 관심사가 잘 드러난다. 『중용』에서는 강함을 두 가지로 분류하는데 '북방의 강함'과 '남방의 강함'이다. 남방의 강함은 관유寬裕하고 보복하지 않는 군자의 강함이요, 북방의 강함이란 무기와 갑옷을 깔고 죽으면서도 후회가 없는 용사의 강함이다. 여기 공손추의 질문은 북방의 강함, 용사의 폭력을 이르는 것이다.

어 신하로 부릴 수 있었을까 보냐!"(13:8)라는 맹자의 개탄도 같이 터져 나온다. 호선에서 겸양과 경청의 자세가 나오고, 그런 자세가 정치가의 덕德이 되어 파생하는 흡입력에 천 리 먼 곳의 선비들이 몰려드는 것이다. 이것이 덕치의 조건을 형성한다.

3. 대화의 정치

호선의 마음에서 비롯한 '관계의 동학'은 먼 데 있는 사람들까지 몰려들어 각자 가진 재주와 지혜, 능력을 발휘하도록 마당을 형성한다. 이 장은 대화의 중요성과 소통하는 정치의 결과를 동태적으로 묘사하고, 그 성과를 설득력 있게 제시한다는 점에서 맹자 정치학의 백미다. 위정자의 표정, 즉 말로 표현되기 전의 성음안색聲音顔色만으로도 국가의 멸망을 초래할 수 있음을 독자들이 수긍하도록 서술하고 있다. 위정자의 '이이訑訑' 하는 표정, 즉 오만하고 우쭐대는 태도에 조언자들은 '내가 뭘 말해줘도 당신은 받아들이려 하지 않는군!'이라 여기고, 결국 입을 꾹 닫은 채 멀리 떠나버린다. '이이'라는 오만한 표정은 독선, 독단, 독재, 독화(모놀로그)로 연결된다. 그 결과 "참소하고 아첨하며 면전에서 알랑대는 자들이 몰려들게 마련. 참소하고 아첨하며 면전에서 알랑대는 자들과 함께 어울리면, 과연 나라를 잘 다스리고 싶다 한들 그리 될 수 있겠더냐?" 호선이 사람들의 말문을 열게 하는 대화 정치의 단서라면, '이이'는 말문을 닫고 사람을 쫓아내는 철벽치기와 같다.[210] 주희는 적절하게도 "정치란 한 사람의 장기를 잘 활용하는 것이 아니고, 온 천하 현능한 자들이 몰려오게 하는 것"이라고 짚었다.

악정자의 호선과 성왕 순의 취선取善이 겹치는 지점에 주목하자. 여기 악정자를 논하면서 "위정자가 선을 좋아하면 천하 사람들이 천릿길을 멀다 않고 '좋은 정책'을 알려주려 몰려들 터"라고 서술한 대목과 저기 순임금의 이력이 "천자에 이르도록 남에게서 취하지 않은 것이 없었다. 남의 선을 취하여 자기 것으로 만든다는 말은 곧 남과 더불어 선을 함께 실행한다는 뜻이다"(3:8)라던 지적의 교집합에 주목하자. 악정자와 순임금이 공유하는 영토는 공동체의 갈등을 절박한 문제로 여기고 주변에 질문하고, 현자의 대책을 경청하는 대화의 '마당'이다. 즉 소통의 장, '언어의 시장'을 형성하는 구성력이 정치가 된다. 『중용』의 방식으로 말하자면 "순임금은 질문하기를 좋아하였고, 실제에 근접한 대답을 좋아하였다. 조언들 가운데 잘못된 것은 버리고 적절한 것은 대안으로 수용했다. 그 대안의 양단을 잡아 그것을 시행할 만한 합당한 사람을 등용하여 일을 맡겼다. 이 점이 순임금을 순임금답게 한 것일 따름이다."

이제 왕도 정치를 현대식으로 번역하면, 대화의 정치요 소통의 정치가 된다. "남의 선을 취해 자기 것으로 만들기를 즐겨했다"(3:8)라고 했는데 여기 '남의 선을 즐겨 취하다'에는 대화를 통해 남의 의견을 경청하고 대안을 선택하는 과정이 들어 있다. 스스로 아는 것이 없다는 생각에 겸손하고(이것이 호선의 실마리다), 그렇기 때문에 질문하고 대화하며, 좋

---

210 나는 이명박 전 대통령을 공공 영역(국가)을 사익 추구의 시장으로 전락시킨 나쁜 정치가로 평가하는데, 그가 버릇처럼 되뇐 말투가 "내가 해봐서 아는데……"였다. 그가 최악의 정치가가 된 계기가 바로 이 "내가 해봐서 아는데……"라는 말, 곧 '이이' 때문이라고 나는 여긴다.

은 대안을 경청하고 선택하기를 즐긴다. 대화야말로 여민주의 정치학의 통로임을 알 수 있다. 흥미롭게도 조선의 성호 이익은 한 걸음 더 나아간다. 그는 윗사람의 기에 눌려 말문을 열지 못할까 염려한 군주가 먼저 희학질(실없는 농담)을 하여 분위기를 편하게 해준 사례를 두고 크게 칭찬했다. 대화와 소통의 중요성을 강조한 것은 동서고금이 똑같다는 사실이 오히려 놀랍다.

> 위나라 시에 "너그럽고 너그러운데 아, 큰 수레를 탔네. 희학질을 잘하니 지나침이 되지 않네"라고 노래하였다. 이는 수레를 타고 길거리에 나선 임금의 거동을 말한 것이니, 국내를 순유하면서 백성을 가까이함이 아니고 무엇인가?
>
> 옛적 어진 임금은 백성을 불러 가까이 오게 하여 백방으로 말을 통하여, 그 개인 사정을 다 말하지 못할까 염려하였다. 그러므로 짐짓 '실없는 농지거리(詼諧)'를 시도하여 백성으로 하여금 편하게 고함에 유감이 없도록 한 것이니, 그 기상의 조용함과 거동의 온후함을 가히 상상할 수 있다. …… 위에서 위엄을 부리면 아랫사람은 필시 솔직한 마음으로 사물을 접하지 못할 것이며, 위에서 강퍅함을 방자히 하면 아래의 유약한 자가 죄책에 걸릴 것을 회피하여 마음속에 담아둔 말을 펴내지 못할 것이다. 그런즉 위나라 무공이 희학을 잘함은 참 잘한 일이다.
>
> _『성호사설』, 「근민近民」

맹자, 마음의 정치학 3

정치가는 남을 탓할 수 없는 고독한 책임자다. 그러므로 지혜로운 정치가라면 고독한 책임을 함께 나눌 좋은 동료를 찾을 일이지, 명령을 집행할 민첩한 손발을 구할 것이 아니다. 대안을 제시할 스승을 얻을 일이지, 말을 받아적기나 하는 '적자·생존자'들을 좋아할 일이 아니다. 좋은 정치란 질문과 답변, 대화와 소통 가운데서 피어나고, 그러자면 겸양과 예우가 필요하다. 또 그러자면 호선의 마음이 선행될 수밖에 없겠다. 아, 소중하도다. 호선이여, 호-선이여!

참고　맹자가 악정자를 높게 평가한 것을 의아하게 생각한 사람은 공손추만이 아니었다. 호생불해라는 이도 그랬다(14:25 참고). 거기서 맹자는 득도의 심화 과정을 선善→신信→미美→대大→성聖→신神이라는 6단계로 나누고서 제자 악정자가 그중 초보 단계에 속한다고 평가한다. 득도의 전체 단계에서 호선은 고작 입문 수준에 불과하다는 말씀. 그런데 호선에서 천하를 다스릴 파워가 나온다고 하니 놀랍다. 남의 좋은 제안을 경청하고 활용하는 (낮은 수준의) 호선의 자질로도 평천하를 이룰 수 있다는 뜻이니 그렇다. 여기에는 좋은 정치는 외적 능력에서 비롯하는 것이 아니라 누구든 하려 들면 할 수 있다는, 다만 사람들이 하려 들지 않을 뿐이라는 맹자의 생각도 들어 있다.

12:14. 진퇴의 처신

陳子[211]曰, "古之君子何如則仕?"

孟子曰, "所就三, 所去三. 迎之致[212]敬以有禮; 言, 將行其言也, 則就之. 禮貌未衰, 言弗行也, 則去之. 其次, 雖未行其言也, 迎之致敬以有禮, 則就之. 禮貌衰, 則去之. 其下, 朝不食, 夕不食, 飢餓不能出門戶, 君聞之, 曰, '吾大者不能行其道, 又不能從其言也, 使飢餓於我土地, 吾恥之.' 周[213]之, 亦可受也. 免死而已矣."

　　진자가 말했다.

　　"옛날 군자는 어떤 경우에 벼슬하였습니까?"

　　맹자, 말씀하시다.

　　"벼슬에 나아가는 경우가 셋이요, 물러나는 경우도 셋이었다. 임금이 존경을 다해 예를 갖춰 영접하며 말을 실행하겠다고 하면 벼슬에 나아갔다. 그러나 예를 갖춰 대접하는 것은 차이가 없되 말이 실행되지 않는다면 물러났다. 그다음은 비록 말은 실행하지 않았어도 임금이 존경을 다해 예를 갖춰 영접하면 벼슬에

---

211 陳子(진자): '陳'씨는 제나라 명문거족이다. 맹자의 제자로는 진진陳臻과 진대陳代가 있다. 앞서 진대가 묻기를 "제후를 찾아가 만나보지 않는 것은 사소한 절개일 듯합니다. 선생께서 만약 한 번이라도 제후를 찾아가 만나보면 크게는 왕도를, 작게는 패도를 실현할 수 있을 터입니다"(6:1)라고 했으니 여기 '陳子'는 진대를 가리키는 듯하다.

212 致(치): 극진하다.

213 周(주): 구휼하다.

나아갔다. 그러나 예를 갖춰 대접하는 것이 쇠하면 물러났다.

또 그다음은 아침·저녁조차 먹지 못해 굶주려 문밖을 나가지 못할 때 임금이 듣고서 '크게는 그의 도를 실행할 수가 없고 또 작게는 그의 말을 따르지 못하나 내 땅에서 그를 주려 죽게 만드는 것은 나의 수치다'라며 구휼해주는 것은 또 받아들일 수 있다. 그러나 다만 죽음을 면하는 데 그칠 뿐이다."

해설

앞 장이 군주의 처지에서 좋은 선비를 구하는 방법을 논했다면, 이 장은 선비의 처지에서 나아가고 물러나는 의리를 밝힌다. 아래위로 시점을 이동하면서 정치적 행동의 정당성을 논하고 있는 셈이다(선비의 출처진퇴는 6:1과 6:3 해설에서 논했다). 다만 이 장의 특징은 사土 일반의 출처가 아니라 현자의 진퇴를 논한다는 점이다. 질문자인 진자가 운을 떼면서 '옛날 군자(古之君子)'라고 표현한 점에 주의하자. 지금 맹자가 정리한 현자의 세 가지 진퇴 유형은 앞서 만장과 교제를 주제로 논하는 중에도 나왔다(10:4). 거기서 진퇴의 당사자로 공자의 이름을 구체적으로 거명하였으므로 여기 '옛날 군자' 역시 공자라고 봐야겠다. 그렇다면 이 장은 공자의 정치적 행동을 사례로 놓고 맹자 학교에서 일종의 '케이스 스터디'를 하고 있는 모양새다. 만장과 공자의 처신을 논하던 대목을 다시 보자.

공자는 희망을 실행하려고 벼슬한 적이 있고, 교제가 예에 합당하여 벼슬한 적이 있고, 현자를 대접하기에 벼슬한 적도 있었다. 계환자에게 벼슬을 산 것은 희망을 실현할 수 있다 여겨서였고, 위영공의 경우는 교제가 합당해서였고, 위효공의 경우는 현자를 우대했기 때문이었다.

_ 10:4

인용문과 본문을 겹쳐서 보면 공자의 실제 정치적 행동과 세 가지 진퇴 유형 사이에 다음과 같은 도식을 얻는다.

(1) 도를 실행할 기회(行可之仕) ― 예를 갖추고 말을 실행하는 경우
  (계환자)

(2) 예우가 후할 때(際可之仕) ― 예는 갖추되 말은 실행하지 않은 경우(위영공)

(3) 굶주림을 면함(公養之仕) ― 구휼미를 얻어먹는 경우(위효공)

첫째 유형은 자신의 포부를 실현할 가능성이 커서 기꺼이 출사하는 것이다. 계환자에게 공자가 출사한 경우가 그렇다. 이 장에서는 "임금이 존경을 다해 예를 갖춰 영접하며 말을 실행하겠다고 하면 벼슬에 나아갔다"라고 했고 10:4에서는 이것을 '행가지사行可之仕'라고 표현했다.

둘째 유형은 임금의 대접이 극진한 경우로, 뜻을 실현할 희망으로 출사하는 것이다. 위나라 영공에게 출사한 것이 그렇다. 이 장에서는 "비록 말

은 실행하지 않았어도 임금이 존경을 다해 예를 갖춰 영접하면 벼슬에 나아갔다"라고 했고 10:4에서는 이것을 '제가지사際可之仕'라고 표현했다.

셋째 유형은 대접도 없고 뜻도 펼치기 마뜩치 않은 임금이지만 피치 못해 의탁하는 경우다. 위나라 효공의 밥을 얻어먹은 것이 이에 해당한다. 이 장에서는 "임금이 구휼해주는 것은 또 받아들일 수 있다"라고 했고, 10:4에서는 이것을 '공양지사公養之仕'라고 표현했다.

다만 여기 공양지사는 좀 옹색해 보인다. '굶주림을 면할 정도에 그친다'고 하였으나 실은 공밥을 먹는 것과 무엇이 다른가? 다른 사람들은 모두 직을 가지고 밥을 버는데 까닭 없이 밥을 얻어먹는 것은 군자의 도리에 합당한가? 역시 이런 질문이 앞에 여러 번 제기되었음도 보았다. '선비로서 공밥을 먹는 것이 옳습니까?'라는 팽경의 질문(6:4)이 그러했고, 만장의 질문 또한 공밥 먹는 선비의 처신에 대한 것이었다. 그러나 일 없이 공밥 먹는 것과 빈민 구제에 응하는 것은 또 다르다. 공양지사는 굶주려 문밖을 나갈 수 없는 처지의 극빈자가 국가의 구휼에 응하는 것을 뜻한다. 실은 국가의 존재 이유가 구휼에 있고 극빈한 처지에 구휼을 받는 일은 당연한 것이다(10:6). 그러나 절박한 위기를 면한 다음에는 다른 직업을 찾아야 한다. 그래서 "다만 죽음을 면하는 데 그칠 뿐이다"라고 덧붙였다. 그 다른 직업이란 무엇인가. 이에 대한 답변도 앞서 언급되었다. 곧 "문지기나 야경꾼이 적합하다."(10:5)

요컨대 사람들이 국가를 구성하여 사는 첫째 이유가 생존 보장이다. 그러므로 국가가 구휼하는 것은 당연하고, 생존의 위기에 처한 이재민이 국가의 신세를 지는 것 역시 마땅하다. 이는 인간 공동체의 보편적 규약이다. 문제는 국가가 마땅히 해야 할 역할을 방기하고, 군주가 공동체를 사유화하며 구휼을 무슨 시혜처럼 여기는 것이다. 맹자는 이 왜곡된 관습을 혁신하여 본래의 가치로 회복하려는 것이다.

선비의 정치적 행동은 출처의 합당함과 진퇴의 적절함으로 귀결된다. 재능은 소중하지만 화근이 되는 수가 많다. 옳고 그름을 따지지 않고 출세를 위주로 하다가는 제 목숨이 위태롭다. 저 뒤에 나오는 분성괄의 죽음이 그랬다(14:29). 어린 나이에 급제하는 소년등과少年登科를 불길하게 본 정이천程伊川의 판단은 탁견이다. 탁월한 재주가 도리어 자기 목숨을 앗는 수가 있기 때문이다. 공자가 대신의 자질로 '도로써 군주를 섬기다가 옳지 않으면 그만두는 것'(『논어』, 11:23)이라 한 지적은 공직자들이 옷깃에 새겨야 할 말이다. 이 장에서는 공자의 시의적절한 출사도 볼 만하지만, 퇴장하는 처신은 더욱 새겨보아야겠다. 첫째 말이 가납되지 않으면 물러나고, 둘째 대접이 소홀해지면 물러나며, 셋째 구휼미는 얻어먹되 굶주림을 면하면 그만두는 것이다.

12:15. 우환 속에 살길이, 안락 속에 함정이 있다

孟子曰, "舜發²¹⁴於畎畝之中, 傅說²¹⁵擧於版築²¹⁶之間, 膠鬲²¹⁷擧於魚鹽之中, 管夷吾²¹⁸擧於士²¹⁹, 孫叔敖²²⁰擧於海, 百里奚擧於市. 故天將降大任於是人也, 必先苦其心志, 勞其筋骨²²¹, 餓其體膚²²², 空乏其身²²³, 行²²⁴拂亂²²⁵其所爲, 所以動心忍性, 曾²²⁶益其所不能. 人恒²²⁷過, 然後能改; 困於心, 衡²²⁸於

---

214 發(발): 순이 요임금에게 발탁된 것. 그 외 부열, 교격 등은 일관되게 '擧(거)'로 표현한다. 순은 후계자로 등용되었기에 '發(입신하다)'로, 나머지는 재상으로 등용되었다는 점을 강조하기 위해 '擧'를 써서 구별한 것이다.

215 傅說(부열): 은나라 고종의 재상. 미천한 출신으로 공사장에서 발탁되어 삼공三公의 지위에 올랐다. 그가 살던 곳이 부암傅巖이다.

216 版築(판축): 판자를 양쪽에 대고 그 사이에 흙을 넣어 단단하게 다져 담이나 성벽 등을 쌓는 일, 곧 토목 공사를 말한다.

217 膠鬲(교격): 성호 선생은 "膠鬲은 고기 잡고 소금 굽는 사람들 틈에서 등용되었다고 했는데 고기잡이와 소금 굽는 것을 함께 지적한 것을 보면 이는 해변을 가리킨 것이니, 그가 과거에 서민이었던 까닭인가 보다"라고 하였다(『성호사설』, 「기지아동箕指我東」)

218 管夷吾(관이오): 관중의 본명.

219 擧於士(거어사): 관중은 옥에 갇혔다가 벗인 포숙아의 도움으로 제환공에게 등용되었다. '士'는 옥관獄官을 뜻하므로 "옥에 갇혔다가 발탁되었다"고 번역하였다.

220 孫叔敖(손숙오): 춘추시대 초나라 장왕의 재상. 회하淮河 유역에 작피芍陂(저수지)를 만들어 관개에 성공하여 농지를 넓힌 공로자.

221 筋骨(근골): 힘줄과 뼈.

222 體膚(체부): 육신.

223 身(신): 생계, 살림.

224 行(행): 또한, 장차(한자 사전인 『사원辭源』에 이러한 쓰임이 나온다; 박기봉 역주, 『맹자』, 비봉출판사, 1992 참고).

225 拂亂(불란): 거스르고 어지럽히다.

226 曾(증): 더해주다. '增(증)'과 같다. 부족한 능력을 키워주는 것.

227 恒(항): 대개.

慮, 而後作; 徵於色, 發於聲, 而後喩. 入則無法家拂士[229], 出則無敵國外患者, 國恒亡[230]. 然後知生於憂患而死於安樂也."

맹자, 말씀하시다.

"순임금은 밭고랑에서 입신하셨고 부열은 토목 공사장에서, 교격은 물고기 잡고 소금 굽는 곳에서 등용되었다. 관이오는 옥중에서 발탁되었으며, 손숙오는 바닷가에서, 백리해는 시장에서 기용되었다. 그러므로 하늘이 장차 이 사람들에게 큰 임무를 맡기려 할 적에는 반드시 먼저 그 심지[231]를 괴롭히고, 힘줄과 뼈마디를 수고롭게 하며, 그 육신을 굶주리게 만들고, 그 생활을 궁핍하게 하여 하려 드는 일마다 어긋나고 잘못되게 한다. 이것은 마음을 흔들어서 참을성을 길러주어 여태까지 할 수 없던 일을 감당하도록 하려 함이다.

사람이란 대개 잘못을 저지른 다음에야 고치고[232], 마음에 어려움을 겪고 생각에 어긋난 일을 겪은 뒤라야 분발하며, 그늘이

---

228 衡(횡): 어긋나다. '橫(횡)'과 같다.

229 拂士(불사): '諍臣(쟁신)'과 같다. '拂'은 떨어내다. 해설을 볼 것.

230 國恒亡(국항망): 앞의 '人恒過(인항과)'와 짝을 이룬다.

231 心志(심지): 마음과 뜻. 3:2의 호연지기 참고. 윤동주의 시에는 맹자의 영향이 많이 보인다고 한다. 그의 초기 시 「초 한 대」에는 '心志'가 시어로 쓰였는데 김응교는 그 출전을 『맹자』로 본다. 인용하면, "염소의 갈비뼈 같은 그의 몸 / 그리고도 그의 생명인 심지心志까지 / 백옥 같은 눈물과 피를 흘려 / 불살라버린다."(윤동주, 「초 한 대」 제3연; 김응교, 『처럼』, 문학동네, 2016 참고)

맹자, 마음의 정치학 3

얼굴에 드리우고 목소리가 힘겨운 뒤라야 깨닫는 법이다. 나라 안에 본받을 만한 대부가 없고, 잘못을 견책하는 선비가 없으며[233], 바깥에 경쟁하는 나라가 없고 안으로 근심 걱정이 없는 나라는 대개 망한다. 그러므로 우환 속에 살길이 있고, 안락 속에 죽을 곳이 있음을 알겠다."

해설

    사람은 고통의 뜨거운 강물을 통과한 다음에야 범사가 낯설게 보인다. 안목은 시련 속에서 단련되고, 고난을 통해 피어난다. 그 '새로운 눈'으로 일상을 이전과 다르게 살피다 보면 낯선 진실을 깨닫게 된다(喩). 그제야 생각이 바뀐다(改). 여태 낯익었던 것들이 다르게 와닿고, 현상의 뒤에 숨은 신성(자연, 하느님)을 감지하게 된다. 그다음에 고통의 원인을 깨닫고 삶의 의미도 새로이 인식한다. 그때부터의 삶은 그 이전과는 완전히 다른 모습으로 나타난다.

    순임금부터 백리해까지 고초를 겪으며 심신을 단련하여 출세한 성현

---

232 안연도 "두 번 허물은 저지르지 않았다不貳過"고 했으니 한 번 허물은 저지른 자요, 자공은 군자의 허물을 논했고, 자하는 소인의 허물을 논했으니 공자의 제자들도 잘못을 저지른 다음 고친 줄을 알겠다. 다만 허물을 저지르되 고치기를 꺼리지 말 따름이다(『논어』, 1:8).

233 法家拂士(법가불사): '法家'는 본받을 만한 대부('家'는 대부의 나라를 뜻한다). '拂士'는 군주를 거스르는 선비, 곧 쟁신爭臣과 같다. 참고로 주희는 '拂'을 '필'로 읽고, '돕다'라는 뜻으로 새겼다. 즉 '拂士(필사)'로 읽어서 '보필하는 현사'라고 보았다(『맹자집주』).

의 사례를 나열하고 있지만, 막상 이 밑에는 맹자 본인의 각성 과정이 깔려 있다. 안팎의 고초를 겪으며 얻은 자신의 지혜를 성현들의 삶에 투영하여 보편적인 지혜로 제시하고 있다. 요컨대 사람이건 나라건 안팎의 "우환 속에 살길이 있고 안락 속에 죽을 곳이 있음"을 알아야 하리라는 것. 뒤에 "유독 외로운 신하와 서얼은 조심하는 정도가 높고 우환을 걱정하는 정도가 깊다. 그래서 영달하는 것이다"(13:18)라는 대목과 통한다. 공자조차 늘마에 "내가 젊어서 빈천하였기에 허드렛일들에 많이 능하다"(『논어』, 9:6)라고 하였으니 모든 성취자는 고통의 산언덕을 넘고 질곡의 강물을 통과하는 법이리라.

만약 우환 속에 살길이 있음을 안다면 말은 삼가고 행동은 조심하게 될 터. 자신을 낮춰 겸양으로 상대방을 대하게 되니 그 가운데 덕이 파생한다. "유덕자는 외롭지 않다. 반드시 이웃이 있다"(『논어』, 4:25)니 이게 살길이다. 반면 "안락 속에 죽을 곳이 있음"은 "비록 주공과 같은 아름다운 재주를 타고난 사람이라도 교만하고 인색하다면 더 볼 게 없"(『논어』, 8:11)기 때문이다. 『시경』에 "전전긍긍하기를 깊은 못에 다가가듯 하고, 얇은 얼음을 밟듯 한다"라던 것도 같은 뜻이다. 그러고 보면, 이 장의 숨은 뜻은 덕을 강조하는 것이다. 성현이 몸을 일으킨 것도, 나라를 다스리는 요령도 덕에 있음을 여러 사례를 들어 맹자가 곡진하게 설명하는 줄을 알겠다.

한편, 군주에게는 국내의 법가불사法家拂士와 바깥의 적국외환敵國外患이 안팎의 차이는 있으나 국가 경영의 큰 장애물임에는 같다. 법가불사의 '법가'는 법도에 맞게 행하면서 군주에게 모범이 되는 세가世家, 곧 대부 집안을 말하고, '불사'는 간쟁하고 군주의 뜻을 범하는 사류士類를 뜻한다.[234] 앞에 군주의 "정치하는 일이 어렵지 않으니 대신의 가문에 죄를 짓지 않으면 된다"(7:6)라던 것이 곧 여기 법가와 같다. 민심은 법도를 지키는 가문의 의견을 따르게 되니 군주에게는 이들이 눈엣가시요 장애물일 터. 그러나 나라를 제대로 다스리려면 반드시 본받을 만한 대부 집안이 있어 그 가문에 죄를 짓지 않으면 된다. 또 불사는 면전에 대고 '아니오' 하는 선비들을 뜻한다. 공자가 자로더러 "임금에게 덤벼들어라犯之"(『논어』, 14:23) 하고 권한 것이 불사요, 또 춘추시대 안영이 제경공을 제지한 축군畜君이 불사와 같고(2:4), 훗날 "쟁신爭臣 다섯이면 천하를 다스리고, 쟁신 셋이면 나라를 보전할 수 있다"라던 순자의 말에서 임금과 다투는 신하가 여기 불사와 같다.

따라서 끝 구절의 생어우환生於憂患의 '우환'도 조정에서 정치적 사안을 두고 군신 간에 골머리를 앓으면서 대치·대립하다가 대화와 소통에 이르는 번잡한 과정을 뜻한다. 반면 사어안락死於安樂의 '안락'이란 군주의 독선에 신하들이 '아니요' 소리를 내지 못하는 고요한 조정을 이른다. 곧 군신 간에 정책을 두고 다투는 우환이 떠나지 않는 나라는 살아남고(생어우환), 상명하복하여 태평한 나라는 멸망이 멀지 않다(사어안락)는 말이다. 조정이 시끄러워 임금이 골머리를 앓는 나라는 번영하고, 조정이 고요해서 임금이 편안한 나라는 곧 멸망한다는 말로 의역할 수 있으리

---

234 '拂'을 주희는 '보필'을 뜻하는 '필'로 읽었는데 오히려 '거스르다'를 뜻하는 '불'로 읽어야 할 듯하다. 앞의 문장 "行拂亂其所爲(행불란기소위)"의 '拂亂'과 같은 뜻이다.

라. 이 장은 앞의 3:4에서 덕치의 기초를 논한 대목과 겹쳐서 보면 맹자의 뜻을 선명하게 알 수 있다.

참고　평민들의 깜짝 출세기에 인용된 순임금의 발탁, 이윤과 부열의 등용은 널리 유행하던 고사였던 듯하다. 벼락출세에 대한 열망이 전국시대 사람들의 마음속에 퍼져 있었음을 반증한다. 『묵자』에도 본문과 비슷한 사례가 나온다.

> 옛날에 순은 역산 기슭에서 밭을 갈고, 물가에서 그릇을 구우며, 확택에서 고기를 잡고 있었다. 요임금이 그를 얻어 천자로 삼아 천하 인민을 다스렸다. 이윤은 유신 씨 딸의 몸종(侍臣)으로 그 주방의 요리사가 되었다. 탕이 그를 얻어 재상으로 삼아 천하 인민을 다스렸다. 부열은 판축하는 공사장에 팔려가 부암 아래에서 막노동을 하고 있었다. 무정이 그를 얻어 삼공으로 삼아 천하 인민을 다스렸다.
>
> 이것은 무슨 까닭인가? 처음에는 천하다가 마지막에는 귀해지고 처음에는 가난하다가 마지막에는 부유해짐은 왕공대인이 '현자를 숭상하고', '능력자를 부려' 정치를 해야 한다는 사실을 분명히 알고 있었기 때문이다.
>
> _『묵자』, 「상현 중尙賢中」

12:16. 침묵도 가르침이 된다

孟子曰, "敎亦多術矣. 予不屑[235]之敎誨[236]也者, 是亦敎誨之而已矣."

> 맹자, 말씀하시다.
> "가르침에는 다양한 방법이 있다. 내가 달갑잖게 여겨 거절하는 것, 이 또한 가르침의 한 방법일 따름이다."

해설

앞 장에 제시된 성현들의 곤경이 제자의 처지에서 논한 것이라면, 여기서는 스승의 처지에서 가르침의 도리를 논한다. 놀랍게도 스승의 침묵조차 학인에겐 깨달음을 얻는 기회가 된다. 눈총이 진짜 총보다 무섭다고 할까? 눈총의 의미를 알아채기만 한다면 말이다. 제자의 시답잖은 질문에 스승이 입을 닫고 차가운 눈길을 보내는 것만으로도 그 등짝을 내리치는 가르침이 될 수 있다는 뜻이다. 이미 『논어』에 공자 학교의 졸업생인 유비孺悲를 맞이하는 공자의 모습이 묘사되어 있는데 여기 "내가 달갑잖게 여겨 거절하는 것"의 생생한 증거다.

---

235 屑(설): 깨끗하다, 달갑게 여기다.
236 敎誨(교회): 둘 다 가르침이지만 '敎'는 회초리(攴)로 가르치는 모양이요, '誨'는 말(言)로 깨우치는 모양이니 수준에 차이가 있는 듯하다.

유비가 공자를 뵙고자 찾아왔다. 공자는 아프다며 만나기를 거절했다. 집사가 말을 전하러 문을 나서자, 공자는 거문고를 타면서 노래 불렀다. 유비로 하여금 듣게 하고자 함이었다.

_『논어』, 17:20

유비는 한때 공자의 문하에서 가르침을 받았으나 훗날 스승과 길을 달리하였다고 전한다(『예기』). 공자에게 배운 '학술'로 권력자의 주구가 되어 인민을 해치는 짓을 행했던 것이리라. 이런 제자가 옛 스승을 찾아 왔으니 공자는 아프다며 만나길 거절한다. 그런데 메시지를 전할 집사가 방문을 나서자마자 스승은 거문고를 연주하기 시작한다. 이는 제자 유비더러 들으라고 한 행동이다. 즉 몸이 아픈 것이 아니라 마음이 아프다는 뜻이다. 그대의 행실을 돌이켜 보라는 가르침인 셈이다.

한편 맹자도 스스로 귀족임을 의식하고 우쭐댈 뿐 제대로 배우려 들지 않는 조교를 문하에 들이기를 거절하고(12:2), 또 다른 귀족인 등경의 허튼 질문에 대답하지 않는 엄한 모습을 보이기도 한다(13:43). 역시 맹자가 공자의 교육법을 깊이 살펴 그 교육철학을 계승하고 있음을 알 수 있다.

참고   맹자는 뒤에서 공자의 교수법을 다섯 가지로 정리한다. 첫째, 때맞춘 단비처럼 변화시키는 것, 둘째 덕성을 완성하는 것, 셋째 재능을 발현 시키는 것, 넷째 의심을 풀어주는 것, 다섯째 홀로 잘 습득하게 해주는 것(13:40). 여기에 본문의 '달갑잖게 여겨 거절하는 것도 가르침의 하나'임을 끼워 넣으면 모두 여섯 가지 교수법을 쓴 셈이다.

제13편

진심 상 盡心上

맹자의 강의록 가운데 정수를 뽑아
집성한 것 같다. 형식이 『논어』와 유사하다.
다만 문장이 짧고 함축적이라 이해하는 데
어려움이 있다. 모두 46장이다.

13:1. 마음, 사람, 하늘

孟子曰, "盡其心者, 知其性也. 知其性, 則知天矣.

存其心, 養其性, 所以事天也.

殀壽不貳[1], 修身以俟[2]之, 所以立命也."

맹자, 말씀하시다.

"자기 마음을 다하면 사람의 본성을 깨닫는다. 사람의 본성을
깨달으면 하느님(참된 나)을 발견하리라.

자기 마음을 보존하고 사람의 본성을 기르는 것이 하느님을 섬
기는 일이다.

일찍 죽든 오래 살든 마음에 두지 않고, 몸을 닦으며 천명을 기
다리는 것이 소명을 세우는 길이다."

해설

여기부터 13:5까지는 유교 사상의 얼개를 형이상形而上의 원리

1 　殀壽不貳(요수불이): '殀'는 일찍 죽다(夭死). '壽'는 수명을 누리다(長壽). '貳'는 '二(이)'
　　와 같다. 주희는 '의심하다'라고 했다. 여기서는 '마음에 두지 않다'라고 번역했다.

2 　俟(사): 기다리다. 『중용』에는 "평안하게 살면서 천명을 기다린다居易而俟命"라고 하였으
　　니 이 구절과 관련된다.

차원에서 논한다. 구체적이고 일상적이던 공자식 담론을 전국시대의 표현 양식에 걸맞게 맹자가 해석한 것이다. 전국시대의 표현 양식이란 무엇인가? 하늘을 거론하고 운명을 일컫는 버릇이다. 장자가 그러했고, 또 묵가가 그러했다. 맹자는 이런 거대 담론을 비판하기로 "요즘 사람들은 모두 입버릇처럼 '천하 국가'를 말하는데, 천하의 근본은 국에 있고 국의 근본은 가에 있으며 가의 근본은 몸에 있다"(7:5)라고 꼬집었다. 거꾸로 사람의 마음에서 하늘을 찾고, 나의 행실에서 운명을 헤아려야 한다는 것. 그러나 사상가는 당대의 담론 구조narrative structure를 벗어날 수 없는 법이다. 이 장(과 다음 몇 장)에서 마음과 본성, 하늘과 운명을 논하는 까닭이요, 또 진심, 지성, 지천 등 추상적 개념이 속출하는 이유다.

요지는 정치사회적 분위기, 샤머니즘적 운명론에 휘둘리지 말고 마음에 깃든 하늘의 뜻을 찾고, 그 하늘의 목소리에 따라 실천하는 삶이 올바른 인생이라는 것. 인성론, 도덕론, 호연지기론, 대장부론 등 앞서 논한 맹자의 인간론이 압축돼 있는 글로 동아시아 사상사에 큰 획을 그은 문장이기도 하다. 조선 말기 천도교 사상의 핵심어인 인내천人乃天(사람이 곧 하늘이다)에 그 뜻이 계승되기도 했다. 조선 유교가 '맹자 유교'인 까닭이며, 오늘날 한국 사람들이 유독 인간 평등에 민감하고, 정치적 민주 의식이 발달한 까닭도 이 장의 영향 아래 있다.

1. 마음을 다하면 사람의 본성을 깨닫는다(진심에서 지성까지)

마음이란 무엇인가? 공자는 "잡으면 있고 놓으면 없다. 들고 남이 정해진 때가 없고, 향하는 곳을 알 수 없는 것은 오로지 사람 마음이다"(11:8)라고 했다. 주희는 마음의 성질을 허령불매虛靈不昧라고도 표현했다. 눈에 보이지 않고 손에 잡히지도 않으니 비어 있지만(虛), 무시로 출입하고 또 가지 않는 곳이 없으니 신령스러운(靈) 것이다. 이런 마음을 오롯이 돌이켜 집중하다(곧 진심盡心) 보면 등짝 뒤에 사람의 사람다운 까닭이 드러나 깨닫게(곧 지성知性) 된다. 앞에 "사람이 짐승과 다른 점이 극히 드물다"라 했던 그 희박한 사람다움(人性)이 자기 마음속에 존재함을 명백하게 느끼며 알게 된다는 말이다. 곧 인의예지라는 도덕적 단서를 명확히 인식함이다.

구체적인 사람살이로 끌어와 해석하자면 이런 식이다. 자식을 기르다 보면 부모 뜻대로 되지 않을 때가 더 많다. 자식이 부모의 뜻대로 되지 않아 애간장이 녹아나는 마음이 이를테면 진심이다.[3] 애를 태우고 간이 녹는 와중에 부모 노릇의 정체를 알게 되고, 또 부모-자식 관계의 의미를 깨닫는 것이 지성이다. '아, 이게 사람 노릇이로구나!'라는 깨달음이다.

2. 사람의 본성을 깨달으면 하느님(참된 나)을 발견한다(지성에서 지천으로)

그 인성이 발현하는 순간 문득 하느님(天)의 존재를 발견한다. 이를테면 우물로 기어 들어가는 젖먹이를 본 순간, 따로 생각할 겨를 없이 머리brain의 회로를 통과하지 않고 문득 마음mind이 불쑥 드러나 몸이

---

3 '盡'이라는 글자 형상이 그릇(皿)의 바닥을 솔로 깨끗하게 닦아내는 모양이다. 그러니 '盡心'은 애를 태우고 난 뒤 드러나는 마음 바닥, 마음을 녹이고 녹인 다음 획득하는 바탕 자리라고도 해석할 수 있으리라.

스스로 작동하는 무의식의 틈새에서 발견하는 것이 하느님이다. 여기 하느님은 따로 하늘에 계시는 '하나님'이 아니요, 절간에 계시는 부처님도 아니다. 내 마음속에 깃든 '참된 나'일 따름이다. 『중용』에 "하느님의 명령이 내 안에 깃든 것을 본성이라 이른다天命之謂性"라고 하였으니 이 대목을 달리 말한 것이요, 또 조선 말기 동학사상에서 발현한 인내천, '사람이 곧 하늘이다'라는 말씀도 이 구절을 달리 표현한 것이다.

사람살이로 끌어와 해석하면, 나와 자식 '사이'에 숨어 있는 사랑의 속성을 체감하는 순간이 지천知天이다. 여태껏 '말 안 듣는 놈'으로 치부한 자식이 도리어 측은하게 느껴지는, 전혀 새로운 관점을 얻는 순간. 이 순간 '나'는 딴 사람으로 재탄생할 텐데 이는 내 안의 '다른 나'를 재발견하는 것이다. 실은 이 '다른 나'가 여기 하느님이다. 그러나 그 과정이 어찌 녹록할 수 있으랴! 성현들이 고난을 겪으며 겨우 천명을 발견하는 극적인 장면이 앞에서 묘사되었다(12:15). 맹자는 그렇게 괴로움을 겪는 시간이 하느님을 만나는 과정이라고 격려하였다. 괴로움 속에서야 하느님의 목소리를 들을 수 있는 귀가 열린다. 선가의 말투를 빌리자면 '산은 더 이상 산이 아니요, 물은 더 이상 물이 아닌' 순간이겠다.

이상이 첫 단락 '진심-지성-지천'의 해설이다. 요약하면 다반사의 일상 속에서도 순간순간 그 의미를 알아채면서, 일마다 적절하게 대응하며 살다 보면(이것이 진심이다) 사람의 사람다움, 곧 인성을 깨닫게 될 터요(이것이 지성이다), 그 깨달음을 추적하면 사람이 천지자연의 일원임을 각성하게 되리라는 것(이것이 지천이다). 예수의 '범사에 감사하라'는 말씀이 여기서 멀지 않고(범사에 감사하려면 범사를 범사로 깨닫는 비범한 눈이 있어

맹자, 마음의 정치학 3

야 한다), 불가의 '일일시호일日日是好日(날마다 날마다 좋은 날)'이 이와 다를 바 없으며, 유가의 '일신우일신日新又日新(날마다 새롭고 또 날마다 새롭다)'도 같은 뜻을 담았다.

3. 마음을 보존하고 본성을 기르는 것이 하느님을 섬기는 일이다(존심·양성·사천)

두 번째 구절은 깨달아 알게 된 사람다움을 보존하고, 사람답게 사는 방법을 논한다. 이론theoria에서 실천praxis으로 내려왔다고 할까? 그 첫째 과업은 마음을 보존하는 일, 즉 존심存心이다. 보존해야 할 '마음'이란 양심을 이른다. 측은한 마음, 부끄럽고 증오하는 마음, 사양하는 마음, 옳고 그름을 따져 아는 마음이다. 따로 "인으로 마음을 보존하고 예로써 마음을 보존한다以仁存心, 以禮存心"(8:28)라고 할 때 그 인과 의로 보존하는 마음이 여기 존심의 다른 이름이다.

둘째 과업은 본성을 기르는 일, 즉 양성養性이다. 겨우 발견한 단서, 즉 실마리로만 존재하는 네 가지 인성을 확충하는 과정이다. 인의예지라는 도덕성을 아는 것에 머물지 않고, 나아가 실천하는 것이다. 사랑을 행하고, 의를 실천하며, 예로써 대접하고, 지혜롭게 사리를 판단하며 사는 것. 앞에 "나는 호연지기를 잘 기른다善養吾浩然之氣"에서 말한 기르는 행위가 여기 양성의 다른 말이다. 추기급인推己及人 또한 여기 존심과 양성을 압축한 것이다(존심과 양성의 과정은 6:2의 대장부론에 잘 묘사되어 있다).

셋째 과업은 하느님을 섬기는 일, 즉 사천事天이다. 이는 신을 예배하거나 기도하는 행위를 뜻하지 않는다. 내 안에 깃든 양심과 본성을 성찰하고 체험하며, 비근한 일상생활을 합당하고 올바르게 살아가는 것이 내 마음속에 깃든 하느님을 섬기는 일이다. 하느님은 하늘 위 혹은 사찰이나 교회 같은 특별한 장소에 있지 않다. 내 마음속에서 발출하여 내 생활 속에서 발현한다. 공자가 "내가 서고 싶으면 상대방도 함께 서고, 내가 현달하고 싶으면 상대방도 함께 그러기를 도모하는 것. 가까이서 비유를 취할 수 있다면, 인을 행하는 도리라 이를 수 있으리라"(『논어』, 6:28)며 인을 일상생활에서도 그 낱낱의 맛을 느끼며 사는 삶으로 논한 것이 그와 같다.

사람살이로 끌어오면, 새로이 발견한 자식 사랑을 평생토록 보존하며 살아가는 것이 존심이요, 자식 사랑을 조카들과 이웃집 아이들에게로 또 인류애로까지 미루어 펼치는 것이 양성이다. 더욱이 인류애를 미루어 온갖 생명에 대한 사랑으로까지 나아갈 때, 하늘을 섬기게 된다. 이렇게 사랑을 보존하고 확충하며 사는 삶이 곧 『중용』에서 말한 "천지자연의 화육에 도움을 주는 일贊天地之化育"이다. 이것이 하느님을 섬기는 일, 곧 사천이다. 이럴 때 나와 이웃, 공동체, 나아가 천지자연이 성화聖化하는 것이다. 이런 이치를 발견하고 실천하여 주변을 성화하는 사람의 등짝에서는 환한 빛이 방사할 것이니 그를 성인군자라고 일컫는다. 성인군자의 형상을 뒤에서는 이렇게 묘사한다.

군자의 군자다움은 마음에 뿌리내린 인의예지의 덕성이 겉으로 피어나 얼굴에는 해맑은 기운이 감돌고, 등짝으로도 넘실거리다가 급기야 온몸으로 퍼져나가 말없이 의리를 깨닫는 것이다.
君子所性, 仁義禮智根於心, 其生色也睟然, 見於面, 盎於背, 施於四體, 四體不言而喩.

_ 13:21

수면앙배睟面盎背, 곧 얼굴은 해맑고 등 뒤로는 호연지기가 넘실대는 모양이 진심-지성-지천을 획득한 군자의 모습임을 맹자는 극적으로 묘사하고 있다. 여기까지 성인군자를 이룰 수 있는 앎과 실행 방법을 논하였다.

4. 일찍 죽든 오래 살든 마음에 두지 않고, 몸을 닦으며 천명을 기다린다(수신과 입명)

셋째 구절에서는 사람이 평생 마땅히 행할 바를 논한다. 우선 "일찍 죽든 오래 살든 마음에 두지 않는다"라는 말이 맹자가 획득한 경지를 보여준다. 공자가 일찍이 "아침에 도를 들으면 저녁에 죽어도 좋다"(『논어』, 4:8)라고 했던 찬탄을 맹자가 이은 것이다. 하루하루를 깨어나 산다는 말인데, 선가의 말투를 빌리자면 "산은 다시금 산이요, 물은 또다시 물이다."

그러면 무엇을 어떻게 해야 깨어나 살 수 있다는 말인가? "몸을 닦으며 살면서 천명을 기다린다修身以俟之." 즉 무엇을 위해 살지도 않고, 무엇을 구하지도 않고, 다만 주변 일상에 참여하여 내내 공부하는 자세로 살다가 담담히 죽음을 맞이하는 삶이다. 이 공부는 평생 사업이니 공자가 자신을 호학, 즉 배우기를 좋아하는 사람으로 규정한 뜻(『논어』, 5:27)을 맹자가 계승한 것이다. 그러다 보면 일신우일신이라, 매일매일 새로운 사람으로 재탄생하면서 흐뭇하게 죽음을 맞이할 수 있다. 여기 '사지

俟之'란 하느님의 처분을 기다리는 것이다. 주어진 처지에 자족하며 타고 난 양심에 따라 희박한 덕성을 닦으며 살아가는 것이다(정약용의 호 가운데 사암俟庵이 있으니, 곧 이 뜻이다. 다만 천주교 신자이기도 한 그가 기다린 하느님은 어떤 하느님이었을까?).

본문 끝자락 입명立命은 장엄한 말이다. 공자가 "남이 알아주지 않아도 성나지 않는다면 또한 군자가 아니랴!"(『논어』, 1:1)고 했던 구절을 요약하면 여기 입명이 된다. 숙명宿命도 아니요, 순명順命도 아닌 입명이라는 말, 특히 '立(수립하다)'자에 맹자의 '도덕 의지'가 가득하다. 시절이 추우면 차갑게 살고, 더우면 또 버티고 살아간다. 다만 타고난 희박한 덕성을 성찰하고 확충하며 그 차갑고도 뜨거운 시절을 '버티며' 함께 살아갈 따름이다. 남이 알아주면 함께 나아가고, 남이 알아주지 않으면 홀로 그 길을 걷는다. 뒤에 "곤궁하면 홀로 몸을 선하게 닦고, 영달하면 천하도 함께 선하게 하였던 것이지"(13:9)라던 각오가 이 뜻이다. 그 길을 걷다가 혹 불인하고 불의한 시절을 당하면 목숨을 던지기도 하는데, 이 역시 하늘의 부름에 응하는 입명이다. 공자가 살신성인殺身成仁이라 했고, 맹자는 또 사생취의捨生取義라 했으니 같은 뜻이다. 의사義士 안중근의 뜻과 삶이 바로 그러하였다.[4]

요컨대 생물학적 생명/죽음에 집착하지 말고, 마음과 몸에 깃들인 하늘의 뜻, 곧 도덕성을 실천하고 실현하며 살다가 가는 것이 올바른 삶이

---

4 안중근 의사의 수결이 찍힌 '지사인인志士仁人, 살신성인殺身成仁'이라는 휘호의 뜻이 이 것이다.

라는 말이다. 13:1의 세 구절을 도식화하면 이렇다.

지의 차원: 진심盡心-지성知性-지천知天

행의 차원: 존심存心-양성養性-사천事天

삶의 차원: 수신修身-사천俟天-입명立命

13:2. 바른 운명, 그른 운명

孟子曰, "莫非命也, 順受其正; 是故知命者不立乎巖牆[5]之下. 盡其道而死者, 正命也; 桎梏[6]死者, 非正命也."

맹자, 말씀하시다.

"명 아닌 것이 없겠으나 그 가운데 정명을 순순히 받아들여야 한다[7]. 이 때문에 명을 아는 사람은 높은 담장 아래 서지 않는다. 사람의 도리를 다하다가 죽음을 맞이하는 것은 정명이지만, 족쇄와 쇠고랑을 차고 죽임을 당하는 것은 정명이 아니다."

해설

앞 장의 뜻이 이어진다. 맹자는 끝마디 입명에 대해 더 설명할 필요를 느꼈던 모양이다. 이 장에서 본격적으로 운명을 논한다.

1. 막비명

'명이 아닌 것이 없다'라는 막비명莫非命은 들에 핀 한 송이 꽃

---

5 巖牆(암장): 권력, 영예 등 세속적 성취, 내 욕망이 지은 집. '巖'은 높다. '牆'은 담장.

6 桎梏(질곡): 손발을 묶는 도구. '桎'은 족쇄. '梏'은 쇠고랑.

7 順受其正(순수기정): 부정不正한 운명은 거역하라는 뜻. 선택권이 내게 있다는 의미다.

에도 천명이 깃들어 있다는 말이다. 만물 가운데 '하느님 뜻(天命)'이 깃들지 않은 생명이 없다는 것. 그런데 전국시대 지성계의 맥락에서 보면, 막비명 세 글자를 다르게 해석할 수 있다. 비명非命은 묵자의 큰 주장 가운데 하나로『묵자』의 한 편명이기도 하다. 묵자는 거기서 유교를 숙명론이라며 비판한다. 가령 가난을 운명 탓으로 돌리고 나라가 망하는 것도 운명이라고 여기는 무책임한 사유 습관을 유교 운명론의 귀결로 비판한다. 전국시대 사람들의 일상적이고 관습적인 사유가 그러했을 것임은 수긍이 간다. 즉 당대에 대해서는 일리 있는 비판이다.

그러나 맹자는 '유교=숙명론'이라는 비판을 도무지 묵과할 수 없는 억단이라고 반발한다. 유교는 수요壽夭와 부귀富貴 등 외적 가치는 운명으로 수용하지만, 인간의 내적 가치인 도덕성은 운명이 아니라 선택임을 강조하기 때문이다. 백 보를 양보하여 묵가의 비판은 "죽고 사는 것은 운명이요, 부귀빈천은 하늘의 뜻"(『논어』, 12:5)이라는 공자의 말을 오해한 것이다. 유교의 운명론은 숙명론이 아니라 정명론이라고 해야 옳다. 인간 고유의 덕성을 실현하려는 담담하면서(부귀빈천 길흉화복은 수용한다) 치열한(정의를 선택하고 불의를 징치한다) 활동이기 때문이다. 이 정신은 공자가 귀신에 대해 "공경하되 멀리하라"(『논어』, 6:20)고 지적한 뜻을 맹자가 계승한 것이다.

묵자는 운명을 '이불리利不利'라는 실용적 차원에서 접근한다. 묵자가 운명론을 비판하기로 "위로는 하늘에 이롭지 못하고, 가운데로는 귀신에게 이롭지 못하며, 아래로는 사람에게 이롭지 못하기 때문이다."[8] 이는 일종의 '운명실용주의'라고 이름 붙일 수 있다. 주의할 점은 유교의 운명론은 '이불리'가 아닌 '의불의義不義'를 판단 기준으로 삼는다. 흥미롭게도 묵가는 비명非命, 곧 '운명을 부정한다'고 주장하면서도 귀신을 섬긴다. 귀신을 섬겨야 하는 까닭도 운명을 부정하는 이유와 동일하다. 귀신으로 모시면 이익을 주고, 안 모시면 해를 끼치기 때문이다.

> 옛 성왕은 하늘의 신명이 복을 주는 바를 분명히 알고 하늘의 신명이 싫어하는 바는 피하여 천하의 이익(利)을 일으키고 천하의 예악을 물리치고자 하였다. 이런 까닭에 하늘이 추위와 더위가 알맞고 사시가 고르며 날씨가 때에 알맞아 오곡이 여물고 가축이 늘어 질병과 재앙과 흉년이 이르지 않게 하였다.
> _『묵자』, 「천지 중天志中」

요컨대 귀신을 섬기면 이런 이익이 있고, 귀신을 섬기지 않으면 저런 해악이 있다는 것. 이는 이를테면 '귀신실용주의'다. 이익 때문에 운명과 천명은 부정하면서, 이익 때문에 귀신은 인정하고 숭상한다? 맹자의 '하필왈리'라는 개탄이 옆에서 들리는 듯하다. 운명이 결국 이익 외에는 연결되는 곳이 없으니 이것도 모순이다. 이렇게 놓고 보면 이 장은 맹자가 묵가를 염두에 두고 하는 말이다. 곧 '비명이라고 하지 말라莫非命!' 돌이켜 자신의 마음을 살펴 내 안의 덕성을 발견하고 발현하여 입명하는 주체적이고 자립적인 인간의 성숙이 급선무라는 것.

---

8 命, 上不利於天, 中不利於鬼, 下不利於人(『묵자』, 「비명 상非命上」).

2. 순수기정

그러면 맹자의 운명론은 무엇인가. 순수기정順受其正이 그것이다. '명 가운데 올바른 명을 선택하여 순종하라'는 말이다. 여기서는 순종이 아니라 정명을 '선택'하는 데 강조점이 있다. 들에 핀 한 송이 꽃에조차 천명이 깃들어 있으나, 사람은 주어진 것을 무턱대고 하늘의 명이랍시고 순명順命해서는 안 된다, 스스로 선택하며 살아가야 하고 올바르지 않은 것은 거부할 줄 알아야 한다는 뜻이다. 가령 내게 부귀영화의 기회가 주어졌을 때, 그것을 덥석 받아들이고는 '하늘이 내게 준 명이구나'라며 생각 없이 기뻐해서는 안 된다는 경고가 들어 있다.

저 앞에 제나라가 연나라를 정복하는 데 걸린 기간이 50일밖에 되지 않았던 사례를 보자. 이를 두고 제나라 궁정에서는 "사람의 힘으로는 달성하기 어려운 일"이라며 하늘의 명, 곧 천명이라고 해석하는 의견이 있었다. 나아가 연나라를 합병하지 않으면 천앙天殃, 곧 하늘의 재앙이 있을 것이라고도 했다(2:10). 여기서 천명이라는 말이 그럴싸하다. 50일 만에 남의 나라를 먹기가 어디 쉬운가?[9] 하늘의 뜻이니 따라야만 하고 거스르면 재앙이 있다는 해석도 납득할 만하다. 그러나 실제 속마음은 무엇이겠는가? '굴러온 떡을 왜 발로 차느냐'라는 이해타산의 속셈, 혹은 운수 대통했다며 희희낙락하는 계산이 들어 있는 것 아닌가?

그러나 맹자는 연나라 백성이 좋아하면 합병하되, 연나라 백성이 좋아하지 않으면 합병하지 말기를 권했다. 50일 만에 연나라를 정복한 것이

9　"부르지 않았는데도 이르는 것은 운명이다莫之致而至者, 命也."(9:6)

명일 수는 있으나 그것이 올바른 명인지 아닌지는 연나라 백성의 의사에 달려 있고, 그 의사를 따르는 것이 순수기정이다. 여기서 "인민의 소리가 하늘의 소리다"(『서경』)라는 각성을 대입하면, 백성의 마음속(일반의지)이 정명이 된다(이 대목이 여민론이 운명론과 통하는 길목이다). 곧 명이라고 하여 무턱대고 받아들여서는 안 된다. 핵심은 무엇이 올바른 명인지를 헤아리고 선택하는 과정에 있다. 그 기준이 의이니, 의리를 발견하기 위해서는 인민의 마음을 헤아리는 것이 중요하다.

그 적정선은 성왕들의 역사적 사례를 공부하여 선택할 수도 있다. 주공이 요순, 우탕, 문무의 사례를 진지하게 고민하고 깊이 헤아려, 이치에 합당한 대책이 떠오르면 서둘러 시행하기 위해 새벽이 오기를 기다렸다는 것이 이 경우다(8:20). 역사적 사례를 분석하고 지금 맞닥뜨린 사업의 독특함을 인식하며 합리적 대안을 모색하는 것 역시 순수기정이다. 정명을 선택하는 것은 자기 자신이다. 물론 그 책임도 자신에게 있다.

한편 자연재해로 인한 죽음을 천명으로 돌릴 수도 있다. 가뭄과 홍수를 운명이라는 이름으로 면피할 수 있는 말이다. 당시 권력자들은 재난을 천명으로 호도하는 경우가 많았다. 그러나 맹자는 권력자들의 면피 행위를 용서하지 않는다. 앞서 백성이 굶주려 죽는 것은 군주의 실정失政 때문이지 하늘의 명령 탓이 아니라 말한 바 있다(1:3). 이를 아는 것 또한 순수기정의 한 가지 뜻이다.

그러므로 순수기정이라는 말은 잘 읽어야 한다. 그렇다면 "점칠 까닭이 없다不占而已矣."(『논어』, 13:22) 여기서 거북점을 쳐서 하늘의 뜻을 추리하는 제정일치 시대가 끝나고, 마음에 깃든 본성을 성찰하여 천명을

택하고 책임지는 인간 중심의 철학 시대가 열린다. 그것을 표 나게 드러
낸 것이 『중용』 제1장의 "천명지위성天命之謂性"이다. 천명은 사람의 본
성에 깃들어 있다! 역시 정명도 마음속에 있다. 다만 깊이 헤아려 올바로
선택하고 책임질 일이다. 그러므로 진심盡心하면 지명知命(천명을 안다)이
라는 등식이 성립한다(13:1). 이것이 맹자 운명론의 혁명적 특성이다.

지금 맹자는 본성을 바탕으로 옳고 그름을 선택하고, 그 선택에 스스
로 책임질 때라야 그것이 올바른 운명이 되고, 그런 인생만이 참된 인간
의 삶임을 강조하고 있다. 하긴 공자가 "인을 택하여 살지 않는다면 어찌
지혜롭다 하리오"(『논어』, 4:1)라 했을 때 그 선택 속에 이미 맹자가 말한
입명의 요소가 들어 있었다. 반면 올바른 명을 거스르면 재앙이 기다리
고 있을 따름인데, 여기서는 그 역천逆天의 현장을 '가파른 담장 아래(巖
牆之下)'라고 짚었다. 사람이 무너질지도 모를 높고 가파른 담장 아래 서
는 까닭은 부귀영화의 요행을 바라기 때문이다. 이런 욕망에 휘둘려 발
뒤꿈치를 치켜들고 손에 닿지 않는 무엇을 쥐려고 달려들다가 문득 굴러
떨어진 구렁텅이가 질곡桎梏이다. 천자라는 지위를 천명으로 오해하고
전횡을 일삼던 폭군 걸과 주가 탕과 무에게 죽임을 당한 것이 질곡사자
桎梏死者의 사례다. 출세에 들떠 망령을 떤 분성괄의 죽음도 질곡사의 한
사례다(14:29).

반면 "사람의 도리를 다하다가 죽음을 맞이하는 것"은 사람다움을 실
천하며 살다가 죽음을 맞는 삶이다. 왕도를 실현하려다가 뜻을 성취하기
직전에 죽은 주나라 문왕이 여기에 해당한다. 덧붙여 의로운 일을 행하
고 죽은 안중근의 생사도 정명이다. 요컨대 이 장은 고전적 정치가들(성

왕과 폭군)의 역사적 사례를 바탕으로 당시 이슈였던 운명론을 비판하면서, 마음에 깃들인 천명을 발견하고 의로운 길을 선택해 살다 가는 것이 올바른 사람의 도리임을 천명하고 있다. 13:1, 13:2의 내용을 종합하면 저 앞의 11:10(사생취의)이 된다.

참고 공자와 맹자의 운명은 두 가지 뜻을 내포하고 있다. 첫째, 그 누구의 힘으로도 극복할 수 없는 것을 의미한다. 삶의 유한성 같은 것이 대표적이다. 이는 숙명destiny으로서 운명이 지닌 측면이다. 둘째는 인간의 목적과 사명이라는 의미도 지닌다. 기독교식으로 표현하면 소명 vocation 혹은 사명mission의 측면이다. 맹자식으로는 정명, 입명이 사명으로서의 천명에 속한다. 공자를 두고 은둔자가 비평한 말 "안 될 줄 알면서 행하는 사람其不可而爲之者"(『논어』, 14:41) 가운데 앞부분이 '숙명으로서의 천명'이라면, 뒷부분은 '사명으로서의 천명'에 해당한다. 맹자의 천명론 역시 그렇다.

13:1~13:5에서 맹자는 천명의 이중성을 유감없이 보여준다. 맹자에게 "사람은 언젠가는 죽어야 하는 누구도 감당할 수 없는 운명을 지고 있는 존재다. 이러한 사실을 부정하는 것은 바보스러울 뿐만 아니라 불합리하다. 그럼에도 인생에는 다양하고 많은 불확정의 영역이 있고, 여기서 사람들은 의로운 행동을 통해 자기 운명을 개척하며 확정해 나아갈 수 있다. 최선의 노력을 통해서만 그런 노력이 얼마나 엄청난 차이를 창출해낼 수 있는지 알게 되는 것이다. 우리가 할 수 있는 일에 미리 주어진 한계는 없다. 그래서 호연지기가 특별한 의미를 갖

는다. 요절하든지 장수하든지 확고한 목표를 세우는 데는 아무 상관이 없다. 정명을 기다리는 것은 도덕적 노력을 기울이는 과정의 절정이다."[10]

맹자의 운명론은 어쩔 수 없는 숙명을 인식하는 일방, 동시에 내 안의 사명을 믿고 그것을 이루어가다가 죽음을 맞이하는 것이다(죽임을 당하는 것이 아니라, 죽음을 맞이하는 것이다). 공자부터 이미 "남이 알아주지 않아도 성나지 않는다면 또한 군자가 아니랴!"라고 했으니 명백하다.

---

10   이광세, 『동양과 서양, 두 지평선의 융합』, 길, 1998, 277~279쪽.

13:3. 마음속에 하느님이 계신다

孟子曰, "求則得之, 舍則失之, 是求有益於得也, 求在我者也. 求之有道, 得之 有命, 是求無益於得也, 求在外者也."

> 맹자, 말씀하시다.
> "찾으면 얻고 놓으면 잃는다. 여기서 찾으면 얻는 데 유익하다. 찾는 것이 내게 있기 때문이다. 반면 찾는 데 방법이 있고, 얻는 데 명[11]이 있는 게 있다. 여기서 찾으면 얻는 데 무익하다. 찾는 것이 바깥에 있기 때문이다."

해설

명命에 대한 맹자의 논의가 이어진다. 사람으로서 순순히 따라야 할 천명, 즉 순수기정의 정명은 어디에 있는가라는 문제를 다시 다루고 있다. 요컨대 내 안에, 마음속에 있다는 것. 마음이란 "찾으면 얻고 놓으면 잃는 것"이므로 눈을 안으로 돌이켜 천명을 "찾으면 얻는 데 유익

---

11 命(명); 요즘 말로는 운運이다. 서양에서도 목표를 성취하는 데는 능력virtù과 더불어 '命', 곧 운명fortuna이 개입한다고 보았다. 다만 마키아벨리는 운명의 요소보다 능력의 발휘를 중시하였으니 맹자의 생각과 통한다(니콜로 마키아벨리, 강정인·김경희 옮김, 『군주론』, 까치, 2015 참고).

하다. 찾는 것이 내게 있기 때문이다." 반면 바깥에 있게 마련인 부귀영화는 "찾는 데 방법이 있고, 얻는 데 명(운)이 있"다. 동어반복이지만 "여기서 찾으면 얻는 데 무익하다. 찾는 것이 바깥에 있기 때문이다."

눈을 돌려 마음에서 찾는 것이란 곧 덕성이니 인의예지를 이른다. 이를 두고 '하늘 벼슬(천작)'이라고도 했으니 이보다 큰 얻음(선물)이 없다. 반면 바깥에 있는 것은 부귀영화다. 이는 경쟁이 치열하기 때문에 선망하는 것일수록 얻기 어렵다. 이를 '사람 벼슬(인작)'이라 일컬었는데(11:16), 역시나 "조맹이 귀하게 만든 것은 조맹이 천하게도 만들 수 있는 것"(11:17)이므로 얻더라도 진짜 내 것이 아니다. 하긴 공자의 말 가운데 부귀영화를 욕망하는 일과 사람됨을 공부하는 것을 함께 진설해놓고 그 선택에 고민하기를 권한 대목이 있었다.

> 공자, 말씀하시다.
> "부유함이 구할 수 있는 것이라면 비록 말 수레꾼이 되어서라도 내가 그 일을 하겠노라. 만약 구할 수 없는 것이라면 내가 좋아하는 것을 택하겠노라."
> _『논어』, 7:11

공자는 부귀영화라는 외적 가치와 '내가 좋아하는 것'을 늘어놓고 우리에게 선택하기를 권한다. 부귀영화는 "찾는 데 방법이 있고, 얻는 데 명이 있"는 것에 해당한다. 찾는다고 곧장 얻어지는 것이 아니다. 반면 '내가 좋아하는 것'은 내 마음속에 있으니 "찾으면 얻는 데 유익하다. 찾는 것이 내게 있기 때문이다." 다만 그 성질이 "찾으면 얻고 놓으면 잃는 것"이므로 보관에 주의를 기울여야 한다. 주의를 기울여 하늘 벼슬을 보존하는 것을 존심이라 하고, 존심을 잘하는 사람을 맹자는 군자라고 칭한 터다(8:28). 문제는 안에서 천작을 찾는 일이 쉽지 않다는 점이다. 우리의 눈길은 언제나 바깥으로 향해 있기 때문이다. 공자는 이렇게 개탄했다.

> 공자, 말씀하시다.
> "그만두자꾸나. 자신의 허물을 발견하고도 눈을 마음으로 돌려 스스로에게서 탓을 찾는 사람을 내가 찾지 못했다."
> _『논어』, 5:26

뜻이 다음 장으로 연결된다.

맹자, 마음의 정치학 3

孟子曰, "萬物¹²皆備於我矣. 反身而誠¹³, 樂莫大焉. 强恕而行¹⁴, 求仁莫近¹⁵ 焉."

> 맹자, 말씀하시다.
> "삼라만상의 이치가 모두 나에게 갖춰져 있다. 자기 행실을 돌이켜 보아 참되다면 이보다 더 큰 즐거움은 없다.¹⁶ 힘껏 상대방의 처지에 나아가 함께 행하면 인을 찾는 데 이보다 더 쉬운 것이 없으리라."

---

12 萬物(만물): 만사萬事와 같다. '삼라만상의 이치'라고 번역하였다.

13 反身而誠(반신이성): 내 행실을 돌이켜 참되다면. '反身'은 돌이켜 마음을 보는 것이다. '誠'은 '참됨'이다. 사물의 이치(理)와 사람의 의리(義)에 합치함이 '誠'의 경지다. '誠'은 맹자 사상의 우주론적 근거가 된다(7:12). 곧 사람과 하늘을 잇는 통로가 '誠'이다(『중용』 참고).

14 强恕而行(강서이행): '强'은 힘껏. '恕'는 접어 생각하다. 공자가 증삼曾參에게 충서를 인의 방법으로 삼길 가르쳤으니(『논어』, 4:10), 여기 맹자에 이르러 그 의미가 더 분명해졌다. 위의 '反身而誠'은 곧 충忠이니 여기 서恕를 합하면 바로 충서가 된다. 이것이 '인을 찾는 방법(求仁)'이라고도 했으니 앞뒤가 맞아떨어진다. "공자의 도통을 증자가 잇고, 증자의 뜻을 맹자가 계승하였다"(주희)라는 도통론이 여기서 증명된다.

15 近(근): 가깝다. '쉽다'라고 번역했다.

16 자기 행실을 돌이켜 보아 참되다면 호연지기가 몸속에서 터져 나올 것이고, 이보다 더 큰 즐거움은 없을 것이다. "이치와 의리가 사람의 마음을 흔쾌하게 하는 것은 꼭 살코기가 사람의 입을 즐겁게 하는 것과 같다."(11:7)

하늘이 사람에게 내린 인의예지라는 고유한 덕성을 천착, 즉 '하늘 벼슬'이라고 했다. 세상사 모든 문제를 해결할 수 있는 만능열쇠이기에 천작이겠다. 태어나면서 하늘로부터 선물 받은 만능열쇠! 이것이 '만물개비어아萬物皆備於我'다. 나라는 존재가 내포한 하늘과의 풍부한 관계성을 맹자는 이 한마디로 요약했다. 공자가 증삼에게 충서로 징검다리를 놓아 인으로 직통하는 길을 뚱겨주고(『논어』, 4:10), 또 중궁에겐 자신이 하고 싶지 않은 것을 상대방에게 미루지 않는 것으로 인을 해설하며(『논어』, 12:2), 무엇보다 안연에게 극기복례가 인의 첩경임을 지시한 것(『논어』, 12:1)을 맹자가 나름대로 재해석한 것이 이 말이요, 이 장이다.

하늘이 내게 부여한 만능열쇠인 '만물개비어아'는 무슨 뜻인가? 시인(김남조)의 말을 빌리면 '그대 있음에 내가 있다!'라는 말이다. 루소의 흉내를 내자면 "나는 애당초 개체가 아니라 '우리'로 태어났다." 또 현상학자 후설Edmund Husserl의 말을 빌리자면 "자아에서 근원적으로 주관적인 경험이라는 것 자체가 이미 상호 주관성의 경험에 기초해서만 있을 수 있다."[17] 어린아이가 우물 속으로 기어 들어갈 때 무의식적으로 내 몸이 먼저 달려가는 까닭은 그 아이와 동질적인 특성이 내 안에 있기 때문이다. 이 공통 감각은 '너와 나'가 낱낱의 개체가 아니라 본래부터 '우리'였기 때문이다. 본시 '나'는 관계적 존재이고, 사람이란 '생래적으로 사

---

17 우치다 타츠루, 이수정 옮김, 『레비나스와 사랑의 현상학』, 갈라파고스, 2013, 150쪽.

회적 동물'이다. 그러므로 만물개비어아, 곧 '나라는 존재는 만물에 적절하게 응대하는 주체'가 된다. 근대 서양의 포이어바흐Ludwig Feuerbach도 포착했듯

> 인간의 본질은 인간과 인간이 함께하는 공동체와 그 통합 안에만 담겨져 있다. 그러나 인간의 본질은 나와 당신 사이의 구분이라는 현실 위에서만 설 수 있는 통합이다.
> **_루트비히 포이어바흐, 『미래철학의 근본 원리』, 59항[18]**

'나'라는 존재는 너를 전제로 할 때만 사람다울 수 있다는 말은, 이제 동서고금이 함께하는 인간론임을 확인한다. 서구의 사상가들이 현대에 이르러서야 발견한 사람의 관계적 속성을 동아시아 사람들은 이미 2000여 년 전에 익숙하게 파악하였던 터다. 이에 맹자는 "자기 행실을 돌이켜보아 참되다면 이보다 더 큰 즐거움은 없다"라고 찬탄하였다. 이 즐거움은 내 안의 사람다움을 발견한 기쁨이요, 몸소 그것을 실천하는 가운데 맛보는 즐거움이니 곧 충忠이다. 주희는 이것을 진기盡己, 곧 매사를 행하는 매순간 나다움(본성)을 다하는 것이라고도 표현했다. 급기야 내 진심이 상대방에게 통해서 '우리'로 융합하는 순간, 인의 꽃송이가 개화한다. 다시 말해 내가 내민 손을 그대가 잡을 때 우리가 되고, 그 우리라는 공감sympathy의 다른 이름이 인이라는 것. 그러니 "인을 찾는 데 이보다

---

18 정화열, 박현모 옮김, 『몸의 정치』, 민음사, 1999, 262~263쪽에서 재인용.

더 쉬운 것이 없으리라!"

인의 다른 말이 '여(與)'임은 누누이 지적한 바인데, 인이든 여든 '내가 있으므로 네가 있다'라는 자기애와 독선을 뒤집어 '그대 있음에 내가 겨우 존재한다'라는 눈으로 바뀌는 순간, 사랑과 정의, 평화의 세계가 툭 열린다. 공자는 이 전환의 극적인 순간을 "단 하루라도 이기심을 극복하고 관계성(禮)을 회복할 수 있다면, 온 세상이 문득 인으로 변화한다"(『논어』, 12:1)라 했고, 맹자는 그것을 "힘껏 상대방의 처지에 나아가 함께 행하면 인을 찾는 데 이보다 더 가까울 수가 없으리라"고 부연했다. 여태 나만 존재하던 세계, '내가 있으므로 네가 있다'라는 오만한 생각에서 그대들, 곧 부모 형제와 친구들, 농부와 상인이 있기에 겨우 내가 있다는 생각으로 전복하는 순간 참된 '함께하기'가 가능해진다.

그렇다면 사람다움이란 홀로, 따로, 눈에 보이는 사물로서 존재하는 것이 아니다. 사람다움이란 너와 나 사이 어디쯤에 숨어 있는데 "그대 있음에, 내가 있네. 나를 불러 손잡게 해"(김남조, 「그대 있음에」)라며 손을 내밀어 영접하는 순간 피어난다. 그 꽃송이의 이름을 따로 인이라 부를 뿐이다. 그러므로 유교의 천당은 가까운(近) 곳, 곧 땀 냄새 나는 '지금 여기 범속한 삶 속(日用之間)'에 있다.

13:5. 맛 모르고 밥 먹는 자가 많구나

孟子曰, "行之而不著[19]焉, 習矣而不察焉. 終身由之而不知其道者, 衆也!"

맹자, 말씀하시다.

"행하고 있으면서 그 의미를 깨닫지 못하고, 익숙해 있으면서 그 까닭을 이해하지 못하는구나. 죽도록 따라 하면서도 그 이치를 알지 못하는 자가 많구나!"

해설

애재! 맹자의 혀 차는 소리가 들리는 듯하다. 『대학』에 "마음이 거기 있지 않으면 보아도 보이지 않고, 들어도 들리지 않으며, 먹어도 그 맛을 알지 못하는 법"(제7장)이라던 말과 통한다. 또 『중용』에 "밥을 먹지 않는 사람이 없건마는 밥맛을 알고 먹는 사람이 드물다"(제4장)라던 개탄도 다를 바 없다. 대중은 일상에 깃든 비상함, 평범함에 깃든 비범한 신의 손길, 심드렁한 범사의 뒷면에 존재하는 설렘을 알지 못한다. 요컨대 각성한 눈, 사물과 사태의 속을 볼 심안心眼이 없고, 사물의 다양성을

---

19 著(저): 돈을새김(凸)으로 거죽을 뚫고 불쑥 솟아오른 모양. '著'에는 '생각하다'라는 뜻도 있으니 '의미를 깨닫다'라고 번역하였다.

이해할 복안複眼, compound eyes이 결여된 자가 대중(衆)이다.

여기 "죽도록 따라 하면서도 그 이치를 알지 못하는 자가 많구나!"라는 개탄을 대하니, 앞에서 척 보면 안다고 삐기다가 맹자로부터 고작 '무지렁이'에 불과한 자로 나가떨어진 순우곤이 떠오른다(12:6). 이 장과 그 대목을 겹쳐서 보면 사태의 겉, 피상을 훑는 단순한 시각, 홑눈simple eye으로는 본질을 파악할 수 없다는 뜻을 얻는다. 사태는 겹겹하다. 앞서 여러 번 보았듯 효도와 불효도 구체적인 사건의 맥락과 그 사람의 의도에까지 다가가 깊이 이해할 때라야 겨우 진실에 다가갈 수 있다(광장의 불효와 순임금의 원모怨慕를 참고하자).

심드렁하게 하루하루를 살아가는 기계적, 습관적 생활은 개인으로서도 행복을 느끼지 못할뿐더러 세상의 악을 방조한다. 즉 공동체를 타락시키고 끝내 인간이 인간을 잡아먹는 사태를 빚는 실마리가 된다. 이것이 맹자가 정의로운 사회를 위해서는 부끄러움을 느끼는 수치심과 세상의 잘못을 미워하는 증오심이 함께 필요하다고 역설한 까닭이다. 행하면서도 잘못된 줄 모르고, 저질러놓고도 그 의미를 깨닫지 못한다면 부끄러움이 없는 자가 된다. 다음 13:6에서는 부끄러움, 수치심을 논한다.

孟子曰, "人不可以無恥. 無恥之恥, 無恥矣."

맹자, 말씀하시다.
"부끄러움이 없다면 사람이라고 할 수 없다. 부끄러움 없음을
부끄러워한다면 부끄러움이 없으리라."

해설

　　수오지심, 자기 잘못에 대한 부끄러움과 사회의 부정에 대한
증오심이 의義를 구성한다. 따라서 부끄러움은 인간의 조건이다. 여기서
맹자는 "부끄러움이 없다면 사람이라고 할 수 없다"라고 감언하였고, 이
어서 "부끄러움은 사람다움의 큰 것이다"(13:7)라고 확언했으니 이 장은
일종의 '인간 선언문'이라고 할 만하다.
　그러나 전국시대에 무수히 많았던 짐승보다 못한 사람들의 행태를 어
떻게 사람답게 바꿀 수 있을까! 뒷문장이 그 처방이다. '부끄러움 없음
을 부끄러워할 줄 아는 것'에서 사람다움의 회복이 시작된다. 맹자는 지
금 부끄러움을 발견하는 일이 정의 사회, 평화 천하를 건설할 긴급 처방
이라며 다급하게 외치고 있다. 부끄러움은 고작 심리학의 학술적 주제가
아니요, 문학과 예술의 소재로만 국한될 수도 없다. 맹자는 절박하다. 인

간 문명 재건의 사활이 걸린 열쇠다. '정의로운 사회를 어떻게 건설할 것인가'라는 문제가 여기 부끄러움을 아는, 수치심을 느끼는 감수성에만 존재하기 때문이다.

한편 본문의 "無恥之恥, 無恥矣(무치지치, 무치의)"라는 문장은 외려 짧아서 번역하기 까다롭다. 직역하자면 '부끄러움 없음의 부끄러움은 부끄러움이 아니다'가 되는데 이래서는 무슨 뜻인지 알아먹을 수 없다. 짤막한 구절 안에 '無恥'가 두 번 나오는 데 주의하면서 다시 번역해본다. 첫 번째 '無恥'는 '부끄러움을 알지 못하는 삶'이니 이익을 취하고 해악은 피하는 생물적, 동물적 생존을 뜻한다. 그런 삶을 어느 순간 문득 부끄러워함(으로 전환하는 것)이 앞 구절 '無恥之恥'의 '之'에 엉켜 있다. '無恥'와 '恥'를 연결하는 '之'에 질적 비약, 즉 동물에서 인간으로 변모하는 극적인 과정이 들어 있다는 말이다. 살아남으려고 악다구니하며, 악착같이 부귀영화를 추구하며 살아온 삶이 얼마나 부끄러운 짓이었던가를 깨닫는 과정이 '之'에 들어 있다. 문득 발갛게 물드는 얼굴, 양심에서 자은 첫 두레박에서 쏟아진 차가운 물이 '恥'이다. 생각 없이 행한 과오를 늦게나마 깨닫는 순간, 뭉클한 마음 '속에서' 발출한 부끄러움이 '無恥之恥'다. 따라서 '부끄러움을 몰랐던 삶을 부끄러워함'이라는 뜻이 된다.

이 각성의 분수령을 통과하면 더는 '무치의 세계(동물적 삶)'로 돌아갈 수 없다.[20] 이제는 완전히 새로운 '무치의 세계(인간다운 삶)'가 열린다. 생

---

20 공자의 제자 안연이 "두 번 허물을 저지르지 않았다"(『논어』, 6:2)라고 했는데 부끄러움의 문지방을 넘고 난 다음 결코 되돌아가지 않았다는 뜻이니, 이 대목과 통한다.

각 없이 부귀영화(외면적 가치)에 매몰되어 저지른 과오들이 새롭게 '부끄러움'으로 와닿으면서 그간 보지 못하고, 느끼지 못했던 내면의 양심 세계를 인식하게 된다. 이로부터 그 사람은 이전의 그일 수 없고, 완전히 새로운 사람, '부끄러움이 없는 인간'으로 거듭나게 된다. 이것이 뒤의 '無恥'다. 질적 비약이 두 개의 '無恥'라는 말 사이에 놓여 있다.

공자가 좋은 나라를 건설할 토대로 부끄러움을 느낄 줄 아는 사람을 꼽았던 점을 헤아리면, 이 장의 기원이 『논어』에까지 닿음을 알 수 있다. 곧 "위세로써 인도하고, 형벌로써 통치하면 백성은 면하려 들 뿐 부끄러움을 갖지 않는다. 반면 덕으로써 인도하고 예로써 다스리면 백성은 부끄러움을 가질뿐더러 스스로 바로잡는다."(『논어』, 2:3) 여기서는 부끄러움이 폭정과 선정의 갈림길이라고 하였으니, 그렇다면 공자의 인 사상이 맹자로 이어지는 징검다리가 이 장이다. 또한 맹자 스스로 수오지심을 의로운 삶과 정의로운 사회를 건설할 기초로 여겼으니 맹자 정의론의 토대 역시 이 장이다. 동시에 "부끄러움이 없다면 사람이라고 할 수 없다. 부끄러움 없음을 부끄러워한다면 부끄러움이 없으리라"는 이 간결하면서도 강렬한 선언에는 당시 지성계에 만연했던, 인간을 욕망 덩어리나 살덩어리로만 보던 관점을 비판하고, 부끄러움을 아는 존재이자 마음이 있는 존재로 보는 혁명적 사유가 들어 있다(과오에 대해서는 4:9 해설 참고).

참고 여성학자 정희진이 박완서의 단편소설 「부끄러움을 가르칩니다」를 소재로 삼아 '부끄러움'을 논한 글이 있다.

부끄러움은 수치심이나 죄의식과 다르다. 부끄러움은 자신을 향한, 자신에게로 회귀하는, 자기가 실천하는 사유지만, 수치심은 타인의 시선을 의식하는 반反성찰이다. 박완서의 다른 표현을 빌리면 부끄러움과의 첫 대면은 이런 것이다. "부끄럽다, 부끄럽다, 부끄럽다. 당장 이 몸이 수증기처럼 사라질 수 있으면 사라지고 싶게 부끄럽다. 부끄럽다." 몸 둘 곳을 찾지 못하는 상태. 내가 존재한다는 사실 자체를 참을 수 없다. 이것이 부끄러움이다.

말할 것도 없이, 우리는 지금 부끄러움이 없는 시대를 견디고 있다. 부끄러움을 모르는 사람이 사회적 약자인가 아닌가는 중요하지 않다. 부끄러움의 개념이 없는 사람이 강자로 군림하고 '승리'한다. 평범한 사람들이 부끄러움을 모르는 이들로부터 공격당하거나 짓밟힐 때, "어쩜 인간이 그럴 수가……" 놀라다가 분노하다가 나중에는 세상에 좌절한다. 부끄러움을 아는 사람은 모르는 사람을 이길 도리가 없다. 무치無恥에는 자기도취와 무지라는 엔진이 있다. 자기 얼굴을 가리는 두꺼운 가면, 후안厚顔이다. 자아도 얼굴도 필요 없다. 수시로 만들어내면 된다.

…… 하지만 부끄러움이 가르쳐질까. 이것이 '가르쳐질 수 있는' 과목科目인가. 누가 가르칠까. 아아, 무엇보다 누가 배우려고 할까.[21]

21 정희진, "부끄러움", 〈한겨레〉, 2017년 3월 18일자.

후안무치한 자들이 성공할 수 없는 정의로운 사회는 시민이 '함께 더불어' 만들어야 한다. 정의 사회를 더불어 만드는 동력은 시민의 증오심이다. 맹자식으로는 선비가 행해야 할 책무다. 선비의 집단적 표현이 오늘날 시민이다. '수오지심이 정의의 실마리'라는 말이 그 뜻이다. 다만 '부끄러움을 누가 가르칠 것인가', '누가 부끄러움을 배우려고 할까'라는 정희진의 절망감은 공자와 맹자 역시도 깊이 고뇌한 바였다. 몸소 보여줄 뿐이지 어찌 말로 가르칠 수 있을까!

孟子曰, "恥之於人大矣. 爲機變[22]之巧者, 無所用恥焉. 不恥不若人, 何若人有!"

맹자, 말씀하시다.
"부끄러움은 사람됨의 큰 것이다. 기변이 교묘한 자는 부끄러움이 소용 닿지 않는다. 부끄러움 없음이 사람과 같지 않다면, 사람 같은 것이 무에 있으리오!"

해설

뜻이 앞 장을 잇고 있다. 당시 학파들의 기능주의 행태를 비판하는 것으로 읽을 수 있다. 주희가 "부끄러움이란 본시부터 내게 갖춰진 수오지심을 이르니, 그걸 보존하면 성현으로 나아가고 잃어버리면 짐승으로 나가떨어진다. 그러므로 연계된 바가 몹시 크다"(『맹자집주』)라고 했으니 그 중요성을 극적으로 표현했다.
여기서 어려운 단어가 '기변지교機變之巧'인데 몇 가지 해석이 있다.

---

22 機變(기변): 임기응변의 책략. '機'는 거짓. 기심機心, 기계지심機械之心 등의 용례가 있다 (『장자』 참고).

주희는 기변을 '기계機械의 변사變詐'라고 하였다. 기계란 "교활하고 속이려는 마음"(양백준)이니 기계의 변사는 교활하고 변화무쌍한 책략을 의미한다. 한편 조기는 기계의 변사를 "교묘한 기계를 만들어 적을 이기기 위해 수단과 방법을 가리지 않는 것"으로 보았다. 그리고 박기봉은 "機를 기회의 뜻으로 보고 이를 임기응변, 즉 기발한 꾀나 능숙한 말솜씨로 상대를 속이거나 자기 합리화를 잘하는 것"[23]으로 해석하였다.

내가 보기에 기변지교는 13:5의 "행하고 있으면서 그 의미를 깨닫지 못하고, 익숙해 있으면서 그 까닭을 이해하지 못하는", 그리하여 "죽도록 따라 하면서도 그 원리를 알지 못하는 자"를 압축한 말이다. 전국시대 당시로 넓혀보면 묵가, 병가, 법가, 종횡가 등 기능주의 지식인들 모두가 이에 해당한다(8:26 참고). 그 가운데 법가와 종횡가가 대표적이다. 권력자의 이익에 부합하는 교묘한 책략을 안출하는 데 골몰한 대표적 기능주의자가 이들이었다. 기변지교를 오늘날로 당겨오자면 '사회과학주의자'[24]로 번역할 수 있을 것이다. 비유를 넘어 둘 사이에 강한 유비가 발견되기 때문이다. 다음은 미국의 중국학자 앵거스 그레이엄의 지적이다.

슈워츠는 이렇게 말한다. "우리가 중국에서 만날 수 있는 사상은 자

---

23 박기봉 역주, 앞의 책, 426쪽.

24 사회과학자는 '과학자'이니 그 작업이 설명explanation을 목표로 삼는다. 사회과학주의자는 사건에 대한 의견의 진술description을 위주로 삼는다. '사회과학주의'의 근본적 오류는 '경영가주의'와 마찬가지로 인간의 '세계'를 '삶의 세계'가 아니라 '학문의 대상'으로만 본다는 것이다. 관련된 학문적 논의는 김홍우, 앞의 책 참고.

연과학들보다는 현대 서구식 사회과학들일 것"이며, 그리고 중국의 관료제는 여전히 세습적일 뿐이라는 막스 베버의 주장에도 불구하고 "비록 그 세부 내용들은 초보적이지만, 관료주의적 조직에 대한 법가의 모델은 세습 관료 제도에 관한 어떤 관념보다도 베버의 현대적인 이념형에 더욱 가깝다. 나 역시, 그리스·로마 사상조차 이런 사회과학적 근접성을 능가하지 못한다고 동의한다.[25]

그레이엄(과 슈워츠)은 법가 사상을 위시한 중국 고대의 사상이 사회과학주의로 번역하기에 적당하다는 점에 동의한다. 덧붙이자면 과학적 방법론과 응용에 매몰된 전국시대의 각종 기능주의도 기변지교에 포함될 수 있음을 보여준다. 대표적으로 스승인 명궁 예를 살해한 방몽의 욕망이 거기서 비롯되었던 터다.

참고   정치철학자 김홍우 교수의 말을 인용하자면 "마르크스에 따르면 경제학자들은 인간이 얼마만큼 기계에 의해 노동하는가, 혹은 인간이 얼마만큼 기계로서 노동하는가 하는 이 중요한 차이를 전혀 고려하지 않는다. 뿐만 아니라 그들은 이런 '사실'조차도, 다시 말하면 이 중요한 차이를 고려하지 않는다는 사실조차도 감지하지 못한다."[26]

여기 인간과 기계의 관계와 그 차이를 고려하지 않을뿐더러, 그 사실

---

25   앵거스 그레이엄, 나성 옮김,『도의 논쟁자들』, 새물결, 2001, 500~501쪽.
26   김홍우,『법과 정치』, 인간사랑, 2012, 247쪽.

조차 감지하지 못하는 경제학자들의 병폐는 "기변에 교묘한 자는 부끄러움이 소용 닿지 않는다"라는 대목의 해석으로 봐도 좋다. 인간 소외와 사물화 현상이 수량으로 계산하고 통계 수치로써 결산하는 과학주의에서 싹터 번져나간다는 마르크스의 통찰을 공자와 맹자는 일찌감치 이해했다. 그러므로 "부끄러움 없음이 사람과 같지 않다면, 사람 같은 것이 무에 있으리오!"라는 끝마디는 정치가, 행정가, 기업 경영자뿐만 아니라 사회과학 종사자들도 염두에 두어야 할 문자다.[27]

---

27 더 깊은 논의는 피터 윈치, 박동천 옮김, 『사회과학의 빈곤』, 모티브북, 2011 참고.

13:8. 군주의 길, 선비의 길

孟子曰, "古之賢王好善而忘勢; 古之賢士何獨不然? 樂其道而忘人之勢. 故王公不致敬盡禮, 則不得亟見之. 見且猶²⁸不得亟, 而況得²⁹而臣之乎?"

맹자, 말씀하시다.

"옛 현왕은 선을 좋아하고 권세는 잊었더니 옛 현사인들 어찌 유독 그러지 않았을까! 자기 길을 즐길 뿐 남의 권세에는 마음 두지 않았다.³⁰ 그러므로 천자와 제후들이 지극한 공경심과 깍듯한 예를 다하지 않으면 선비를 자주 만나볼 수가 없었다. 자주 만나볼 수조차 없었거늘 하물며 그들을 신하로 부릴 수 있었을까 보냐!"

해설

앞에서 제자 악정자가 호선의 미덕만 갖추었을 뿐인데도 노나

28　且猶(차유): 또한 ~조차, 게다가.

29　況得(황득): 하물며.

30　대표적으로 안회가 그러했다. 적빈의 삶을 살면서도 즐거움을 고치지 않으려 하였으니, 공자는 그를 현명함으로 기렸다. "한 대그릇의 밥과 한 표주박의 물을 먹고 마시며 달동네에서 사는구나. 보통 사람들은 그 괴로움을 감당키 어렵거늘 회는 그 즐거움을 바꾸려 하지 않으니, 현명하구나, 회는!"(『논어』, 6:9)

라 재상이 되었다는 소식에 맹자가 밤잠을 설칠 정도로 기뻐했던 장면을 보았다(12:13). 정치가 선을 좋아하기만 해도 정책을 제시하고 조언을 해줄 '뛰어난 선비들(賢士)'이 몰려들 것이니, 어찌 나라가 잘 다스려지지 않겠느냐고 했던 터다. 그러므로 왕도 정치의 실마리는 군주가 "선을 좋아하고 권세는 잊는 것好善而忘勢"이다. 반면 통치자가 남의 조언에 이미 다 알고 있다며 '이이訑訑' 하는 표정, 즉 시큰둥하고 심드렁한 자세를 보이면 뛰어난 선비들은 천리만리로 물러나고, 도리어 면종복배하는 아첨꾼이 몰려드니 어느 겨를에 제대로 나라를 다스릴 수 있겠느냐고도 했다. 그러므로 여기 본문은 맹자가 "큰일을 도모하려는 임금大有爲之君"(4:2)이라야만 좋은 선비를 만날 수 있다고 강조한 대목과 직결된다.

군주라고 백성을 마구 부릴 수 없고, 선비라고 군주에게 반드시 복종해야 할 의무는 없다. 군주와 선비는 각각 그 분야가 다르다. 선비는 선비의 길이 있고, 군주는 군주의 길이 따로 있다. 각기 제 길을 가다가 군왕이 인재를 갈구하여 공경과 예의를 다해 초빙할 때, 즉 손을 내밀 때라야 겨우 선비를 만날 수 있다. 군신 관계를 맺었더라도 군주는 신하를 함부로 부릴 수 없다. 신하는 또한 직분을 가진 이상 그 직무에 충실해야 할 의무를 진다. 계약에 충실해야 한다는 뜻이다. 애당초 공자가 "군주가 신하를 예로써 부리면 신하는 군주를 충심으로 섬긴다"(『논어』, 3:19)라던 말이 여기 해당한다. 각각 제 분야의 주인공인 군주와 신하가 서로 만나 대화하며 국사를 의논하는 과정이 정치가 된다는 말이다.

주희가 본문을 주석하면서 군신 관계를 "相反而相成, 各盡其道(상반이상성, 각진기도)"라는 역설적 관계로 표현한 점은 탁월하다. 즉 서로 반대되는 위치에서 서로를 이뤄주는 관계로, 각각 자기 업무에 충실해야 하는 것이 군주와 신하의 의리라는 말이다. 상반相反과 상성相成이란 말 자체가 상호 협력 관계임을 전제하고 있다. 또한 반反과 성成, 곧 반대와 성취라는 모순된 말이 군신 관계의 역설을 기막히게 표현하고 있다. 군주와 신하는 일체가 아니라 서로 다른 존재이면서도 그 지향은 같다는 역설 말이다. 당연히 여기에는 화이부동和而不同의 원리가 깃들어 있다. 부동不同이란 곧 '다르다'는 뜻이니 서로 다름을 인정하면서도 화합하게 하는 것이 좋은 정치가 된다(『논어』, 13:23).

모순을 역설로 전환하는 역량이 리더십이다. 맹자에게 리더십은 천하를 평화롭게 만들겠다는 공공성에의 투신을 뜻한다. 이런 군주가 "큰일을 도모하려는 임금"이다. 신하가 군주의 명령에 맹종하는 상명하복, 위에서 아래로 명령을 내리기만 하는 일방적 통치는 정치일 수 없다. 도리어 군신 관계란 정치 현안(갈등)을 해결하기 위한 쟁론과 협치의 마당이어야 한다. 올바른 선비라면 자신의 조언을 받아줄 군주들과 교유할 일이지 고작 입 하나 벌기 위해 벼슬을 구걸하는 자일 수 없다. 제 한 입 구제하자고 벼슬을 찾아 떠도는 기능주의 지식인들은 여기 현사에 속하지 않는다. 고작 '지식 행상꾼'에 불과하다. 그러니 올바른 공공의 길을 기껍게 걸어갈 뿐인 선비를 만나기가 어찌 어렵지 않으리오.

결국 제대로 된 군주라면 세력을 잊고 선을 좋아하는 '호선망세好善忘勢'의 간절함이 있어야 할 것이니, 우임금이 "좋은 말을 들으면 절을 하였다善言則拜"(3:8)는 태도가 그것이다. 또 선비라면 처우가 문제가 아니라 처리할 일을 먼저 하는 선난후획先難後獲(『논어』, 6:20), 업무를 대우보다 앞세우는 선사후득善事後得(『논어』, 12:21), 선공후사先公後私의 공공의식이 필수적이다. 그러므로 현왕과 현사가 만나 서로 뜻을 합치기가 어려운 것이다.

孟子謂宋句踐³¹曰, "子好遊³²乎? 吾語子遊. 人知之, 亦囂囂³³; 人不知, 亦囂囂."

曰, "何如斯可以囂囂矣?"

曰, "尊德樂義, 則可以囂囂矣. 故士窮不失義, 達不離道³⁴. 窮不失義, 故士得己³⁵焉; 達不離道, 故民不失望焉. 古之人, 得志³⁶, 澤加於民; 不得志, 修身見於世. 窮則獨善其身, 達則兼善天下."

　　　맹자가 송구천에게 일러 말씀하시다.

　　　"자네, 유세를 좋아하시는가? 내 자네에게 유세하는 방법을 일러주겠네. 사람들이 알아들어도 다만 담담할 것이요, 사람들이 알아듣지 못해도 역시 담담해야 할 것이네."

　　　송구천이 말했다.

31　宋句踐(송구천): '宋'은 성이요, '句踐'은 이름이다(주희).

32　遊(유): 유세遊說.

33　囂囂(효효): 담담한 모양. "자득한 모양自得之貌."(주희)

34　達不離道(달불리도): '達'은 뜻을 이룰 수 있는 지위를 얻다, 영달하다. '不離道'는 『중용』에서 "道는 잠시도 벗어날 수 없으니, 벗어날 수 있다면 道가 아니다"(제1장)로 변주된다. 또 공자가 "인이 몸에 무젖어 잠시도 벗어나지 않았다"(『논어』, 4:5)고 하였으니 곧 인의가 몸에 무젖어 외물에 동요하지 않는 경지가 '達不離道'가 된다.

35　得己(득기): 지조(몸)를 지키다. 불실기不失己와 같다(주희). "지키는 일 가운데 무엇이 큰가? 제 몸을 지키는 일(守身)이 가장 크다"(7:19)에서의 수신守身과 같다.

36　得志(득지): 뜻을 실현할 지위를 얻다. 곧 의리에 맞는 군주를 만나다. '志'란 인의를 실현하려는 마음. '得'은 '達(달)'과 같다.

"어떻게 해야 담담할 수 있을까요?"

맹자가 말했다.

"덕을 존중하고 의를 즐기면 담담할 수 있지. 그러므로 사는 곤궁해도 의를 잃지 않고, 영달해도 도를 벗어나지 않아야 한다. 곤궁해도 의를 잃지 않으므로 지조를 지킬 수 있고, 영달해도 도를 벗어나지 않으므로 백성이 그에게 희망을 잃지 않는다. 옛 선비들은 뜻을 펼 지위를 얻으면 그 은택이 백성에게 더해졌고, 뜻을 얻지 못하면 제 몸을 닦아 세상에 드러냈다. 곤궁하면 홀로 몸을 선하게 닦고, 영달하면 천하도 함께 선하게 하였던 것이지."

해설

앞에서 좋은 선비를 얻기 위한 군주의 자세를 논했다면 여기서는 참된 선비의 자격을 논한다. 제 한 입 구제하려고 온갖 잡설을 떠벌리는 당시 유세객들과 참된 선비를 구분하는 논설이 이 장이다. 출세의 열망에 불타 나라들을 전전하며 전술과 전략을 유세하던 송구천이라는 젊은 선비에게서 유세 기술자의 말로를 발견한 것일까? 서툴게 권력자(청중)의 반응에 일희일비하던 모습이 애처로웠던 것일까? 지금 그에게 맹자가 선비의 도를 가르치고 있다. 청중의 반응에 들뜨지도 실망하지도 않는 항심恒心의 직업 윤리를!

전국시대 지식인들의 주업은 나라를 돌아다니며 군주들에게 전술 전략을 유세하는 일이었다. 이른바 백가쟁명이라는 말도 유세객들의 다양한 이론과 주장을 두고 붙인 말이다. 이를테면 소진蘇秦과 장의張儀로 대표되는 종횡가(『사기』, 「소진열전」 및 「장의열전」 참고), 이사李斯와 한비자를 위시한 법가(『사기』, 「노자·한비열전」 및 「이사열전」 참고), 송견과 전병田駢, 순우곤 등 직하학궁의 학자들이 대표적이다. 맹자 본인 역시 유세를 통해 뜻을 펼치려고 제나라와 양나라를 유력하였음은 이미 보았다. 그런데 그들은 무엇을 유세하는가? 핵심은 권력자의 이익 증진이었다. 법가와 종횡가, 병가는 물론이고 겸애주의자인 묵자도 이익 증진을 꾀했고, 평화주의자 송경도 마찬가지였다(12:4). 이들의 유세에 대한 맹자의 싸늘한 평가는 다음 문장이 요약하고 있다.

> 오늘날 사군하는 자들은 '내가 임금을 위하여 토지를 개간하여 창고를 채울 수 있다'라고 말한다. 오늘날은 이들을 좋은 신하라고 하지만, 옛날에는 백성의 도적이라고 했다. 임금이 요순의 도를 지향하지 않고, 인에 뜻을 두지 않는데도 그런 임금을 위하여 부유하게 만들려는 짓은 폭군 걸을 부유하게 하는 것과 같다. 또 '내가 임금을 위하여 외국과 조약을 잘 맺고 전쟁을 하면 반드시 이길 수 있다'라고 하는 자를 오늘날은 좋은 신하라고 하지만, 옛날에는 백성의 도적이라고 했다.
>
> _ 12:9

이 장에서는 그러한 '기술로서의 유세'가 가진 문제점을 구체적으로 논한다. 상대방을 설득하려는 목적으로 말글을 구사하려 드는 순간 이미 교언영색巧言令色의 기술주의에 빠지는 함정을 지적하고 있다. 앞 장에서 비판한 기능주의(사회과학주의)의 근본적 무치를 잇고 있다. 유세술의 어려움은 한비자가 잘 묘사하고 있는데, 상대를 설득하려는 유세객의 강한 욕망에 유의하면 지금 맹자가 송구천에게 전하려는 담담함의 뜻을 도리어 이해할 수 있다. 한비자의 조언이다.

> 유세의 요령은 상대방인 군주가 자랑스럽게 여기는 것을 칭송해주고 수치스럽게 여기는 점은 건드리지 말아야 하는 것인데, 유세자는 이 점을 명심해야 한다. 군주의 뜻을 거역하지 말 것이며, 군주의 말이 잘못되었다고 공격하거나 배척하지 않는 범위에서 자신의 지력을 발휘해야 한다. 이것이 군주와 친근하게 되어 군주에게 의심받지 않고 자신의 주장을 충분히 말할 수 있는 길이다.
>
> _『사기』, 「노자 · 한비열전」

권력자의 뜻을 거스르지 않고, 권력자에게 의심을 사지도 않는 범위 안에서 지력을 발휘하는 외줄 타기 유세술은 상대에게 영합하여 그를 유인하기 위함이다. 앞에서 "신하로서 임금의 악행을 조장하는 짓은 외려 그 죄가 작으나, 임금의 악행을 부추기는 짓은 그 죄가 크다"(12:7)라고 말했던 잘못을 지금 한비자는 좋은 유세의 기술이라며 권하고 있다. 이런 유세의 기술을 맹자는 첩부지도妾婦之道라고 맹비난한 터다(6:2). 상대방에게 자기 뜻을 설득하려는 기술에는 이미 발뒤꿈치를 든 사사로운 욕망이 들어 있다. 맹자에게 진짜 유세는 말의 기술이 아니라, 도덕적 가치와 말뜻의 옳고 그름을 전하는 것이다. 결국 유세자든 청중이든 문제는 '이익이냐, 의리냐' 사이의 선택으로 귀결된다(맹자가 제시하는 유세의 기술에 대해서는 14:34 참고).

여기서 '효효囂囂'라는 의태어에 주의해야 한다. 효효는 담담한 마음 상태를 이른다. 남이 알아준다고 들뜨지 않고, 또 남이 몰라준다고 성내지 않는 담담한 마음이다. 앞서 나온 부동심不動心이 이것이요, 불교식으로 표현하자면 여여부동如如不動이다(『금강경』). 상대방을 이익으로 유인하고 거기에 자기 이익을 끼워 넣는 사적 언술이 아니라, 공적 가치에 대한 도덕적 언술일 때만이 담담한 유세가 가능해진다. 여기에는 유세자의 정의에 대한 확신과 덕치에 대한 믿음이 깃들어 있다. 이를 맹자는 존덕낙의尊德樂義라고 요약한다.

덕이든 의든 나에게서 비롯하는 것이고, 또 오로지 내가 행할 바다. 정치적으로 인정받지 못하고 경제적으로 곤궁해지는 것은 보통 사람에겐 고민거리지만, 내 안의 진리를 믿고 자연스레 살아가는 효효연한 사람에게는 큰 고민거리가 아니다. 하지만 이는 마음가짐의 문제만은 아니다. 효효연하게 살려면 유세 이외에 다른 밥벌이가 있어야 한다. 공자가 목장지기, 창고지기 등 허드렛일을 마다하지 않은 것은 춘추시대 중국 지식인들에게 장사꾼이든 농사꾼이든 벼슬길 이외에 다른 직업을 선택할 여지가 허용되었기 때문이다. 조선의 유교가 망한 까닭은 양반들이 정치권력이외의 일은 가치 있다 여기지 않았기 때문이다(박제가, 『북학의』 참고).

맹자, 마음의 정치학 3

13:10. 호걸, 캄캄할수록 빛나는 작은 별

孟子曰, "待文王而後興者, 凡民[37]也. 若夫豪傑之士[38], 雖無文王猶興."

> 맹자, 말씀하시다.
> "문왕이 출현한 다음에 분발하는 사람은 보통 사람이다. 저 호걸한 선비는 문왕이 없을 적에 오히려 떨쳐 일어난다."

해설

앞서 농가학파 허행과 논쟁하는 와중에 호걸지사의 사례가 나왔다. 남방 초나라에서 홀로 몸을 일으켜 북녘 땅 중원으로 유학을 와 문왕의 도를 배웠다는, 이른바 북학北學의 원조 진량陳良을 두고 맹자는 호걸지사라고 칭탄했던 터다(5:4).

이 장을 보니 성왕(문왕)의 덕치에 감화를 입어 선한 사람이 되는 것은 범민, 곧 보통 사람이고 성왕이 없는 어두운 밤에 스스로 사람다움의 덕성을 깨달아 자발적으로 행하는 사람이 호걸지사다. 자발성, 자립성, 자유로움 등 '스스로 자自'에 호걸다움이 있다. 불교에서는 석가모니의 가

---

37 凡民(범민): 일반 대중. '보통 사람'이라고 번역했다.

38 豪傑之士(호걸지사): 재주나 지혜가 보통 사람을 뛰어넘는 사람(주희). '豪'는 호걸. '傑'은 빼어나다.

르침을 배우지 않고, 홀로 깨달아 진리를 파지한 성인을 독성獨聖이라고 일컫는데 여기 호걸과 근사하다.

끝마디 "오히려 떨쳐 일어난다猶興"라는 말이 여운을 남긴다. 캄캄한 밤에 외려 홀로 반짝이는 작은 별을 연상케 한다. 아직 여론을 결집할 조직력은 없고 고작 개인의 영웅적 역량에 불과하지만, 찬 눈바람 속에서 봄을 알리는 설중매화雪中梅花 같은 존재라고 할까. 이렇게 읽으니 퇴계 이황이 매화를 그토록 사랑했던 까닭에까지 닿는다. 젊은 선비들의 목에서 피가 연달아 뿜어 나오던 16세기 조선의 암울한 사화士禍의 시대에 그는 매화를 기다렸던, 아니 스스로 매화가 되려 했던 호걸지사였던 것인가!

참고 공자는 '군자는 바람, 소인은 풀'이라며 바람 부는 대로 풀이 쏠리듯 통치자가 어떤 방향으로 정치를 행하느냐에 따라 덕치의 나라도 폭정의 나라도 만들 수 있다고 했다(『논어』, 12:19). 본문의 범민, 즉 보통 사람은 바람에 휩쓸리는 소인에 해당하는데 외부의 자극에 반응하는 수동적 존재다. 반면 호걸은 범민이지만 외부 자극 없이도 선행을 실천하는 각성한 시민이다. 맹자는 인민의 수동성을 인정하지만, 그 속에서 정의를 깨닫고 분연히 몸을 일으키는 능동적 시민의 존재를 믿으며 그 출현을 고대한다고 할 수 있다.

13:11. 개결한 선비

孟子曰, "附[39]之以韓魏之家, 如其自視欿然[40], 則過人遠矣."

맹자, 말씀하시다.

"춘추시대 한씨 가문과 위씨 가문의 권세를 더해줘도 하찮게
내려다보는 사람이라면, 보통 사람보다 월등하게 뛰어난 사람
이다."

해설

한씨韓氏와 위씨魏氏, 조씨趙氏는 춘추시대 중원의 강대국 진晉
나라의 문벌이었다(이들이 세 나라로 쪼개지면서 전국시대가 시작된다). 여기
한위는 앞에 나온 조맹과 같은 부귀의 상징이다. "조맹이 귀하게 만든 것
은 조맹이 천하게도 만들 수 있는 것"(11:17)이라던 대목을 연상하자. 그
들이 준 것이 영화로운 벼슬이며 산더미 같은 재화일지라도 본래 내 것
이 아니다. 내 것은 하늘로부터 부여받은 고귀한 덕성뿐이다(11:16). 그
뜻을 올바로 아는 선비라면 내 것이 아닌 남의 것에 환호하지 않고 시큰

---

39 附(부): 덧붙이다.

40 欿然(감연): 시큰둥하게 여기는 모양. '欿'은 부족하다, 움푹 패다.

등할 것이다. 다만 그러기가 쉽지 않으니 "보통 사람보다 월등하게 뛰어난 사람이다過人遠矣." 여기 주인공의 다른 이름이 호걸지사요, 또 대장부가 된다.

본문에 '더해준다'는 뜻의 '附(부)'는 본시 언덕을 뜻하는 글자다. 또 '하찮게 내려다보다'라고 번역한 '欲(감)'은 본래 움푹 팬 웅덩이이니 두 형상이 짝을 지어 의미를 형성한다. 산더미 같은 부귀영화를 더해줘도 도리어 웅덩이 쳐다보듯 하찮게 여길 만한 사람이라면, 나아가 목숨을 앗아갈 함정으로 보는 사람이라면 보통 사람과 크게 다르리라는 비평이다. 공자가 "나라가 무도無道한데 부유하고 귀한 것이야말로 수치다"(『논어』, 8:13)라고 직격한 바를 지금 맹자가 잇고 있다. 또 衛위나라 공자 형荊이 가난한 살림을 두고 '정말 합당하다'라며 만족하고, 조금 나아진 살림을 보고 '실로 완전하다'라고 흡족해하며, 부유하게 되어서도 '정녕 아름답구나' 하고 말았던 것에 대해 공자가 '살림을 잘하는 사람'이라고 칭찬했던 대목과도 통한다(『논어』, 13:8). 요컨대 "부유해도 예를 좋아하노라富而好禮"(『논어』, 1:15)는 경지를 이른다. 가난함이 나의 즐거움을 옮기지 못하듯, 부유함이 사람의 도리를 변질시키지 못하는 사람이야말로 참된 선비라는 뜻이다.

맥락을 살펴 읽어보면 앞의 13:8의 고지현사古之賢士, 13:9의 사궁불실의士窮不失義, 13:10의 호걸지사豪傑之士, 그리고 여기 자시감연自視欲然은 두루 참된 선비를 형상한다. 이른바 맹자의 사론士論 연작이라 할 만하다. 함께 종합하여 보면 맹자가 꿈꾸는 지식인의 면모가 드러난다.

13:12. 살게 해주면 죽어도 따른다

孟子曰, "以佚⁴¹道使民, 雖勞不怨. 以生道殺民, 雖死不怨殺者."

맹자, 말씀하시다.

"편안케 할 도리로써 백성을 부리면 수고롭더라도 원망하지 않는다. 살아날 도리로써 백성을 죽이면 죽더라도 죽인 자를 원망하지 않는다."

해설

가령 순임금은 당대의 핵심 문제였던 홍수 해결에 골몰했다. 둑을 쌓고 물길을 만들어 고인 물을 바다로 뺐다. 이 대사업으로 인해 온 천하 사람들이 분주하여 수고로웠다(勞). 그러나 그 수고로움은 만백성을 편안하게 할 '부득이'한 방도였다(즉 일도사민佚道使民이다). 끝내 운하 사업을 성취했기에 인민이 장구한 평안을 누릴 수 있었다. 그 큰 공사 와중에 죽어간 사람이 부지기수였을 것이다. 또 공사장에서 수고로운 사람들 역시 이루 셀 수 없었으리라.

순임금 시대에도 죽임이 있었다. "순임금은 공공을 유주에 유배했고,

---

41 佚(일): 편안하다. '逸(일)'과 같다.

환두를 숭산에 유폐했으며, 삼묘는 삼위에서 죽였고, 곤은 우산에서 처형하였습니다. 네 사람을 처벌하자 천하 사람 모두가 수긍했습니다. 불인한 자들을 적법하게 처벌했기 때문이지요"(9:3)라고 만장은 전했다. 불인한 자를 '부득이' 죽였기에 천하 사람이 감복할 수 있었다는 말이다(곧 생도살민生道殺民이다). 이렇게 성왕의 시대에도 근로와 수고가 있었고, 죽임과 살육이 있었다. 그러나 "편안케 할 도리로써 백성을 부리면 수고롭더라도 원망하지 않는다. 살아날 도리로써 백성을 죽이면 죽더라도 죽인 자를 원망하지 않는다."

백성이 원망하지 않는 까닭은 지도자에 대한 신뢰가 있었기 때문이다. 공자의 제자 자하가 잘 지적했듯 "군주는 신뢰를 얻은 다음 백성을 동원할 수 있다. 만일 군민 간에 신뢰가 없다면 백성은 저희를 괴롭힌다고 여길 것이다."(『논어』, 19:10) 예컨대 홍수 해결의 명을 받은 우가 그랬다. "우에게 물을 맡기자 황하의 아홉 지류를 트고, 제수와 탑수를 뚫어 바다로 물을 대고, 여수와 한수를 틔우고, 회수와 사수를 빼내 강으로 대었지요. 그런 뒤에 사람들은 밥을 먹을 수 있었소이다. 당시 우는 8년 동안 바깥을 돌다가 자기 집 문 앞을 세 번이나 지나칠 뿐 집 안으로는 들어가지 못했"(5:4)는데, 이럴 때 백성은 목숨을 걸고 지도자와 함께 일하게 된다.

지도자와 백성 사이에 신뢰가 있다면 혹 정책이 실패하더라도 백성은 지도자를 이해하는 아량을 베푼다. 공자가 이를 두고 "윗사람이 신뢰를 좋아하면 백성 가운데 참마음을 쓰지 않을 자가 없다"(『논어』, 13:4)라고 확언한 터였다. 그렇다면 정치는 딴 것이 없다. 여민與民, 두 글자에 정치의 생과 사가 갈린다. 다음 장과 뜻이 연결된다.

孟子曰, "覇者之民驩虞[42]如也, 王者之民皞皞[43]如也. 殺之而不怨, 利之而不庸[44]. 民日遷善而不知爲之者. 夫君子[45]所過者化, 所存者神, 上下與天地同流, 豈曰小補[46]之哉!"

맹자, 말씀하시다.

"패자의 백성은 환호작약하다가 비탄과 고뇌에 빠지지만, 왕자의 백성은 담담하고 덤덤하다. 죽여도 원망하지 않고, 이롭게 해줘도 치적으로 여기지 않는다. 나날이 생활이 좋아져도 누가 그렇게 한 것인지 알려고 들지 않는다.

대저 군자가 지나가는 길에는 사람들이 감화되고, 머무는 곳에는 신비한 일이 일어난다[47]. 위아래가 천지자연과 같이 더불어 흐르니 어찌 이것을 작은 보탬이라 하리오!"

---

42 驩虞(환우): 환호작약하다가 비탄과 고뇌에 빠지다. '驩'은 기뻐하다. '虞'는 근심하다. 나는 환호(驩)와 근심(虞)으로 나눠 읽었다. 반면 주희는 '환오歡娛', 즉 '기뻐서 즐기다'라고 해석하였다. 『순자』에도 '백성환오百姓歡敖(백성이 기뻐하여 떠들썩하다)'라는 비슷한 용례가 있다.

43 皞皞(호호): 밝고 환한 모양. '皞'는 희다(皞의 속자).

44 庸(용): 여기서는 임금의 공적. '功(공)'과 같다.

45 君子(군자): 왕자王者를 뜻한다(양백준).

46 小補(소보): 작은 보탬. "천자의 순수하는 때가 봄철이면 농사일을 살펴보아 부족한 것을 도와주고, 가을이면 풍흉을 살펴서 부족한 세액을 채워준다"(12:7)가 '小補'와 같다.

47 所過者化, 所存者神(소과자화, 소존자신): 보통 과화존신過化存神으로 줄여서 쓴다(해설 참고).

햇살이 밝으면 그림자가 짙은 법. 개선하는 군인들의 행렬에 꽃가루가 날린 날, 그 저녁엔 시체들이 부두를 메운다. 개선문이 많은 나라에는 패전의 기록도 많다. 여기 환우歡虞, 곧 환호와 비탄이 교차하는 삶이 패권국 백성의 운명이다. 프랑스 파리의 개선문, 영국 트라팔가 광장에 솟은 넬슨 제독의 동상, 미국 의사당 앞의 오벨리스크, 러일전쟁을 승리로 이끈 노기 마레스케 동상 밑에는 젊은 원령들이 떠돈다.

공자조차 칭탄한 정자산의 정치를 맹자가 비판한 것은 그것을 '환우의 정치'로 여겼기 때문이다. 정자산이 물 건너는 백성을 수레로 건네주던 사례를 들어 "다리를 만들면, 사람들이 물을 건너는 데 괴롭지 않을 터. 군자가 나라를 잘 다스리면 사람들을 물리치며 행차해도 좋은 것. 어떻게 사람마다 낱낱이 다 건네줄 수 있겠는가?"(8:2)라며 "은혜롭긴 하나 정치를 할 줄은 모르는구먼"이라고 비평한 것이 그렇다. 역사적 경과로 볼 때 정자산은 환호작약하는 패자의 백성을 위한 정치를 했지만 머지않아 정나라는 멸망하고 말았다. 인기에 영합하는 '환호의 정치'가 망국 백성의 비탄과 근심을 낳은 것이다. 산이 높으면 골이 깊기 마련이다.

패도 정치가의 포퓰리즘이 낳는 상반된 결과, 롤러코스터식 '환-우'의 정치를 주의 깊게 살핀 맹자는 백성이 환호작약하는 인기영합주의도 아니요, 또 그것이 가져올 비탄과 근심의 결과도 아닌 왕도 정치의 세계를 제3의 길로 제시한다. 즉 왕자의 백성은 언제나 담담하고 덤덤하다. 이것이 본문에서는 '호호皞皞'라는 부사로 표현되었다. 사계절 내내 청명한 날씨가 호호다. 환하고도 밝은 곳이니 왕자의 나라가 그곳이다. 이 나라 백성은 환호하지도 비탄에 빠지지도 않는다. 죽어도 제 잘못인 줄 알고 남을 탓하지 않는다. 잘살게 되어도 임금의 덕이 아니라 제 노력 덕인 줄 안다(13:12 참고).

그 왕도 정치가의 이력을 두고 맹자는 과화존신過化存神, 곧 "군자가 지나가는 길에는 사람들이 감화되고, 머무는 곳에는 신비한 일이 일어난다"라고 묘사하고 있다. 여기 '군자'는 왕도 정치가이니, 그 모델이 순임금이다. 순의 별명이 도군都君이었던 것은 이 대목에서 눈여겨볼 만하다. "순이 역산에서 농사를 지을 때부터 그의 주변에 사람들이 몰려들어 1년이면 마을이 이루어지고, 2년이면 읍이 만들어지고, 3년이면 도회지가 이루어졌기"[48] 때문이다. 마을에서 읍으로, 도시로, 나아가 천하를 얻게 된 이력이 과화존신이다. 과화존신의 방법은 앞서 맹자가 묘사한 바 있다. "위대한 순임금은…… 남과 소통하기를 잘하였다. 자기를 버리고 남을 좇고 남의 선을 취해 자기 것으로 만들기를 즐겨했다."(3:8) 곧 여민 정치가 과화존신의 방도다.

과화존신의 경지를 공자는 따로 '무위無爲'의 정치라고 표현하였다. 공자가 순임금의 정치를 두고 찬탄했던 말이 무위이치다.[49] 다만 무위이치는 일 없이 자리만 채우는 정치가 아님에 주의하자. 위에서 보았듯 순임금의 시대에도 운하 공사를 크게 벌렸고, 사람을 죽이기도 했다. 다만

---

48 舜耕歷山, 一年所居成聚, 二年成邑. 三年成都(『사기』, 「오제본기五帝本紀」).

49 "억지로 하지 않고도 잘 다스린 이는 아마 순임금일 터다無爲而治者其舜也與!"(『논어』, 15:4)

그 분주한 정치가 사사로운 이익이 아닌 공공의 이치에 합당한 조치였기에 누구나 수긍하여 말이 없었을 뿐이다. 이것이 무위다. 그 자연스러움을 두고 본문에서 맹자는 "위아래가 천지자연과 같이 더불어 흐르니"(위아래는 상하 계급, 천지는 하늘과 땅이다)라고 표현하였고, 급기야 "어찌 이것을 작은 보탬이라 하리오!"라고 찬탄한 것이다.

흔적이나 자국이 남지 않는 무위 정치는 꼭 세탁소 일과 같다. 세탁 전문가는 때나 자국을 남기지 않는 것이 일이다. 잘해놓아도 남들은 잘한 줄 모르고, 또 잘했다고 뻐기거나 떠들 수도 없는 일. 본시 그러해야 하기에 그냥 그렇게 할 뿐인 일을 덤덤하게 해내는 것이 세탁일이다. 그러므로 무위는 '일하지 않는다'가 아니라 '위하지 않는다'로 읽혀야 마땅하다. 무위의 정치는 자신을 위하지도 않거니와 또 남을 위하지도 않는 정치다. 다만 마땅히 제 할 일을 충실히 행할 따름이다. 공을 놓고 생색내지도(爲我) 않고, 그렇다고 백성을 위했다고(爲民) 뻐기지도 않는 것이 무위정치다. 이 대목에서 맹자가 순임금의 몸짓을 두고 "인의를 몸소 살아낸 것이지 인의를 위하여 산 것이 아니다由仁義行, 非行仁義"(8:19)라고 했던 속뜻을 헤아릴 수 있다. 순은 인위적인 '위하여'나 설정된 목적 없이, 주어진 처지를 바탕으로 제 몫의 일을 자연스레 행했을 뿐이다.

13:14. 여민 정치 방법론

孟子曰, "仁言⁵⁰不如仁聲之入人深也, 善政不如善敎之得民也. 善政, 民畏之; 善敎, 民愛之. 善政得民財, 善敎得民心⁵¹."

맹자, 말씀하시다.

"사람 마음속 깊숙이 들어가기로는 인언이 인성만 못하듯, 사람 마음을 얻는 데는 선정이 선교만 못하다.

선정은 사람들이 두려워하고 선교는 사람들이 사랑한다. 선정은 백성의 재물을 취하지만, 선교는 백성의 마음을 얻는다."

해설

이 장에는 내력이 있다. 공자가 정치를 논하기로 "위세(政)로써 인도하고, 형벌(刑)로써 통치하면 백성은 면하려 들 뿐 부끄러움을 갖지 않는다. 반면 덕으로써 인도하고 예로써 다스리면 백성은 부끄러움을 가

---

50 言(언): '言'이 '聲(성)'과 대비되어 쓰일 때는 문자文字를 의미한다. 사전에도 "言은 글자, 문자"라고 해설되어 있다. 혹은 교령敎令이나 지시를 뜻하기도 한다(단국대학교 동양학연구소, 『한한대사전韓漢大辭典』, 단국대학교출판부, 2007). 여기서 '言'은 정치적 명령, 포고령으로 이해해야 할 듯하다.

51 善敎得民心(선교득민심): '善敎'는 덕화를 뜻하고, '得民心'은 여민의 정치를 뜻한다.

질뿐더러 스스로 바로잡는다"(『논어』, 2:3)라고 했다. 여기 '정政'은 '법제와 금령'(주희)을 뜻하니 본문의 선정善政도 이에서 벗어나지 않는다. 반면 예와 덕치는 백성의 '수치심'과 '교정 능력'을 배양할 수 있다고 하였으니 곧 본문의 선교善教와 통한다. 아무리 적법하고 정당하다고 해도 밖에서(혹은 위에서) 요구하는 지배에는 거부감이 일어나지만, 안으로 사람들 마음에 닿는 가르침은 선을 향한 자발적 행동을 이끈다. 이것이 유교가 강제와 형벌, 경제와 군사를 위주로 하는 정사보다 예법과 교육을 정치의 핵심으로 삼은 이유다.

한편 선교의 '교教'에도 내력이 있다. "선인이 백성을 교화하기(教民)를 7년 동안 행하면 백성을 종군하게 할 수 있다"(『논어』, 13:29), "백성을 가르치지 않고(不教民) 전쟁에 동원하는 것을 백성을 내버리는 짓이라 한다"(『논어』, 13:30)라던 공자의 말이 선교의 바탕에 깔려 있다. 여기 교에 대해 주희는 "효제충신의 행실과 농사에 힘쓰고 무예를 익히는 방법을 가르치는 것"(『논어집주』)이라고 하였다. 곧 선교는 감화력, 선정은 강제력과 관련된다는 뜻이다. 그렇다면 "사람 마음을 얻는 데는 선정이 선교만 못하다"라고 한 본문의 뜻을 이해할 수 있다. 또 결론으로 맺은 "선정은 사람들이 두려워하고 선교는 사람들이 사랑한다. 선정은 백성의 재물을 취하지만, 선교는 백성의 마음을 얻는다"라는 말도 수긍할 수 있다.

다만 글머리의 "사람들 마음속 깊숙이 들어가기로는 인언仁言이 인성仁聲만 못하"다는 말은 이해하기에 까다롭다. 여기서 '말'과 '소리'에 대한 논의가 필요하다. 이 구절은 두 가지 해석이 가능하다. 하나는 당시 지성계의 맥락이요, 또 하나는 이 장 속에서의 맥락이다. 우선 전국시대 지성계의 맥락에서 보면, 언어를 중시한 묵가와 명가는 마음이란 계속 변동하는 것이니 선악의 기준으로 삼을 수 없다고 여겼다. '하루에도 열두 번씩 변덕을 부리는 마음을 어떻게 정치의 기준으로 삼을 수 있느냐' 하며 마음을 불신했다. 이에 마음을 폐기하고 말을 정치의 기준으로 삼고자 했다. 특히 묵가는 『묵경』이라는 개념어 사전을 편찬하기에 이른다. 명가는 더 말할 것도 없이 말을 고정하는 데 진력했다. 말을 정확하게 정의하는 일이 정치라고 보았던 것이다. 그들은 이런 노력이 '말을 바로잡는 일이 정치의 핵심이다'라는 공자 정명론을 계승하는 것이라 믿었다. 곧 그들은 인언을 추구하는 데 매진했다.

그러나 맹자는 마음속에서 외려 단단한 토대를 엿보았다. 마음의 토대인 본성은 불변하므로 마음은 변치 않는 인간다움(본성)의 거처라는 것. 따라서 '양심=본성'은 정치의 잘잘못을 평가하는 기준이 될 수 있다. "마음에서 생겨난 말이 정치를 타락시킨다生於其心, 害於其政"(3:2)라는 말에 그 뜻이 선명하다. 마음이야말로 정치와 말글의 바탕 자리라는 것이다. "자기 마음을 다하면 사람의 본성을 깨닫는다. 사람의 본성을 깨달으면 하느님(참된 나)을 발견하리라"는 13:1의 구절도 이를 천명한 것이다. 즉 말로는 사람 마음을 얻을 수 없고, 사람들의 심중에서 나오는 소리에 귀 기울여 알 때라야 그 마음을 얻을 수 있다.

둘째로 이 장의 맥락에서 소리(聲)와 말(言)의 차이를 살펴볼 수도 있다. "사람 마음을 얻는 데는 선정이 선교만 못하다"라는 뒷대목과 연결해보는 것이다. 그러면 소리란 인민의 마음에서 자발적으로 표출된 '노랫소리'를 의미하게 된다. 요임금 때 시정에서 불린 〈격양가擊壤歌〉가 이

것이며 공자가 언짢게 여긴 정성鄭聲(정나라 노래)이 그것이요, 또 맹자가 소개한 동요 〈창랑가滄浪歌〉가 같은 것이다(9:7). 요임금이 서거한 뒤 백성이 순을 찬양하는 노래를 불렀다는 이야기(9:5)라든지, 화주·기량의 처가 곡을 잘해 나라 풍속이 바뀌었다는 이야기(12:6) 등도 모두 백성의 마음에서 터져 나오는 노랫소리다.

반면 인언의 언言은 소리의 순박성을 넘어 의도가 가미된 말글이다. 말글에는 이미 의도와 목적이 담겨 있다. 특히 권력자들의 말은 그게 아무리 인仁한 것일지라도 신뢰하기 어렵다. 말의 안팎이 다른 자, 말의 뜻을 왜곡하는 자가 패도 정치가라고 할 수 있다. 맹자는 언어의 한계를 인지하고 있었던 것이다. 민요, 즉 자생적인 노랫소리에 사람의 참마음이 깃들어 있기에 시 앤솔로지가 경전이 될 수 있었고, 또 그랬기에 『시경』을 공자 학교에서 제1의 교재로 사용한 것이다. 이런 생각이 "사람 마음속 깊숙이 들어가기로는 인언이 인성만 못하"다는 평가로 표출된 것이겠다. 애당초 정치의 기본이 사람의 마음에서 비롯함을 누누이 강조한 것이 맹자이거니와, 전래되는 "하늘은 우리 백성이 보는 것을 통해 보시고, 우리 백성이 듣는 소리를 통해 들으신다天視自我民視, 天聽自我民聽"(『서경』)라던 말 역시 여기 '인민의 소리'를 중시한 전통의 표현이다.[52]

여기서 맹자의 정치론을 재확인한다. 첫째, 아무리 좋은 말도 백성의 소리에 귀 기울이는 것만 못하다. 둘째, 정치의 도구는 입(口)이 아니라

---

52   인류 역사에서 구송口誦 전통이 문자 세계로 전환하는 극적인 순간에 대한 고전적 저술로는 월터 J. 옹, 임명진 옮김, 『구술문화와 문자문화』, 문예출판사, 2018을 보자.

귀(耳)다. 따라서 경청이 좋은 정치의 방법이 된다. 셋째, 정치란 권력의 행사가 아니라 인민의 마음을 얻는 것이다. 나라의 주인은 권력자가 아니라 인민이기 때문이다. 결국 여민주의만이 올바른 정치론이다.

참고 본문은 노자의 정치론과도 연결된다. 노자는 최선의 정치는 말로 드러나지 않는 것이요, 최악의 정치는 인민이 경멸하는 정치라고 했다.

> 가장 훌륭한 지도자는
> 사람들에게 그 존재 정도만 알려진 지도자.
> 그다음은 사람들이 가까이하고 칭찬하는 지도자,
> 그다음은 사람들이 두려워하는 지도자.
> 가장 좋지 못한 것은 사람들의 업신여김을 받는 지도자.
> (지도자에게) 신의가 모자라면
> (사람들의) 불신이 따르게 마련.
> (훌륭한 지도자는) 말을 삼가고 아낍니다.
> (지도자가) 할 일을 다하여 모든 일 잘 이루어지면
> 사람들은 말할 것입니다.
> "이 모두가 우리에게 저절로 된 것(自然)이라"고.
> _『도덕경』, 제17장[53]

---

53 오강남 풀이, 앞의 책, 83쪽.

孟子曰, "人之所不學而能者, 其良能也; 所不慮而知者, 其良知也. 孩提之童[54]無不知愛其親也[55], 及其長也, 無不知敬其兄也. 親親, 仁也; 敬長, 義也; 無他, 達[56]之天下也."

맹자, 말씀하시다.

"사람이 배우지 않고도 능한 것, 이것이 양능이요. 생각하지 않고도 아는 것, 이것이 양지다. 젖먹이 아기라도 제 부모를 사랑할 줄 모르는 아이가 없고, 커서 자기 형을 공경할 줄은 배우지 않아도 안다. 부모를 사랑하는 것이 인이요, 어른을 공경하는 것이 의다. 이는 다름이 아니라 천하 사람들이 모두 인과 의를 갖추고 있기 때문이다."

---

54 孩提之童(해제지동): 젖먹이 아기. 웃을 줄 알고, 손을 잡거나 안아줄 만한 두세 살쯤 된 아기(주희). '孩'는 웃다. '提'는 끌다.

55 也(야): 판본에 따라 '者(자)'로 된 것도 있다.

56 達(달): '미치다(及)'로 해석하여 확충의 뜻으로 새기는 학자들이 많다. 그러나 '누구든 그러하다(보편성)'는 뜻으로 본 주희의 해석이 낫다.

해설

　　모든 동물은 태어날 때 이미 장착한 능력이 있다. 오리 새끼는 알을 깨고 나오면서 물을 찾아가고, 얼룩말 새끼는 태어난 지 5분도 안 되어 뜀박질을 한다. 이걸 본능이라고 한다. 사람도 동물이다. 아기가 태어나자마자 어미젖을 찾아 빠는 것이 동물적 본능이다. 다만 인간은 동물적 본능 말고 사람만의 고유한 성질도 갖고 태어나니 이것을 인성이라고 한다. 여기서 맹자는 타고난 인성을 양지良知(선험적 지식)와 양능良能(천부적 능력)으로 나눠 따로 이름을 붙였다. 양지와 양능의 '양良'자는 양심良心의 '양'과 같은 것이다. 주희는 "양은 사람이 본디 타고난 잘함良者, 本然之善也"이라고 풀었다. 오만 동물 가운데 오로지 인간만이 고유하게(천부적으로) 타고난 본성이 양지양능이다. 젖먹이가 우물에 기어 들어가는 장면을 본 것이 맹자의 성선설을 확립하는 경험적 단서라면, 여기서는 젖먹이가 부모를 보고 방긋 웃거나 품에 안기고, 커서는 형을 따르는 행태를 들어서 인성론을 확정하는 근거로 삼았다. 일종의 '행태주의적 관찰'을 통해 인간 고유성의 근거를 제시하고 있는 셈이다.

　　특별히 부모를 사랑하는 것, 곧 애친愛親과 어른을 공경하는 것, 곧 경장敬長을 양지양능의 예로 지목한 것은 자식과 아우의 처지에서 관찰한 사람다움이다. 그러면 그 자식이 부모가 되고, 그 아우가 형이 될 때의 양지양능(사람다움)은 무엇인가? 자손慈孫과 애제愛弟일 터인데 이에 대해 공자와 맹자가 별로 언급하지 않은 것은 너무나 당연한 사실이기 때문이다. 물이 아래로 흐르듯, 울타리를 걷어내면 짐승이 들판으로 달려

나가듯 사람의 내리사랑 역시 자연스럽고 당연하다. 도리어 어버이가 자식을 사랑하지 않는 것이 이상하고, 형이 아우를 아끼지 않는 것이 수상한 일이다. 물론 이런 이상하고 수상한 사례들이 인간 세계에 존재한다(요즘은 더한 것 같다). 이런 하수상한 경우를 언급한 부분이 8:7(윗사람이 먼저 가르쳐야 한다)이다.

1. 마음

지금 맹자는 '희소한' 사람다움의 정체를 논하는 중이다. 과연 사람이란 무엇인가? '나는 생각한다. 고로 존재한다'라는 사유 활동, 데카르트적 지성이 사람의 정체인가? 아니면 즉심즉불卽心卽佛이라, 일체개공一切皆空(모든 현상은 실체가 텅 비어 있다)의 진리를 깨달은 불교식 각성이 사람다움인가? 맹자는 말한다. 앎이 아니라 마음이 사람이다. 하이데거Martin Heidegger를 비튼다면 '마음이 존재의 집이다'. 그대와 나는 연결된 관계(親)라는 느낌, 동시에 당신과 나는 구분된 존재(敬)라는 느낌이 사람다움이다.

'학學'은 공자 인간론의 핵심이다. 맹자는 공자의 '학'을 잇되 분화시켰다. 공자가 '학'을 지식 활동과 마음 작용을 융합한 인간 삶의 전체적 태도로 보았다면, 맹자는 '학'을 지각 활동으로 특화하여 마음에서 분리·독립시킨다. '학'을 지식 활동, 의식 작용, 이성의 발휘로 본 것이 맹자. 이 점이 여기서 다뤄진다. 본문에서도 지식 활동을 뜻하는 '학'과 정보 활동을 뜻하는 '려慮'가 구분되어 있다. '학'의 대상은 방법과 기술의 요령으로 특화된다. 맹자의 '지知'는 방법과 요령을 배워 아는 지각 활동이다. 요컨대 배워서 습득하는 지식 활동은 원초적이지 않고 부차적이다. 그렇다면 '나는 생각한다, 고로 존재한다'라는 데카르트의 근대적 인간이란 부차적인 지식 활동을 인간 본연의 것인 양 오해한 것이다. 데카르트의 후예인 인공지능이 더욱 발달해 사람보다 나은 지려智慮를 발휘하더라도 (그것이 모방한 지식이기 때문이 아니라) 애당초 윤리적 마음이 부재하기 때문에 사람일 수 없다는 해석으로 확장된다.

마음이 사람이요, 마음의 활동만이 인간의 원초적 토대다. 마음의 직관적 활동과 신체의 즉각적 움직임에서 사람다움의 정체를 찾는 맹자의 인간관이 양지양능론에 들어 있다. '학'하지 않아도 잘하는 것이 양능이요, '려'하지 않아도[57] 잘 아는 것이 양지라니 타고난 윤리적 앎(知)과 행동(行)을 양지양능으로 여겼음이 분명하다. 양지양능이란 머리(의 계산, 추리 과정)를 통과하지 않고 그에 앞서 직관적으로 느끼는 마음과 즉각적으로 움직이는 몸을 나눠 인성을 분석한 것이다. 여기서는 그 양지양능 현상으로 아기가 자기 부모를 사랑하는 것, 성장하여 그 형을 공경할 줄 아는 것을 예로 든다. 애친과 경장은 본래, 본원의 사람다운 몸짓과 마음인데, 다만 그 비율을 따지자면 지극히 희소하다. "사람이 짐승과 다른 까닭은 몹시 드물다人之所以異於禽獸者幾希." (8:19)

---

57 '慮'와 '思'는 다르다. '慮'가 순수한 생각-지각 활동이라면, '思'는 생각과 마음의 작용을 함께 포괄한다(데이비드 S. 니비슨, 앞의 책 참고).

2. 왕양명

한편 명대明代의 맹자학자 왕양명王陽明은 특별히 이 장을 중시하였다. 양지양능을 중요하게 본 까닭은 그가 '마음의 철학자'이기 때문이다. 그는 심즉리心卽理(마음이 곧 천리) 학설을 주창하였는데 그 근거가 양지양능이다. 왕양명 사상의 특징은 자신의 인생 체험에서 체득한 '양지=마음의 본체'라는 발견을 스펙트럼으로 삼아 맹자의 말과 글을 '해석한다'는 점이다. 즉 『맹자』를 문자적으로 이해하는 것이 아니라, 해석자의 자기 체험(시공간 속의 구체적 경험)과 조우하게 하여 재해석하는 것이 특징이다.[58] 그의 주저 『전습록』에는 양지양능과 치양지致良知에 관한 논의가 많은데 그중 한 대목을 들어본다.

제자 유건이 물었다.

"양지가 어떻게 마음의 본체입니까?"

선생(왕양명)께서 답했다.

"양지는 이치의 영묘한 곳이다. 주재하는 측면에서 말하면 그것을 마음이라고 하고, 하늘에서 부여받은 측면에서 말하면 그것을 본성

---

58 대만의 학자 황준걸은 이렇게 읽었다. "왕양명과 맹자는 일종의 '대화적 상황'에 놓여 있다. 그가 『맹자』를 해독하는 것은 또 일종의 대화적 접근dialogical approach이다. 그의 맹자학은 그 자신의 정신 체험에서 영향을 받아 체계성과 독특성을 갖게 된 것이다. 왕양명과 동일한 정신 체험 혹은 그의 사상 경지에 도달하지 못하는 독자들은 왕양명의 해석 체계에 들어가는 것이 쉽지 않다."(황준걸, 함영대 옮김, 『이천 년 맹자를 읽다 – 중국맹자학사』, 성균관대학교출판부, 2016, 372쪽) 양명학에 일종의 종교적 기운이 감도는 까닭이며, 조선의 퇴계 이황이 선취禪趣, 곧 '선불교 냄새가 난다'고 양명학을 배척한 이유의 일단이기도 하다.

맹자, 마음의 정치학 3

이라고 한다. 어린아이 누구나 자기 부모를 사랑할 줄 알고, 자기 형을 공경할 줄 안다. 단지 이 영묘한 능력이 사욕에 의해 가려지지 않고 다 확충할 수 있다면 완전히 그 본체가 되며, 천지와 덕을 합하게 된다. 성인 이하의 사람은 가려짐이 없을 수 없다. 그러므로 반드시 격물格物을 통해 그 양지를 실현해야 한다."[59]

왕양명의 또 다른 핵심 사상은 지행합일설이다.

대개 양지는 '희로애락이 발동하지 않은 중中'이므로 양지 이전에 달리 발동하지 않은 것은 없다. …… 앎(知)의 진실하고 절실하며 독실한 곳이 바로 행行이요, 행을 분명하게 깨닫고 정밀하게 살핀 곳이 바로 앎이다. 앎과 행은 둘이 아니다.[60]

왕양명이 마음으로 곧장 진리를 파악하기를 권한 것은 당시 지성계가 문자 이해와 지식 활동에 빠져 그 폐단이 극에 달했기 때문이다. 맹자가 전국시대 지식계의 지식 과잉에 대응하여 마음을 들고 나온 것과 지성사적으로 통한다. 왕양명은 맹자의 처지와 그 심중을 읽었던 것이리라. 그러나 조선 유학자 이황은 왕양명의 심즉리설을 크게 비판했다. 이치에 대한 공부 과정을 무시하고 즉각 실천하는 것을 중시했다는 이유에서였

---

59   황준걸, 앞의 책, 370쪽에서 재인용.

60   박은식, 이종란 옮김, 『왕양명실기』, 한길사, 2010, 344쪽에서 재인용.

다.[61] 사실 왕양명의 마음 철학은 선불교의 '마음의 사상', 가령 마조馬祖의 즉심즉불卽心卽佛론에 크게 영향을 받았다.

'오로지 마음'이라는 왕양명의 학설은 자칫 인간의 사회적 관계를 무시하고 개인의 방만과 극단, 오만으로 흐를 수 있다. 훗날 양명 좌파에서 그런 조짐이 실제 나타나기도 했다. 요컨대 양지양능을 마음의 독존으로 확대 해석해서는 안 된다. 맹자는 공자의 '학이시습지, 불역열호'의 세계 속에서, 그리고 함께 더불어 사는 여민의 세계 속에서 마음의 발현을 논할 따름이다.

참고 성호 이익 선생은 닭을 기르면서 관찰한 글을 남겼는데, 여기 양지양능을 이해하는 데 도움이 된다.

> 내가 집에서 일찍이 닭을 길러 보았다. 닭이 병아리를 두 차례나 깠는데 첫 번에 깐 암평아리 한 마리는 늘 어미 닭만 따라다니므로 나는 그것을 처음 보고 이는 저 자신의 이익을 위해서이고 제 어미를 사랑함은 아니라고 생각하였다. 어느 날 밤에 산짐승이 닭둥우리를 뚫고 들어와 다 움켜 가게 되었는데, 오직 첫 번에 깐 암평아리 한 마리와 두 번째에 깐 병아리 두 마리만이 남아 있었다. 그중 암평아리 한 마리는 다쳐서 오래 신고身苦하다가 조금

---

61 이황, 「전습록논변傳習錄論辯」; 성균관대학교 대동문화연구원 엮음, 『퇴계전서』, 성균관대학교 동아시아학술원, 1992 참고.

나아졌다. 이때 두 병아리는 의지할 곳이 없어 다친 암평아리에게로 오게 되었는데, 이 암놈은 두 병아리를 불러 쪼아 먹이기도 하고 날개로 덮어주기도 하기를 한결같이 그 어미처럼 하였다. 밤이 되면 양쪽 날개로 두 병아리를 각각 덮어주는데 몸뚱이가 작아서 밤이 새도록 서 있었다.

이토록 근심을 막아주고 보호하는 것이 어미 닭보다 나은 점이 있었다. 비록 휘몰아 쫓아도 문밖으로 나가지 않고 사람을 가까이하면서 피하지 않으므로 사람마다 이상히 여겨 와서 보는 자가 많았다. 이것이 소위 '마음에서 우러나오는 우애'라는 것인데, 과연 누가 가르친 것이며 누가 했던 것인가? 나는 이것을 보고 첫 번에 깐 암평아리 한 마리가 늘 어미닭만 따라다니던 것이 그 어미를 사랑한 마음이었고, 저 자신의 사리를 취한 점이 아니었다는 것을 알게 되었다. 이것이 인심因心이라는 두 글자에 서로 발명될 수 있기 때문에 기록해둔다.

_『성호사설』, 「인심」

孟子曰, "舜之居深山之中, 與木石居, 與鹿豕[62]遊. 其所以異於深山之野人者幾希; 及其聞一善言, 見一善行, 若決江河, 沛然[63]莫之能禦也."

맹자, 말씀하시다.

"순이 깊은 산중에 살 때[64]는 목석과 함께하였고 사슴과 돼지들과 같이 놀았다. 그와 깊은 산중의 무지렁이들과 다른 점이라곤 거의 없었다. 급기야 한마디 좋은 말을 듣고 한 가지 좋은 행동을 발견한 순간, 마치 강하의 둑이 터지듯 하였으니 콸콸 쏟아지는 기세를 무엇으로도 막을 수 없었다."

해설

동서고금을 막론하고 성현의 각성에는 신비 체험이 공통적으로 존재한다. 이를테면 모세가 시나이산에서 야훼의 떨기나무 불꽃을 만나 다른 세상을 체험하고, 사울이 다마스쿠스로 가던 도상에서 성령을 만나 바울로 이름을 바꾸고, 루소가 뱅센 숲에서 땀에 흠씬 젖은 채 정신

---

62 鹿豕(녹시): '鹿'은 사슴. '豕'는 돼지.

63 沛然(패연): 성대盛大한 모양(주희). '콸콸'이라고 의역하였다.

64 순이 역산歷山에서 밭 갈며 살았던 때를 이른다.

을 잃고 지성을 만나며, 일자무식 혜능이 나뭇짐을 여관에 배달하러 갔다가 『금강경』 독경 소리에 문득 일체개공의 진리를 체험한 것이 모두 먹장구름 틈새로 '푸른 하늘'을 발견한 자취다. 이 땅의 석탈해와 김유신이 겪은 동굴 속 체험이며, 최제우가 조우한 한울님도 '푸른 하늘'이다. 동서양 신화학은 도처에 이런 깨달음의 순간들을 수집해놓았다.[65] 동서고금을 막론하고 성현의 각성에는 이런 신비 체험이 공통적으로 존재한다.

여기 순의 각성 역시 먹장구름 틈에서 '푸른 하늘'을 발견한 순간이다. 산골 무지렁이와 같이 살아가던 순이 한마디 좋은 말을 듣고 문득 진리를 깨우쳐 마치 강하江河의 둑이 터지듯 새 사람으로 거듭난다는 이야기가 정녕 그러하다. 여태껏 야만의 땅이던 곳이 문득 신성의 땅으로 비약하는 변화가 여기 들어 있다. 이를테면 연비어약鳶飛魚躍의 개안이다. 일상에 깃든 비상함을 발견한 순이었기에 농사꾼으로 살다가 하루아침에 천자의 사위가 되어 "비단옷을 입고 거문고 켜면서 두 아내의 섬김을 받는 것이 마치 본래부터"(14:6) 왕궁에 거처한 사람처럼 행세할 수 있었다.

주희가 여기 맹자의 서술을 찬탄하여 "맹자가 진리를 깊숙이 파악하지 못했다면, 묘사가 이렇게 핍진하지 못했으리라"[66] 하였으니 올바로 짚었다. 신성의 강림, 영웅의 탄생은 문득 번쩍하는 순간 알이 깨지듯 일어나는 것이렷다. 물론 그 번쩍하는 순간이란, 배움과 공부가 무르익어

---

65 미르치아 엘리아데, 이은봉 옮김, 『성과 속』, 한길사, 1998; 위앤커, 김선자·전인초 옮김, 『중국신화전설』, 민음사, 1999.

66 非孟子造道之深, 不能形容至此也(『맹자집주』).

숙성의 임계점을 넘어서는 순간이다.[67] 이 신비의 순간을 맹자는 이해한 것이다. 그가 공자를 조우한 것은 이런 각성의 순간을 통과한 다음이었으리라. 이 장과 8:1을 겹쳐서 보자.

참고 만일 장자라면 맹자가 찬탄한 순임금의 각성을 외려 '비극의 탄생'이라고 개탄했을 것이다. "순이 깊은 산중에 살 때는 목석과 함께하였고 사슴과 돼지들과 같이 놀았다. 그와 깊은 산중의 무지렁이들과 다른 점이라곤 거의 없었"던 상태가 지속되었다면, 즉 순의 각성이 없었다면 인간은 자연 속에서 무위無爲롭게 살면서 행복을 보전했을 텐데 하며 아쉬워했을 것이다. '혼돈에 구멍을 낸 것에서 비극이 시작되었다'라는 것이 장자의 생각이기 때문이다. 특히 맹자가 문명의 시작점이라며 찬탄한 "(순이) 한마디 좋은 말을 듣고 한 가지 좋은 행동을 발견한 순간, 마치 강하의 둑이 터지듯 하였으니 콸콸 쏟아지는 기세를 무엇으로도 막을 수 없었다"는 대목을 장자는 에덴동산에서 추방되는 순간으로 여겨 애도하였으리라.

신농 시대에는 누우면 편안하고 일어나면 여유로웠으며 백성은 제 어미는 알아도 아비는 몰랐고 사슴 따위 동물들과 같이 살았다. 논밭을 갈아 밥을 먹고 옷감을 짜서 옷을 입었으며 서로 해치

---

67 주희 또한 임계점을 통과하는 순간을 체험했다. 『대학』에 보유補遺하기로 '활연관통豁然貫通'이라 한 것이며, 『중용』의 서문에서 '황연恍然(황홀하게)'이라고 표현한 것이 그 예다.

려는 마음이 없었다. 이때가 덕이 가장 융성하던 시대였다. 황제
黃帝는 이런 덕을 실현할 수 없었으니 치우와 탁록 벌판에서 싸
움에 사방 100리를 피로 물들였다. 훗날 요와 순이 일어나 백관
을 설치하였고, 탕은 자기 임금인 걸桀을 쫓아냈으며 무왕은 주紂
를 죽였다. 그 이후로 강자가 약자를 괴롭히고 다수가 소수를 학
대했으니, 탕임금과 무왕 이후는 모두 사람을 해치는 무리다.

_ 『장자』, 「잡편」, '도척盜跖'

유교와 도교가 순의 각성, 눈뜸을 어떻게 평가하느냐에서 갈라진다고
볼 수 있다. 자연에서 벗어나는 순간을 인간 문명의 출발로, 즉 진보의
표지로 보는 것이 유교라면(공자와 맹자에게 인간은 자연의 아들이 아니라
'도시의 아들'이다), 순의 각성을 혼돈에 구멍이 뚫려 하늘과 땅이 나뉘
고 시비와 곡직에 대한 분란이 발생한 타락의 시작으로 보는 것이 도
교의 관점, 자연 중심의 세계관이다.

孟子曰, "無爲其所不爲, 無欲其所不欲, 如此而已矣."

맹자, 말씀하시다.
"사람으로서 하지 말아야 할 것은 하지 않고, 바라지 말아야 할
것은 바라지 않음, 다만 이러할 따름이다."

해설

심심하고 담백하다. 무위이치의 지경이 이러할 것이니, 본성대
로 자연스레 행하는 성인의 경지를 묘사한 대목이다. 그 표현의 범연함
에 맹자가 닿은 경지도 삐쭉 드러나 보인다. 앞 장이 순임금이 성인으로
변화하는 분수령을 툭 쳐서 보여준 것이라면, 곧 불교식 표현을 빌려 '산
은 더 이상 산이 아니요, 물은 더 이상 물이 아닌' 각성의 순간을 보여줬
다면, 여기 "하지 말아야 할 것은 하지 않고, 바라지 말아야 할 것은 바라
지 않음, 다만 이러할 따름"이라는 진술은 그 분수령을 넘은 경지를 펼쳐
보여준다. 또 불교식 문자를 빌리자면 '산은 다시금 산이요, 물은 또다시
물'인 평범함 속에 깃든 진리를 발견하고 그 속에서 살아감이다. 역시 이
렇게 표현한 맹자의 웅숭깊은 눈길도 놀랍다. "밥을 먹지 않는 사람이 없
건마는 밥맛을 아는 사람이 드물다"(『중용』)라더니 맹자는 성인의 경지

를 맛본 것이다. 그렇다면 이 장은 맹자의 게송이라고 할 만하다. 공자의 천상탄川上嘆과 다를 바 없다. "이렇구나, 흘러가는 것이! 밤과 낮을 가리지 않고 흐름이여."(『논어』, 9:16)

이런 장에는 군더더기 해설이 필요하지 않지만 구태여 나누고 쪼개면, 무위無爲의 경지 아래에는 불위不爲가 있고, 무욕無欲의 고요함 아래에는 불욕不欲의 분주함이 있을 법하다. 불위에서 무위에 이르는 길이 이른바 '공부(爲己之學)'다. 무위와 불위 사이에는 타고난 본성을 확충하는 과정, 또는 수양하고 공부하여 무르익는 단계가 들어 있다는 말이다. 불위란 앞서 "사람에게 '하지 않는 것'이 있은 다음에야 '마땅히 할 일'을 행할 수 있다"(8:8)에서 말한 그 '하지 않는 것'이다. 이 불위의 기원은 '남의 것을 훔치지 않으려는 본심(無穿踰之心)'이요, 그 구체적 행태는 '욕을 하며 주는 밥은 받지 않고 차라리 주려 죽는(無受爾汝之實)' 몸짓이다. 본심의 발현으로서 '하지 않는 것(불위)'을 확충하여 자연스럽고 자족한 무위의 경지로 나아가기, 곧 억만금을 던져주어도 덥석 받는 짓을 하지 않는 담담한 경지에 이르는 것, 이것이 맹자의 공부론 또는 수기치인론의 궁극이다. 요컨대 타고난 마음에 깃든 도덕성(인의)의 씨앗을 기르고 확충하다가 끝내 억지로 하지 않는 무위와 무욕의 담담함에 이르는 것이 유교의 사람 공부다. 저 뒤 14:31도 같이 보자!

13:18. 고난이 사람을 성취하게 한다

孟子曰, "人之有德慧術知[68]者, 恒[69]存乎疢疾[70]. 獨孤臣孼子[71], 其操[72]心也
危[73], 其慮患也深. 故達[74]."

맹자, 말씀하시다.

"사람들 가운데 훌륭한 지혜와 정밀한 지식을 가진 이는 대개
그 마음이 안팎의 괴로움에 시달린다. 유독 외로운 신하와 서얼
은 조심하는 정도가 높고 우환을 걱정하는 정도가 깊다. 그래서
영달하는 것이다."

---

68 德慧術知(덕혜술지): '德慧'는 훌륭한 지혜. '術知'는 기술적 지식. 혹은 '德慧'는 현자의
지혜를, '術知'는 능자能者의 지식을 말한다. '慧'는 슬기를 뜻하고 '知'는 '智(지)'와 같다.

69 恒(항): 대개.

70 疢疾(진질): 안팎의 괴로움. '疢'은 풍진rubella(홍역의 일종)이니 속병을 이르고, '疾'은 화
살(矢)에 주의하면 외상으로 볼 수 있다. 疢(내우)-疾(외환)으로 구분할 수 있다. 주희도
'疢疾'을 재난과 근심(災患)이라고 하였다.

71 孤臣孼子(고신얼자): '孤臣'은 소외된 신하. '孼子'는 첩의 소생. '孤臣'과 '孼子'는 '疢
疾'의 고통을 겪는 사람들이다. '孼'은 곁가지에서 나온 그루터기, 즉 서자를 뜻한다.

72 操(조): 잡다.

73 危(위): 높다. 같은 용례가 『논어』, 14:4에 보인다.

74 達(달): '통달하다'라고 해석해보면 앞의 '德慧術知를 이해하다'라는 뜻이 된다. 반면
'영달하다'로 해석하면 '지위를 얻다'가 된다. 문장의 뜻이 고난에 처한 사람들이 유독
출세하는 이유를 논하는 대목으로 여겨져, 여기서는 '영달하다'로 번역하였다.

맹자, 마음의 정치학 3

맹자의 인간 행태론이라고 할까? 많은 사람과 접촉하는 가운데 획득한 경험론이 서술된다. 조정에서는 임금의 관심에서 벗어난 소외된 신하가, 집안에서는 아버지의 시야 밖에 있는 서자들이 말을 조심하고 행동거지를 삼가며, 사소한 근심거리에도 세심하게 대처하기에 영달하는 경우가 많더라는 것. '고생 없이 큰 사람은 버릇이 없고, 험한 파도가 유능한 사공을 만든다'라는 속담처럼, 출세한 사람들의 지혜와 장인의 숙련된 기술은 고통의 세월을 감내하는 가운데 단련된 것이라는 의미다.

앞에서 순임금을 위시하여 부열과 교격, 관중과 백리해 등 성현들이 영달한 까닭으로 "대개 잘못을 저지른 다음에야 고치고, 마음에 어려움을 겪고 생각에 어긋난 일을 겪은 뒤라야 분발하며, 그늘이 얼굴에 드리우고 목소리가 힘겨운 뒤라야 깨닫는 법이다"(12:15)라고 하였던 대목이 서로 참고가 된다.

누구에게나 고난과 어려움은 닥치게 마련이다. 하늘이 어느 누구를 특정하여 유독 고난을 부여했을 리 없다. 다만 고신孤臣과 얼자孽子들만이 어려움을 자기 성찰과 발전의 계기로 삼았다는 뜻이다. 애플의 설립자 스티브 잡스Steve Jobs가 회사의 모토로 '배고픔에 머물고, 어리석음에 머물자Stay hungry, Stay foolish'라는 구호를 내걸었던 것이 연상되는 대목이다. 그러고 보면 위기 속에 기회가 숨어 있기로는 나라나 기업이나 사람이나 다 마찬가지다. 어찌 기업이나 사람뿐일까? 자연에서 성장하는 식물의 세계는 더욱 그러하다. 척박한 불모의 땅에서 도리어 낙락장송이 성장하는 법이다.

2000년 묵은 노송나무가 자라난 산은 대개 험악하다. 흙은 거의 없고 바위투성인데 찰흙을 꼭꼭 다진 것 같은 점판암이 풍화로 갈라져 그 틈으로 물이 스며들고 그 물을 빨아먹자고 뿌리가 바위 사이로 뻗어 들어가 있다. 이런 환경이 2000년 묵은 나무를 길러내고, 사람도 그와 같아서 아쉬운 것 없이 곱게 자라선 쓸모 있는 인간이 되지 못한다. 나무와 사람은 이렇게 비슷한 데가 많다.[75]

---

75 전우익, 『호박이 어디 공짜로 굴러옵디까』, 96쪽 참조.

13:19. 정치가의 네 가지 유형

孟子曰, "有事君人⁷⁶者, 事是君則爲容悅⁷⁷者也; 有安社稷臣者, 以安社稷爲悅者也; 有天民者, 達可⁷⁸行於天下而後行之者也; 有大人者, 正己而物正者也."

맹자, 말씀하시다.

"권력자의 눈에 들기를 위주로 삼는 자가 있으니 권력자를 섬기게 되면 얼굴에 기쁨이 드러난다. 사직을 안정시킬 만한 신하가 있으니 사직이 평안한 것을 기쁨으로 삼는 사람이다. 천민이 있으니 지혜와 덕을 천하에 펼칠 만큼 이치에 통달한 다음에라야 출사하는 사람이다. 대인이 있으니 자신을 바로잡음에 남도 바루게 하는 사람이다."

---

76 君人(군인): 군주 개인을 말한다. '권력자'라고 번역하였다.

77 容悅(용렬): 영합迎合하여 기쁜 모양을 함. 아첨하는 모양.

78 達可(달가): '達'을 '이치에 통달하다'로 보면 13:18의 '덕혜술지를 숙지하다'라는 뜻으로 해석할 수 있고, 또 "영달하면 천하도 함께 선하게 하였던 것이지達則兼善天下"(13:9)의 '達'로도 읽을 수 있다. 여기서는 '이치에 통달하다'를 택하여 번역하였다. '덕혜술지가 갖춰지고 난 다음에 벼슬에 나아가다'라고 해야 '달가達可-이후而後-행지行之'라는 차례에 부합하기 때문이다. 참고로 '達可'는 고려 말 사상가이자 정치가였던 정몽주의 자다. 고려 말기 지식인들의 『맹자』에 대한 이해 수준을 보여주는 방증이다.

제13편 진심 상 333

앞 장에 이어서 맹자가 경험한 정치가, 행정가들에 대한 품평이다. 그것을 4등급으로 나눴다.

첫째, 최악의 유형으로는 '권력자의 눈에 들기를 위주로 삼는 자'이다. 공직 수행에는 뜻이 없고 다만 권력자 개인의 수족이 되기를 목표로 삼는다. 권력자의 눈에 들어 발탁되면 '얼굴에 기쁨이 드러나는', 즉 용렬容悅한 자들이다. 저 앞에 "어깨를 옹송그리고 아첨하는 웃음을 짓는 것은 한여름 밭에서 김매는 일보다 힘들다"라든지 "동의하지 않으면서 맞장구치는 자들의 얼굴을 보면 화끈화끈하다. 나로서는 도무지 알 수 없는 짓"(6:7)이라던 행태가 용렬한 자들이 권력자 앞에서 하는 몸짓이다.

둘째, 한 등급 위에는 '사직신社稷臣'으로 불리는 신하가 있다. 군주 개인이 아닌 국가에 충성하는 관료들이다. 공공성을 정치가의 책무로 보는 이들이니 사적 존재인 용렬한 인간들과는 질적으로 다르다. 다만 그 행태가 기능적이고, 관료적인 데 머문다는 점에서 미흡하다. 관중과 같은 인물이 여기에 속한다. 일국의 정사에 몰두하여 춘추시대라는 천하의 대란을 극복할 천재일우의 기회를 놓친 것을 두고 맹자는 관중을 맹비난했다.

셋째 그 위에는 천민天民이 있다. "성왕이 나오지 않아도 홀로 우뚝 인의를 실천하는" 호걸지사가 여기에 속한다. 다만 천민은 '홀로 제 몸을 닦는 데(獨善其身)' 힘쓸 뿐이다. 주변 사람들이 그에게 감화하여 변모하는 경지에까지는 아직 미치지 못한다. 탕임금에게 발탁되기 전의 이윤이 여기 속한다.

넷째, 궁극적 정치가로서 대인을 들었다. 유덕한 정치가, 곧 '덕치자'를 이른다. '정기물정正己物正', 즉 '자신을 바로잡음에 주변이 감화하여 바로잡힌다'라는 말로 맹자는 그 속성을 짚었다. 감동, 감화, 교화라는 말로써 대인의 정치력을 표현할 수 있으리라. 호연지기를 획득한 정치가로 이해해도 좋겠다. 호연지기의 영향력은 '지극히 광대하고 지극히 강력하다(至大至剛)'라고 묘사했던 터다. 탕임금이 발탁한 이후의 이윤, 문왕이 기용한 태공이 여기 속한다.

참고로 소인의 반대말로는 대인이 적격인데 의외로 『논어』에는 대인이란 말이 한 번밖에 나오지 않는다. 대신에 공자는 '군자'라는 말을 주로 썼다. 아마 춘추시대에 대인이란 공경대인을 특칭하는 정치적 개념으로 유통되었던 듯하다. 혈연 귀족이나 고위 관료를 뜻하는 말이 공경대인이었다. 그런 쓰임새가 『묵자』에도 빈번히 보인다. 그렇게 쓰이던 대인에 맹자가 '도덕 정치가'라는 뜻을 담았다. 영어로는 (폴리티션politician이 아니라) 스테이츠맨statesman이랄까? 흥미롭게도 서양의 아리스토텔레스는 위대한 정치가를 메갈로사이키아megalopsychia(큰마음을 가진 사람)라고 이름 짓고 해설한 적이 있다. 여기 맹자의 대인과 비교해서 볼 만하다.

…… 선해야 하고 덕을 갖춘 사람이 메갈로사이키아다. …… 그는 결코 악의를 갖지 않으며 모욕을 잊어버린다. 그는 수다스러움을 좋아하지 않는다. 자기가 칭찬이나 비난받는 것을 상관하지 않는다. 그는 다른 사람에 대해서, 심지어는 적에 대해서도 직접 대면하지 않고서는 악평을 하지 않는다. 그의 태도는 침착하고 목소리는 굵고

낮으며 말을 삼간다. 관심사가 적기 때문이다. 무엇이든 몹시 중요한 일이라고 생각하지 않기 때문에 일에 열중하는 버릇이 없다. 큰소리나 급한 걸음은 걱정이나 불안에서 온다. …… 그는 인생의 재난을 위엄과 품위로 견디어내고 환경에 대처하는 모습은 지략 있는 장군이 제한된 병력으로 전쟁을 끌어가듯 한다. 덕이 없거나 능력이 모자라는 사람은 고독을 두려워하고 최악의 적으로 생각하지만, 대인은 자기 자신을 최선의 친구로 여기고 은둔을 좋아한다.[79]

아리스토텔레스의 메갈로사이키아는 중용을 실천에 옮겨 마침내 자족의 경지에 이른 이상적 정치가이다. 소크라테스의 '자기 자신을 아는 사람'이라고 해도 좋다. 공자로 치면 '군자'요, 맹자로 치면 여기 '대인'과 근사하다.

참고 동서고금에 걸쳐 정치가 유형론은 많다. 노자는 지도자의 등급을 넷으로 나누었다. 첫째는 그 존재 정도만 알려진 지도자, 둘째는 사람들이 가까이하고 칭찬하는 지도자, 셋째는 사람들이 두려워하는 지도자, 넷째는 최악의 형태로 업신여김을 받는 지도자. 한편 베버는 정치적 지배의 유형을 전통적 지배, 합리적(관료적) 지배, 카리스마적 지배 등으로 구분하였다. 근간에는 정치 평론가 최재천(전 국회의원)이 '한

---

79 엄정식, 『지혜의 윤리학』, 벽호, 1986; https://blog.naver.com/decideca/220042776188 참고.

국 정치가의 유형'을 구분하여 눈길을 끌었다.

하나는 정치를 그저 먹고살기 위한, 돈벌이 수단으로 삼는 '생계형 정치인', 둘은 공적 의식 없이 그저 명예나 권력을 탐하며 정치인의 일상을 즐기는 '생활형 정치인', 셋은 생계도 유지하고 일정 부분 자신의 정치적 적성과 능력을 투사하는 '직업형 정치인', 넷은 직업을 넘어 신념 윤리와 책임 윤리에 따른 정치를 소명으로 받아들이는 '소명으로서의 정치인'. 물론 '소명으로서의 정치'가 나름의 지향이었다.[80]

---

80   최재천, "'개'나 '돼지'나 대통령을 꿈꾸는 나라", 〈한겨레〉, 2016년 11월 23일자.

孟子曰, "君子有三樂, 而王天下不與存⁸¹焉. 父母俱存, 兄弟無故, 一樂也; 仰不愧⁸²於天, 俯⁸³不怍⁸⁴於人, 二樂也; 得天下英才而敎育之, 三樂也. 君子有三樂, 而王天下不與存焉."

맹자, 말씀하시다.

"군자에게 세 가지 즐거움이 있으나 천하의 왕 노릇은 여기 속하지 않는다. 부모가 모두 살아 계시고 형제에게 변고가 없는 것이 그 첫째요, 우러러 하늘에 부끄러움이 없고 굽어보아 사람에 부끄러움이 없는 것⁸⁵이 둘째요, 천하의 영재를 가르쳐 기르는 것이 셋째다. 군자에게 세 가지 즐거움이 있으나 천하의 왕 노릇은 여기 속하지 않는다."

---

81 與存(여존): 속하다, 포함되다.
82 愧(괴): 부끄러워하다.
83 俯(부): 구부리다.
84 怍(작): 부끄러워하다.
85 앞에 하늘을 우러러 부끄러움이 없다고 할 때의 '不愧(불괴)'와 여기 사람에게 부끄러움이 없다는 '不怍(부작)' 사이에 약간 차이가 있는 듯하다. '不愧'가 나쁜 짓을 저지르지 않았다는 안도 혹은 성실하게 살았다는 '자기 확인'이라면, '不怍'은 행위를 하고 난 후 성찰해볼 때 잘못하지 않았다는 '자기 확신'에 가깝다. 앞의 것이 성실함이라면 뒤의 것은 의로움과 관련되는 듯하다.

군자삼락君子三樂은 사람의 참된 즐거움을 뜻하는 구절로 오랫동안 사람들의 입에 오르내린 말이다. 은퇴한 교사들의 모임에 삼락회三樂會라는 이름이 많았던 까닭이나 동네 이름에 삼락동이 있는 것도 "천하의 영재를 가르쳐 기르는 것이 세 번째 즐거움이다"라는 구절에 유의한 것이다. 맹자가 교사로서 자의식을 갖고 있었음을 엿볼 수 있는 대목이다.

1. 권력과 교양

또 주목할 것은 "군자에게 세 가지 즐거움이 있으나 천하의 왕노릇은 여기 속하지 않는다"는 구절이 앞뒤로 거듭 등장한다는 사실이다. 군왕의 길과 군자의 길이 다르다는 뜻이다. 그렇다면 정치(권력)와 교육(문화)의 분리를 선언한 것으로 읽을 수 있겠고, 한 걸음 더 나아가면 '덕의 교화를 통해 권력 정치를 대체하자'라는 취지로도 읽을 수 있겠다. 앞에서 선정과 선교를 구분했던 대목을 그 근거로 삼을 수 있다(13:14 참고). 또는 인간 사회에 정치가 중요한 요소이긴 하나 유일한 가치는 아니라는 다원사회론의 부연으로 이해할 수도 있다(4:2의 해설 참고).

경제력과 군사력을 중심으로 하는 정사는 세력을 넓히고 재화를 쌓으려는 성향을 지닌다. 반면 감화력을 통한 정치는 마음 깊숙이 스며들어 사람을 변모시키니 과정이 중시되고 발효의 성격을 지닌다. 맹자는 정치력, 즉 외적인 힘이 아무리 선할지라도 그것으로는 세상 또는 사람을 근본적으로 변모시킬 수 없다는 절망에 사로잡힌 듯하다. 그래서 그는 근본적인 체제 변화의 동력을 교육을 통한 유덕자들의 감화력에서 찾고 있다. 이것이 "군자에게 세 가지 즐거움이 있으나 천하의 왕 노릇은 여기 속하지 않는다"라고 거듭 지적하는 까닭이다.

2. 윤동주

윤동주의 「서시」의 한 구절 "하늘을 우러러 한 점 부끄럼이 없기를"의 출처가 바로 여기다. 윤동주는 『맹자』에 조예가 깊었고, 특히 이 구절은 여기 군자삼락 가운데 두 번째 즐거움을 차용한 것이라는 연구 결과가 있다. 윤동주 시인 탄생 100주년을 기념하여 펴낸 전기 『처럼』에서 저자 김응교는 "'하늘을 우러러 한 점 부끄럼이 없기를'이라는 구절은 『맹자』의 앙불괴어천仰不愧於天을 그대로 인용한 것입니다. 『맹자』의 군자삼락 중 '하늘을 우러러 부끄럽지 않고, 사람을 굽어보아 부끄럽지 않은 것이 두 번째 즐거움이다'라는 부분을 우리말로 번역한 표현입니다"[86]라고 단언한다. 저자는 윤동주가 고향인 북간도 용정에서 성장기에 유교 고전을 깊이 배웠고, 또 "윤동주가 보던 책 안에 『맹자』의 구절이 친필로 쓰여 있"음을 고증하기도 했다.

한국 근현대 작가들의 글에는 『맹자』 혹은 유교 사상이 상식으로 깔려 있다. 윤동주 이외에도 염상섭, 변영로, 김정한, 신동엽, 김수영[87] 등의 작품에서 『맹자』의 세계관을 엿볼 수 있다. 조선 선비들에게 맹자의 대장

---

86   김응교, 앞의 책, 338쪽.

87   김상환, 『김수영과 논어』, 북코리아, 2018 참고.

부 의식이 관철되었듯, 한국 근현대 문학사 밑바닥에도 맹자는 집요저음처럼 저류하고 있는 것이다.

3. 군자삼락

송대의 학자 임지기林之奇는 "세 가지 즐거움 중의 하나는 하늘에 달려 있고(부모 형제), 하나는 남에게 달려 있으니(천하 영재), 스스로 할 수 있는 것은 오로지 '하늘에 부끄럽지 않고, 인간에게 부끄럽지 않은 것' 뿐이다. 배우는 사람들이 어찌 자신에게 힘쓰지 않을 수 있겠는가"라고 비평하였는데 명쾌하다(『맹자집주』). 이토 진사이도 『맹자고의』에서 삼락 가운데 한 가지 즐거움만 가져도 '천하의 왕 노릇'보다 더 큰 즐거움이라고 주장한다(공자도 조실부모早失父母했으니 셋을 다 갖추는 것은 불가능하다는 사례를 첨언하면서). 그러나 삼락의 주인공인 군자가 공자를 지칭하는 것으로 읽을 수도 있다. 맹자가 제자들과 『논어』를 독해하던 중에 공자의 삶을 삼락으로 해석한 것으로 볼 여지가 있다. 『논어』의 다음 구절은 군자삼락을 언급하는 계기가 되지 않았을까 한다.

> 공자, 말씀하시다.
> "사람에게 유익한 좋아함(樂)이 세 가지요, 해로운 좋아함도 세 가지다. 간략한 예악을 좋아하고, 남의 선을 말하길 좋아하고, 많은 어진 벗을 좋아함은 유익하다. 반면 방만한 음악을 좋아하고, 사치한 여행을 좋아하고, 나태한 즐거움을 좋아함은 해롭다."
> _『논어』, 16:5

자공이 물었다.

"군자께서도 미워함(惡)이 있는지요?"

공자, 말씀하시다.

"미워하는 게 있지. 남의 잘못을 떠벌이는 것, 하수가 고수를 헐뜯는 것, 용맹하기만 하고 무례한 것, 과감하기만 하고 꽉 막힌 것을 미워하느니라. 자네도 미워하는 것이 있는가?"

자공이 말했다.

"주워들은 것을 지식으로 아는 자, 불손한 것을 용기로 아는 자, 비방하는 것을 정직으로 아는 자를 미워합니다."

_『논어』, 17:24

맹자, 마음의 정치학 3

13:21. 군자의 얼굴은 해맑고, 등짝은 빛난다

孟子曰, "廣土衆民, 君子欲之, 所樂不存焉; 中天下而立, 定四海之民, 君子樂之, 所性[88]不存焉. 君子所性, 雖大行不加焉, 雖窮居不損焉, 分定故也. 君子所性, 仁義禮智根於心, 其生色也睟[89]然, 見於面, 盎[90]於背, 施於四體, 四體不言而喩[91]."

맹자, 말씀하시다.

"영토가 넓어지고 백성이 늘어나는 것을 군자가 바라긴 하나 즐기는 것은 거기 있지 않다. 천하의 중심에 서서 백성을 안정시키는 것을 군자는 즐거워하지만 군자다움은 여기 있지 않다. 군자의 군자다움은 뜻이 천하에 널리 행해져도 더할 것이 없고 곤궁하게 살아도 덜어낼 것이 없다. 분수가 정해져 있기 때문이다. 군자의 군자다움은 마음에 뿌리내린 인의예지의 덕성이 겉으로 피어나 얼굴에는 해맑은 기운이 감돌고, 등짝으로도 넘실거리다가 급기야 온몸으로 퍼져나가 말없이 의리를 깨닫는 것이다[92]."

88 　所性(소성): '군자다움'으로 번역했다. "앞의 所樂(소락)에 맞춰 쓴 것으로 所는 큰 뜻이 없으며 굳이 해석한다면 '性으로 삼은 것'으로 해석해야 할 듯하다."(성백효)

89 　睟(수): 맑다.

90 　盎(앙): 가득하다.

91 　喩(유): 깨닫다. 공자가 "군자는 의에 밝다君子, 喩於義"(『논어』)라고 하였으니, 둘을 겹쳐 보면 '喩'의 대상이 의임을 알겠다.

앞 장에 이어 군자의 정체성을 논한다. 군자다움이란 무엇인가? 첫째 넓은 영토와 많은 인구, 즉 강대국의 요건은 군자가 바랄 만하지만 즐기는 것은 거기 있지 않다고 심드렁하게 말한다. 성왕들이 사방 70리(탕임금), 혹은 사방 100리(문왕)의 협소한 땅에서 몸을 일으켜 천하를 평정한 점을 높이 기렸던 맹자이니 넓은 영토와 많은 인구를 군자의 본질적 조건으로 여길 리가 없다. 이는 충분히 이해가 된다.

여기서 한 걸음 더 나아간다. 군자는 '천하의 중심에 서서, 즉 천자가 되어 천하 백성을 안돈하는' 평천하 사업을 이룬다면 아마 즐거워하리라고 평한다. 여기서 잠깐, 바로 앞 장에서 왕천하王天下가 군자의 즐거움에 속하지 않는다고 거듭 강조해놓고, 금방 천하를 경영하는 일은 즐거움에 속한다고 말하는 것은 모순되어 보인다. 그러나 앞의 것은 권력으로 천하를 통치하는 왕천하이지만 이 장은 왕도 정치로써 천하를 안돈하는 평천하平天下, 곧 '정사해지민定四海之民'이라니 전혀 다른 것이다(통치 방법 가운데 패도와 왕도, 즉 폭정과 덕치 사이에는 빙탄불상용氷炭不相容의 큰 차이가 있듯이).

그렇다면 군자의 정체성은 무엇인가? 영달하여 천하를 경영하든, 영락하여 곤궁하든 세속적 성패와는 관련이 없다. 외면적 가치로는 군자의 '군자다움(所性)'을 측정할 수가 없다. 군자의 정체성은 오로지 내면

---

92   양지양능良知良能이 발현함이다.

적 가치다. 잘살고 못살고 관계없이 타고난 도덕성(인의예지)을 발견하고 기르며 담담히 살아갈 따름이다. 그러니 어느 겨를에 세속의 성패에 목매겠는가! 다만 남이 알아주어 출사한다면 사람들과 함께 그 뜻을 더불어 성취하고, 내친다면 또 효효연 홀로 그 길을 간다. 그것이 운명일 테니 사람으로서 또 어찌하랴. 다만 묵묵히 그 길을 갈 뿐이다(『논어』 첫머리에 명기했듯 "남이 알아주지 않아도 성나지 않는다면 또한 군자가 아니랴!")

여기 회화적으로 묘사한 "얼굴에는 해맑은 기운이 감돌고, 등짝으로도 넘실거리"는 수면앙배의 경지는 군자를 형용하는 말로 널리 알려진 표현이다. 흥미롭게도 수면앙배의 형상은 불교의 부처상이나 가톨릭의 성인 형상과도 다를 바 없다. 불교에서 표현하는 부처의 모습은 얼굴은 빛나고(明), 머리 뒤로는 빛이 방사하는 광배(光)로 구성되는데(비로자나 부처의 번역이 대광명불大光明佛이다) 그것과 여기 수면(맑은 얼굴)-앙배(넘실거리는 등)는 거의 같은 모습이다. 또한 가톨릭에서는 흰 몸체 뒤에 둥근 광배를 두어 성인의 형상을 표현하였다. 한편 그리스정교의 이콘icon에 묘사된 성인상 역시 황금색 광배를 두른 수면앙배와 다를 바 없다. 유교와 불교, 기독교 모두에서 진리를 획득한 경지를 같은 이미지로 표현했다는 점이 눈에 띈다.

孟子曰, "伯夷辟[93]紂, 居北海之濱[94]. 聞文王作[95], 興曰, '盍[96]歸乎來[97]! 吾聞西伯善養老者.' 大[98]公辟紂, 居東海之濱, 聞文王作, 興曰, '盍歸乎來! 吾聞西伯善養老者.' 天下有善養老, 則仁人以爲己歸矣. 五畝之宅, 樹[99]牆下以桑, 匹婦蠶之, 則老者足以衣帛矣. 五母鷄, 二母彘[100], 無失其時, 老者足以無失肉矣. 百畝之田, 匹夫耕之, 八口之家可[101]以無飢矣. 所謂西伯善養老者, 制其田里, 敎之樹畜, 導其妻子使養其老. 五十非帛不煖, 七十非肉不飽. 不煖不飽, 謂之凍餒. 文王之民無凍餒之老者, 此之謂也."

맹자, 말씀하시다.

"백이는 폭군 주를 피해 북해 바닷가에 숨어 살았는데 문왕이 일어났다는 소식을 듣고 떨쳐 일어나 말했다. '어찌 그에게 귀의하지 않으리오! 나는 서백(문왕)이 노인을 잘 봉양한다고 들었다.' 태공은 주를 피해 동해 바닷가에 숨어 살았는데 문왕이

---

93 辟(피): '避(피)'와 같다.

94 濱(빈): 물가.

95 作(작): 일어나다.

96 盍(합): 어찌 ~ 아니하랴.

97 來(래): 어조사.

98 大(태): '太(태)'와 같다.

99 樹(수): 심다.

100 彘(체): 돼지.

101 可(가): '足(족)'으로 된 판본도 있다.

일어났다는 소식을 듣고 떨쳐 일어나 말했다. '어찌 그에게 귀의하지 않으리오! 나는 서백이 노인을 잘 봉양한다고 들었다.' 천하에 노인을 잘 봉양하는 임금이 있다면 어진 사람들이 스스로 귀의하려 한다.

5무의 택지 담장 밑에 뽕나무를 심어 아낙이 누에를 치면 노인들이 명주옷을 입을 수 있고, 암탉 다섯 마리와 암퇘지 두 마리를 길러 교미 때를 놓치지 않으면 노인의 밥상에 고기반찬이 떨어지지 않을 것이요, 사내가 100무의 밭을 경작하면 여덟 식구가 굶주리지 않으리라.

이른바 '서백이 노인을 잘 봉양하였다'라는 말은 논밭의 경계를 똑바로 획정하고 뽕나무 심는 법과 가축 기르는 법을 가르치고, 처자식들로 하여금 자기 노인을 봉양하도록 이끌었다는 것이다. 50대 중늙은이는 명주옷이 아니면 따뜻하지 않고, 70대 노인은 고기가 아니면 배부르지 않은 법. 따뜻하지 않고 배부르지 않은 것을 '얼고 주린다'고 한다. 문왕의 백성 가운데 '얼고 주린 노인이 없었다'는 것은 이를 말한 것이다."

해설

오랜 전쟁을 종식하고 천하 평화를 가져올 방법을 논하는 장이다. 핵심은 선양로善養老다. 최악의 처지에 내몰린 노약자를 구제하는 일이 새 정치의 열쇠라는 것. 공자 때부터 그러하였다. "노인을 평안케 해주고, 사회관계를 미쁘게 하며, 젊은이를 보호하는 것"(『논어』, 5:25)을 춘추시대의 급선무로 지목하였던 터다. 이 장은 공자 시대의 첫 번째 정책인 '노인을 평안케 해주는 일'과 관련된다.

1. 노인 문제

양로 대책이 시급한 까닭은 "늙으면 혈기가 쇠하기及其老也, 血氣旣衰"(『논어』 16:7) 때문인데, 춘추전국시대엔 특별히 노인의 처지가 열악했다. 몸은 노쇠한데 자식들은 전쟁터로 끌려가니 먹고 잘 곳이 없어 뼛속으로 파고드는 냉기를 참아야 하는 노인의 처지는 실로 최악이었다. 공자를 이어서 맹자는 지금 문왕의 왕정론을 빌려 노인 문제 해결을 급선무로 삼는다. 저 앞에 문왕 정치의 첫 번째 대상으로 환과고독을 지목할 때부터 그랬다(2:5).

다만 『논어』와 『맹자』를 비교해보면 노인 문제는 춘추시대보다 전국시대에 더욱 악화됐음을 유추할 수 있다. 공자는 효를 두고 "오늘날 효는 부모에게 좋은 음식을 봉양하는 것을 이르더구나. 그런데 집에서 기르는 개나 말에게도 먹이기야 하지 않느냐? 공경하는 마음이 없고서는 부모에게 하는 음식 공양과 개와 말에게 밥을 먹이는 것을 어떻게 구별하겠더냐?"(『논어』, 2:7)라고 지적하였다. 이 구절을 따져 읽자면, 춘추시대에는 적어도 노인에게 하는 물질적 봉양은 누구나 행하는 일이라는 게 상식이었다.

반면 맹자가 효를 논할 때는 '물질적 봉양' 자체가 중요한 이슈로 부각

된다. 노인의 의식주를 해결하는 것이 춘추시대에는 당연했지만 전국시대에는 효행의 주요소가 된 것이다. 전국시대에 유행한 이른바 '불효 5종 세트' 가운데 부모 봉양과 관련된 것이 세 종류나 된다(8:30 참조). 즉 게을러서든, 술과 노름에 빠져서든, 재물을 탐해서든 '부모 봉양을 돌보지 않는 것'이 불효의 요체가 된 것이다. 전국시대로 접어들면서 노인들의 상황이 급격히 취약해졌음을 엿볼 수 있다. 이런 시대 인식이 맹자로 하여금 문왕의 정치론 가운데 노인 대책을 중시하게 만든 것으로 판단된다.

2. 방법론

그렇다면 문왕은 어떤 정치를 했을까? 개개인을 낱낱이 다 잘 살게 할 수 없고, 집집마다 노약자들을 다 보살필 수는 없다. 백성 각자가 스스로 봉양하도록 '제도'를 만들고 길을 터줄 뿐이다. 그물의 대강을 바로잡아 펼치면 그물눈은 그에 따라 널리 펼쳐지는 것이다. 맹자가 이해한 문왕의 '정치 방법론'은 다음 대목에 선명하다.

> 이른바 '서백이 노인을 잘 봉양하였다'라는 말은 논밭의 경계를 똑바로 획정하고(制) 뽕나무 심는 법과 가축 기르는 법을 가르치고(敎), 처자식들로 하여금(使) 자기 노인을 봉양하도록 이끌었다(導)는 것이다.

문왕의 정치는 백성에게 '하라, 하지 마라'며 일일이 개입하는 것이 아니라 제도를 통해 간접적으로 개입하는 방식이었다. 실천의 주체는 인민이며, 정치는 인민이 자신의 판단과 취향에 따라 실행하도록 물길(제도)을 터줄 뿐이다. 여기 제制-교敎-사使-도導라는 단어들이 제도적, 간접적 개입을 표시한다. 제도의 수립, 교육의 실시, 농지의 획정 등이 국가의 역할이다.

반면 사람마다 집집마다 직접 개입하려던 정치가도 있었다. 정자산이 그렇다. 맹자는 그를 '선하지만 정치를 알지 못한다'라고 비판하였다 (7:2). 차가운 강물을 건너는 사람들이 불쌍해 자기 수레에 태워 건네줄 만큼 선한 사람이지만, 다리를 만들어 그 선한 마음을 제도화하지 못한 것이 문제였다. 좋은 정치가란 다리를 건설하는, 즉 제도를 만드는 정치적 지혜를 갖춰야 한다. 정치가가 직접 시혜를 베푸는 위민 정치는 외려 정치를 사사화私事化하고 인민을 소외시켜 공공성을 훼손하는 결과를 낳는다고 맹자는 염려한다.

함께 주목할 점은 정치적 효과다. 본문은 노인 대책이 이뤄낸 파급 효과를 손에 잡힐 듯 묘사하고 있다. 문왕의 양로 정책에 먼저 호응하는 사람은 현자들이다. 주왕의 폭정에 숨어 살던 백이와 태공이 먼저 화답하였다. 이를 두고 맹자는 "천하에 노인을 잘 봉양하는 임금이 있다면 어진 사람들이 스스로 귀의하려 한다"라고 지적한다. 현자들의 1차 반응은 더 큰 파장을 불러온다. 앞서 나온 "천하의 아버지들이 문왕에게 귀의하는데 그 자식들이 어디로 가겠는가?"(7:13)라는 대목이 문왕의 양로 정책이 일으킨 정치적 파급효과를 잘 보여준다.

정리하면, 문왕은 당시 정치사회적 급선무가 노인 문제임을 인식하였다. 그래서 적절한 제도를 통해 이를 해결하려 하였다(맹자식으로 하자면 제도를 통해 인심仁心을 인정仁政으로 확산하였다). 이러한 접근 방법이 시대적

맹자, 마음의 정치학 3

요청의 정곡을 찔렀고 대중의 큰 호응을 불러왔다. 문왕은 정치적 지혜가 있는 인물이었던 것이다. 현자들이 반응하자, 이어서 보통 사람들에게도 큰 반향이 있었다. 공자가 덕치의 효과를 공식화한 '가까운 데 있는 사람들은 기뻐하고, 먼 데 있는 사람들은 몰려든다'(『논어』, 13:16)라는 말이 실현된 역사적 사례가 된다. 맹자는 문왕의 정치에서 덕치의 영향력을 실감했다. 즉 본문은 맹자가 문왕을 왕도 정치의 모델로 삼은 내력을 증명하는 사례가 된다. 특히 "문왕을 스승으로 삼으면 큰 나라는 5년, 작은 나라는 7년이면 반드시 천하에 정사를 펼칠 수 있으리라"(7:7)고 전망한 대목과 겹쳐서 보면 문왕의 정치는 맹자가 생각한 왕정 모델의 전형임을 확인할 수 있다.

孟子曰, "易[102]其田疇[103], 薄其稅斂, 民可使富也. 食之以時, 用之以禮, 財不可勝用也. 民非水火不生活, 昏暮[104]叩[105]人之門戶求水火, 無弗與者, 至足矣. 聖人治天下, 使有菽粟[106]如水火. 菽粟如水火, 而民焉有不仁者乎?"

맹자, 말씀하시다.

"논밭을 잘 가꾸고 세금을 가볍게 하면 백성을 풍족하게 할 수 있다. 때에 맞게 먹고 예에 맞게 쓰면 재물은 이루 다 쓸 수 없으리라. 사람이 물과 불이 없으면 생활할 수 없지만 저물녘 남의 집 문을 두드리고 물과 불을 구하면 주지 않을 사람이 없는 것은 지극히 넉넉하기 때문이다.

성인이 천하를 다스릴 때는 곡식을 물과 불처럼 넉넉하게 해주었다. 곡식이 물과 불처럼 넉넉하다면 백성 가운데 어찌 불인한 자가 있을까 보냐!"

---

102 易(이): 다스리다. '治(치)'와 같다.

103 田疇(전주): 밭두둑. '논밭'이라고 번역하였다.

104 昏暮(혼모): 저물녘. '昏'은 저녁. '暮'는 저물다.

105 叩(고): 두드리다.

106 菽粟(숙속): 곡식. '菽'은 콩. '粟'은 기장.

앞서 '항산恒産이 없으면 항심恒心을 유지할 수 없다'(1:7)라고 말했듯 왕도 정치는 물질적 풍요에서 출발한다. 물적 토대가 갖춰져야 공동체 윤리를 가르쳐 미풍양속을 보전할 수 있다. 맹자가 양혜왕에게 왕도 정치를 권하는 자리에서 물적 토대를 왕정의 기초로 지목한 것이 이 장의 뜻과 정확하게 부합한다(1:3 참고).

다만 물질적 풍요, 경제적 부유는 불인을 면한다는 뜻이지 왕도 정치의 완성을 뜻하는 것이 아님에 유념하자. 항산은 왕도 정치의 필요조건(시작)이지, 충분조건은 아니라는 말이다. 학교에서 공동체 윤리를 교육해 더불어 사는 것이 민간의 풍속으로 정착할 때 왕도 정치는 완성된다. 일찌감치 공자가 전한 정치 단계론이 여기 참고가 된다.

> 공자가 위나라로 갈 적에 염유가 말을 몰았다.
>
> 공자, 말씀하시다.
>
> "사람이 많구나!"
>
> 염유가 말했다.
>
> "이미 사람이 많으면 또 무엇을 더해야겠습니까?"
>
> 공자, 말씀하시다.
>
> "부유하게 해주어야지."
>
> 염유가 말했다.
>
> "이미 부유해졌다면 또 무엇을 더해야겠습니까?"

공자, 말씀하시다.

"가르쳐야지!"

_『논어』, 13:9

    사람이 많은 것은 나라의 규모를 이룸이요, 그 사람들을 풍족하게 하는 것은 왕도 정치의 출발이며, 궁극적으로 공동체 윤리를 '가르치는 것(敎之)'이 정치의 완성이라고 말하고 있다. 물적인 토대를 갖추는 것이 우선이지만 그것으로 만족해서는 안 된다. 맹자도 공자의 정치론을 이어 정전제와 학교 건설을 왕정의 요체로 강조하였음은 앞서 지적하였다(역시 1:3 참고).

13:24. 물길이 공부 길이다

孟子曰, "孔子登東山[107]而小魯, 登太[108]山而小天下. 故觀於海者難爲水; 遊於聖人之門者難爲言. 觀水有術, 必觀其瀾[109]. 日月有明, 容光[110]必照[111]焉. 流水之爲物也, 不盈科[112]不行; 君子之志於道也, 不成章[113]不達."

맹자, 말씀하시다.

"공자는 동산에 올라 노나라가 작다고 여겼고, 태산에 올라 천하가 작다고 여겼다. 그러므로 바다를 본 사람에겐 물이라고 같은 물이 아니요, 성인의 문하에서 배움을 얻은 사람에겐 말이라고 같은 말이 아니다.

물을 관찰하는 데는 방법이 있으니, 반드시 그 여울을 살펴서 보아야 한다. 해와 달은 빛이 있어 작은 틈이 있어도 반드시 비춘다. 흐르는 물은 구덩이를 채우지 않으면 나아가지 않듯, 도에 뜻을 둔 군자도 점진하지 않으면 도에 통달하지 못한다."

---

107 東山(동산): 몽산蒙山을 말한다. 오늘날 산동성山東省 몽음현蒙陰縣 남쪽에 있다(양백준).

108 太(태): 크다. '泰(태)'로 된 판본도 있다.

109 瀾(란): 여울.

110 容光(용광): 작은 틈. 소극小郤(조기).

111 照(조): 비추다.

112 盈科(영과): '盈'은 가득 차다. '科'는 구덩이.

113 成章(성장): '점진漸進하다'라고 번역하였다(해설을 볼 것).

맹자가 고뇌 끝에 공자를 사숙私淑하고 그가 가장 위대한 성인임을 알고 난 감회를 선가의 게송처럼 읊은 것이 이 장인 듯하다. 안회가 스승을 찬탄하여 '따르고 싶지만 그럴 수도, 그만 멈출 수도 없다'고 탄식하고 칭송한 대목을 연상케 한다(『논어』, 9:10). 본문은 맹자가 공자 공부론의 구조를 서술한 것인데, 역대로 널리 채용되고 구구절절 인용되기도 한 유명한 문장인지라 몇 개 구절로 나눠 해설해본다.

1. 孔子登東山而小魯, 登太山而小天下(공자등동산이소노, 등태산이소천하)

맹자가 유추한 공자의 학문 경력이다. 공자는 태어나면서부터 스스로 성인이 아니라 배우기를 좋아할 따름이라고 하였던 터.[114] 공자의 학술이 주변의 가까운 곳에서 먼 곳으로, 근본부터 말단으로, 구체부터 원리까지 건너뛰지 않고 뛰어넘지도 않고서 차근차근 차례차례 나아간 것임을 맹자가 깨달은 것이다. 이에 공자 학술의 대강을 "동산에 올라 노나라가 작다고 여겼고, 태산에 올라 천하가 작다고 여겼다"라고 표현하였다.[115]

그렇다면 공자의 학술이 태산에 멈추었을까? 자공이 스승을 일월日月

---

114 "나는 나면서부터 저절로 잘 알게 된 사람이 아니라, 옛것을 좋아하여 부지런히 찾아서 배운 사람이다我非生而知之者, 好古敏以求之者也."(『논어』, 7:19)

에 비유하였듯 공자의 공부는 더욱 나아가 손에 닿지 않는 하늘의 해나 달처럼 초월의 경지에 이르렀다(『논어』, 19:24). 이는 맹자가 공자를 사숙하며 성인 중의 성인, 즉 집대성자로 찬탄한 까닭이다. 맹자는 공자를 마음속 스승으로 삼고는 해와 달처럼 여겼다. 그러므로 다음 구절에 '해와 달빛'이라는 표현이 이어지는 것이다. 본문 속 해와 달은 공자가 획득한 지성의 빛을 상징한다.

2. 觀於海者難爲水, 遊於聖人之門者難爲言(관어해자난위수, 유어 성인지문자난위언)

당대 백가의 학술(言)을 하천이나 강물에 비할 수 있다면 공자의 학술은 바다에 빗댈 수 있으리라는 것. 맹자의 고향인 추鄒 땅은 황하의 지류인 사수泗水와 수수洙水에서 멀지 않은 곳이다. 또 인접한 노나라의 동산은 물론이고, 제노齊魯 접경의 태산이며, 거기서 내려다보이는 황하와 산동반도 동녘에 펼쳐진 거대한 바다도 보았을 터였다.[116] 맹자는 공자가 유력遊歷한 황하 주변의 산하를 답사한 후 그 산천에 공자 학술의 성숙 과정을 비견했다. 샘에서 솟아난 물이 골을 채우고 내로 흘러 개천이 되고, 또 그 물이 황하로 흘러 끝내 바다에 이르는 유장한 흐름을 관찰하고 거기서 얻은 물의 철학을 토로한 것이 이 장이다. 흥미롭게도 장

---

115 오늘날 태산의 정상엔 이 장의 "孔子登東山而小魯, 登太山而小天下"라는 글씨가 큰 돌에 새겨져 있다.

116 제나라 곧 산동반도의 옛 지리와 생활, 풍습에 대해서는 장웨이, 이유진 옮김, 『제나라는 어디로 사라졌을까』, 글항아리, 2011 참고.

자 또한 물의 철학을 논한 바 있다. 그는 황하의 물과 바닷물의 차이를 설화로 표현하였다.

> 가을에 큰물이 나서 여러 강물이 황하로 흘러들었습니다. 그 흐름이 너무나 커서 강가 양쪽이나 모래톱에서 보면 소와 말을 분간할 수 없을 정도였습니다. 이렇게 되자 황하의 신 하백河伯이 흐뭇해하며 자기가 세상의 모든 훌륭함을 독차지했다고 기뻐했습니다. 하백이 물결을 타고 동쪽으로 내려가다가 북해北海에 이르렀습니다. 거기서 동쪽을 보니 물의 끝이 보이지 않았습니다. 그래서 얼굴을 돌려 북해의 신 약若을 보고 한숨을 지으며 말했습니다.
> "옛말에 '도에 대해 백 번을 들으면 저보다 나은 이가 없는 줄 안다'고 한 말이 바로 나를 두고 하는 말이군요."
>
> _『장자』, 「외편外篇」, '추수秋水'_[117]

어디 장자뿐일까. 노자와 공자, 맹자와 순자, 묵자와 양주까지 춘추전국시대 사상가들은 두루 물에서 지혜를 얻고, 또한 삶의 이치를 물에 비유하곤 했다.[118]

본문에 바다를 본 사람에겐 "물이라고 같은 물이 아니요難爲水"라는

---

117 오강남 풀이, 『장자』, 현암사, 1999, 357쪽.
118 '공자의 물'과 '맹자의 물'에 대한 세밀한 탐색은 요시카와 고지로, 조영렬 옮김, 『독서의 학』, 글항아리, 2014 참고. 또 동양 사상 전반의 키워드를 '물'로 보고 노자와 공자의 물에 대한 생각을 비교한 연구서로 사라 알란, 앞의 책 참고.

말은 맹자가 공자의 진면목을 맛보고 뱉은 토로다. '산은 산이 아니요, 물은 물이 아니라'는 선가의 게송과 격이 같다. 곧이어 성인에게 배움을 얻은 사람에겐 "말이라고 같은 말이 아니다難爲言"라고 한 말 역시 깨달음의 진술이다. 바다는 공자를 비유함이요, 물은 말을 상징한다. 물 중의 물이 바다요, 말 중의 말이 공자 말씀이라는 뜻이다. 앞에 유약이 스승을 기려 "기린이 길짐승과, 봉황새가 날짐승과, 태산이 두더지 흙더미와, 강과 바다가 길바닥 빗물과 동류이듯이, 성인도 인류와 마찬가지다. 동류 가운데 뛰어나고 무리 가운데 빼어나다. 하나 세상에 인간이 생겨난 이래 공자보다 탁절한 존재는 없었다"(3:2)라던 찬탄과 뜻이 같다. 마찬가지로 이 장 밑에는 백가를 섭렵하면서 방황하던 공부의 끝자락에 공자를 만나 궁극을 맛보게 된 맹자의 기꺼움이 깔려 있다.

3. 觀水有術, 必觀其瀾(관수유술, 필관기란)

이 구절이 이 장의 핵심이다. 공자로부터 전수한 공부 방법론을 지금 관수觀水, 즉 물을 보는 것에 비유하고 있다. 그 핵심은 관란觀瀾, 곧 "여울을 살펴보는 것"이라고 하였다. 햇빛과 달빛이 비추지 않는 곳이 없기에 물결의 빗면에 반사되는 빛을 통해 물밑을 헤아릴 수 있기 때문이다. 여기 일월유명日月有明은 진리이면서 또한 공자의 지성을 상징한다. 공자는 해와 달이요, 그의 지성은 햇빛과 달빛이라는 뜻이다. 빛이 틈 있는 어느 곳이든 비추듯(容光必照) 공자의 가르침으로는 무슨 일을 해도 효과가 있고, 무엇을 살펴봐도 이해할 수 있으며, 또 누구를 만나도 교유할 수 있더라는 것.

조선의 퇴계 이황 역시 이 구절을 공부 길의 핵심처로 여겼다. 도산서당을 지으면서 그 휴게실 이름으로 '觀水有術(관수유술)'과 '必觀其瀾(필관기란)'에서 각각 한 글자를 따서 관란정觀瀾亭이라 하였고, 도서관 이름으로는 그다음 구절인 '日月有明(일월유명)'과 '容光必照(용광필조)'에서 한 글자씩 뽑아 광명실光明室이라고 했다. 유교 지식인들이 공부의 길, 수기치인의 도리가 여기 들어 있다고 보았던 증거다. 공자를 해와 달에 비유한 것은 내력이 있다. 맹자에 앞서 자공이 스승을 일월에 비겼던 터다.

숙손무숙이 공자를 헐뜯었다.

자공이 말했다.

"그러지 말라! 공자는 헐뜯을 수 없는 사람이다. 다른 사람의 지성이 구릉이라 넘을 수 있다면, 중니는 해와 달(日月)이라 넘을 수가 없다. 비록 사람들이 해와 달을 해코지하려 한들 그것이 어떻게 해와 달을 상하게 할 수 있으랴! 다만 자기 분수를 알지 못하는 것을 드러낼 뿐이지!"

_『논어』, 19:24

자공의 비유가 뜻하는 바를 이해하고 계승한 맹자의 확신은 훗날 성리학자 정이천에게 이어졌다. 그는 『논어』를 읽은 감회를 "손은 저절로 춤을 추고, 발은 또 저절로 경중거린다"라는 흥분된 말로 표현하였고, 바다 건너 일본의 이토 진사이는 『논어』의 독후감으로 "우주에서 제일가는 책宇宙第一書"이라고 찬탄하였다.

맹자는 여울을 통해 물밑이 어떤지 아는 법을 공자에게 배웠다. 물 흐름이 격한 여울(말씀) 밑에는 움푹한 웅덩이가, 더딘 물결 밑에는 얕은 웅덩이가, 그리고 소용돌이치는 여울 밑에는 깊고 깎아지른 절벽이, 또한 찰랑거리는 물가에는 얕은 자갈밭이 있음을 깨달았다. 공부도 고작 문자의 겉을 핥는 식이어서는 안 된다. 말의 속내, 글 밑에 겹겹한 숨은 뜻을 이해하고 파악해야 한다. 이를 흐르는 물의 결, 파란에 비유한 것이다. 자득하는 공부는 말글 속에 감춰진 내용으로 '깊이 파 들어가는(深造)' 과정이기 때문이다(8:14 참고). 요컨대 공부는 지식(智)의 축적이 아니라 깨우침(覺)에 이르러야 참된 성취가 된다.[119]

4. 流水之爲物也, 不盈科不行(유수지위물야, 불영과불행)

공자의 학술 생애가 동산에서 태산으로, 급기야 일월로 승화되었듯이 군자의 공부 길도 물의 흐름과 같다는 것. 물이 구덩이를 채우고 난 다음에야 또 흘러가듯, 공부도 건너뛰지 말고 차근차근 진보해야 한다는 말이다. 기초에서 응용으로, 가까운 곳에서 먼 곳으로, 뿌리에서 가지로, 당대에서 과거와 미래로 점점차차 진취하며 확충하는 과정이 공자의 학술과 공부론의 핵심 구조임을 맹자는 파악했다(불교식으로 표현하면 점오점수漸悟漸修다).

요컨대 물 흐름의 목적이 바다에 있듯 공부의 궁극은 나의 진보에 있

---

119 지지知와 각覺의 사이, 곧 앎과 깨달음의 사이는 깊은 절벽이 가로막고 있다. 남송의 격암 조씨는 "앎이란 그 당연한 것을 앎이요, 깨달음은 그러한 까닭을 깨닫는 것이다知, 識其所當然, 覺, 悟其所以然"라고 표현하였다(이황, 『국역 퇴계전서 5』, 퇴계학연구원, 1992, 60쪽).

으니 사람의 본성(근원)을 발견하고, 사람들 속에서 천리天理(하늘의 이치)를 깨닫고, 사람들과 더불어 세상을 변모시키는 평천하의 이상에까지 이르러야 한다. 내 주변, 너와 나 사이에 진리가 숨 쉰다는 사실을 잊지 말고 점점차차 그 길로 나아가라는 것.

참고 신영복 선생이 관해난수觀海難水와 관련한 일화를 술회한 바 있다. 감옥에서 치열하게 사색하여 터득한 경지니 그 자체로 경청할 만하다.

> 내가 좋아하는 글을 소개합니다. '바다를 본 사람은 물을 말하기 어려워한다觀於海者難爲水.' 큰 것을 깨달은 사람은 작은 것도 함부로 이야기하지 못한다는 뜻입니다. 맹자의 인간적 기품과 크기를 읽을 수 있습니다. 내가 이 구절을 '관해난수觀海難水'라고 네 자로 성어成語해서 액자로 썼습니다. 출소한 지 얼마 안 돼서 유홍준 교수의 주선으로 처음 서예전을 가졌습니다. 그때 이 작품을 출품했습니다.
>
> 작품 도록을 보고 깜짝 놀랐습니다. 관해난수의 해설이 잘못 기록되어 있었습니다. 내가 쓴 해설문이 나와 상의 없이 바뀌어 있었습니다. 누가 그랬는지 "바다를 본 사람에게는 물을 이야기하기 어렵다"로 바뀌어 있었습니다. 여러분도 그 차이를 느낄 수 있을 것입니다. 바다를 본 사람에게는 물에 대해서 거짓말하기 어렵다는 뜻이 됩니다. 전혀 격이 다릅니다. 완성된 도록을 전부 수정했습니다. 맹자의 생각은 그처럼 기품이 있습니다.[120]

공부의 성취 과정으로 읽으면 바다는 공부의 지극한 경지가 되는데, 바다를 성취한 사람의 기품으로 읽으면 신영복 선생의 해석이 된다. 역대로 여기 물과 바다는 다양한 방식으로 접근하고 또 다채롭게 이해되었음을 알아두자.

---

120 신영복,『담론』, 돌베개, 2015, 116~117쪽.

孟子曰, "鷄鳴而起, 孳孳[121]爲善者, 舜之徒也; 鷄鳴而起, 孳孳爲利者, 蹠[122] 之徒也. 欲知舜與蹠之分, 無他, 利與善之間也."

맹자, 말씀하시다.

"새벽닭이 울면 일어나 부지런히 선을 행하는 사람은 순의 무리요, 새벽닭이 울면 일어나 부지런히 이익을 탐하는 자는 척의 무리다. 순과 척의 차이를 알려면 딴 게 없다. 탐욕이냐, 선행이냐의 사이일 따름이다."

해설

성왕 순이든, 조폭 두목 척이든 부지런하기는 같다. 다만 그 지향의 사소한 차이(한 칸)에 천지가 갈린다! 도둑놈이 되느냐, 성인이 되느냐는 마음가짐의 사소한 차이, 즉 선을 향한 마음이냐 이익을 향한 탐욕이냐에서 갈릴 뿐이라는 것. 사주팔자로 인생을 가늠하는 명리학 분야에 나도는 우스갯소리 중에 '깡패와 형사의 사주가 같다'는 속담이 떠오른

---

121 孳孳(자자): 부지런한 모양. '孳'는 부지런함.

122 蹠(척): 춘추시대 9000명의 도둑을 이끈 전설적인 대도의 이름. 도척盜跖으로도 불린다. 공자도 존경한 유하혜의 아우로 알려져 있다.

다. 타고난 운명은 같으나 마음가짐에 따라 범죄를 저지르는 깡패의 인생과 사회정의를 실현하는 경찰의 길이 갈라진다는 말이니 그렇다.

여기 도척은 『맹자』뿐 아니라 『장자』에도 출현한다. 예컨대 "백이는 명예를 위해 수양산 밑에서 죽었고, 도척은 이욕 때문에 등룡산 위에서 죽었다. 이 두 사람이 죽은 이유는 다르지만, 생명을 훼손하고 본성에 상해를 입혔다는 점에서는 똑같다. 왜 우리는 반드시 백이의 대안이 옳고 도척의 대안은 그르다고 판단해야만 하는가?"(『장자』, 「외편」, '변무騈拇')라는 식이다.

그런데 왜 선을 행하는 사람을 '순의 무리'라고 꼭 집어서 거론했을까? 성인으로는 요도 있고, 탕도 있고, 문왕과 주공도 있는 터에 말이다. 많은 성왕 가운데 순을 꼬집어 선행과 연결한 까닭은 저 앞에서 순은 "남의 선을 취해 자기 것으로 만들기를 즐겨했다"(3:8)라는 대목이 참고가 된다. 지금 맹자가 도척을 탐욕의 상징으로 놓고, 그 반대편에 선의 상징으로 순을 세워 대결 구도를 짜고 있지만, 『장자』에서도 도척을 내세워 공자와 대결시키고, 또 맹자를 조롱하기도 한다.

> 도척의 무리 가운데 하나가 도척에게 "도둑질에도 도가 있습니까?"라고 물었다.
>
> 도척은 이렇게 답한다.
>
> "어디 간들 도가 없겠는가? 물건이 집의 어디에 감춰져 있는지를 예리하게 추측하는 것은 성인(聖)의 직관이다. 제일 먼저 들어가는 것은 용기(勇)이고, 맨 나중에 나오는 것은 의義다. 성공 여부를 아는

것은 지혜(知)이고, 골고루 분배하는 것은 인仁이다. 이 다섯 가지를 갖추지 않고 대도大盜가 될 수 있는 사람은 천하에 아직 없었다."

_『장자』, 「외편」, '거협胠篋'[123]

도척이 거론한 '대도의 다섯 가지 조건'은 꼭 맹자의 오륜五倫을 조롱하는 투다. 한편 도척은 현자인 유하혜의 아우로도 알려져 있는데, 유하혜는 공자가 존경하였고 맹자 역시 성인으로 섬겼던 인물이다. 이 장에서 도척을 도둑의 상징으로 저격한(!) 맹자가 바로 뒤에서 유하혜의 절개를 찬탄하는데, 노장과 유가의 전투가 더욱 첨예해지는 듯하다. 이렇게 보자면 이 장은 유교학파와 양주학파(훗날 노장파)의 대결이 밑에 깔려 있다. 장자는 맹자의 도덕주의를 비꼬고, 맹자는 장자를 이익을 위해 인륜을 무시한 놈으로 쏘아붙이는 셈이다. 다시금 '하필왈리'다!

---

123 『논어』와 『장자』에 서술되는 공자와 은둔자의 대결이 각기 결이 다르듯 도척을 둘러싸고 벌이는 맹자와 장자 사이의 대결도 볼 만하다. 노장과 유가의 차이가 이런 대목에서 문득 나타난다.

孟子曰, "楊子[124]取[125]爲我, 拔[126]一毛而利天下, 不爲也. 墨子[127]兼愛, 摩頂放踵[128]利天下, 爲之. 子莫[129]執中. 執中爲近之, 執中無權[130], 猶執一也. 所惡執一者, 爲其賊道也, 擧一而廢百也."

맹자, 말씀하시다.

"양자는 위아[131]를 주장하여 몸의 터럭 하나를 뽑아 천하를 이롭게 할 수 있다고 해도 하지 않는다. 묵자는 겸애를 주장하여 정수리를 갈아 발꿈치에 이르더라도 천하를 이롭게 할 수 있다면 행한다.

자막은 집중을 주장한다. 집중은 도에 가까운 듯하나 가운데만 붙잡고 저울질하지 않으니 하나를 고집하는 것과 같다. 하나를 고집함을 미워하는 것은 도를 망가뜨리기 때문인데 하나를 얻

---

124 楊子(양자): 양주楊朱를 이른다.

125 取(취): 주장하다(양백준).

126 拔(발): 뽑다.

127 墨子(묵자): 이름이 적翟. 겸애를 주장하였다.

128 摩頂放踵(마정방종): 정수리를 갈아서 발꿈치에 이르다. '摩'는 갈다. '頂'은 정수리. '放'은 '至(지)'와 같다. '踵'은 발꿈치.

129 子莫(자막): 노나라의 현인(조기).

130 權(권): 저울.

131 爲我(위아): 나를 위하다. 이기利己, egoism가 아니라 위아爲我, selfishness임에 유의할 것(앵거스 그레이엄, 앞의 책, 114쪽).

으려다가 백 가지를 폐기하기 때문이다."

양주의 사상을 위아爲我(이기주의)로 일컫는 기원이 여기다. 이기주의로 몰린 양주는 또 나름 맹자에게 할 말이 있으리라. 아쉽게도 양주의 말은 책자로 전해지지 않는다. 다만 『장자』, 「외편」 여기저기에 양주학파의 언설로 보이는 내용이 많이 섞여 있다. 또 한漢제국 초기에 춘추전국시대의 다양한 사상을 종합한 『회남자』에도 위아주의 논설이 들어 있어, 양주학파의 소론으로 추측한다.[132]

묵적의 사상은 『묵자』에 전한다. 겸애兼愛(이타주의)로 요약할 수 있다. 전국시대에 크게 유행한 학파였는데 진나라가 천하를 통일한 후 갑자기 사라졌다. 그 후 내내 묵혀 있다가 청나라 시대에 와서 발굴되었다. 손이양孫詒讓의 『묵자한고墨子閒詁』가 해설서로 유명하다. 위아의 양주학파든 이타의 묵가든 '이익'과 '위하여'를 중심으로 회전하는 점에서는 동질적이다. 나를 위하는 것은 양주요, 남을 위하는 것은 묵가다.[133] 이들은 도척이 새벽부터 '이익에 분주함'과 같은 유형이니, 극단적으로 말하면 도둑질(盜)에 비길 수 있다.

---

132 앵거스 그레이엄, 앞의 책, 106쪽.
133 위의 책, 109~110쪽.

맹자, 마음의 정치학 3

한편 이른바 중도를 취한다는 자막은 상황의 적실성을 도외시하고 양극단의 한중간에 집착할 따름이다. 시의적절을 모르니 하나를 얻고 백가지를 폐기한다. 이건 '적賊'이라고 표현하였다. 둘을 합해서 부르면 도盜-적賊이지만, 자막이 질적으로 더 나쁘다. 양주와 묵적은 '위하여'를 표방하니까, 나를 위하든 너를 위하든 발뒤꿈치를 들고 있기 때문에 겉으로 드러난다. 겉으로 드러나니 속을 염려는 없다. 그러나 자막의 사이비 중립은 참된 중용 뒤에 숨어서 도리어 중용을 크게 해친다. 겉은 중도인데 막상 편중되니 사이비다. 사이비가 더 무섭다. 그래서 맹자가 적도賊道, 곧 '도를 도적질하는 것'이라고 심한 말을 쓴 것이다.

참된 중도란 타협이나 기계적 절충이 아니라 "양극단을 피하면서 여러 대안이 지니는 장점을 찾아내려는 것으로 오늘날의 다원주의와 일맥상통"[134]한다. 공자가 일찍이 "중용의 덕이 몹시 지극하다"라고 찬양하면서도 그 의미를 바로 알지 못하는 세태를 탄식했듯[135] 중용의 도리를 제대로 알고 올바로 행하기는 쉬운 노릇이 아니다. 그렇다면 중용은 어떤 것인가? 여기 저울추를 뜻하는 '權(권)'에 핵심이 있다. 의리(義)를 저울대로 삼고 주어진 상황을 무게로 얹어서 그 사이의 평형, 즉 적절함optium을 찾는 과정이 중용이다. 공자가 "군자란 천하에 꼭 해야만 할 것도 없고, 반드시 하지 말아야 할 것도 없어 다만 의를 기준으로 삼을 뿐이다"라고 했을 때의 의義가 이것이요, 맹자가 순우곤과 논쟁하는 가운데

---

134 이광세, 앞의 책, 242~244쪽.
135 子曰, "中庸之爲德也, 其至矣乎! 民鮮久矣."(『논어』, 6:27)

제수와 물건을 주고받을 땐 살갗이 닿지 않는 것이 예禮이지만 물에 빠진 제수를 구할 때는 예규에 얽매여선 안 된다던 권權이 그것이다(7:17). 의리를 살리면서 변화에 대응하는 중용의 처신은 이런 식으로 표출된다.

공자, 말씀하시다.

"삼베로 만든 모자가 예에 합당하지만 요즘은 명주로 만든 모자를 쓰던데 싸고 좋더구나. 나는 시대를 따르련다.

어른을 뵐 때 마루 아래에서 절을 올리는 것이 예에 합당하다. 요즘은 마루 위에서 인사를 하던데 방만해 보이더라. 비록 시대와 어긋나지만 나는 예법을 따르련다."

_『논어』, 9:3

규정대로라면 삼베로 만든 모자가 의례에 합당하지만, 값싼 명주로 만든 모자가 있다면 명주 모자를 쓰는 것도 예의 본령을 해치지 않는다. 반면 어른을 뵐 때 마루 아래에서 절을 올리는 예법은 공경을 표하는 것인데, 훗날 마루 위에서 절을 올리는 습관이 생겨난 것은 효율적인지는 모르나 공경의 정신을 훼손하는 것이다. 이런 변화는 따르지 않겠다는 것. 두 사례에서 볼 수 있듯 시대 변화와 예의 정신을 잘 헤아려 시의에 적절하되 예의 본령을 해치지 않도록 저울질하는 과정이 중용이다.

참고 정이천은 중용의 어려움을 절감하였다. 중中을 방과 집에 비유하였는데 절실하다.

맹자, 마음의 정치학 3

'중中'자가 가장 알기 어렵다. 모름지기 묵묵히 인식하여 마음으로 통해야 한다. 다만 시험 삼아 말하자면, 방의 중은 대청마루가 되겠지만 집 전체로 보면 대청마루가 아닌 안방(堂)이 중이 될 것이다. 나라 전체로 보면 안방이 아니라 나라의 한가운데가 중이 되겠고. 이런 식으로 유추하면 중의 의미를 알 수 있으리라. 또 중은 손에 잡히는 것이 아니다. 이 이치를 알아야 모든 일과 모든 사물에 자연스러운 중이 있음을 알게 되고 억지로 일에 맞추려 들지 않을 것이다. 일마다 거기 맞추려 들다가는 결코 적중하지 못한다.

_『맹자집주』

13:27. 마음을 목마르게 하지 말라

孟子曰, "飢者甘食, 渴者甘飲, 是未得飲食之正也, 飢渴害之也. 豈惟口腹有飢渴之害? 人心亦皆有害. 人能無以飢渴之害爲心害, 則不及人不爲憂矣."

맹자, 말씀하시다.

"굶주린 자에겐 모든 먹을거리가 맛나고, 목마른 자에겐 모든 마실 거리가 달다. 이것은 올바로 먹고 마시는 것이 아니다. 기 갈이 올바른 맛을 해친 것이다.

어찌 입과 배에만 기갈의 해가 있으리오. 사람들의 마음에도 또 한 해악이 있다. 사람이 기갈의 해악으로 마음을 해치지 않는다 면 남만 하지 못함을 걱정하지 않아도 되리라."

해설

앞 장에서 중용을 논했다면 여기서는 올바름(正)을 논한다. 굶 주린 자에게 먹을거리가 맛나고, 목마른 자에게 마실 거리가 단 까닭은 욕망 때문이다. 나라를 호령하는 권력자라도 굶주린 상태에서 먹는 음식 은 맛있고 달게 마련이다.

어느 임금이 동해안으로 피난을 갔다는데 거기서 묵이라는 물고기를 잡수셨겠다. 허기진 배로 그걸 드시니 혀에서 단맛이 나는지라 은어라고 이름을 바꿔줬단다. 난리가 끝나고 환도한 후 옛 생각이 나서 은어를 대령케 하였는데, 다시 잡숴보니 맛이 전혀 아니더라는 것. 이에 '도로 묵이라고 해라' 하고 명령하여 오늘날 그 물고기 이름이 '도루묵'이 되었다는 것. 이런 옛이야기에 본문을 겹치면 곧 "기갈이 올바른 맛을 해친 것이다." 자기 객관화가 그렇게 어렵다는 말이다.

목마름과 배고픔이 음식의 올바른 맛을 해치듯 욕망은 올바른 마음을 해친다. 『중용』에 "밥을 먹지 않는 사람이 없건마는 밥맛을 아는 사람이 드물다"라는 경책이 이쯤에 걸맞다. 그러므로 돌이켜 보라! '잃어버린 양심을 찾는 것', 곧 구방심求放心이 공부의 핵심인 까닭이다(11:11).

13:28. 유하혜의 개결함

孟子曰, "柳下惠不以三公[136]易其介[137]."

맹자, 말씀하시다.

"유하혜는 삼정승의 벼슬로도 그 개결함을 바꾸지 않았다."

해설

유하혜는 공자로부터 현자로 존중받은 사람이다.

공자, 말씀하시다.

"장문중은 자리를 훔친 자일진저! 유하혜가 현자임을 알면서도 함께 조정에 서지 않았으니."

_『논어』, 15:14

---

136 三公(삼공): '삼정승'으로 번역하였다. 조선시대로 치면, 영의정·좌의정·우의정, 즉 대신을 이른다.

137 介(개): 투구와 갑옷을 갖춰 입은 무사의 모습을 형용한 것이다. 지조나 절개를 뜻한다. 주희는 '有分辨之意(유분변지의)'라고 하였으니 "介자의 좌우로 분명하게 나뉘는 형상에서 '의와 불의'를 분명히 하여 취사선택하라는 뜻이 된다."(성백효)

맹자는 이런 유하혜를 "성인 가운데 화목한 분聖之和者"(10:1)이라 했다. 저기서 '화和'로 요약했던 유하혜를 여기서는 '개결함(介)'으로 표현했으니 화목을 알아야 개결함을 이해할 수 있다. "군자는 화이부동하고, 소인은 동이불화하다"(『논어』, 13:23)라는 공자의 말처럼 화는 '같지 않음(不同)'을 전제한다. 너와 내가 '서로 다르다'는 사실을 인식하면서도 '함께 더불어' 행하는 묘리가 화에 깃들어 있다. 화목이란 그저 남과 어울림을 위주로 삼는 것이 아님을 알 수 있다.

한편 『중용』에서는 "군자는 화목하되 휩쓸리지 않는다君子, 和而不流"라고도 하였다. 남과 함께 살되 주체를 보전해야 한다는 말이다. 『논어』의 '화이부동和而不同'과 『중용』의 '화이불류和而不流'를 겹쳐보면, 군자란 '동同'과 '류流'의 양극단에서 중심을 잡는 존재가 된다. 남과 어울리되 견결하며, 주체를 세우되 다름을 인정하는 역설의 사잇길에서 피어나는 것이 화목이다.

그렇다면 이제 알겠다. 여기서 맹자가 유하혜를 개결함으로 기린 까닭을! 유하혜의 화목은 고작 시대에 맞추고 세속에 휩쓸리는 동조가 아니라 견결한 주체, 곧 절개를 품고 있다는 말이다. 하지 않을 짓은 하지 않는 개결함이 있기에 남과 어울리면서도 한정이 있게 된다. 그러니 맹자가 유하혜를 성인의 반열에 얹었을 테다. 역시 중용의 적절함과 통하니, 그렇다면 중용을 논한 13:26, 올바름을 논한 13:27, 그리고 이 장은 뜻이 이어진다. 앞서 유하혜를 해설한 3:9의 내용을 먼저 참고하자.

13:29. 길을 가려거든 끝까지 가라

孟子曰, "有爲者¹³⁸辟¹³⁹若掘¹⁴⁰井. 掘井九軔¹⁴¹, 而不及泉, 猶爲棄井也."

맹자, 말씀하시다.

"무엇을 이루려는 것은 비유하면 우물을 파는 것과 같다. 아홉 길을 파 들어가도 샘에 닿지 못했다고 포기하면 우물을 버리는 것과 같다."

해설

'한 우물을 깊이 파지 말고, 여기저기 횡행하라'는 격언이 유행하는 오늘날에 이 장은 유물처럼 보인다. 그러나 농경 시대든, 산업화 시대든, 정보화 시대든, 아니 심지어 인공지능 시대일지라도 주인공이 되려 한다면, 숙성의 시간과 첫 마음을 끝까지 견지하는 지구력이 반드시 필요하다. 농경 시대엔 삽과 보습의 날이 반짝거려야 하고, 산업화 시대

---

138 有爲者(유위자): 목표를 달성하려는 의욕을 가진 사람. 유위지군有爲之君 참고(4:2).

139 辟(비): 비하다. '譬(비)'와 같다.

140 掘(굴): 파다.

141 九軔(구인): '軔'은 '仞(인)'과 같다. 사람의 키 높이. 여덟 자(八尺)가 인仞이니 '九軔'은 10미터가 넘는 깊이다.

맹자, 마음의 정치학 3

에는 망치자루가 손때로 반질거려야 하며, 정보화 시대라면 컴퓨터 자판이 반들반들해져야 한다.

일찍이 공자부터 항심을 중시했으니 이 장은 그 뜻을 잇고 있다. "남녁 사람들 말에 '사람으로서 항심이 없다면 무당이나 의원 짓도 못하리라'고 하였더니, 옳은 말일진저"(『논어』, 13:22)라고 하였다. 맹자 역시 "일정한 생업(항산)이 없어도 일관된 마음(항심)을 유지할 수 있는 자는 오로지 사士뿐입니다"(1:7)라고 자부한 터다. 그러나 초심을 끝까지 버텨내는 항심이 쉬운 일은 아니다. 공자조차 "내가 선인善人을 만나볼 수 없다면 항자恒者라도 만날 수 있다면 좋으련만"(『논어』, 7:25)이라고 목말라 했다. 그랬기에 공자는 인자仁者의 특징으로 강직하고 굳세며 소박하고 어눌한 점을 거론했던 것이리라.[142]

물이 100도에 이르러야 증기로 변하듯 공부도 경지에 이르려면 숙성과 변모의 과정을 거쳐 비등점을 넘어야 한다. '학學'만으로는 안 되는 것이다. 시간을 두고 익히는 시습時習의 과정을 통과할 때라야 희열(悅)의 비등점에 닿을 수 있다. '학이시습지, 불역열호'의 뜻이 그렇다. 놀랍게도 '4차 산업혁명'이 운위되는 오늘날 역시 '아홉 길 심층을 파고드는' 프로만이 융합과 창조를 이룰 수 있다고 한다.

자기 분야에서 '심층'을 가질 때 새로운 것이 축적될 수 있다. 특히 4차 산업혁명 시대는 변경이 흐릿하고 융합적 성격이 강하다. 정말

142　子曰, "剛·毅·木·訥, 近仁." (『논어』, 13:27)

가치 있는 융합은 각 분야에서 초절정의 고수들, 소위 프로들이 모여야 만들어진다. 여기서 프로는 특정 전문 기능을 가진 사람이기보다 자기가 붙들고 있는 문제를 놓지 않고 끝까지 가본 사람을 의미한다. 엔지니어든 가수든 누구든지 자기 분야에서 깊이를 축적한 프로들이 다양하게 많이 존재하는 사회에서 융합도 잘 일어난다. 이것도 '조금' 알고 저것도 '조금' 아는 사람들끼리는 절대 독창적인 융합을 만들어낼 수 없다.[143]

앞에 맹자는 지어도志於道에서 출발하여 달어도達於道에 이르는 행로를 물이 바다에 도달하는 과정에 비유하였고(13:24), 공자도 "한 삼태기 흙을 붓지 않아 산을 완성하지 못한 것도 내 탓"(『논어』, 9:18)이라고 하였으니 끝까지 통달하지 않으면 '10년 공부가 도로 나무아미타불'이 되는 것이다. 끝까지 매진하여 '자득自得'의 경지에 도달할 때 성숙해진다는 말이니 역시 뿌리 깊은 나무, 샘이 깊은 물이라야 바람과 가뭄이라는 외력에 휘둘리지 않고 자립할 수 있는 것과 같다(8:18 참고).

한편 본문에서 일을 할 때 끝을 보는 것을 우물 파기에 비유한 점이 특이하다. 이는 중국의 지리 환경과 관련된다. 중국 고대문명을 황하 문명이라고 일컫는 까닭은 황토물이 흐르는 강가에서 일군 문명이기 때문이다. 중국의 '색채 지리학'은 노란색 일변이다. 태양의 길인 황도로부터

---

143 이정동-정재승 미래 토크, "한국은 왜 '4차 산업혁명'이 안 보일까", 〈한겨레〉, 2017년 1월 23일자; 서울대학교 공과대학 엮음, 앞의 책도 참고할 것.

맹자, 마음의 정치학 3

누른색 물인 황하, 노란색 땅 황토, 누런 색깔 바다 황해, 급기야 노란색 샘인 황천에 이르기까지. 이에 죽어서 땅에 묻히는 것을 '황천 간다'라고 하였다. 죽음의 세계를 두고 황천이라고 한 것은 황하 주변 그 어디든 발밑을 파면 '누런 샘물'이 솟는다는 일반성을 상징한다. 즉 황하 주변 사람들의 상식은 '우물을 파면 언젠가는 황천에 닿는다'는 것이다.

본문 밑에 그런 상식이 깔려 있다. 즉 "무엇을 이루려는 것은 비유하면 우물을 파는 것과 같다"라는 표현은 어디를 파 들어가도 물은 반드시 나오게 되어 있는 황하 주변 수맥의 지리학을 바탕으로 한다. 물론 지형에 따라 수맥에 닿는 높낮이는 들쭉날쭉할 수 있다(표층수부터 심천수에 이르기까지). 그러나 어디든 땅 밑에 물이 없지는 않다는 확신! 그러니까 인(仁)이 좋은 것인 줄을 알았다면 되고 안 되고를 따지지 말고 끝까지 밀어붙일 일이지, 이런저런 핑계를 대서는 안 된다는 경책이다. 한 수레 가득한 땔감에 난 불을 끄는데, 물을 두어 잔 부어보고는 불이 꺼지지 않는다면서 물이 불을 이길 수 없다고 해서는 안 되는 것과도 같다(11:18).

'어디든 파면 닿는다'는 샘의 비유는 성선의 절대적 보편성을 강조하기 위함으로도 읽힌다. 땅을 아홉 길 깊이로 파 들어가면 언젠가 샘을 만나듯, 제 아무리 악인일지라도 성찰하고 또 성찰하면 선한 본성의 샘을 만나게 되리라는 맹자의 '성선 신앙'을 강조한 것으로 말이다. 이런 식의 독해는 거슬러 올라가면 "태어나면서 아는 자가 있고, 배워서 아는 자도 있으며, 곤란을 겪고 나서야 아는 자가 있는가 하면, 곤란을 겪고서도 배우지 않는 자가 있다"(『논어』, 16:9)라는 공자의 인간 유형론에까지 닿는다. 곤란을 겪더라도 끝까지 배우면 깨닫게 되듯, 노천 광천을 가진 사람이나 아홉 길 지하의 심천을 가진 사람이라도 결국 샘물에 닿는 것은 다 같다. 아홉 길 아래의 샘이라는 비유는 공자를 계승하여 성선의 절대적 보편성, 곧 '모든 인간은 선하다'라는 신념을 황하 주변의 지리적 맥락을 통해 드러낸 것이다.

孟子曰, "堯舜, 性之也; 湯武, 身之也¹⁴⁴; 五覇, 假之也¹⁴⁵. 久假而不歸, 惡¹⁴⁶
知其非有也."

맹자, 말씀하시다.

"요순은 본성대로 행하였고, 탕무는 이를 체현하였으며, 오패
는 그걸 흉내 냈다. 오랫동안 흉내만 낼 뿐 본성을 돌아보지 않
았으니 자기 것이 아닌 줄 어찌 알겠는가."

해설

"요순은 본성대로 행하였다"는 말은 타고난 인의예지의 덕성
을 순수하게 펼쳐 천하에 사람다움의 좌표축을 처음 세웠다는 뜻이다.
요순의 정치를 무위이치라, '억지로 하지 않고도 잘 다스렸다'라고 칭탄
한 까닭¹⁴⁷이 사람다움의 이치에 맞는 정치를 행했기 때문이다. 이것을
여기서는 '성지性之'라고 요약했다.

---

144 身之也(신지야): 체현하다.

145 假之也(가지야): 흉내 내다. 앞에 '以力假仁者(이력가인자)'와 서로 참고가 된다(3:3).

146 惡(오): 어찌.

147 子曰, "無爲而治者其舜也與!"(『논어』, 15:4)

"탕무는 이를 체현하였다"는 요순이 수립한 정치(곧 왕도)가 폭군 걸왕과 주왕에 의해 훼손되었는데, 그 숨겨진 실마리를 찾아내 혁명을 거쳐 회복했다는 말이다. 붕괴되고 파묻힌 진리를 드러내 현상하였음을 '신지身之'로 표현했다. 요순의 정치가 사람다움을 자연스레 드러냈다는 점에서 무위無爲라면, 탕무는 힘들여 혁명을 하였으니 '유위有爲'의 정치가 된다(14:33에는 이 구절이 "탕무는 그 본성을 회복하였다湯武, 反之也"라고 되어 있다).

한편 "오패는 그걸 흉내 냈다"라는 말은 춘추시대 제후들이 왕도를 들어보긴 했고, 또 그것이 좋은 줄은 알아서 흉내는 냈으나 체화하지는 못했다는 뜻이다. 성왕의 시대가 끝나고 패권의 시대가 시작되었다는 말이다. 덕을 겉에다 '맥기칠'은 하였으나 속셈은 따로 있어, 속과 겉이 다르다는 뜻을 '가지假之'라는 말에 담았다(실은 이 대목은 관중을 지목한 것이다. 12:7 참고). 동시에 춘추시대 제후들은 왕도를 흉내라도 내려고 하였으나, 전국시대 권력자들은 아예 그런 생각조차 없다는 개탄이 말끝에 숨어 있다. 저 뒤에 "『춘추』에 의로운 전쟁은 없으나, 저쪽이 이쪽보다 나은 경우는 있더라"(14:2)는 대목과 통한다. 이 장은 "춘추의 오패는 삼왕의 죄인이요, 오늘날 제후는 오패의 죄인이며, 오늘날 대부는 그 제후의 죄인이다"(12:7)라는 대목과 연결된다.

참고로 "오랫동안 흉내만 낼 뿐 본성을 돌아보지 않았다"는 뜻의 '久假而不歸(구가이불귀)'를 다르게 해석하는 경우도 있다. "오래도록 빌려 쓰다가 돌려주지 않으면 결국 자기 것이나 마찬가지다"가 대표적이다. 패자들을 옹호하기 위한 논리인 셈인데, 주희는 이런 견해를 소개한 뒤 '잘못된 해석'이라고 판정하였다(『맹자집주』).

公孫丑曰, "伊尹曰, '予不狎[148]于不順, 放[149]太甲于桐[150], 民大悅. 太甲賢[151], 又反之, 民大悅.' 賢者之爲人臣也, 其君不賢, 則固可放與?"

孟子曰, "有伊尹之志, 則可; 無伊尹之志, 則簒[152]也."

　　공손추가 물었다.

　　"이윤이 말하기를 '나는 왕도를 따르지 않는 자에게 익숙하지 않다'라며, 태갑을 동 땅에 유폐시키자[153] 백성은 크게 기뻐했습니다. 또 태갑이 회개하자 왕위에 복귀시키므로 백성이 크게 기뻐했다고 합니다. 현자라도 남의 신하인데, 임금이 현명하지 않다고 정녕 유폐시킬 수가 있답니까?"

　　맹자, 말씀하시다.

　　"이윤의 뜻이 있다면 가하지만, 이윤의 뜻이 없다면 찬탈이지."

148 狎(압): 익숙하다.

149 放(방): 내치다, 유폐하다.

150 桐(동): 지명. 은나라 건국자 탕임금의 묘가 있는 곳.

151 賢(현): '회개하다'라고 번역하였다.

152 簒(찬): 빼앗다, 찬탈하다.

153 이 대목은 9:6에도 보인다. 이 장에 인용한 이윤의 말은 옛날 『상서尚書』의 문장이다. 오늘날 전하는 「태갑」(상, 중, 하) 세 편은 위고문僞古文이다(양백준).

　제아무리 현자라도 신하인데 군주가 우매하다고 추방하고 또 복귀시킬 수 있는가? 이윤의 지나친 행동은 역성혁명론으로 접근할 때만 이해할 수 있다. 공공의 가치를 배반하고 개인의 이익을 도모한 군주는 추방해도 좋다. 다만 탕무는 혁명에 성공하여 아예 새 왕조를 개창했지만 지금 이윤은 일종의 궁내혁명을 일으킨 셈이라 애매하다. 건국자 탕의 왕도 이념을 훼손한 손자 태갑왕을 할아버지 묘소가 있는 동 땅에 유폐했다가 복귀시킨 과정은 '군주를 범했다'고 볼 만하다. 이는 '임금과 성이 같은 정승(貴戚之卿)'이 군주를 추방할 수 있는 것과 유사한 경우로 봐야 할 것이다(10:9 참고).

　더욱이 현실 정치 세계에서는 강신强臣이 약한 임금을 몰아내는 일이 비일비재하다. 이럴 때 이윤의 사례는 찬탈의 명분으로 삼기에 꼭 좋다. 군주라도 의롭지 않으면 자리를 내놓아야 한다는 이론적 명분과, 강신이 군주를 내몰기 위한 협박의 명분으로 이윤의 사례를 도용하는 현실 사이에는 괴리가 있다. 공손추의 질문은 이 괴리를 문제 삼고 있다. 맹자는 그 딜레마를 '이윤의 뜻(伊尹之志)'으로 '봉합'한다. 그렇다면 '이윤의 뜻'은 무엇인가?

　'何事非君, 何使非民(하사비군, 하사비민)' 여덟 글자에 요약되어 있다. '임금답지 않은 임금을 어찌 섬기며, 잘못된 백성을 어찌 부리랴!'라는 것(9:7과 10:1의 해설 참고). 도탄에 빠진 백성을 마치 본인이 강물에 떠밀어 넣은 것처럼 느끼며 구제하기에 급급했던 것은 '잘못된 백성을 어찌 부리랴(何使非民)'에 해당하고, 폭군 걸왕을 쳐서 혁명한 것은 '임금답지 않은 임금을 어찌 섬기랴(何事非君)'에 속한다. 마찬가지로 본문에서 군주권에 개입하여 탕임금의 손자 태갑왕을 유폐했다가 복귀시키는 과정 역시 '임금답지 않은 임금을 어찌 섬기랴'의 원칙을 적용한 것이다. 은나라의 건국이념인 여민주의를 전복하고, 국가를 사유화하려는 시도에 대한 반정反正의 합법적인 조치라는 것. 공공성을 위배하는 자는 군주일지라도 배제해야 한다는 것이 이윤의 일관된 정치관이다. 이것이 폭군 걸을 전복하여 혁명한 까닭이요, 탕을 도와 왕도 천하를 회복한 이유다.

주희는 이윤의 뜻을 "천하위공天下爲公을 자기 마음으로 삼아서, 한 티끌도 사사로움이 없었던 것"(『맹자집주』)이라고 하였는데, 제대로 짚었다. 공자가 『춘추』를 저술한 것이나 이윤이 태갑왕을 방반放反한 것은 똑같이 '하사비군'의 권도權道에 해당한다. 권權은 비상조치이므로 다양한 현실을 전제한다. 곧 이윤의 뜻이란 첫째 여민주의 이념, 둘째 군주일지라도 여민주 정치를 해치면 해임되거나 그 정부는 혁명되어야 한다는 것, 셋째 이러한 비상조치 이외에 재상이 군주권을 탈취한다면 그것은 찬탈이니 역모죄로 처단해야 한다는 것이다.

그럼에도 이 문장의 끝 "이윤의 뜻이 있다면 가하다"라는 구절은 '가능하다(可)'에 방점이 찍힌다. 맹자의 뜻이 '폭군의 추방은 가능하다'는 쪽으로 기울어져 있다는 표지다. 이 장은 반드시 탕무 혁명론(2:8), 귀척지경貴戚之卿(10:9), 대장부론(6:2), 민귀군경民貴君輕(14:14) 등과 함께 보아야 한다.

13:32. 군자는 공밥을 먹지 않는다

公孫丑曰, "詩[154]曰 '不素餐[155]兮.' 君子之不耕而食, 何也?"

孟子曰, "君子居是國也, 其君用之, 則安富尊榮; 其子弟從之, 則孝弟[156]忠信. '不素餐兮', 孰大於是?"

공손추가 물었다.

"『시경』,「위풍」, '벌단'에 '공밥 먹지 말라'고 하였습니다. 군자가 농사를 짓지 않고 공밥을 먹는 것은 어째서입니까?"

맹자, 말씀하시다.

"군자가 이 나라에 사는데 임금이 그를 등용하면 나라는 안정되고 부유해지며, 존귀해지고 영예를 누리게 된다. 또 그 자제들이 군자를 따르면 효성스럽고 공손해지며 성실하고 신뢰 있는 사람이 된다. '공밥 먹지 않기'로 그 어느 것이 이보다 더 대단한 것이 있을까?"

---

154 詩(시): 『시경』,「위풍魏風」, '벌단伐檀'.

155 素餐(소찬): 공밥, 공짜 밥.

156 弟(제): '悌(제)'로 된 판본도 있다.

　　앞에서 여러 차례 나온 문답이다. '군자가 공밥 먹는다'라는 말은 춘추전국시대 유자들을 향한 단골 힐난이다. 공자를 두고 은둔자가 내뱉은 "팔다리를 놀리지도 않고 콩과 팥을 구별하지도 못하는 자가 무슨 놈의 선생이란 말이오?"(『논어』, 18:7)라던 비난에서부터 맹자에 대한 팽경의 질문(6:4)과 신농학파 허행의 비판(5:4)도 같은 맥락이다. 그러면 공밥 논쟁의 원조 격인 공자와 그의 제자 번지 사이의 논쟁을 통해 결론을 짓자.

　　번지가 농사 기술을 배우기를 청했다. 공자, 말씀하시다.

　　"나는 노련한 농사꾼이 아니라네."

　　또 밭농사 기술을 배우기를 청했다. 공자, 말씀하시다.

　　"나는 노련한 밭 일꾼이 아니라네."

　　번지가 나갔다. 공자, 말씀하시다.

　　"소인이로구나. 저 녀석은! 윗사람이 예를 좋아하면 백성 가운데 감히 공경하지 않을 자가 없고, 윗사람이 의를 좋아하면 백성 가운데 심복하지 않을 자가 없으며, 윗사람이 신뢰를 좋아하면 백성 가운데 참마음을 쓰지 않을 자가 없을 터. 대저 이와 같으면, 천지사방에서 사람들이 그 자식을 업고 짊어지고 몰려올 것인데, 언제 농사 기술을 쓸 겨를이나 있겠던가!"

　　_『논어』, 13:4

공자에게 농사일 배우기를 요구한 번지의 질문과, 맹자에게 '공밥 먹지 말라'는 시구로 질문한 공손추의 의도는 같다. 당대의 '실학자들'이라고나 할까? 이들의 질문에는 '도덕과 가치는 먹고사는 기술과 관련이 없지 않느냐'라는 비아냥거림이 깔려 있다. 공자와 맹자의 가르침이 실용적이지 않다는 뜻이다. 이 질문은 우리가 지난 100년간 유교에 던졌던 힐문과 똑같다. 공리공담, 탁상공론, 허학虛學과 같은 말들이 유교를 비판하는 표현들이었다. 공자 당대에, 더욱이 제자가 이런 질문을 했다는 사실이 이채롭다. 이에 대해 공자는 자기 학문이 기술을 발휘하도록 바탕을 이루는 구조라는 것, 컴퓨터 용어를 빌리자면 운영 체계(OS)와 같은 것이라고 알려준다. 또 그 운영 체계의 요소가 예와 의, 신뢰라고도 지목한다.

주목할 점은 시대의 핵심 과제를 시스템 문제로 인식하는 공자의 시각이다. 실용적인 기술을 요구한 번지에게 공자가 소인배라고 짜증을 낸 이유는 사회 문제의 본질은 생산을 위한 작업 기술에 있는 것이 아니라, 그것을 발휘할 수 있는 구조, 즉 시스템을 마련하는 것이라고 봤기 때문이다. 먹고사는 농사 기술을 비천하게 여겨서가 아니라 사회 문제를 근본적으로 해결할 방책을 찾은 것이다. 예와 의, 신뢰라는 운영 체계를 확보하여 실행하면 "천지사방에서 사람들이 그 자식을 업고 짊어지고 몰려올 것인데, 언제 농사 기술을 쓸 겨를이나 있겠던가!" 농사 기술을 발휘할 수 있는 기반, 즉 사회 구조를 건설하고 운영하는 일에 군자의 지혜가 집중되어야 한다는 뜻이다.

앞서 "우는 8년 동안 바깥을 돌다가 문 앞을 세 번이나 지나칠 뿐 집

안으로는 들어가지 못했으니, 비록 농사를 짓고 싶다 한들 그럴 겨를이 있었겠습니까?"(5:4)라고 했다. 우가 농사짓지 않고 밖을 떠돌며 분주했던 까닭은 육체노동을 회피하기 위해서가 아니다. 외려 경작을 어렵게 하는 근본 원인인 홍수를 해결하기 위해서였다. 이에 "100무의 땅을 다스리지 못할까를 자기 근심으로 삼는 자는 농부"지만 농사를 짓도록 터전을 마련하는 것은 정치가의 일이 된다. 그래서 "요임금은 순을 얻지 못할까를 근심으로 삼았고, 순임금은 또 우와 고요를 얻지 못할까를 걱정으로 삼았"(5:4)던 것이다.

이제 맹자는 어리석은 공손추의 눈높이에 맞춰 군자의 쓰임새, 공동체에 기여하는 미덕을 나열해 보여준다. 권력자에겐 안부존영安富尊榮, 즉 부귀영화의 길을, 그 자식들에겐 효제와 충신의 길을 열어주니 '좋은 나라'를 건설하고 경영하기 위한 핵심 가치를 제공하는 게 아니냐는 반문이다. 입에 들어가는 밥을 생산하는 것보다 더 크고 근본적인 기여라는 뜻. 그렇다면 군자의 역할이 얼마나 근본적이고 중요한가! 이럴진대 어찌 이들이 공밥을 먹는 존재일까 보냐. 번역하자면 학자나 교사가 농사를 짓지 않는다고 하여 어찌 그 사회적 기여가 생산자들보다 못하겠느냐는 말이다.

13:33. 선비는 무엇으로 사는가

王子墊[157]問曰, "士何事?"

孟子曰, "尙志."

曰, "何謂尙志?"

曰, "仁義而已矣. 殺一無罪非仁也, 非其有而取之非義也. 居惡[158]在? 仁是也; 路惡在? 義是也. 居仁由義, 大人之事備矣."

왕자 점이 물었다.

"사는 무엇을 일삼는가요?"

맹자, 말씀하시다.

"뜻을 숭상합니다."

왕자 점이 말했다.

"뜻을 숭상한다는 것은 무슨 말입니까?"

맹자가 말했다.

"인의를 숭상할 따름이지요. 죄 없는 사람을 하나라도 죽이면 인이 아니요, 자기 것이 아닌 걸 하나라도 취하면 의가 아닙니다. 거처할 곳이 어딘가? 인이 그곳입니다. 갈 길은 어디인가? 의가 그것입니다. 인에 살고 의를 따른다면 대인[159]의 사업은

157 王子墊(왕자점): 제나라 왕의 아들.

158 惡(오): 어디, 어찌.

갖춰진 것입니다."

해설

　　왕자 점은 제나라 임금의 아들이다. 사士의 계급적 지위가 대인(공경대부)도 아니요, 그렇다고 농공상인도 아니니 그 위치가 어디냐고 질문한 것이다. 앞 장과 연결하면 역시 '공밥을 먹지 않느냐'라는 힐문이 된다. 맹자의 답은 '선비란 뜻을 숭상하며 사는 사람'이다. 뜻이란 무엇인가? 이윤의 뜻이라던 그 뜻이니 공공선을 지향함이다. 문장 끝의 '대인의 사업'이란 곧 '사의 업무는 출세가 아니라 몸을 닦아 도덕적 주체가 되어 사회에 기여하는 것'이라는 의미다. 앞 장과 관련짓자면 나라를 안부존영하게 하고, 인민을 효제충신하게 하는 일이 선비의 사업이다. 현대식으로 번역하면 좋은 나라를 만들고, 시민의 덕성을 기르는 데 기여하는 것이다.

　　여기 맹자의 사론士論은 공자로부터 전수받은 것으로, 주희에게 계승되어 조선에서 꽃을 피웠다. 선비 정신은 오늘날 한국 사회에도 저류한다. 이에 사의 계보를 간략히 소묘해본다.

159　大人(대인): 앞에 "대인이 있으니 자신을 바로잡음에 남도 바르게 하는 사람이다大人者, 正己而物正者也"(13:19)라던 구절을 떠올리자.

1. 사의 문자학

원래 '士'는 도끼의 상형(위의 가로줄은 자루, 가운데 세로줄은 몸통, 밑바닥 짧은 가로줄은 날이다)이다. 점차 그 도끼를 들고 작업하는 '남자, 사나이'를 가리키게 되었다(오늘날에도 기사技士라는 말 속에 원시적인 '士'의 용례가 남아 있다). 전쟁이 일상화하면서 사는 전사, 궁사, 하급 무사를 가리키는 말로 전환되었다. 여기의 하급 무사는 오늘날의 부사관에 가깝다. 하사-중사-상사라는 명칭도 이와 같은 '무사'의 용례에 속한다. 장기판에서 왕궁을 수비하는 말이 사인 것도 오늘날 선비로만 해석하는 사의 기원이 무사였음을 보여준다.

춘추전국시대에 이르러 전쟁이 급증하면서 그와 관련된 국가 기구가 상설화되고, 전문 직능을 갖춘 관료들이 대거 등장했다. 이에 사는 관료 조직의 말단, 즉 명령을 집행하는 하급 관료가 되었다. 하급 관료로서 사가 수행하던 직종 가운데는 옥리, 집달리 같은 법 집행자가 대표적이다. 그리고 공문서 기록자(史), 문서 수발과 잡무를 수행하는 행정서기(吏) 등도 사 계급에 속하게 된다.

2. 공자의 사

『논어』 속 사의 용례는 (1) 기술자, (2) 하급 관료인 무사와 문사 (3) 의사義士에 이르기까지 다양하게 출현한다. 공자의 제자 가운데 염유는 세무-재정 담당관을, 자로는 국방-안보 담당관을, 공서화는 의전-집례 담당관을, 자하는 문서 담당관을, 자장은 제후나 대부를 가까이서 보필하는 비서관을 지망하였다. 이들이 공자 학교를 공직 수행에 필요한 전문 직능과 기술을 획득하는 기회로 삼고자 했음을 추측할 수 있다.

그러나 공자가 제자들에게 요구한 것은 도덕적 존재로서의 '지사'였다. 이른바 "사는 도를 지향하는 존재士志於道"(『논어』, 4:9)라는 말에 새로운 사의 뜻이 잘 들어 있다. 기존 사회 질서가 와해되는 혼란기에 처한 공자는 자신이 속한 사 계급 젊은이들을 훈련하여 새로운 문명사회를 건설할 '프로젝트 팀'으로 삼으려 했다. 정직성과 자기 성찰, 도덕적 이상을 간직한 지사의 꿈은 한 제자의 포부에서 잘 드러난다.

> 증자가 말했다.
> "사는 그 뜻이 크고 굳세야 한다. 스스로 맡은 임무가 무겁고 또 그 길이 멀기 때문이다. 아! 인의 실현을 자기 임무로 삼았으니 그 얼마나 무거운 것이랴. 또 죽어서야 끝날 길이니 그 얼마나 먼 길이랴."
> _『논어』, 8:7

여기 증자가 형상화한 도덕 주체로서의 지사는 훗날 조선 지식인들이 지향한 선비의 원형이 된다. 공자가 "지사志士와 인인仁人은 삶을 구해 인을 해치지 않고, 몸을 죽여 인을 이룬다"[160]라며 살신성인의 도리를 사의 책무로 제시했을 때 이미 조선의 지사 안중근의 냄새를 맡을 수 있다. 공자를 통해 사는 사회 계급적 한계(하급 관리)를 넘어서 탈계급적 도덕 주체로 승화한다.

160　子曰, "志士仁人, 無求生以害仁, 有殺身以成仁."(『논어』, 15:8)

3. 맹자의 사

맹자는 사를 경제적 곤경을 감수하면서도 도덕 가치를 지향하고 실현할 투사鬪士로 형상화하였다. "항산이 없어도 항심을 유지할 수 있는 자는 오로지 사뿐입니다!"(1:7)라던 호언이 그렇다. 또 이런 투사의 면모는 대장부론에도 명징하게 묘사되어 있다(6:2).

유독 맹자는 사의 정치적 처신, 벼슬길에 나가고 물러서는 행동거지에 민감했다. 그는 벼슬길의 진퇴 과정에 엄격해야만 사의 정체성을 확보할 수 있다고 보았다. 타인이 추천하고 본인은 양보하는 예식을 거쳐 부득이하게 출사했다가 정의가 행해지지 않을 때는 마땅히 자리를 털고 물러나는 출처진퇴의 염결성이 있어야 정치적 공공성을 확보할 수 있다는 것. 이런 엄격한 절차와 과정이 사라지면 정치는 욕망의 난투장으로 변한다. 권력은 이익 투쟁의 획득물로 바뀌고, 공직은 사사로운 거래로 전락한다. 맹자를 통과하면서 유교의 사는 난진이퇴難進易退라, 곧 '출사는 어렵게 여기고, 물러나 숨는 은둔은 쉽게 여긴다'라는 윤리 규범을 체화하게 되었다.

4. 조선의 사

조선은 유교를 이념으로 건국한 나라다. 조선 선비들은 공자가 보여준 살신성인과 맹자가 제시한 출처진퇴의 윤리 규범을 체화하는 데 주력하였다. 조선 초기, 나이 어린 단종이 폐위되고 세조가 정권을 잡은 가운데 벌어진 사육신 사건(1456)이 한 단서다. 집현전 학사인 성삼문, 박팽년, 하위지 등이 선왕의 유지를 받들어 어린 임금을 보호하려다 모두 죽음에 이른 일이다. 이들은 조선시대 내내 충절의 대표로 기려졌고, 오늘날에도 올바른 정치적 행동의 지표로 여겨진다. 조선의 사는 일찌감치 절의節義를 지향하는 '선비'의 전통을 수립하였던 것이다.

조선 중기에 이르러 선비들은 정치권력과 대결하는 도덕적 정체성을 수립한다. 연이어 일어난 사화士禍가 그것이다. 임진왜란을 맞아 시골 선비 곽재우조차 스스로 '홍의장군'이라 이름 짓고 전투를 지휘하였으며, 전후에는 '망우忘憂'라는 글자를 경전(『논어』)에서 따와 당호로 삼고 독서인으로 살았다. 문무를 겸전하였으되 평생 출처진퇴의 염결성을 간직하면서 유교적 가치에 매진한 그의 삶은 선비의 고전적 전형이다. '홍의장군'과 '망우당'이라는 두 이름에 문무겸전文武兼全, 문질빈빈文質彬彬의 전全 인격을 추구한 조선 선비의 자의식이 선명하게 새겨져 있다.

조선 후기에 이르러 선비는 양반 계급의 전유물이 아니라 전 국민의 대중적 취향이 된다. 박지원이 지적하듯 이제 선비는 "왕공대부들 속에도, 농공상인들 속에도 있을 수 있다."(『연암집燕巖集』,「원사原士」) 조선 말기에 이르러 동학운동이 일어났는데, 농민전쟁을 이끈 전봉준이야말로 박지원이 지적한 '농공상인들 속에서 나온 선비'라고 할 수 있다. 뿐만 아니라 동학교도들은 스스로 도덕 가치를 실현하는 '민중 선비'를 자처했다. 선비 문화의 저변 확대는 근세 국망의 위기에 시골 선비 황현의 자결과 민초 안중근의 의거에서 꽃 몽우리를 맺고, 식민지하 제국 권력에 온몸으로 저항한 유관순의 맵찬 열행에서 꽃을 피운다(유관순을 열사烈士로 일컫는 까닭이다).

마그마처럼 저류하던 선비 정신은 해방 후 4·19 혁명을 통해 분출하고(1960), 민주헌법을 쟁취하는 6·10 시민운동으로 진화했으며(1987), 급기야 촛불 시위로 부패한 정치권력을 전복하고 헌정 질서를 회복하는 시민 권력으로 모습을 바꾸었다(2016~2017). 요컨대 조선의 선비 전통은 도덕 가치를 지향하고 실현하는 한국형 '시민'으로 발전했다고 평가할 수 있다.

孟子曰, "仲子¹⁶¹, 不義與之齊國而弗受, 人皆信之, 是舍¹⁶²簞食豆羹¹⁶³之義 也. 人莫大焉亡親戚・君臣・上下. 以其小者, 信其大者, 奚可哉?"

> 맹자, 말씀하시다.
> "사람은 누구나 중자가 의롭지 않다면 제나라를 거저 줘도 받 지 않을 것을 믿지만, 이건 한 그릇의 밥과 국을 거절하는 사소 한 의리다. 사람에게 친척・군신・상하 관계를 없애는 짓보다 큰일이 없다. 작은 것을 가지고 큰 것을 하리라고 믿는다면 어 찌 옳겠는가!"

해설

앞서 맹자는 홀로 고고한 척 '청빈 코스프레'를 하던 외돌토리 진중자를 비난한 바 있다(6:10). 유교의 진리는 함께 더불어 사는 삶, 특 히 가족 안에 숨 쉰다. 관계 속에 인간다움이 깃들어 있으니, 이를 행하 는 것이 사람의 참된 의리다. "사람에게 친척・군신・상하 관계를 없애는

---

161 仲子(중자): 제나라 유력 가문 출신인 진중자陳仲子를 가리킨다.
162 舍(사): 버리다. '捨(사)'와 같다.
163 簞食豆羹(단사두갱): 한 그릇의 밥과 국. '簞'은 대그릇. '食'는 밥. '豆'는 대접. '羹'은 국.

짓보다 큰일이 없다"라고 명토 박아둔 까닭이 그래서다. 크든(제나라) 작든(밥과 국) 불의한 것을 거부하는 정도라면 이는 사소한 의리에 불과하다. 사람다움은 '지금 이 땅'에서 적극적으로 실현해야 할 책무이지, 불의를 거부하는 소극적 차원에 머물러서는 안 된다. 시대를 밝혀야 할 지식인이라면 더욱 그러하다(그렇다면 이 장은 '선비의 정체성'을 논한 앞 장과 밀접하게 이어진다).

한편 사상사의 차원에서 보면 이 장은 제 한 몸 이롭게 하는 것을 진리로 삼는 양주학파에 대한 비판으로도 읽을 수 있다. 자로가 은둔자의 홀로 깨끗한 삶을 두고 다음과 같이 비평했던 맥락을 맹자가 계승한 것이다.

> 정치에 참여하지 않는 것은 의롭지 않다. 장유의 예절도 폐할 수 없거늘, 군신 간의 의리를 어찌 폐지할 수 있으랴. 제 한 몸 깨끗이 하고자 사람의 큰 윤리를 어지럽히는 짓이다. 군자가 벼슬을 하는 것은 그 의리를 실행하고자 함이지. 도가 행해지지 않는 것이야 이미 알고 있노라.
>
> _『논어』, 18:7

"제 한 몸 깨끗이 하고자 사람의 큰 윤리를 어지럽히는 짓"이라는 뜻의 여덟 글자 '欲潔其身, 而亂大倫(욕결기신, 이란대륜)'이 지금 진중자를 직격하는 맹자 언설의 기원이다. 맹자가 보기에 진중자는 '낭만적 감상주의자(egoist)'다. 낭만주의는 세상에 떠도는 이야깃거리나 생산할 뿐 실제 삶의 모순에는 눈을 가리게 한다. 좌파든 우파든 모든 운동에서 장애물은 외부의 적만이 아니라 이 따위 감상주의 내부자들인 경우가 많다. 공자와 맹자가 사이비似而非를 증오한 것과도 관련된다. 진중자에 대한 비평은 6:10의 해설에서 상세히 논했으니 함께 보자.

참고 한나라 초기, 전국시대 사상을 종합한 『회남자』에는 진중자에 대한 비평이 다음과 같이 요약되어 있다.

> 진중자는 절개가 있고 처신이 떳떳하여 더러운 임금의 조정에는 들지 않고, 난세의 곡식은 먹지 않다가 마침내 굶어 죽었다. 그는 망하는 나라를 보전하거나 후손이 끊어진 집안의 대를 이어주는 큰 공은 세우지 못했는데 그 이유는 무엇인가? 작은 절개를 펼치다가 중요한 일을 놓쳤기 때문이다.
>
> _『회남자』, 「범론훈氾論訓」

13:35. 순임금의 아비가 사람을 죽였다면

桃應¹⁶⁴問曰, "舜爲天子, 皋陶¹⁶⁵爲士¹⁶⁶, 瞽瞍殺人, 則如之何?"

孟子曰, "執之而已矣."

"然則舜不禁與?"

曰, "夫舜惡得¹⁶⁷而禁之? 夫有所受之也."

"然則舜如之何?"

曰, "舜視棄¹⁶⁸天下猶棄敝蹝¹⁶⁹也. 竊負¹⁷⁰而逃, 遵海濱¹⁷¹而處¹⁷², 終身訢然¹⁷³, 樂而忘天下."

도응이 물었다.

"순은 천자가 되고 고요는 옥관이 되었는데, 순의 아비 고수가

사람을 살해했다면 어떻게 해야 합니까?"

맹자, 말씀하시다.

---

164 桃應(도응): 맹자의 제자.

165 皋陶(고요): 순임금의 재상. 형벌과 감옥(刑獄)을 관장하였다.

166 士(사): 여기서는 옥관獄官을 뜻한다.

167 惡得(오득): 어찌 ~할 수 있겠는가.

168 棄(기): 버리다.

169 敝蹝(폐사): 헌신짝. '敝'는 해지다. '蹝'는 신발.

170 竊負(절부): '竊'은 몰래. '負'는 업다.

171 濱(빈): 물가.

172 處(처): 은둔하다.

173 訢然(흔연): 흔쾌한 모양. '訢'은 기뻐하다. '欣(흔)'과 같다.

맹자, 마음의 정치학 3

"법대로 처리할 뿐이다."

도응이 말했다.

"하면 순은 제지하지 않았단 말입니까?"

맹자가 말했다.

"순이 어떻게 그것을 제지할 수 있겠는가? 고요는 또 전수받은 바가 있는 것이다."[174]

도응이 말했다.

"그렇다면 순임금은 어떻게 처신해야 합니까?"

맹자가 말했다.

"순임금은 천하 버리기를 마치 해진 헌신짝 팽개치듯 하리라. 아비를 훔쳐 둘러업고 도망가 바닷가에서 숨어 살면서 평생을 흔쾌히 즐기며 천하를 잊을 테다."

도응은 맹자의 제자다. 그는 순임금이 아무리 아버지를 사랑해도 사사로운 정으로 공공성을 해칠 수는 없고, 고요는 재상으로서 법을 집행하더라도 천자의 아버지를 처벌할 수는 없을 거라고 생각했다. 그래

---

174 "고요의 법 집행은 관습법으로서 전수받은 바가 있다. 감히 사사로이 할 수 있는 것이 아니다. 비록 천자의 명령이라도 또한 법을 폐지할 수 없다."(주희)

서 이런 질문을 만들어 성인과 현인이 마음을 쓸 때 지극한 지점을 보려고 한 것이다(주희). 이 장은 순임금이 포악한 아우 상을 제후로 임명한 것과 같은 패턴이다. 아우를 부귀하게 해주어 형제간의 사랑을 살리면서 동시에 제후의 권력은 박탈하여 백성도 살리는 묘수였다(9:3). 형제간의 사랑(仁)과 정치의 도리(義)를 동시에 성취하는 중용의 처신법이 여기 부자간에 재현된다.

여기서는 이토 진사이의 비평이 볼 만하다. "한편으로는 천자라는 존엄한 지위에 있더라도 감히 천하의 법을 왜곡하지 않았음을 보여주고, 한편으로는 천하를 소유할 만큼 부유하더라도 그것을 감히 부자간의 친밀함과 바꾸지 않았음을 보여준 것이다. 인의 극치이자 의의 극치로서 맹자가 아니면 말할 수 없"는 대목이라는 평가다(『맹자고의』). 부자간의 사랑과 법의 공공성이 충돌할 때 합당한 도리를 논한 것은 일찍이 공자부터였다.

섭공이 공자에게 말했다.

"우리 마을에 정직한 자가 있으니 자기 아비가 양을 훔친 것을 고발하였소이다."

공자, 말씀하시다.

"우리 마을의 정직한 자는 이와 다릅니다. 아비는 자식을 숨겨주고 자식은 아비를 숨겨줍니다. 정직이란 그 가운데에 존재하지요."

_『논어』, 13:18

맹자, 마음의 정치학 3

부자간의 사랑은 '사私'요, 나라 법은 '공公'이므로 사를 버리고 공을 택해야 한다는 멸사봉공滅私奉公의 논리에 공자는 극렬하게 반대한다. 법은 어디다 쓰는가? 사람의 관계를 살리는 데 그 목적이 있다. 아버지와 아들은 사람 관계의 근본이다. 법이 관계의 근본을 파괴한다면 그것은 악이다. 그렇다면 국가 질서, 곧 실정법은 어떻게 할 것인가? 실정법의 근본도 사람 간의 윤리다. 윤리가 바로 설 때 법이 바로잡힌다. 멸사봉공이 아니라 선공후사先公後私가 마땅하다. "사군의 도리는 직분을 앞세우고 먹는 것은 뒤로 미루는 것이다"(『논어』, 15:37)라던 공자의 말이 이를 보증한다. 공公이란 국법 자체가 아니라 법의 공공성, 법의 합리를 뜻한다. 사私는 법을 통해 이기利己하려는 사심私心이요, 탐욕을 뜻한다.

옥관인 고요의 법 집행은 맡은 일을 사리에 맞게 처리한 것일 뿐이다. 옥관이 순임금의 아비를 법대로 처결하는 것은 사냥터지기가 '대부를 호출하는 깃발에 응하지 않고 제자리를 지킨 것'과 같다. 공자는 사냥터지기의 처신을 두고 칭찬했듯 고요의 평등한 법 집행도 옳다고 여겼을 것이다(6:1 참고).

공자가 해소한 법과 윤리의 문제를 지금 맹자가 재해석한다. 권력자는 법을 무시할 수 없지만(公), 다른 한편으로 그는 아비의 자식이기도 하다(本). 결국 순임금은 실정법을 지키면서(아버지의 감옥행을 감수함-공공성), 동시에 군주의 지위를 버렸다(아버지를 업고 도망감-근본성). 이로써 순임금은 근본성과 공공성을 함께 성취한다. 그러므로 그는 흔쾌할 수 있었다. 이혜경은 이렇게 해설한다.

만약에 순임금이 천하를 버렸다면, 그것은 천하가 중요하지 않아서가 아니라 천하보다 어버이가 더 중요하기 때문이다. 천하 때문에 어버이를 버린다면 천하는 물론이고 결국에는 어떤 것도 건재할 수 없다. 천하를 보전하기 위해 정말 필요한 것은 어버이에 대한 사랑이다.[175]

이를 부연하면 부자 관계, 즉 가족이 와해되면 이 세상은 존립조차 불가능해진다. 이익을 추구하는 마음이 한동안 사회를 유지할 수도 있을 것이다. 그러나 모든 사람이 이익이라는 관심으로만 타인과 대면한다면 결국은 약육강식이 지배하는 세계가 될 것이다. 맹자는 공과 사라는 겉으로 드러난 법의 문제 배후에 '본本'과 '말末'이라는 윤리의 차원을 놓고서 공을 살리면서 본을 겸비하는 중용의 길을 제시했다. 실제로『중용』에 여기 순의 처신을 요약한 듯한 문장이 있다. "군자는 중용의 도리를 체화했기에 세상을 버리고 은둔하여 세상에 알려지지 않아도 섭섭해 하지 않는다. 이것은 오로지 성자聖者만이 그러할 수 있을 따름이다."(『중용』, 제11장)

1. 사마광 대 주희

역대로 이 장의 해석을 둘러싸고 많은 학자들의 비평이 있었다. 맹자 사후 500년, 조기는 "맹자의 자字는 불명不明이라"고 했으니 맹자는 이미 후한시대부터 잊힌 인물이었다(『맹자제사』). 그 후로도 맹자는 1000년 동안 묵혀 있었다. 전제 권력의 전통에서 은닉된 맹자의 혁신적

---

175 이혜경,『맹자, 진정한 보수주의자의 길』, 그린비, 2008, 79쪽.

사유와 혁명적 언어는 송대 정치가들과 학자들에 이르러 마침내 비평의 대상으로 부각된다. 이를테면,

> 북송대 『맹자』는 아직 경전으로서 확고한 지위를 얻지는 못했지만 다방면에서 사상계의 화제가 된 책으로 일종의 붐을 일으키고 있었다. 도학파 정이나 장횡거張橫渠도 주석서를 써서 현창했으며 왕안석의 친구인 왕령도 주석을 달았다. 반면에 이구는 맹자를 비판했고, 사마광 또한 『의맹疑孟』을 썼다.[176]

한편 "맹자의 격정적인 이상주의와 그 이상을 향해 매진하는 행동력에 끌렸던" 왕안석은 "맹자를 숭배하여 거의 성인시했던"[177] 데 반해, 보수파였던 사마광은 맹자를 비판적으로 인식했다. 『맹자』의 가치와 해석을 사이에 두고 혁신과 보수의 정파가 대립했던 것이다. 이 장은 바로 그런 정쟁의 한 초점이었다. 맹자의 생각에 특히 비판적인 인물은 사마광이었다.

> 유사有司(고요)가 법을 집행하는 상황에서 천하를 버리고 아비를 빼내어 도망친다는 것은 미치광이도 하지 않을 것인데, 순이 했다고 말하는가! 이건 거리에 떠도는 말일 뿐 맹자의 말은 아닐 것이다. 게다가 고수가 고요에게 잡혀 있는 상황에 저 순이 어떻게 빼낼 수 있

---

176 미우라 구니오, 이승연 옮김, 『왕안석, 황하를 거스른 개혁가』, 책세상, 2005, 146쪽.
177 위의 책, 146쪽.

단 말인가? 둘러업고 바닷가로 도망쳤다고 한다면 고요는 겉으로 그를 체포해 법을 바르게 적용하는 척하면서도 실제로는 몰래 순에게 줘버린 것이니, 이것은 임금과 신하가 서로 거짓된 행동을 하면서 천하를 속인 것이다. 어찌 순과 고요 같다고 하겠는가? 더욱이 순은 이미 천자이니 천하 백성이 부모처럼 떠받드는데 바닷가로 달아나 거기서 살고자 해도 백성이 어떻게 받아들이겠는가![178]

실정법을 중시하는 사마광의 보수적 관점이 잘 드러난다. 그의 손가락 끝은 텍스트 『맹자』의 진위 여부에까지 닿아 있다. 사마광의 관점은 조선의 정약용에게로 이어진다(밑에서 논한다). 한편 혁신파에 속한 주희는 사마광의 비판을 재비판한다.

이 장은 옥관이 된 자는 다만 법이 있음만 알고 천자의 아비가 높음을 알지 못하며, 자식 된 자는 다만 아버지가 있음만 알고 천하가 큼을 알지 못해야 함을 말한 것이다. 둘 다 그 마음으로 삼은 것이 천리天理의 지극함과 인륜의 지극함이 아님이 없다. 학인들이 이 점을 살펴 터득한다면 계산하고 의논하고 따지기를 기다리지 않아도 천하에 처리하기 어려운 일이 없으리라.

_『맹자집주』

178 이찬, 「『맹자』 독해의 정치철학적 함의와 경經과 사史의 긴장 – 사마광의 『의맹疑孟』과 주희의 논평을 중심으로」, 『철학연구』, 제49집, 고려대 철학연구소, 2014, 21쪽.

주희는 부자간은 천륜으로 근본이며, 군신 간은 인륜으로 차선이라 보는 윤리적 입장에 선다. 천륜과 인륜을 동시에 획득한 것에 순임금의 성스러움이 있다는 것. 순은 아버지를 우선하고, 관리인 고요는 법 집행을 우선하는 것이 공공성을 확보하는 유일한 길이라는 것이 주희의 관점이다. 이 두 원칙(근본과 공무)이 충돌할 때 순은 천자의 지위를 버리고 아비를 선택하는 근본주의가 옳고, 고요는 천자의 아비라는 사실을 감안하지 않고 법적 조치를 취하는 것이 올바른 행동이라는 것.

2. 정약용

한편 조선의 정약용은 사마광의 생각을 계승하여 텍스트 비평을 행한다.

이 장 전체가 문제다(이 장은 맹자 본인의 서술이 아닐 것이다—원주). 천자로서는 지위를 버려 그 위치가 바뀌었고, 필부로서는 법을 범하였고, 옥리(고요)로서는 속이고 규칙대로 하지 않았다. 한 번에 세 가지 잘못이 다 저질러졌으니, 천하에 이런 일은 없다. 천하에 임금과 아버지보다 더 큰 것이 없다. 법을 굽히는 것과 임금을 핍박하여 떠나게 하는 것은 어느 것이 더 죄가 무겁겠는가?[179]
남의 신하가 되어 임금의 아버지에게 법을 집행하면서 '너는 사람을 죽였으니 죽어야 한다'라고 하면, 천하에 이런 법은 없다. …… 그

179 天下莫大於君父. 枉法之與逼君而使之去, 其罪孰重.

러므로 '순이 천자가 되고 고요가 옥관이 되었는데 고수가 사람을 죽였다면 어떻게 하겠는가'라고 한다면, '감히 법을 집행하지 못한다'라고 답해야 할 것이다.

_『맹자요의孟子要義』

    요지는 "천하에 임금과 아버지보다 더 큰 것이 없다"라는 말에 들어 있다. 군부君父를 병칭하여 위대한 존재로 천양하는 말투에 그의 정치적 의도(상식?)가 깔려 있다. 맹자의 유교에서는 아버지가 근본이고 임금은 그다음인데, 짐짓 다산은 임금과 아버지를 병렬로 놓고 슬쩍 진실을 호도한다(군부일체, 군사부일체는 한나라 시대 제국 유교에서 기인한다). 상세히 논하자면 맹자의 오륜에서는 '부자유친'이 1번이요, '군신유의'는 2번이다. 부모 자식 간은 천륜인지라 사람다움의 근본이니 오륜 가운데 첫째고, 군주 신하 간은 인륜인지라 의리에 따라 이합집산이 가능한 말절이니 둘째인 터다. 그런데 다산은 짐짓 군주와 아버지를 동렬로 놓는, 아니 실제는 임금(권력)을 아비(윤리)에 앞세우는 '삼강 이데올로기'를 상식인 양 말머리에 내세우고 있다(君·父). 나아가 차라리 법을 굽힐지언정 군주를 핍박하여 떠나게 해서는 안 된다고까지 강변한다. 삼강을 맹자의 오륜에 덧씌워놓고 이것이 유교의 정통인 양 호도하는 것이다. 그래 놓고 "이 장은 맹자 본인의 서술이 아닐 것이다"라고 단언하는데 막상 이 말은 다산 본인의 심중에서 나온 독창이 아니라 고작 사마광의 『의맹』("이건 거리에 떠도는 말일 뿐 맹자의 말은 아닐 것이다")을 참고한 것인지라 더욱 실망스럽다. 위의 인용문은 정약용이 왕당파의 정치관을 갖고 있음을 유감없이 드러낸 말이다. 다산이 사마광의 보수적인 견해를 좇고, 주희의 진보적인 군신 협치를 거부한 표지다. 요컨대 고요가 자신이 모시는 군주의 아비를 구속하는 처사는 잘못되었다는 것이 다산의 판단이다.

3. 평결

본문은 제자의 가설적 질문에서 발단한 내용이다. 그래서 맹자 역시 가설적으로 답한 것이다. 맹인인 고수가 사람을 죽였다는 것 자체가 이미 하나의 가설이지 않은가? 질문은 '고수=악한'이라는 등식을 가설적으로 살인 행위까지 연결해본 것이다. 아무려나 맹인에게 죽임을 당할 사람이 있으랴. 고수가 앞을 못 보는 자기 처지가 분해서 가족이나 주변 사람에게 포악을 떨었을 수는 있다. 특별히 자식인 순에게!

이걸 두고 실제 역사인 양 "옥관인 고요는 눈을 감아주고 옥문을 벌름하게 열어두어, 아들 순이 살인범 아비를 둘러업고 도망가도록 했다"(사마광; 정약용)라며 몰아붙이는 다산의 이른바 '고증학'은 문학과 사학 사이에서 '범주의 오류'를 범한 것이다. 즉 역사적 사실과 신화적 내러티브를 오판한 것이다(이런 오류는 8:32에서 소개한 「중동변重瞳辨」에서도 저지른 바 있다). 게다가 이런 오해를 바탕으로 『맹자』는 맹자 본인의 소작이 아니라고 주장하는 것은 더욱 지나치다. '양을 훔친 아비를 숨겨주는 것이 자식의 바른 의리'라는 유가 전통의 원칙에 견주면 그러하다.

중요한 사실은 공자와 맹자에게 혁명 이론이 존재한다는 점이다. 이것은 곧 '이 임금이 아니라면 저 임금도 좋다'라는 권력자에 대한 유연성, 혹은 군주 스스로 자리를 내놓고 물러날 수 있다는 개연성을 포함한다.

즉 순이 임금 자리를 내놓아(아비를 둘러업고 도망가서) 궐위 상태가 되면 다른 임금을 뽑아 올리면 그만이다. 공자도 "임금이 부모상을 당하면 재상이 3년간 섭정한다"(『논어』, 14:43)라고 하였다.

핵심은 권력의 정당성이다. 정당성 없는 군주는 임금 자리를 차지하고 있어도 "흩사내에 불과"하다. 그러니까 꼭 순만이 군주일 필요가 없지 않은가! 순이 아비를 업고 떠난 뒤 '군주 유고 시 대처 방안'에 따라 그 후임을 다시 선출하면 그만이다. 순이 그것까지 걱정할 필요는 없지 않은가? '공적 지위=군주=유일한 행위자'라는 등식에 집착하는 다산이 왕당파적 권력관, 사상사적으로는 법가의 사유에 침윤되었음을 보여주는 사례다.

참고 신영복 선생은 이 장을 '유가 대 묵가'의 이념적 갈등이 드러난 곳으로 읽는다. 그는 "여기 '순임금은 어떻게 해야 하는가?' 하는 질문에 대한 맹자의 답변이 압권이다. 이 답변이 유가와 묵가의 차이를 확연하게 드러내는 대목이다"라고 짚는다. 묵가라면 당연히 부모 자식 관계를 사친私親으로 보고, 국가 정치를 공무公務로 여겨 이른바 멸사봉공을 행했으리라는 것이다.

묵자 다음의 거자[180]인 복돈에 관한 이야기입니다. 복돈의 아들이 사람을 죽였습니다. 진秦의 혜왕惠王이 복돈에게 은혜를 베풉니

---

180 거자鉅子는 묵가 조직의 수령을 가리킨다.

다.

"선생은 나이도 많고 또 다른 아들이 없으시니 과인이 이미 형리에게 아들을 처형하지 말도록 조처를 취해두었습니다. 선생께서는 이런 제 뜻을 따르시기 바랍니다."

그러나 복돈의 대답은 참으로 뜻밖이었습니다.

"살인자는 사형에 처하고 남을 해친 자는 형벌을 받는 것이 묵가의 법입니다. 이는 사람을 죽이거나 해치지 않도록 하기 위함입니다. 무릇 사람을 죽이거나 해치는 행위를 금하는 것은 천하의 대의입니다. 왕께서 비록 제 자식을 사면하셔서 처형하지 않도록하셨더라도 저로서는 묵자의 법을 따르지 않을 수 없습니다."

복돈은 혜왕의 사면을 받아들이지 않고 자식을 처형했습니다.[181]

오늘날 눈에는 맹자가 해석한 순의 처사가 사사로운 정에 치우친 것 같고, 묵가식 공과 사의 구별이 공정한 것 같다. 그러나 맹자는 그래서는 안 된다고 옷깃을 붙잡는다. 천하 사람 모두가 내 아비를 죽이는 것이 옳다고 해도 나로서는 왕위를 벗어던지고 내 아비를 감싸며 숨어 사는 것이 실은 '나의' 정치요, '나의' 공무라는 것(권력과 친애 가운데 어느 것이 근본이냐!). 친친親親의 윤리가 바탕에 있지 않은 정치는 냉정한 기계적 행위일 뿐이다. 내 아비의 아픔에 함께하지 못하는 자식이 어찌 남의 죽음을 안타까워할 수 있으랴!

---

181 신영복, 『강의』, 돌베개, 2004, 397쪽.

孟子自范^{182}之齊^{183}, 望見齊王之子. 喟然歎曰, "'居移氣, 養移體,' 大哉居乎! 夫非盡人之子與?"

孟子曰^{184} "王子宮室·車馬·衣服多與人同, 而王子若彼者, 其居使之然也; 況居天下之廣居者乎? 魯君之宋, 呼於垤澤之門^{185}. 守者曰, '此非吾君也, 何其聲之似我君也?' 此無他, 居相似也."

맹자가 범 땅에서 제나라 도읍으로 가던 길에 멀리 제나라 왕자의 행차를 보았다. 탄식하며 말씀하기를 "'거처가 기운을 바꾸고, 음식이 체형을 바꾼다'더니 대단하구나, 거처여! 누구든다 사람의 자식이 아니더냐?"

맹자, 말씀하시다.

"왕자의 가옥·거마·의복은 남과 다를 바 없겠건만, 왕자가 저다지 의젓한 것은 그의 거처가 저렇게끔 만든 것이다. 하물며 '천하의 너른 집'^{186}에 사는 사람이랴! 노나라 임금이 송나라로 가다가 질택의 관문에서 고함을 질렀는데 문지기가 말하기를

---

182 范(범): 제나라의 한 고을.

183 齊(제): 제나라 도읍, 곧 임치臨淄.

184 孟子曰(맹자왈): "군더더기 말이다."(주희)

185 垤澤之門(질택지문): 송나라 동쪽 성의 남문(양백준).

186 인仁을 은유한 표현이다. 대장부론(6:2) 참고.

'저 사람은 우리 임금이 아니건만 어쩌면 목소리가 저리도 닮았을까?' 하였다. 이건 다름 아니라 거처가 서로 비슷하기 때문이다."

해설

이 장에 가장 많이 나오는 글자가 '居(거)'인데 '사회 환경'을 뜻한다. 마치 음식이 체형을 변화시키듯 사회 환경은 사람의 심성을 바꾼다. 공자가 "인성은 서로 가깝지만, 습성이 서로 멀리하게 만든다"(『논어』, 17:2)라고 지적했고, 또 "인을 택하여 살지 않는다면 어찌 지혜롭다 하리오"(『논어』, 4:1)라고도 하였던 터다.

문제는 선택의 지혜다. 산속에 피어나는 야생화의 개화에조차 하늘의 이법이 깃들지만, 사람의 '사람다운 길'은 그 가운데서도 '올바른 것(正命)'을 택해야 한다(13:2). 그러므로 선택이 중요하다. 안연이 "순은 어떤 사람이며 나는 어떤 사람인가. 무엇을 하려 하는 사람이라면 다만 순임금과 같이 할 따름인 것을!"(5:1)이라며 요순을 본받겠노라 결연한 뜻을 다짐한 까닭이다.

한편 "거처가 기운을 바꾸고, 음식이 체형을 바꾼다"는 뜻의 '居移氣, 養移體(거이기, 양이체)' 여섯 글자는 당시 유행하던 속담인 듯하다. 앞의 '居移氣'에는 풍수지리설이라는 원시 자연과학의 지혜가, 뒤의 '養移體'에는 식약동원食藥同源 등 의학지식의 기원이 들어 있다. 맹자는 지나가던 제나라 왕자의 행차를 보고 문득 그 늠름한 기상에 탄복하면서, 당시 제노齊魯 지방의 속담을 떠올린다. 그것을 공자에게서 배운 사회 환경의 중요성과 연결하여 한 편의 교훈으로 토로하고 있다.

특별히 '居'에 대해서는『맹자』전편에 걸쳐 세 겹의 의미 층을 발굴할 수 있다. 첫째, 겉말로서 '居'는 의식주 가운데 주거를 특칭하는 말이다. 둘째 사회학적 개념으로서는 환경을 뜻한다. 셋째로 '居'는 인仁의 비유로 쓰인다. 인을 '천하의 너른 집(廣居)'에 비유한 대장부론(6:2)이 그 대표적인 쓰임새다. 본문에서도 세 가지 층위가 두루 쓰이고 있다. 맹자가 이 세 겹의 중의법을 통해 독자에게 전하려는 메시지는 (1) 육신을 건강하게 보전하기 위해 거주지를 골라서 살아야 하듯, (2) 왕자의 늠름한 기상이 왕궁의 사회 환경 때문이듯, (3) 더욱이 인간이 사람다움을 체화하기 위해서는 도덕성이라는 '너른 집'을 선택하지 않고서야 어찌 되겠는가! 거주지 선택의 중요성은 맹자의 어머니가 실천한 바요(맹모삼천), 또 조선 후기 실학자 이중환이 인문지리서『택리지擇里志』를 편찬하면서도 고려한 요소다.

13:37. 마음 없는 선물은 뇌물이다

孟子曰, "食[187]而弗愛, 豕交[188]之也; 愛而不敬, 獸畜[189]之也. 恭敬[190]者, 幣[191]之未將[192]者也. 恭敬而無實, 君子不可[193]虛拘."

맹자, 말씀하시다.

"먹이기만 하고 아끼지 않는 것은 돼지를 치는 짓이요, 아끼기만 하고 공경하지 않는 것은 짐승을 기르는 것과 같다. 공경심은 예물을 보내기에 앞서 갖춰야 한다. 공경한다는 예물에 실질이 없으면 군자는 헛되이 예법에 얽매이지 않는다."

해설

당시 권력자들이 지식인과 유세객을 대하는 자세가 이러했을

---

187 食(사): 먹이다.
188 豕交(시교): '치다'라고 번역했다. '豕'는 돼지.
189 獸畜(수휵): 집에서 기르는 개나 소를 말한다. '獸'는 짐승. '畜'은 기르다.
190 恭敬(공경): 만장이 교제할 때의 마음을 물었을 때 맹자가 "공경해야 한다恭也"라고 했던 답변과 직결된다(10:4 참고).
191 幣(폐): 비단. '예물'을 이른다.
192 將(장): 보내다. '送(송)'과 같다(주희).
193 可(가): '以(이)'로 된 판본도 있다.

것이다. 예컨대 제나라 선왕은 직하학궁을 차려놓고 순우곤, 전병 등 당대 지식인들을 끌어 모았다. 그들은 큰 저택에 거주할 뿐만 아니라 "상대부의 봉록을 누렸으며", 심지어 "천종의 봉록을 받고, 문하생이 100명이었으며, 벼슬살이를 안 했지만 부유하기는 벼슬아치를 넘어서는" 인물도 있었다.[194] 그러나 이들은 비평과 학술만 논하도록 제한당했으니 여기 "아끼기만 하고 공경하지 않는 것은 짐승을 기르는 것"에 해당한다. 당시 지식인들도 재능을 팔아 후한 예물을 받으면 도취하여 천박한 짓거리를 일삼곤 했다. 손뼉도 두 손이 마주쳐야 소리가 나는 법. 다음은 당시 지식인들의 낯 뜨거운 행태를 보여준다.

> 송나라 유세객이 사신이 되어 진秦나라에 갔다. 유세에 성공하여 수레 백승百乘을 얻었다. 그가 돌아와 장자를 만나 으스대며 말했다.
> "이렇게 좁고 지저분한 달동네에서 군색하게 살다니! 나는 만승지국의 임금을 설득하여 수레 백 채를 얻었다오."
> 장자가 말했다.
> "진나라 임금은 치질이 있다대? 종기를 따서 고름을 빼주는 자에게는 수레 한 채를 주고, 치질을 핥아주는 자에겐 수레 다섯 대를 준다더군. 자네는 똥구멍을 얼마나 핥았기에 그렇게 많은 수레를 얻게 되었는가?"
> _『장자』, 「열어구列禦寇」

---

194 바이시, 앞의 책, 127쪽.

맹자, 마음의 정치학 3

장자의 비아냥거림은 돼지나 개, 말 대접을 받더라도 예물을 얻으려 권력자에게 알랑대는 지식인들의 낯 뜨거운 짓을 겨눈 것이고, 맹자는 서 푼어치 물질로 지식인을 꾀어 개돼지 취급을 하는 권력자들의 무례함을 직격한 것이다. 공자가 "예다 예다 하지만, 폐백을 두고 예라 하겠더냐!"(『논어』, 17:11)라던 개탄이 말밑에 흐른다.

그렇다면 선비에겐 다른 길이 없다. '가난해도 올바른 길을 즐기며(貧而樂)' 살아가는 수밖에! 공자의 뜻을 계승한 맹자가 "항산이 없어도 항심을 유지할 수 있는 자는 오로지 사뿐입니다"라고 토로했으니 이 장의 뒷면이 된다. 앞에서 유세객의 도리는 권력자가 설득이 되든 안 되든 담담한 것이라던 조언이나(13:9), 뒤에 선비라면 권력자의 후한 대접에 마음이 동요해서는 안 된다는 경고(14:34)도 뜻이 같다. 물론 『맹자』 전편에 걸쳐 교제와 예물에 대한 논의가 많은 것(9:7, 10:4, 12:5)은 예물을 받아 생계를 꾸리던 당시 지식인의 현실을 반영한다.

거꾸로 교제와 예물에 대한 공자와 맹자의 처신이 지나치게 까다롭다고 여길 수도 있다. 예컨대 소국을 떠날 때는 예물을 수령하고, 대국인 제나라를 떠날 때는 두둑한 전별금을 받지 않은 것을 두고 맹자와 제자가 나눈 대화가 그렇다(4:3). 그러나 예물이라고 아무것이나 넙죽 받아서는 안 된다. 뇌물인지 선물인지 세심하게 구별해야 한다. 그렇다고 마땅히 받아야 할 보수를 거부해서도 안 된다. 매사 적절한 중용을 취해야 하는 까닭이다. 더욱이 예물에 대한 맹자의 민감한 처신은 까탈이 아니라 인류학적 근거가 있다(참고를 볼 것). 초청에 응하는 데도 절차가 있고 또 기여한 바가 있으면 보상이 있어야 한다(6:4). 예물이라고 아무것이나 덥석 받다가는 개나 말 취급을 당하는 수가 있다. 출처진퇴에 선비다움이 걸려 있으니 한 걸음, 한 걸음 삼가고 조심하지 않을 수 없는 노릇이다.

참고 '선물 경제'로 유지되던 고대 사회에서는 증여와 교환의 예법이 섬세하게 짜여 있었다. 무례한 대응은 자칫 전쟁의 빌미가 되기도 했다. 다음은 인류학자의 증언이다.

> 증여는 기증자와 수증자 사이에 차이 및 불평등을 성립시킨다. 이는 어떤 경우에는 위계 관계가 될 수도 있다. 사실 증여라는 실천 속에는 만만찮은 일단의 책략과 전략이 담겨 있고, 이를 통해 대립하는 온갖 이해관계들이 충족되는 것을 쉽게 볼 수 있다. 본래 증여는 상호 대립하는 감정과 강제력을 함께 불러 모으거나 불러 모을 수 있는 양가적 실천인 것이다. 그것은 동시에 혹은 영속해서 관대한 행위 또는 폭력적 행위가 될 수 있다. 그러나 후자의 경우 폭력성은 이해관계가 없는 행동으로 위장되는데, 이는 증여가 나눔을 통해 그리고 나눔의 형식으로 행사되기 때문이다.[195]

---

195   모리스 고들리에, 오창현 옮김, 『증여의 수수께끼』, 문학동네, 2011, 28~29쪽.

孟子曰, "形色¹⁹⁶, 天性也; 惟聖人然後可以踐形¹⁹⁷."

맹자, 말씀하시다.

"신체와 몸짓은 하늘이 주신 바탕이다. 그러나 성인인 다음이 라야 그 타고난 몸짓을 다할 수 있다."

해설

사람의 '몸'과 사람다운 '짓'은 오로지 하늘이 부여하신 바다. 『중용』의 첫 장에서 선언한 "하늘이 명하신 것을 일러 본성이라고 한다天 命之謂性"는 말을 다르게 표현한 것이 여기 "신체와 몸짓(形色)은 하늘이 주신 바탕(天性)이다." 그러나 그 타고난 몸과 인성을 행하기가 쉽지 않다. 다리는 바로 서고, 손은 바로 놀리며, 본래의 어린 마음(赤子之心)으로 남 과 더불어 사는 평범한 일이 실은 특별하고 유별난 사건이다. 예수가 "범 사에 감사하라"고 한 말씀이 이 대목이요, 유교에서 '일신우일신' 하라 권 한 것도 이즈음이다. 일상을 일상답게 살기가 그만큼 어렵다는 말이다.

196 形色(형색): 신체와 몸짓. 얼굴과 몸이 '形'이요, 행동과 표정이 '色'이다.
197 踐形(천형): '몸짓을 다하다'라고 번역했다. 해설 참고.

특별한 삶을 유별나게 사는 사람이 성인이 아니라, 일상적이고 비근한 삶을 잘 살아내는 사람이 성인이 된다! 이것이 천형踐形이란 말의 뜻이다. 앞서 소개했듯『중용』에서는 "밥을 먹지 않는 사람이 없건마는 밥맛을 아는 사람이 드물다"라고 하였는데, 살아 있는 혀를 가지고 밥맛을 제대로 느끼며 먹는 사람이 천형하는 성인이 된다(그렇다면 또 누구나 성인이 될 수 있다!). 서양의 유교학자 허버트 핑가레트Herbert Fingarette가 공자에게 붙인 '세속의 성자(the Secular as sacred)'라는 이름이 바로 이런 뜻이다. 현대 중국의 학자 서복관徐復觀은 주저『중국인성론사』에서 이렇게도 논한다.

> 맹자의 진심盡心론은 여기 천형으로 구체화된다. 천형이 진심이고 진심이 천형이다. 천형은 잠복하고 있던 인간의 감각기관이나 활동력(天性)의 철저한 발휘에 다름 아니다. 그것이 객관 세계에 나타남이 없다면 천형이라 할 수 없다. 그리하여 진심과 천형으로 이룩한 세계는 대동大同의 현실 세계이다. 이것이 내세나 천국을 말하는 대개의 종교랑 근본적으로 다른 점이다.[198]

다시 번역하자면 '기갈 든 입맛(형색)으로 본디 입맛(천성)을 살리지 못하는 자들이 범인이라면, 본디 입맛을 간직하고 밥맛을 제대로 느끼며 (천형) 사는 사람이 성인이다.'

198 한형조 초역.

齊宣王欲短喪[199]. 公孫丑曰, "爲朞[200]之喪, 猶愈[201]於已[202]乎?"

孟子曰, "是猶或紾[203]其兄之臂[204], 子謂之姑徐徐[205]云爾. 亦[206]敎之孝弟而已矣."

王子有其母死者, 其傅[207]爲之請數月之喪[208]. 公孫丑曰, "若此者何如也?"

曰, "是欲終之而不可得也. 雖加一日愈於已. 謂夫莫之禁而弗爲者也."

제나라 선왕이 상례 기간을 줄이고 싶어 했다. 공손추가 맹자에게 말했다.

"한 해라도 상을 치르는 것이 그만두는 것보단 낫겠지요?"

맹자, 말씀하시다.

"이건 꼭 형의 팔뚝을 비트는 놈을 보고 좀 살살하라고 하는 것

---

199 短喪(단상): 상기를 줄이다.

200 朞(기): '期(기)'와 같다. 한 해, 돌.

201 愈(유): 낫다.

202 已(이): 그만두다.

203 紾(진): 비틀다.

204 臂(비): 팔뚝.

205 姑徐徐(고서서): '姑'는 좀. '徐徐'는 살살, 천천히.

206 亦(역): 다만.

207 傅(부): 스승, 후견인.

208 數月之喪(수월지상): 몇 개월의 상례. 왕자의 어미는 후궁인 듯하다. 예법에 따르면 서자는 적모에게는 삼년상을 치르고, 친모에게는 그럴 수 없다. 해설 참고.

과 같다. 다만 효제를 가르칠 따름이다.”

왕의 자식 중에 그 어미가 죽은 이가 있었다. 왕자의 스승이 왕에게 몇 달이라도 상례를 치르게 해주기를 청하였다.

공손추가 말했다.

“이런 경우는 어떻게 해야 합니까?”

맹자, 말씀하시다.

“이 경우는 상을 마치고 싶어도 그럴 수 없는 것이다. 비록 하루를 더 하더라도 그만두는 것보다는 낫다. 앞의 것은 금하지 않는데도 하지 않으려 하기에 한 말이다.”

해설

제선왕은 할 마음이 없어 예법을 쓰지 않은 경우요, 서왕자庶王子는 마음은 있으나 예법에 의해 가로막힌 경우다. 서왕자의 친모는 부왕의 첩실이다. 법적 모친인 적모嫡母는 부왕의 본부인이므로 피가 섞이지 않았다(홍길동의 처지를 연상하자). 예법에 따르면 서왕자는 적모의 죽음에는 삼년상을 치러야 하고, 친모의 상은 최대 1년밖에 치르지 못한다. 이런 경우를 '적모에게 친모가 눌린다(壓)'라고 한다. 사랑하는 마음은 친모에게로 향하는데, 막상 예법은 피 다른 적모에게 행해야 하는 것이다. 예법과 사랑 사이의 갈등 한가운데 서왕자의 슬픔이 자리 잡고 있다. 서왕자는 충심으로 외친다. 살아생전 모진 설움을 받았던 내 친모의 마지막 장례만은 남만큼 치르고 싶다!

맹자는 자식으로서 통분한 마음을 수용하는 것이 예의 정신이라고 판단한다. 이에 서왕자의 불행, 곧 '마음껏 행할 수 없음(不能)'을 함께 아파한다. 반면 제선왕의 과오, 곧 '할 수 있음에도 하지 않음(不爲)'은 증오한다. 서왕자의 불행은 '측은한 마음(仁)'으로 감싸서 그 마음을 최대한 살려주는 것이 예의 올바른 실천이지만, 제선왕의 과오는 '증오의 마음(義)'으로 교정해주는 것이 옳다는 뜻이다. 이 역시 중용의 도리에 해당한다. 효행은 유교의 핵심인 인을 배양하고 체현하는 본질적 실천이다. 효행이 '인의 첩경'인 까닭은 측은지심의 비근하고도 절실한 대상이 어버이와 형제이기 때문이다. 애당초 공자의 제자 유약은 "효제가 인의 근본"(『논어』, 1:2)이라고 명토 박아둔 터였다. 그 '효행=인'의 표현 형식이 삼년상이다.[209]

물론 오늘날에 3년의 상례 기간을 본받을 수는 없다. 다만 연민과 공감이 피부에 닿아 터져 나오는 저 쓰라린 몸의 체험만은 기억해둘 일이다. 이것이 공자로부터 맹자로 전해지고, 또 2000년 동안 이 땅에 전래된 사람다움의 거처임을, 그리고 유교 문명의 핵심임을 잊지 말아야 하리라. 그런데 극과 극은 서로 통하는 것인가? 오늘날, 유교와 가장 대척점에 있다고 여겨지는 페미니스트의 글에서 삼년상의 정신을 발견한 것은 놀라운 경험이다.

---

209 삼년상과 전국시대의 상례喪禮 사이의 갈등은 등문공의 부친 장례에서 벌어진 바 있다 (5:2). 한편 공자와 제자 재아 사이에 벌어진 삼년상 논전은 5:5 해설 참고.

작년에 엄마가 돌아가셨다. 사연 없는 죽음이 어디 있으랴. 나는 1년을 누워 지냈다. 엄마의 부재를 인정하지 못하고 온갖 초자연적 증상을 겪으며 병원을 들락거린 끝에, 내게 빛처럼 등장한 치유는 '시묘侍墓'였다. 부모의 상중에 3년간 무덤 옆에서 막을 짓고 사는 시묘살이. 예전에는 그저 유교적 관혼상제, 허례허식이라고 생각했는데 이보다 더 과학적 치유가 없는 것이다! 시묘는 피하거나 부정하는 방식이 아니다. 상실의 생활화다. 상실 곁에 내내 쪼그리고 앉아서 닿기만 해도 눈물이 터지는 쓰라린, 그러나 절대로 사라지지 않을, 이물질을 몸의 일부로 받아들이는 과정이다.

도피하는 한, 도피하면 할수록 고통은 품어지기보다 우리를 점령할 것이다. 살아남는 것이 최선인 세상에서는 현실을 으스러지게 껴안으면 조금 덜 아플지도 모른다.[210]

평생 소외된 채 살다가 죽은 친어미가 안타까워 수개월 상례라도 올리고 싶어 하는 서왕자의 간절한 심정과, 여기 죽은 어미를 절절히 그리워하며 아파하는 딸의 통분한 마음은 똑같다. 두루 순정한 사랑을 드러내는 점에서 그렇다. 여태 유교와 대척점에 있다고 여겨온 페미니스트에게서 외려 삼년상의 진면목이 부활했다.

새겨 보아야 한다. 그 부활의 내력을! "상실 곁에 내내 쪼그리고 앉아서 닿기만 해도 눈물이 터지는 쓰라린, 그러나 절대로 사라지지 않을, 이

---

210 정희진, "힐링보다 시묘侍墓", 〈경향신문〉, 2012년 12월 20일자.

물질을 몸의 일부로 받아들이는 과정"으로 묘사한 삼년상의 속살을! 오늘 페미니스트의 몸과 마음에 떨림으로 와닿는 절절한 저 상실의 고통이야말로 공자와 맹자가 삼년상을 통해 구현하고자 했던 의례의 본래 정신이다.

孟子曰, "君子²¹¹之所以教者五: 有如時雨²¹²化之者, 有成德者, 有達財²¹³者, 有答問者, 有私淑艾²¹⁴者. 此五者, 君子之所以教也."

맹자, 말씀하시다.

"군자의 교수법은 다섯 가지였다. 첫째 때맞춘 단비처럼 변화시키는 것, 둘째 덕성을 완성시키는 것, 셋째 재능을 발현시키는 것, 넷째 의문을 풀어주는 것, 다섯째 홀로 잘 습득하게 해주는 것. 이 다섯 가지가 군자의 교수법이었다."

해설

여기 '군자'는 공자를 특칭한다. 맹자가 『논어』를 정독하면서 터득한 공자의 교수법을 다섯 가지로 분류한 부분이다. 이에 대해서는 주희의 주석이 좋다. "성현이 가르침을 베풀 적에 배우는 사람 각각의 재

---

211 君子(군자): 공자를 특칭하는 말로 보아야겠다.

212 時雨(시우): 때맞춰 내리는 비.

213 財(재): '材(재)'와 같다. '재능'을 뜻한다.

214 私淑艾(사숙애): '홀로 잘 닦다'라는 뜻. '私'는 홀로. '淑'은 '善(선)'과 같다. '艾'는 다스리다 혹은 양육하다. '私淑'은 스승에게 직접 배우지 못하고, 책이나 어록을 통해 간접적으로 배우는 것으로 맹자가 공자에게서 배운 방식이 그랬다(8:22).

질에 따라서 작은 사람은 작게 이루어주고, 큰 사람은 크게 이루어주어 내버리는 사람이 없다."(『맹자집주』)

때맞춰 내리는 단비처럼 사람을 질적으로 변화시키는 가르침의 예로 안연이 인을 질문했을 때 공자가 "극기복례가 인이 되느니라"라고 답했던 것을 들 수 있으리라. 안연은 스승의 답변을 두고 "불민하지만 평생을 두고 간직하겠습니다"(『논어』, 12:1)라며 감동을 표했다.

둘째, 고유한 덕성을 이루어주는 교육으로는 공자가 자하에게 '소인배 유자'가 되지 말고 '군자다운 유자'가 되기를 깨우쳐주던 대목(『논어』, 6:13)이나, 폭력을 통해 평천하를 이루려던 자로에게 "덕을 올바로 아는 이가 드물더라"(『논어』, 15:3)며 틔워주던 장면을 들 수 있을 테다. 그야말로 제자의 숨어 있는 덕성을 발현시키는 대목이다.

셋째, 재능을 발현시켜주는 가르침의 예로는 정치가의 재능을 가진 중궁에게 "백성 부리기를 마치 큰 제사를 지내듯 삼가고 조심스럽게 하라"(『논어』, 12:2)며 답한 것을 들 수 있겠다.

넷째, 의문을 풀어주는 것은 『논어』 자체가 제자들의 간절한 질문에 대한 공자의 답변이라는 점에서, 그리고 공자 학교의 특징이 '질문하지 않으면 답변을 내리지 않는 것'이었음에서 따로 예화를 들 필요가 없겠다(참고를 볼 것).

다섯째, 책이나 글을 통해 스스로 습득하게 해주는 교육 방식인 사숙 私淑은 맹자 본인이 "나는 공자의 제자가 될 수 없어 사람들을 통해 사숙하였노라"(8:22)고 진술한 바 있다. 공자의 슬하에서 직접 배우진 못했으나 자기 마음속 스승으로 섬기고 있음을 토로한 말이다. 사숙을 공자 교수법의 끝자락에 배치했는데 거꾸로 읽자면 공자에게 직접 배움을 얻은 문하의 제자들을 부러워하는 맹자의 마음을 헤아릴 수도 있다. 또 앞에서 맹자가 "(제자를) 달갑잖게 여겨 거절하는 것, 이 또한 가르침의 한 방법"(12:16)이라고 지적한 대목도 있다. 이 장과 겹쳐서 해석하면 맹자는 공자의 교수법을 모두 여섯 가지로 나눠보았던 셈이다.

참고 여기서 공자 학교를 잠시 엿보자. 첫 번째 특징은 배우려는 사람이라면 누구에게나 열려 있는 학교였다. 배우고 싶은 자는 누구든 와라! 민주·평등 교육을 이미 2500년 전에 실천한 인물이 공자였던 셈이다.

> 공자, 말씀하시다.
> "스스로 간단한 인사를 차릴 줄 아는 사람이라면, 나는 누구에게든 가르침을 베풀었노라."
> _『논어』, 7:7

'간단한 인사'로 번역한 속수束脩란 가장 하찮은 예물로 '말린 고기한 묶음'을 말한다. 모양으로 하자면 육포, 쥐포, 오징어포 같은 것이다. 이 한 묶음을 예물로 갖추고 스승-제자의 예를 차릴 줄 안다면 기꺼이 자신의 가르침을 베풀었다는 것. 더욱이 공자는 "시장에서 파는 말린 고기는 먹지 않았다市脯不食"(『논어』, 10:8)라고 하였으니 입학 조건이 물건(학비)이 아니라 학생의 '배우려는 마음가짐'이라는 뜻이 절실하다.

그러나 일단 입학했다면 옳게 배우려 들지 않는 사람은 제자로 남겨두지 않았다. 학습 과정이 엄격했다는 뜻이다. 입학은 쉬우나 졸업은 어려운 학교라고나 할까?

> 공자, 말씀하시다.
> "첫째, 나는 학생이 '모르는 것이 분해서 어쩔 줄 몰라' 하지 않으면 깨우쳐주지 않는다. 둘째, 학생이 '말로 표현하려고 애쓰지' 않으면 틔워주지 않는다. 그리고 '한 모퉁이를 들어 보여주었는데 나머지 세 모퉁이를 알아채지 못하는 학생'에겐 두 번 다시 반복하지 않는다."
> _『논어』, 7:8

배우려는 뜻을 가진 사람에게는 활짝 열려 있지만, 옳게 배우려 들지 않는 학생은 남겨두지 않는 엄격함. 이것이 공자 학교였다. 우선 배우려는 자가 열의에 넘쳐야 한다. 이를테면 '똑같이 하루에 밥 세끼 먹고 똑같이 24시간을 지내는데, 저이는 어찌하여 저렇게 뛰어나고 나는 어찌하여 이다지도 무지한가!'라며 발분하여 배움에 매진하는 자세를 이른다. 안연이 품었다는 해맑은 분노, 즉 "순은 어떤 사람이며 나는 어떤 사람인가"(5:1)라던 자책과 같은 것이다. 공자는 자리를 바짝 끌어당겨 반듯하게 앉아 스승이 가르치는 것을 하나도 빠뜨리지 않겠다는 자세로 "닿지 않는 물건을 집으려고 손끝을 안타까이 뻗듯, 또 손안에 든 것을 흘려버릴까 조심하듯學如不及, 猶恐失之"(『논어』,

8:17) 하지 않는 제자에게는 가르침을 두 번 다시 내리지 않았다. 한 걸음 더 나아가 지혜 또한 요구하였다. 책상에 비유하자면 스승이 "한 모퉁이를 들어 보여주었는데 나머지 세 모퉁이를 알아채지 못하는 학생'에겐 두 번 다시 반복하지 않는다"는 원칙을 가지고 있었다. 이처럼 공자 학교는 배움에 대한 열정과 애정, 나아가 지혜까지 요구한 엄격한 학당이었다.

맹자, 마음의 정치학 3

公孫丑曰, "道則高矣, 美矣, 宜若²¹⁵登天然, 似不可及也; 何不使彼爲可幾²¹⁶

及而日孶孶²¹⁷也?"

孟子曰, "大匠不爲拙²¹⁸工, 改廢繩墨²¹⁹; 羿不爲拙射, 變其彀率²²⁰. 君子引而

不發, 躍如²²¹也. 中道而立, 能者從之."

공손추가 말했다.

"진리는 고상하고 아름답지만 마치 하늘로 올라가는 듯하니 배

우는 자들이 지레 닿지 못할 듯이 여깁니다. 어찌하여 그들로

하여금 닿을 수 있다고 여기게 하여 나날이 노력하도록 하지

않았을까요?"

맹자, 말씀하시다.

"도목수는 서툰 목수를 위해 먹줄 치는 법을 고치거나 없애지

---

215 宜若(의약): 마치 ~인 듯하다. 뒤의 '然(연)'은 '若'에 따라 붙은 것이다.

216 幾(기): 거의.

217 孶孶(자자): '孶孶'는 부지런히 힘쓰는 모양. 앞에 "새벽닭이 울면 일어나 부지런히(孶孶) 선을 행하는 사람은 순의 무리요, 새벽닭이 울면 일어나 부지런히(孶孶) 이익을 탐하는 자는 척의 무리다"(13:25)라고 했다.

218 拙(졸): 서투르다.

219 繩墨(승묵): 먹줄. 법도, 규칙을 상징한다.

220 彀率(구율): '彀'는 활을 당기다. '率'은 '律(율)'과 같이 읽는다. '彀率'은 활을 당기는 기준(度)을 이른다(이익, 『성호사설』).

221 躍如(약여): 금방 쏠 듯이 하는 모양. '躍'은 뛰다.

않고, 예는 서툰 궁사를 위해 활 당기는 기준을 바꾸지 않는다. 군자는 시위를 당기되 쏘지 않지만 실제로 쏘는 듯이 한다. 스승이 중도를 시범하는데, 따라 할 수 있다면 따라서 하면 되는 것."

해설

이 장은 『논어』와 겹쳐서 봐야 할 듯하다. 공자의 경지를 두고 '사다리로 하늘에 올라갈 수 없다'고 한 비유가 여기 공손추가 의심을 품은 단서로 보이기 때문이다.

진자금이 자공에게 말했다.
"당신은 아니라고 하겠지만 공자가 어찌 당신만큼 지혜롭겠소?"
자공이 말했다.
"군자는 말 한마디에 유·무식이 드러나는 법이니 말을 삼가지 않을 수 없소이다. 공자에게 미치지 못하는 것은 마치 하늘을 사다리로 올라갈 수 없는 것과 같소이다."
_『논어』, 19:25

『논어』를 배우던 중에 공자의 경지가 '마치 하늘을 사다리로 올라갈 수 없는 것과 같다'는 비유를 접한 공손추가 '노력하면 닿을 수 있다고 격려해야지, 하늘처럼 아득하여 닿을 수 없다고 하면 공부를 지레 포기하지 않겠느냐'라는 의심을 품고 맹자에게 질문한 것이다. 아무리 고상하고 아름다운 진리라도 사다리로 오르지 못할 하늘 같다고 한다면 배우는 사람이 포기하고 말 테니, 초심자 중심의 '눈높이 교육'이 낫지 않느냐는 뜻이다.

그러나 진리는 깨달아야만 제대로 아는 법이다. 범사와 진리의 '사이'는 말로써 표현할 수 없고, 손가락으로 가리킬 수도 없는 비등점을 통과해야 한다. "군자의 도는 부부의 일상에 실마리가 있지만 그 지극한 경지는 하늘과 땅의 묘리를 헤아려야 한다"라는 『중용』의 말이 진리의 겹을 제대로 짚었다. 진리는 먹고사는 평범한 삶 속에 있지만, 막상 '범사에 감사'하는 비범한 눈길을 통할 때라야 그 참된 의미를 알 수 있다.

교수법의 핵심은 "시위를 당기되 쏘지 않는다引而不發"에 들어 있다. 몸소 기본을 보여줄 뿐 그 성과까지 손에 쥐어주지는 않는, 아니 쥐어줄 수 없는 것은 스스로 배워 몸에 익히지 않고선 제 것이 될 수 없기 때문이다. 그렇게 하는 가운데 제자의 질문과 스승의 답변이 오가고 끝내 제자의 자득自得이 성취된다. 만약 스승이 스스로 활시위를 놓아버리면 그 순간 교사는 연예인이 되고, 학생은 평가자가 된다. 스승이 쏜 화살이 과녁에 적중하면 제자는 활쏘기를 두려워할 것이고, 빗나가면 스승을 조롱할 것이다. 둘 다 교육을 해친다. 그러므로 "스승이 중도를 시범하는데, 따라 할 수 있다면 따라서 하면 되는 것"이다.

따라 행하지 못하는 녀석은 다시 배우든지 그만두든지 그건 제 마음이다. 앞에서 보았듯이 "두 사람에게 바둑을 가르친다고 할 때, 하나는 마음을 오로지하고 뜻을 다하여 그의 말에 귀를 기울이고, 또 하나는 듣고는 있으나 마음 한편에 기러기와 오리가 날아오면 활과 주살을 쏘아 맞출 궁리나 하고 있다면, 비록 함께 배우고 있어도 그와 같을 수가 없으리라. 이는 지혜가 그만하지 못하기 때문일까? 그렇지 않을 것이다."(11:9)

오늘날 교육 현장이 실제 이렇다. 송나라의 어리석은 농사꾼이 싹을 위한답시고 조장하다가 싹을 말려 죽이고 말았듯, 제자를 '위하여' 가르치려 들다가 망치는 일이 허다하다. 부모 또한 자식을 위하면 도리어 자식을 망치고, 임금도 백성을 위하면 외려 나라를 망친다. 기본을 무시하지말고, 과정을 건너뛰지 말아야 한다. 스승이 법도의 정중앙에 서서 모범을 보이면, 할 수 있는 자는 따라서 할 뿐이다(그렇게 할 수 있을 때 제자가 된다). 주희의 주석이 좋다. "진리는 정해진 규모가 있고, 교육은 주어진 법도가 있다. 낮은 수준을 높여서도 안 되고, 그렇다고 높은 수준을 낮춰서도 안 된다. 언어로도 드러낼 수 없고, 침묵으로도 감출 수 없다."(『맹자집주』)

요컨대 맹자의 교육철학은 '위하여 가르치지 말라'는 데로 모인다. 이 점은 공자도 찬동할 것이 분명하다. 스스로 '함께 더불어' 하는 것이 자기 교육의 방침임을 천명한 적이 있기 때문이다.

공자, 말씀하시다.
"얘들아. 내가 너희에게 무얼 숨기는 것이 있다고 여기느냐? 나는 너희에게 숨기는 것이 없는 사람이다. 가르침에 있어 너희와 '함께 더불어(與)' 하지 않은 적이 없는 사람이 나니라."
_『논어』, 7:23

공자와 맹자의 교육철학은 같다. 제자를 '위하여' 가르치지 말라. 교학 상장教學相長이란 말이 증명하듯 스승과 제자는 함께 성장하면서 진리의 길로 더불어(與) 나아갈 뿐이다. 정치뿐만 아니라 교육 현장에도 위민이 아닌 여민의 원칙이 적용되는 것이다.

13:42. 사람 말고 진리에 충성하라

孟子曰, "天下有道, 以道殉²²²身; 天下無道, 以身殉道; 未聞以道²²³殉乎人者
也."

맹자, 말씀하시다.
"천하에 도가 있을 때는 몸소 도리를 실행할 일이요, 천하에 도
가 사라졌을 때는 한 몸에 도리를 보존할 일이다. 그러나 도를
굽혀서 사람을 위한다는 말은 들어본 적이 없다."

해설

천하에 도가 살아 있다면 진리에 뜻을 둔 선비가 버려지지 않
을 터. 합당한 지위를 얻게 될 것이니 그 자리에서 도를 실현하는 데 매
진하라. 천하에 도가 사라지면 선비가 있을 자리 역시 없어질 터. 그러면
홀로 민간에서 도를 보전하며 살아라. 어려운 시절에는 함부로 나대지
말고 올바른 도리를 몸소 실행하되, 다만 삼가며 살아야 한다는 뜻이다.
그렇지만 시세나 세태와 관계없이 의리를 행하며 산다는 점에서는 일

---

222 殉(순): 실행하다.
223 以道(이도): 도를 굽히다(枉道).

관된다. 난세라면 홀로 도를 보존하는 독선기신獨善其身의 길이 그것이
요, 치세라면 출세하여 사람들과 함께 더불어 도를 실현하는 겸선천하兼
善天下의 길을 걷는다. 다만, 차마 하지 못할 짓은 사람(곧 권력자)을 '위하
여' 제가 배우고 익힌 도를 바치는 일이다(제선왕의 총신 왕환을 따라 제나라
로 왔다가 맹자에게 혼이 난 제자 악정자를 연상하라!). 뿐만 아니다. 부모를 '위
하여' 무턱대고 복종하는 것이 효도가 아니요, 도리에 합당하게 부모를
인도하는 것이라야 참된 효도라 하였다(순임금이 대효인 까닭이 불순호친不順
乎親임을 기억하라!). 그러니 여기 '도를 굽혀 사람을 위하지 않음'은 맹자
사상의 경계선을 밝힌 곳이다. 다시금 충효는 유교가 아님을 알겠다.

한편 "도를 굽혀서 사람을 위한다"는 구절은 앞서 진대陳代가 "'한 자
를 굽혀 한 길을 편다'라는 말이 있으니, 해볼 만할 듯합니다"라고 했을
때, 맹자가 도를 굽혀서 사람을 좇는 것의 부당함을 지적하고 끝내 "더
욱이 자네는 잘못되었네. 자기를 굽혀 남을 바로잡는 경우는 있을 수 없
네"(6:1)라고 한 대목과 직결된다(이 장은 그 장의 요약본인 듯하다. 만일 그렇
다면 이 장은 제자 진대가 남긴 노트가 된다).

한편 이 장은 공자가 제시한 처세의 지침과도 깊이 관련된다.

공자, 말씀하시다.

"독실하게 진리를 믿고 배우기를 좋아하며 죽기로 그것을 지켜야
할 일이다. 다만 위태로운 나라에는 들어가지 말고 어지러운 나라에
는 살지 말아야 한다. 천하에 도가 있으면 출사하고 도가 사라지면
물러나야 한다. 나라에 도가 있는데 가난하고 비천한 것이 부끄러운

일이요, 나라가 무도無道한데 부유하고 귀한 것이야말로 수치다."

_『논어』, 8:13

요컨대 "나라에 도가 있으면 말도 행동도 고상하게 할 일이지만, 나라에 도가 없으면 행동은 고상하게 하지만 말은 조심해서 해야 하는 것"(『논어』, 14:4)이 선비의 처신법이다.

맹자, 마음의 정치학 3

13:43. 제자로 삼지 않는 경우

公都子曰, "滕更²²⁴之在門也, 若在所禮, 而不答, 何也?"

孟子曰, "挾²²⁵貴而問, 挾賢而問, 挾長而問, 挾有勳勞²²⁶而問, 挾故²²⁷而問, 皆所不答也. 滕更有二焉."

공도자가 물었다.

"등경이 문하에 있었을 때, 우대해야 했을 법합니다. 그런데 질문에조차 대답하지 않은 것은 어째서인지요?"

맹자, 말씀하시다.

"스스로 고귀한 신분임을 의식하거나, 안다고 으스대거나, 나이 많음을 뻐기거나, 공로가 있음을 자처하거나, 저의를 가지고 질문하는 경우에는 모두 답하지 않는다. 등경은 이 가운데 두 가지를 범하더군."

---

224 滕更(등경): 등나라 임금의 아우로 맹자의 문하에 와서 배웠다(조기).

225 挾(협): 끼다, 의식하다.

226 勳勞(훈로): 공로.

227 故(고): 저의底意(주희).

학교는 덕을 닦고, 도를 이루기 위해 토론하며 사람을 사귀는 자유로운 공간이다. 제자의 진솔하고 간절한 질문과 스승의 적확하고 구체적인 답변이 필수적이다. 만일 질문자가 자처하는 바가 있어 무엇을 의식하여 묻는다면 배우려는 간절한 의사가 없는 것이다. 앞서 조교라는 녀석이 추나라 군주와의 교분을 과시하면서 제자로 거둬주기를 청한 대목이 있다. 맹자는 "대저 도는 큰길과 같아서 알기가 어렵지 않소. 사람들이 찾으려 하지 않는 것이 문제일 따름. 그대의 나라로 돌아가 찾아보아도 얼마든지 스승은 있을 것이외다"(12:2)라며 학교에 들이기를 거절하였다. 이 장의 뜻도 대강 그와 같다. 조기는 등경이 범한 두 가지 잘못으로 '고귀한 신분을 의식한 것과 안다고 으스댄 것'을 들었다(『맹자장구』).

허심탄회하게 배우려 하지 않고, 지식을 거래하려 든다든지 스승을 시험하려 드는 자는 동료와 선생에게 폐를 끼친다. 뿐만 아니라 배우려는 본인에게는 더욱 큰 장애가 된다. 바둑이 큰 기술은 아니나 한 녀석은 전심전력을 다해 스승의 말을 귀담아 듣고, 또 한 녀석은 딴 생각을 하고 있다면 그 결과는 같지 않을 것(11:9)이라던 대목과도 통한다. 그러므로 배우려는 생각 없이 스승과 어깨를 겨루려 들거나, 친분을 과시하려 하거나, 저의를 가지고 시험하려는 자에게는 대답하지 않은 것이다. 이 또한 가르침이 된다. 앞에 "달갑잖게 여겨 거절하는 것, 이 또한 가르침의 한 방법일 따름이다"(12:16)라고 하였으니 뜻이 같다.

13:44. 나아감이 날카로우면 물러남이 빠르다

孟子曰, "於不可已而已者, 無所不已. 於所厚者薄, 無所不薄也. 其進銳[228]者,
其退速."

맹자, 말씀하시다.

"그만두지 말 것을 그만두는 자치고 그만두지 않는 일이 없고,

두텁게 해야 할 데 야박한 자치고 박하게 하지 않는 일이 없다.

나아감이 날카로운 자가 물러남도 신속한 법."

해설

사람이 그만둘 수 없기로는 부모 자식 관계, 형제 사이의 의리
가 대표적이다. 이를 천륜이라 하고, 그 관계를 친친親親(피붙이 사랑)이라
하며, 나무에 비유하면 뿌리(本)에 해당한다. 반면 붕우나 군신 관계는
뜻이 맞으면 같이하지만, 길이 다르면 그만두는 인륜이다. 나무에 비유
하면 곁가지나 잎사귀에 해당하므로 말절(末)이 된다(유교의 구조는 본말론
이다).

천륜이 두텁다면 인륜은 얇다. 형제에게 야박하게 굴면서 친구를 후대

---

228 銳(예): 날카롭다.

하는 자치고 그 관계를 오래 유지하는 경우가 드물다. 또 부모를 박대하면서 상관을 후대하는 자치고 배신하지 않는 경우도 드물다. 공자가 "자기가 모실 귀신이 아닌데 제사를 지내는 것은 아첨이다"(『논어』, 2:24)라고 지목한 곳이 대략 이쯤이다. 아첨하는 자는 권력을 숭배하는 자이므로 힘이 빠지면 금방 배신하기 마련이다. 그 표변하는 속도도 빨라서 "나아감이 날카로운 자가 물러남도 신속한 법"이다.

순임금이 자신을 죽이려 들던 이복동생을 끝까지 사랑했던 것은 천륜을 어기지 못한 때문이요, 그와 달리 형의 재산을 더럽다고 여겨 관계를 끊고(그렇다고 관계가 끊어지던가?) 혼자 고고한 척 '청빈 코스프레'를 하던 외돌토리 진중자를 맹자가 비난한 것 또한 천륜과 인륜을 뒤집었기 때문이다.

나아감이 날카로운 자가 물러남도 신속한 것은 사물의 자연스러운 이치다. 노자도 "무섭게 쏟아지는 소나기가 진종일 내리는 경우는 없다驟雨不終日"(『도덕경』)라고 했다. 시작 단계에서 손을 번쩍 들고 목청을 돋워 선동하고, 앞장서서 깃발 드는 자치고 끝까지 버티는 경우가 드물다. 보통 극좌 맹동분자나 극우 파쇼의 구호는 단호하고, 단호하기에 목청이 높다. 그러나 현실은 녹록하지 않다. 태산명동서일필泰山鳴動鼠一匹이라, '천하가 떠들썩하여 그 근원을 찾아보니 고작 한 마리 쥐새끼의 소리더라'는 속언이 이에 가깝다.

뜻을 끝까지 실천하는 자는 보통 말이 드물고, 동작이 굼뜬 법이다. 공자가 "강직하고 굳세며 소박하고 어눌한 사람 중에 인한 이가 많더라剛毅木訥近仁"(『논어』, 13:27)는 경험론을 토로한 자리가 여기요, 노자가 "진

맹자, 마음의 정치학 3

짜 웅변은 어눌한 말이다大辯若訥"라고 요약한 곳도 이 자리다. 조숙하면 조로하는 법. 나아감이 날카로운 자가 물러남도 신속한 것이 맞다. 그러니 미리 기약하지 말고, 조장하지도 말며, 그렇다고 잊지도 말아야 한다. 다음으로 뜻이 이어진다.

孟子曰, "君子之於物²²⁹也, 愛之而弗仁; 於民也, 仁之而弗親. 親親而仁民,
仁民而愛物."

맹자, 말씀하시다.

"군자는 사물은 아끼지만 사랑하지는 않는다. 사람은 사랑하지
만 친애하지는 않는다. 피붙이는 친애하고 사람은 사랑하며, 사
람은 사랑하고 사물은 아끼는 데 멈춘다."

해설

유교의 사랑법을 도식화한 중요한 대목이다. 뒤에서부터 거꾸
로 따져보자. 사랑을 그 대상에 따라 애愛, 인仁, 친親 셋으로 구분하여 썼
다(참고를 볼 것). 애물愛物이란 사물은 아끼는 정도에서 그쳐야 한다는 뜻
이다. 공자가 "낚시질은 하되 그물질은 하지 않았고, 잠자는 새는 잡지
않았다"(『논어』, 7:26)라고 하였고, 또 무슨 물건이든 아껴서 나쁠 것이 없
다고도 하였으니, 여기 애물을 말한 것이다. 완물상지玩物喪志, 곧 애완하
는 동물이나 물건을 지나치게 탐닉하여 사람으로서 마땅히 해야 할 바를

---

229 物(물): 생물, 나아가 무생물과 사물도 '物'에 속한다.

놓쳐서는 안 된다는 경고가 이 애물이라는 말에 들어 있다.

'인민仁民'은 사람을 사랑하는 것이다. 공자가 치국의 요령으로 "비용을 절약하고, 사람을 아끼며, 백성을 때에 맞게 부려야 한다"(『논어』, 1:5)라던 대목이라든지, 인仁을 두고 '사람을 사랑하는 것(愛人)'이라고 답한 것(『논어』, 12:22)이 모두 이에 속한다. 그렇다고 피붙이처럼 애착해서는 안 된다는 뜻도 들어 있다.

'친친親親'이란 피붙이를 사랑하는 것이다. 사랑은 가족 안에서, 즉 부모의 내리사랑과 자식의 치사랑에서 샘솟는다는 말이다. 친친이 사랑의 근본이 되고, 여기서 움튼 사랑의 마음이 측은지심으로 발화하여 주변으로 확장하니 인민이 되고, 동식물과 사물에까지 미치면 애물이 된다.

주의할 점은 친친 〉 인민 〉 애물의 순서를 뒤집어서는 안 된다는 사실이다. 친친이 밑바탕이요, 그 위에 인민이 있고, 또 그 위에 애물이 있다. 만일 사물을 아끼는 것이 사람에 대한 사랑을 뒤덮고, 백성을 사랑하는 것이 부모 자식 사랑보다 앞서면 본말전도의 재앙이 내린다. 뒤의 14:1에서 맹자가 땅에 대한 집착 때문에 피붙이인 자식을 죽인 양혜왕을 불인不仁, 즉 마비된 인간이라고 비난한 까닭이다. 당시 묵가의 겸애가 사랑의 순서와 경중을 무시했기에 그 뜻은 고상하나 실제는 뒤죽박죽이 되어 재앙을 낳았다는 반성이 이 밑에 깔려 있다. 모든 생명을 사랑해야 하지만 부모 자식, 이웃, 사물을 대하는 밀도가 똑같을 수는 없다는, 사랑의 차등성에 유의한 것이 유교다. 유교의 사랑법은 양주의 자기애는 물론이요, 묵가의 겸애와 다르고 기독교의 박애와도 다르다.

기독교의 박애? 지난 2017년 스웨덴 기자가 중동에서 유럽으로 몰려오는 난민을 취재하던 중 한 난민 청소년의 처지가 안타까워 밀입국을 돕다가 징역 2년형을 받았다. 천하를 식민지로 만들 때는 땅끝까지 박애를 전한다며 성경책을 앞세워 남의 땅을 먹어치우더니 저희들 살기가 어려워지자 입국 금지다. 영국은 유럽연합 탈퇴를 결정하고, 미국은 국경 따라 장벽을 쌓고, 지중해는 죽음의 바다가 되었다. 남의 나라를 먹을 때는 박애를 팔다가 타국인이 제 나라로 들어오려니까 장벽을 쌓는 사랑이라면, 이건 가짜다. 까치발을 들고 머리끝을 가지런히 하려 드는 평등과 박애는 오래 갈 수가 없다. 노자가 말했던 "발뒤꿈치를 치켜들고 오래 서 있을 수는 없다企者不立"는 말은 만고의 진리다. 그래서 유교는 차등애를 주장한다. 피붙이는 친애하고, 사람은 사랑함에 그치고, 사물은 아끼는 데 멈춘다.

차등애는 멈춤(止)의 지혜를 요구하고, 정명의 정치를 필요로 하며, 중용의 철학을 바탕으로 한다. 사물에 대한 사랑은 아낌에, 사람에 대한 사랑은 상호 공경과 배려에 그쳐야 하고, 피붙이는 내 몸같이 여기는 데 머물러야 한다.『대학』의 첫머리에 "지극한 선에 멈춰야 한다止於至善"라고 했는데 같은 뜻이다. 한편 아비일 적엔 아비로서, 임금일 때는 임금으로서 제 이름값을 다해야 한다는 뜻으로도 번역되니 정명론에도 차등애의 씨앗이 숨어 있다. 주어진 때마다 적중하기를 요구하는 시중時中의 덕목에도 마찬가지다.

차등애야말로 생물로서의 한계, 즉 자연 법칙을 벗어나지 않으면서 끝내 천하를 평화롭게 하는 꿈을 이룰 수 있는 길이다. 박애가 타인을 '위하여' 자기 발뒤꿈치를 드는 수고로움을 동반하는 사랑 만들기(making)

맹자, 마음의 정치학 3

라면, 차등애는 각기 다른 사람들이 제각각 다른 농도로 사랑의 빛을 방사하여 천하 평화를 이루는(becoming) 기획이다. 자기애(양주)와 겸애(묵가), 박애(기독교)의 과불급을 감안하면 오로지 차등애만이 유일한, 그리고 현실적인 길이다.

　제 한 몸과 제 자식만 사랑하는 자기애(婦人之仁)와 자연 세계의 무자비함(天地不仁) 사이를 어떻게 균형 있게 살아낼 것인가? 정녕코 차등애의 지형과 등고선을 인식하면서 그 비탈길을 조심스럽게 걸어가는 외길이 있을 뿐이다.

참고　사랑이라고 다 같은 사랑이 아니라는 뜻이 문자를 통해 잘 드러났다. 사랑이 친親과 인仁, 애愛라는 각기 다른 단어로 농도를 달리하여 표현되는 데 주목하자. 역시 죽임도 살殺, 시弑, 주誅로 각각 다르게 표기되었고, 또 부끄러움은 치恥, 수羞, 육忸, 니怩 등으로 달리 표현되었던 터다.

孟子曰, "知者無不知也, 當務之爲急; 仁者無不愛也, 急親賢之爲務. 堯舜之
知而不徧物, 急先務也; 堯舜之仁不徧愛人, 急親賢也. 不能三年之喪, 而緦·
小功之察; 放飯流歠[230], 而問無齒決[231], 是之謂不知務."

맹자, 말씀하시다.

"지자는 알고자 하지 않는 것이 없으나 지금 할 일 알기를 다급
하게 여긴다. 인자는 사랑하지 않을 것이 없으나 가족과 현자
사랑하기를 급선무로 여긴다. 요순 임금의 지혜로도 만물을 다
알지 못한 것은 먼저 알아야 할 것을 급하게 여겼기 때문이다.
요순 임금의 인으로도 만인을 모두 사랑하지 못한 것은 가족과
현자를 앞세웠기 때문이다.

삼년상을 행하지 못하면서 시[232]와 소공[233]은 깐깐하게 따지고,
숟가락 가득히 밥을 뜨고 국물은 철철 흘리고 마시면서 이빨로
건포를 뜯어서는 안 된다고 따지는 것을 '근본을 알지 못한다'
고 한다."

---

230 放飯流歠(방반유철): '放飯'은 숟가락이 넘치도록 밥을 퍼서 입을 한껏 벌려 먹는 것. '流
歠'은 국을 숟가락으로 뜨지 않고, 그릇째 마시면서 국물을 흘리는 것(『예기』).

231 齒決(치결): 마른 고기(건포)를 이빨로 뜯는 것. '放飯流歠'보다는 흠이 적다.

232 緦(시): 3개월 상례.

233 小功(소공): 5개월 상례.

유교는 추상적이지 않고 구체적이며, 비근한 일상의 문제를 해결하는 것을 주제로 삼는다. 지금 여기, 올바로 살아가기가 유교의 관심사다. 그러므로 천릿길도 한 걸음부터다. "멀리 가려면 반드시 가까운 데서 시작하고, 높은 데 오르려면 반드시 낮은 데서 출발하는 것"이라는 『중용』의 말이 그렇다. 사람 관계 역시 가까운 피붙이에서 시작하여 백성에 미치고 동식물에게까지 이르듯 앎과 일도 선후와 경중이 있는 법이다. "사물에는 근본과 말단이 있고 사업에는 끝과 시작이 있으니, 먼저 행할 것과 뒤에 행할 것을 알면 곧 진리에 가까우리라"(『대학』)는 지적이 이 점을 짚었다.

모든 일을 다 알 만한 지성을 타고난 요와 순도 지금 할 일을 아는 것을 급선무로 삼았고, 또 누군들 사귀려 하지 않았을까마는 가족과 현자를 먼저 친히 사귀었다. 제대로 일을 처리하고, 사랑을 널리 펼치려면 순서가 이럴 수밖에 없다. 우가 홍수를 해결하려고 분주하다 보니 농사지을 겨를이 없었던 것도 그렇다. 사랑과 지성의 경제학이라고 할까?

물론 성왕들이 급선무를 해결했다는 게 '급한 일만 처리하고 말았다'는 뜻은 아니다. 또 가까운 사람만 아끼고 먼 나라 사람은 도외시했다는 뜻도 아니다. 실은 이 사이에 '여민주의 정치경제학'이 개입되어 있다. 군주가 급선무를 알아서 처리하려 하면 사리에 밝은 유능하고 현명한 사람들이 멀리서 도우러 온다(12:13 참고). 그 역사적 사례가 백이와 태공이었다. 문왕이 급선무인 양로 정책을 시행하려 들자 현자인 백이와 태공이 궁벽한 해변에서 몸을 일으켜 귀의하였다(13:22). 현자들이 힘을 합치고 일을 나눠서 하다 보면 급선무가 해결되니 '가까운 자들이 기뻐하게 된다(近者悅).' 그러면 멀리서 선비들이 불원천리 몰려들고, 또 그 뒤를 천하 인민이 남부여대하여 따라오니 '먼 데 사람들이 몰려드는 것(遠者來)'이다. 여민주의, 덕치의 동학이 발동하는 첫 계기가 급선무를 알고, 가까운 이를 아끼는 것임을 확실히 알겠다.

그렇다고 유교의 사랑법이 묵가의 겸애나 기독교의 박애를 거부하는 것은 또 아니다. 여기 "인자는 사랑하지 않을 것이 없으니仁者無不愛也"라는 조건절이 그러하다. 다만 몸과 능력의 한계로 모두를 다 사랑하고 아낄 수 없는 것이 자연의 법칙이다. 이에 사랑과 지성의 경제학이 필요하다. "가족과 현자 사랑하기를 급선무로 여긴다急親賢之爲務." 그 과정에 본말과 선후를 알고 선택하는 것이 정치적 지혜다. 공자의 "그 자리에 있지 않으면, 그 정사를 논하지 않는다不在其位, 不謀其政"(『논어』, 14:27)라던 말이 그렇다. 제 몫의 일을 올바로 알아서 처리하는 것이 우선이요, 천하 국가를 혼자서 광정하려 들어서는 안 된다는 뜻이다. 처한 상황의 위상과 역할을 제대로 아는 것 또한 정치적 지혜다.

본말과 경중을 바로 알지 못하고 거꾸로 뒤집으면 참화가 기다린다. 그 역사적 참극이 양혜왕의 경우다. 불인하고 불의하여 결국 부덕한 정치가 제 몸을 망치고, 자식을 죽이고, 집안을 망하게 하며, 나라는 멸망하는 참혹한 결과가 기다린다. 다음 편의 첫 장(14:1)으로 연결된다.

참고　본문의 기원은 『논어』에 있다. 제자 번지가 인과 지혜를 묻자 공자가 했던 답변이 그 단서다. 다만 번지는 알아채지 못했고 자하는 알아들었다.

번지가 물었다.

"인이란 무엇입니까?"

공자, 말씀하시다.

"사람을 사랑하는 것이지."

번지가 여쭈었다.

"지혜란 무엇입니까?"

공자, 말씀하시다.

"사람을 아는 거지."

번지가 이해하지 못했다. 공자가 설명해주었다.

"올바른 사람을 뽑아 부정한 사람 위에다 쓰면 부정한 사람도 올바르게 되지."

_『논어』, 12:22

누가 올바른 사람이고 그 일에 유능한지를 아는 것, 곧 지인知人이 정치의 출발이다. 그 사람을 들어다 부정한 사람 위에 쓰면, 부정한 사람도 본받아 올바르게 되니 인의 실천이자 정치의 끝이 된다. 즉 정치는 시급한 일을 해결할 사람을 아는 것에서 시작한다. 그 사람을 알아서 뽑아 쓰면 인정仁政이 가능해진다. 그다음은 현능자들에게 일을 맡겨 해결해나가도록 도와주기만 하면 된다. 즉 정치는 권력으로 사람을 쳐내거나 법으로 백성을 바로잡는 것이 아니다. '올바른 사람을 적 재적소에 뽑아 쓰고' 그들로 하여금 일을 하도록 맡기는 것이다. 그런 데 번지는 공자의 뜻을 알아채지 못했다. 공자 학교의 전통은 스승에 게 똑같은 질문을 두 번 할 수 없으니 선배인 자하를 찾아가 다시 묻 는다.

> 번지가 물러나와 자하를 만나 말했다.
> "앞서 내가 선생님을 뵙고 지혜를 여쭈었더니 선생님은 '올바른 사람을 뽑아 부정한 사람 위에다 쓰면 부정한 사람도 올바르게 된다'고 합디다. 무슨 말씀인지, 통……!"
> 자하가 말했다.
> "넉넉하구나, 선생님의 말씀이여. 순임금이 천하를 얻고서 사람 들 가운데 고요를 알아보고 등용하였더니, 사악한 사람들이 회 개하여 착한 사람으로 바뀌었고, 탕임금이 천하를 얻고서 무리 가운데 이윤을 알아보고 등용하였더니 사악한 사람들이 회개하 여 착한 사람으로 바뀌었지!"
> _ 『논어』, 12:22

자하는 스승의 말뜻을 알아챘다. 순임금이 현자인 고요의 능력을 알 고 재상으로 등용한 덕에 성왕의 정치가 가능했음을, 그리고 탕임금 도 현자인 이윤을 등용하여 혁명 정치에 성공할 수 있었음을. 그러므 로 인이란 추상적이거나 거대한 사랑이 아니다. 사람을 알고(知) 사랑

맹자, 마음의 정치학 3

함(仁)에서 비롯한다. 그다음은 점점차차 널리 확산하면 되는 일이다. 공자가 순임금의 정치를 두고 무위이치라고 기리면서, 그 과정을 "순임금은 신하 다섯을 기용하여 천하를 잘 다스렸다"(『논어』, 8:20)라고 분석한 것이 이 대목에서다.

제14편

진심 하 盡心下

모두 38장이다.

14:1. 불인한 아비, 불의한 군주

孟子曰, "不仁哉, 梁惠王也! 仁者以其所愛及其所不愛, 不仁者以其所不愛及其所愛."

公孫丑曰[1], "何謂也?"

"梁惠王以土地之故, 糜爛[2]其民而戰之大敗. 將復[3]之, 恐不能勝, 故驅[4]其所愛子弟以殉之. 是之謂以其所不愛及其所愛也."

맹자, 말씀하시다.

"불인하도다, 양혜왕은! 인자는 사랑하는 마음을 미루어 사랑하지 않는 데까지 미치는데, 불인자는 사랑하지 말아야 할 것을 사랑하다가 도리어 사랑해야 할 것을 해치는구나."

공손추가 말했다.

"어인 말씀이신지요?"

맹자가 말했다.

"양혜왕이 토지를 욕심내 백성을 전쟁터로 몰아가서는 깨지고 터지도록 싸우게 했으나 크게 패하고 말았지. 다시 전쟁을 하긴 해야겠는데 이기지 못할까 두려워 사랑하는 자식을 앞장세워

---

1   曰(왈): '問曰(문왈)'로 된 판본도 있다.
2   糜爛(미란): 깨지고 터지다. '糜'는 깨지다. '爛'은 터지다.
3   復(부): 다시.
4   驅(구): 몰다.

전장으로 몰아갔지만 거기서 죽이고 말았네. 이를 두고 '사랑하지 말아야 할 것을 사랑하다가 도리어 사랑해야 할 것을 해친다'라고 한 것이다."

해설

불인不仁이란 무엇인가. 정명도程明道는 "의학 서적에서 중풍으로 마비된 몸을 불인이라고 한다"(『논어집주』)라고 하였다. 지금 맹자는 양혜왕을 '불인하다'고 직격하였는데, 그러면 양혜왕의 '불인=마비'는 어디서 왔던가. 바로 앞에서 논한 바 친친 〉 인민 〉 애물의 순서를 뒤집어버린 데서 왔다(13:45). '사물=토지'를 아끼는 것은 최하급이요, 사람을 사랑하는 것은 중급이요, 피붙이를 친애하는 것이 최상의 사랑법이다. 그런데 양혜왕은 최하인 '사물=토지'를 아껴 백성을 곤죽으로 만들다가 급기야 피붙이인 자제를 죽음으로 몰았으니 본말이 완전히 뒤집혔다. 이것이 그가 불인의 딱지를 맞은 까닭이다. '하필왈리'를 천명한 장에서 "인한데 제 부모를 버리는 자가 있을 수 없다"(1:1)고 하였으니 자식을 죽인 양혜왕은 불인한 짓을 범했고, 또 백성을 죽음으로 내몰았으니 불의한 군주가 된다.

주목할 것은 '마음'이다. 양혜왕의 정치적 재앙이 한낱 마음에서 비롯했다는 사실이 이 장 밑에 깔려 있다. 양혜왕과는 상반된 마음을 가졌던 지도자의 성취와 대비해보면, 맹자의 정치학이 어디서 비롯하는지를 정확하게 이해할 수 있다. 문왕의 할아버지 태왕(고공단보)의 이력이 그것이다. 그는 토지보다 사람이 중하고, 국가는 자기의 소유물이 아니라 인민의 공유물이라고 생각한 정치가다. 맹자는 그 마음이 백성의 마음을 얻어 새 나라를 이루는 동력이 되었다고 진술한 터다(2:15). 거기 "군자는 사람을 기르는 땅으로 사람을 해쳐서는 안 된다"라는 대목이 있었는데, 토지는 사람을 살리기 위한 수단에 불과하다는 생각이 일목요연하게 드러났다. 태왕의 마음가짐은 토지를 욕심내어 백성과 자식을 전쟁터로 내몰아 죽이고 만 양혜왕의 처사와 정반대편에 자리한다.

토지에 대한 상반된 생각이 전혀 다른 정치적 결과를 낳았음에 주목하자. 태왕이 빈邠 땅을 떠나 고난의 길을 나섰을 때 백성이 보인 반응이 "어진 사람이다, 놓칠 수 없다"였다. 토지는 백성의 것이므로 '내가 그 땅을 떠나겠다'라는 태왕의 생각은 외려 백성의 마음을 얻었다. 백성이 따라오니 새로 나라를 만들 수 있었다. 반면 양혜왕의 토지 욕심은 백성을 곤죽으로 만들고 자식을 죽음으로 내몰았다. 토지는 자기 소유물이고, 백성은 토지를 위한 도구라는 생각이 비극적 결말을 초래했다. 여기서 태왕은 인인仁人이 되고, 양혜왕은 불인不仁이란 이름을 얻게 된다. 정치가 마음에서 비롯함을 보여주는 좋은 역사적 사례다.

어찌 양혜왕뿐이랴! 당시 "땅을 차지하려다가 사람 고기를 씹는다率土地而食人肉"(7:14)라는 참혹한 속담이 횡행했다니 전국시대 거의 모든 권력자의 행태가 그와 같았음을 알겠다. 그러나 또 오늘인들 무에 다르랴!

참고　한편 맹자가 첫 편의 첫 장을 '하필왈리'라며 양혜왕 비판으로 시작했는데, 여기 끝 편의 첫 장을 또 양혜왕 비판으로 마감한 절묘한 편집에도 주의하자. 맹자가 수미일관하게 전하고 싶은 메시지가 무엇인지를 생각하게 한다. 차등애는 묵가의 겸애설이나 양주의 이기설과 구별되는 유교 사랑법의 고유한 특징이다. 이 장은 묵가의 겸애설(위민주의)에서 벗어나지 못하다가 진짜 사랑해야 할 대상을 죽이고 만 양혜왕의 '뻘짓'에 대한 강력한 비판으로 읽힌다(양혜왕과 묵가의 관련성은 1:1의 해설 참고).

그러면 유교의 사랑법은 어떤 것인가? "자기 집 노인을 섬기는 것으로써 남의 집 노인에게 미치고, 자기 아이를 아끼는 것으로써 이웃집 아이에까지 미치는"(1:7) 것이다. 가까운 데서 먼 데로, 낮은 곳에서 높은 곳으로 점점차차 번져 나가는 것이 올바른 사랑법이다.

맹자, 마음의 정치학 3

孟子曰, "春秋無義戰, 彼善於此, 則有之矣. 征者, 上伐下也[5], 敵國[6]不相征 也."

맹자, 말씀하시다.

"『춘추』에 의로운 전쟁은 없으나, 저쪽이 이쪽보다 나은 경우 는 있더라. 정이란 위가 아래를 벌하는 것이지, 대등한 국가끼 리는 서로 정벌할 수 없는 법이다."

해설

맹자가 공자의 『춘추』를 읽고 난 독후감을 요약한 것이다. 여 기서 맹자의 정치사상인 왕패론王霸論이 나온다. 앞서 "춘추의 오패는 삼 왕의 죄인"이라고 판정하고 그 이유로 "천자는 죄를 성토할 뿐이며 직접 군사를 통솔하여 징벌(伐)하지는 않는다. 제후는 천자의 명을 받아 군사 를 출동하여 징벌하되 성토하지는 못한다. 춘추오패는 (천자의 명을 받지

---

5 上伐下也(상벌하야): '上'은 정당성을 확보한 상급자다. '伐'은 천자가 죄목을 열거하여 성토하면(討), 제후들은 군사를 내어 처벌하는 군사 활동(경찰 행위)이다. 이를 '討伐(토 벌)'이라고도 부른다. '征(정)'의 구체적 활동이 '伐'이다.

6 敵國(적국): 대등한 국가. '敵'은 필적하다.

않고 동류인) 제후들을 끌어들여 제후를 징벌한 것이다. 그래서 '오패는 삼왕의 죄인'이라"(12:7)고 평한 해설이 이 장 아래 깔려 있다.

공자는 부정을 바로잡는 행위를 정치로 보았다. 그가 정치를 두고 '정자, 정야政者, 正也'(『논어』, 12:17)라고 했듯 '政(정)'에는 이미 '정당성(正)을 갖춘 폭력(攵)'이란 의미가 들어 있다. 정벌을 뜻하는 '征(정)'의 뜻 또한 천자가 제후의 잘못을 바로잡는 경찰 행위, 군주가 신하의 부정을 바로잡는 교정矯正 행위를 가리킨다. 이때의 정은 알렉산더 대왕의 원정遠征 같은 방식이 아님에 유의해야겠다. 폭력으로 상대를 살상하는 전쟁과도 다른 것으로 합법적인 경찰 행위, 즉 교정 활동을 말한다. 질서와 인륜을 바로잡기 위한 정당한 폭력 행사일 때만 정벌이 된다. 그래서 "정이란 위가 아래를 벌하는 것이지, 대등한 국가끼리는 서로 정벌할 수 없는 법이다"라고 요약한 것이다.

한편 『춘추』에 나오는 "의로운 전쟁은 없다"라는 말은 춘추시대가 이익을 추구하는 전쟁으로 점철되었다는 뜻이다. '戰(전)'은 대등한 국가들 사이의 분쟁을 말하는데(14:4) 의로운 전쟁이 없었다는 것은 춘추시대의 전쟁이 대부분 영토 분쟁이거나 국익(군주의 이익) 투쟁이었다는 뜻. 다만 "저쪽이 이쪽보다 나은 경우는 있더라"라고 한 것은 관중이 남방 초나라의 침략에 대응하여 연합군을 결성해 싸운 것을 이르는 듯하다. 공자가 이를 두고 "관중이 아니었다면 아마 우리는 남방 오랑캐와 같은 야만인이 되고 말았으리라"(『논어』, 14:18) 하고 칭찬한 대목이 그 방증이다. 맹자는 이 전쟁만은 중화문명을 보호하는 데 기여한 것으로 여겨 "저쪽이 이쪽보다 나은 경우는 있더라"라고 비평한 것이리라(참고를 볼 것. 관중에 대한 맹자의 마뜩찮은 평가를 감안하면, 공자조차 인정한 관중의 공로인지라 맹자로서는 어쩔 수 없이 수용한 듯도 하다).

이 장과 다음 장은 맹자 역사학의 정수를 보여준다. 지금 맹자 앞에는 역사서 『춘추』와 『서경』이 펼쳐져 있다. 그는 의義라는 하나의 키워드로 두 역사서를 검색하고 있다. 여기서는 『춘추』를 검토한 독후감으로서 의로운 전쟁이 없음을 발견하고, 그 시대의 불의를 개탄한 것이다. 다음 장은 『서경』에 대한 독후감이다.

참고 공자가 관중을 칭찬한 초나라 정벌 전쟁은 이른바 '소릉의 군역(昭陵之師)'으로 불린다. 주희도 이 전쟁을 '저쪽이 이쪽보다 나은 경우'의 예로 들고 있다(『맹자집주』). 소릉의 군역이란 춘추시대 노희공 4년, 남방 초나라가 주 왕실에 공물을 바치지 않는다며 제환공(실제는 관중)이 제후 연합군을 인솔하여 초나라를 정벌한 일을 이른다. 승리 후 초나라 장수 굴완屈完과 소릉에서 회맹하였기에 소릉의 군역이라고 칭했다(『춘추좌씨전』 참고).

14:3. 『서경』 독후감

孟子曰, "盡信書, 則不如無書. 吾於武成[7], 取二三策[8]而已矣. 仁人無敵於天下, 以至仁伐至不仁, 而何其[9]血之流杵[10]也."

　　맹자, 말씀하시다.

　　"『서경』을 글자대로 다 믿는다면 외려 보지 않는 것만 못하다. 나는 '무성'편에서 두어 쪽만을 취할 따름이다.[11] 인인[12]은 천하에 대적할 자가 없는 법. 지극히 어진 사람이 지극히 불인한 자를 정벌하는데 어떻게 '피가 흘러 절굿공이를 떠내려가도록' 할 수 있겠더냐!"

7　武成(무성): 『서경』, 「주서」의 한 편.

8　策(책): 죽간의 쪽.

9　何其(하기): 어떻게.

10　杵(저): 절굿공이. 옛날에는 병사들이 양식을 현지 조달하기 위해서 절굿공이를 지참하였다(조기).

11　"책策이란 죽간이니 간簡의 수효를 세어 말한 것이다. '지극히 어진 사람이 지극히 불인한 자를 정벌하다(以至仁伐至不仁)'라는 한 구절로 율律을 삼아 이 뜻에서 벗어난 것은 모두 취하지 아니한 것이다."(이익, 『성호사설』, 「무성이삼책武成二三策」)

12　여기 인인仁人은 주나라 무왕 발發을 지칭한다.

　　맹자는 앞서 『시경』의 독서법으로 '주체적 글 읽기'를 권한 바 있다. 독자의 관점으로 저자의 뜻을 추체험하는 이의역지以意逆志 방법론이었다(9:4). 여기서는 『서경』에 대해서도 주체적 글 읽기를 권한다. 하긴 공자의 말씀이라고 전적으로 묵수하지는 않았던 맹자다(관중과 정자산에 대한 평가에서 맹자는 공자와 견해를 달리했다. 8:2 해설 참고).

　『서경』, 「주서」, '무성'은 제후 발發(훗날 주나라 무왕)이 은왕조의 폭군 주왕을 쳐서 혁명하는 과정과 혁명의 정당성을 선포하는 내용이다. 개략을 살피면 (1) 혁명의 경과를 서술하면서 글을 시작한다. 3개월 만에 주왕을 쳐부수고 개선한 과정을 요약하고 있다. (2) 제후들에게 혁명의 정당성을 선포하는 담화문을 서술한다. 조상의 유업을 이어 그 뜻을 성취했다는 것. (3) 하늘에 '천명을 바로잡았음'을 알리는 고유문이다. 은나라 주왕이 '포악무도하여 하늘이 낳은 생명을 멋대로 죽이고 백성들을 해치고 학대하였으므로' 자신이 이를 바로잡았다는 것. (4) 전투의 구체적인 상세를 서술하는 대목이다. (5) 혁명 성공 후 적폐를 청산하여 인민의 호응을 얻은 사실을 특기한다. (6) 혁명 정부의 중요 정책들을 서술한다. (7) 끝으로 "무왕이 이렇게 하셨더니 옷소매를 드리우고 팔짱을 긴 채로 편안하게 앉아 있어도 천하가 저절로 다스려졌다"라는 무위정치의 레토릭으로 끝을 맺는다. 이 가운데 (4) 전투의 구체적 경과를 서술한 곳에 본문의 "피가 흘러 절굿공이를 떠내려가도록" 했다는 구절이 나온다. 이 대목을 잠시 보자.

(4-1) 무오일에 군사가 맹진을 건넜다. 계해일에는 상나라(=은나라) 서울이 가까운 들판에 진을 치고 하늘의 아름다운 명을 기다렸다. 갑자일 새벽에 주왕이 수풀같이 많은 군사를 거느리고 목야의 들판에서 무왕의 군사와 접전하였다.

(4-2) 그러나 적들은 우리 군사들에게 전혀 맞서 싸우지 못했다. 앞에 있던 군사들이 창을 거꾸로 잡아들고 자기편 뒷사람을 쳐서 달아나니 피가 흘러 절굿공이가 떠다녔다.

앞부분(4-1)은 사실史實을 사실事實대로 서술한 것이겠지만, 뒷부분(4-2)은 윤색되고 왜곡된 내용일 것이다. 현본『서경』의 (4-2) 부분은 주왕의 군사 내부에서 분란이 일어나 "앞에 있던 군사들이 창을 거꾸로 잡아들고 자기편 뒷사람을 쳐서" 피가 흐른 것으로 서술되어 있다. 그렇다면 무왕이 적군을 살육한 피가 강물처럼 흘러 절굿공이를 떠내려가게 한 것이 아니다. 자중지란으로 서로 죽인 것이다. 현본『서경』의 내용과 "지극히 어진 사람이 지극히 불인한 자를 정벌하는데 어떻게 '피가 흘러 절굿공이를 떠내려가도록' 할 수 있겠더냐"라는 맹자의 비판이 서로 어긋난다.

이는 맹자가 실제로 접한 '무성'의 내용이 지금 것과 달랐고, 그 사이에 윤색이 가해졌다는 뜻이다.[13] 원본『서경』에는 맹자가 눈살을 찌푸릴 만큼 참혹한 전투 현장이, 그것도 무왕 발이 자행한 학살 현장이 분명히

---

13 『서경』의 문헌학적 고증과 진위, 해석을 둘러싼 논쟁은 해묵은 것이다. 수천 년간의 다양한 비평과 금고문今古文 논쟁은 유기우, 이은호 옮김, 『상서학사』, 예문서원, 2016 참조.

묘사되어 있었을 것이다. 그 사실은 이단으로 몰린 자료에서 엿볼 수 있다. 가령 『일주서逸周書』의 해당 부분 서술은 이렇다.

> 은나라 군대가 궤멸하자 주왕은 도망가다 되돌아와 녹대 위로 올라가 스스로 불에 타 죽었다. 무왕은 태백기를 잡고 제후들을 지휘하여 궁전 안으로 들어가 주왕이 죽은 장소에 이르렀다. 무왕은 주왕의 시체에 손수 화살 세 발을 쏜 뒤 수레에서 내려 칼로 찌르고, 도끼로 그 머리를 베어 태백기에 매달았다.
>
> _『매씨서평梅氏書評』, 「일주서극은편변逸周書克殷篇辨」

지금 무왕은 자살한 주왕의 시신에 활을 쏘고, 칼로 찌르고, 도끼로 머리를 잘라 깃발에 매달고 있다. 증오에 찬 무왕의 모습이 오싹할 정도로 묘사된 기록도 있다.

> 무왕은 몸소 주왕의 간신인 악래惡來의 입에 활을 쏘았고, 손수 주왕의 목을 활로 쏘아 손을 피로 적셨으며, 그 피를 받아 벌컥대며 마셨다. 그 순간 무왕은 한 마리 맹수와 같았다.[14]

여기 "무왕은 한 마리 맹수와 같았다"라는 묘사가 전쟁의 실제, 혁명

---

14   武王親射惡來之口, 親射殷紂之頸, 手汗於血, 不溫而食. 當此之時, 猶猛獸者也(시교尸佼, 『시자尸子』; 김상준, 『맹자의 땀, 성왕의 피』, 아카넷, 2016, 136~137쪽에서 재인용).

전투의 역사적 사실에 부합할 것이다. 그리고 이것이 원래 '무성'의 기록일 가능성이 크다. 맹자는 무왕이 주왕 군사들의 "피가 흘러 절굿공이를 떠내려가도록 하였다"라는 기사를 보았던 것이다. 그런데 그는 이런 기록을 왜곡된 서술로 치부하고 있다.

맹자의 생각은 이런 것 같다. 전쟁이란 본시 잔인한 것이고, 전투 현장은 살육이 자행되는 곳이다. 무왕의 군대가 주왕의 군대를 도륙하는 장면도 있었을 것이다. 그러나 전투 현장의 격렬함으로써 전쟁의 의미를 가려서는 안 된다. 핵심은 그 전쟁의 '역사적 의미'에 있다. 은나라 주왕의 "수풀같이 많은 군사"에 고작 "전차는 300대, 군사는 3000명 불과한"(14:4) 무왕의 군사가 승리한 것은 시대정신에 무왕의 정치적 행동이 걸맞았기 때문이다. 그러므로 어느 전투 현장에나 있을 법한 살상의 묘사로 전쟁의 역사적 의미를 왜곡해서는 안 된다(는 항변이다).

원본 '무성'의 묘사가 잘못이라기보다는(어느 전쟁에 살육이 없으랴!) 혁명의 역사적 의미를 헤아리지 않으면 아무리 객관적 서술이라도 역사 기록으로서 가치가 없다는 뜻이다. 그러면 맹자 스스로 '무성'에서 두어 쪽밖에 취할 것이 없다고 말한 그 두어 쪽에서 그가 생각한 전쟁의 의미를 살펴보자. 다음 인용문은 맹자가 제자 만장을 설득하는 가운데 '무성'을 거론하는 대목이다.

> (무성에) '무왕이 동쪽으로 정벌하여 그 남녀 백성을 편안하게 해주자, 검은 비단과 누런 비단을 대광주리에 담아 우리 주나라 왕을 소개받고 그 아름다움을 보자 큰 나라 주에 귀의하여 복종하였다'라고

하였다.

(맹자의 해설) 그 나라 군자들은 대광주리에 검고 누런 비단을 담아 주나라 군자들을 영접하고, 소인들은 대그릇에 밥을 담고 병에 식혜를 담아 주나라 소인들을 환대하였으니 이것은 도탄에 빠진 백성을 구원하고 잔학한 폭군은 처단했기 때문이다.

_ 6:5

첫 문단은 맹자가 취했다는 '무성'의 두어 쪽에 속할 것이다. 그랬기에 만장을 설득하는 역사적 증거로 든 것이다. 둘째 문단 맹자의 해설은 도탄에 빠진 민생을 구원하여 백성의 동의를 얻었다는 뜻이다. 맹자가 이해한 혁명전쟁의 의의가 이것이다. 그 끄트머리에 "잔학한 폭군은 처단했기 때문이다"라고 요약했는데, 당연히 무왕의 손에 피가 묻을 수밖에 없음을 맹자가 인정한 셈이다. 아, 혁명 과정에는 잔인한 살육이 있을 수밖에 없다. 순임금조차 사람을 죽였다. 이건 만장도 이해한 바다(9:3).

문제가 되는 것은 살상의 적법성과 정당성이다. 불법적인 살해인 '시弑'와 적법한 살해인 '주誅'가 다르다는 것과 관련된다. 혁명 과정의 잔혹한 살상 행위는 자연법적 차원에서 적법한 행위, 즉 주벌誅罰로 정당화된다(2:8). 물론 자의적 살해(殺)와 적법한 사형(誅)은 구분해야 한다. 가령 계강자가 공자에게 범법자들을 살해해서라도 준법 사회를 만들겠다고 했을 때 공자가 "정치를 하겠다면서 어찌 사람을 죽이는 방법을 쓰겠느냐"(『논어』, 12:19)라고 꾸짖은 것은 살해를 금기시한 것이지 적법한 사형조차 금지한 것은 아니다. 계강자가 쓰려는 '살殺'은 법과 규범을 벗어난 불법적, 탈법적 살상 행위였던 것이다(필리핀 대통령 두테르테의 마약사범 처분 같은 것).

반면 혁명 과정에서 행한 살상은 자연법적 차원의 적법 행위로 정당한 주벌에 해당한다. 맹자는 이 차이점을 잘 살펴보기를 권한다. 현상적으로는 같은 살육 행위지만 맥락에 유의하지 않으면 혁명의 정치적 의의와 반역적 행위를 구별할 수 없고 역사적 가치도 왜곡된다는 것. 혁명 현장의 살상 행위를 구체적으로 묘사한다고 해서 그것이 객관적 서술은 아니라는 것이다. 눈으로 본 사실이 진짜 사실이 아닐 수 있다고도 표현할 수 있으리라. 따라서 『일주서』의 내용이나 『시자』의 묘사는 역사적 사실이고, 맹자의 비평은 비현실적이며 주관이 개입된 정치적 판단이라고 판정해서는 안 된다.

외려 주목할 것은 해석학적 관점이다. 맹자의 관점은 도덕주의다. 무왕의 혁명 과정은 '지극히 어진 사람'이 '지극히 불인한 자'를 정벌한 것으로 "인인은 천하에 대적할 자가 없는 법"이다. 우리는 맹자의 견해가 역사적 사실에 부합하지 않는다는 실증주의적 차원이 아니라 역사를 도덕적으로 해석한 맹자의 정치적 욕망에 주목해야 한다. 춘추전국이라는 장구한 폭력의 시대 한가운데서 인류가 짐승으로 타락하는 공포의 체험과, 그럼에도 사람이 짐승과 다른 선한 인성을 갖고 있다는 발견이 그의 도덕주의 해석학의 동기였다. 맹자는 새로운 문명 세계를 건설하려면 도덕성의 재건이 급선무임을 확신했고, 이러한 관점으로 역사 속에서 성왕들의 이력을 발굴했으며 무왕의 혁명전쟁을 이해했다.

맹자는 주나라 무왕의 은나라 주왕에 대한 혁명은 "동쪽 방면을 정벌하면 서방 오랑캐들이 원망하고, 남쪽 방면을 정벌하면 북방 오랑캐들이 원망하기를 '어찌하여 우리를 뒤로 미루시는가?'"(2:11)라고 할 만큼 시대정신에 부합한 정의로운 전쟁(경찰 행위)이었다고 확신한다. 백성을 무왕 쪽으로 몰아준 것은 주왕의 폭정이었다(7:9). 그러니 '무성'에 기술된 군사들의 피가 흘러 절굿공이가 떠내려갈 정도였다는 서술은 편견에 의한 왜곡으로서 신빙할 수 없다는 것이다. 우리는 이를 맹자식 '해석학'이라 할 수 있고, 그의 지식 활동은 '여민주의 정치론의 계보학적 구성'으로 이해할 수 있다.

참고 맹자는 술이부작述而不作이라는 공자의 학술 전통을 계승하여 도덕적 관점에서 고대의 전적과 왕조 건국자들의 이력을 재구성하였다. 그 기준은 "윤리적 가르침의 시각에서 보면 부적절하거나 불필요한 부분들을 잘라내고, 버리고, 지우는" 것이다. 맹자의 성왕 해석학은 "폭력의 탈색, 그리고 그럼에도 어찌할 수 없이 남게 된 폭력에 대한 정당화"였다.[15] 그러나 이것을 역사적 조작 행위로 비난해서는 안 된다. 텍스트의 체계적 편집은 모든 사상가의 과제다. 문제는 그 해석이 일관되고 전면적이며 또 설득력 있는 기준이냐는 데 모아진다. 결과론이지만 동아시아는 오랜 세월 맹자의 도덕주의적 해석학에 동의하며 폭력을 순치하고 윤리에 통제받는 문명 건설에 매진해왔다.

---

15 김상준, 앞의 책, 139~140쪽 참고.

14:4. 혁명은 교정이다

孟子曰, "有人曰, '我善爲陳[16], 我善爲戰', 大罪也. '國君好仁, 天下無敵焉.' 南面而征, 北狄怨; 東面而征, 西夷怨, 曰, '奚爲後我!' 武王之伐殷也, 革車[17] 三百兩[18], 虎賁[19]三千人. 王曰, 無畏! 寧爾也. 非敵百姓也. 若崩[20]厥角[21]稽 首[22]. 征之爲言正也, 各欲正己也, 焉用戰?"

맹자, 말씀하시다.

"누구든 '나는 군진을 잘 펼치고 전쟁을 잘 치른다'라고 말하는 자는 큰 죄인이다.[23] 공자가 '나라 임금이 인을 좋아하면, 천하 에 대적할 자가 없다'라고 하였다.

(탕임금이) 남쪽 방면을 정벌하면 북방 오랑캐들이 원망하고, 동 쪽 방면을 정벌하면 서방 오랑캐들이 원망하기를 '어찌하여 우

---

16 陳(진): '陣(진)'과 같다. 병사의 대열을 전후좌우로 편성하는 것(주희).

17 革車(혁거): 가죽을 씌운 전차.

18 兩(양): 수레 숫자. '輛(량)'과 같다.

19 虎賁(호분): 특공대. '賁'은 날래다.

20 崩(붕): 무너지다.

21 厥角(궐각): 짐승이 고개를 숙이고 풀을 뜯는 모양. '厥'은 숙이다.

22 稽首(개수): 머리를 조아리다. '稽'는 조아리다. "若崩(약붕)과 厥角(궐각)이 각기 한 구절 이 되어야만 할 것 같다. 厥角이란 바로 머리를 조아리는 모습이다."(『성호사설』, 「약붕궐각 若崩厥角」)

23 맹자가 판정하는 죄의 등급은 다음과 같다. "전쟁을 잘하는 자는 극형에 처해야 하고, 제 후들을 합종연횡하려는 자는 그다음 형벌에 처해야 하며, 황무지를 개간하여 토지를 백 성에게 빌려주는 자는 그다음 형벌에 처해야 한다"(7:14)

맹자, 마음의 정치학 3

리를 뒤로 미루시는가!'라고 했다. 또 무왕이 은나라를 칠 때 전
차는 300대, 군사는 3000명[24]에 불과했다. 무왕이 '두려워 말
라! 너희를 편안케 하고자 왔노라. 너희 백성을 적으로 삼으려
는 것이 아니니라' 하고 말하자 마치 짐승이 뿔을 땅에 대듯 모
두 머리를 조아렸다.[25] 정征이란 '바로잡는다'는 정正을 뜻한다.
천하 백성이 모두 자기들부터 바로잡아 주기를 바라는데 어떻
게 전쟁을 한단 말인가!"

혁명의 의의를 계속 논하고 있다. 혁명을 전쟁과 비교하지 말
라는 것. 전쟁(戰)이란 동급의 국가, 즉 제후국과 제후국 사이의 분쟁을
이른다. 반면 혁명은 잘못된 천하 구조를 바로잡는 초超국제법적, 초국가
적 비상조치다. 천하 구조를 혁신하는 정치 행동인 혁명을 전쟁으로 오
해해서는 안 된다. 앞서 혁명 과정에서 군주를 처단하는 행동은 살해(殺)
도 시역(弑)도 아니며, 다만 자연법에 의거한 처분(誅)임을 논증했다(2:8,
14:3). 실정법으로 보면 혁명은 옛 신하가 옛 군주를 살해한 행위, 곧 시역
(弑)일 수 있다. 그러나 자연법으로 보면 '자연 질서와 인륜을 해친 군주

---

24 3000명은 2개 사단이니 주왕의 8군단에 비하면 지극히 적은 군사다. 『서경』, 「주서」, '목
서牧誓'의 내용. '무성'에는 주왕의 군대가 '수풀같이 많다'라고 하였다.

25 『서경』, 「주서」, '태서泰誓'의 내용.

(殘賊)'를 처단하는 적법한 처벌, 곧 주살(誅)이 되고 그게 혁명 행위다.

탕무의 혁명은 '정征'이니 이를 전戰이라 칭해서는 안 된다는 맹자의 말은 이런 맥락에 있다. 번역하자면 혁명은 (자연법에) 적법한 교정矯正 행위이지 전쟁이 아니라는 것. 전쟁은 대등한 나라들 간의 다툼이지만 혁명은 하늘과 민심의 뜻을 받든 도덕적으로 우월한 이에 의한 교정 행위다! 마치 국법을 집행하는 이를 형리刑吏라 부르듯 이 자연법을 집행하는 혁명가를 천리天吏라 칭하는 까닭이기도 하다(3:5). 그 혁명의 옳고 그름은 하늘과 민심이 판정한다(9:5 참고. 통치 정당성이 마음으로 귀결하는 또 하나의 예가 된다).

앞 장과 연결해서 보면 혁명 과정에는 살육과 살상 행위가 있게 마련이지만, 이런 외적 유사성 때문에 전쟁과 혁명을 헷갈려서는 안 된다. 잔인한 행동이 무엇 때문에 일어났으며, 사태의 궁극적 책임자는 누구인지를 따져보아야 한다. 나무가 아니라 숲, 곧 전투 현장을 넘어서 혁명의 역사적 의의를 주목해야 한다. 맹자는 민심의 향배라는 측면에서 본다면 탕임금과 무왕의 혁명은 고작 이익을 다투던 춘추시대의 전쟁과는 확연히 다르다고 강조한다. 그러면서 도덕주의적 관점에 확고하게 서서, 한때는 군주의 신하였으나 하늘과 민심에 부응하는 공공선을 집행한 혁명가는 척결 대상인 군주와 비교할 수 없는 지고한 존재라고 선언한다. 불의한 군주는 '일개 사내(一夫)'에 불과하지만 인자무적仁者無敵, 곧 천리인 혁명가에게는 대등한 자가 없다고.

14:2부터 여기까지 전쟁과 혁명의 차이를 역사서인 『춘추』와 『서경』을 통해 논증했다.

14:5. 정교함은 가르칠 수 없다

孟子曰, "梓匠²⁶輪輿²⁷能與人規矩, 不能使人巧."

맹자, 말씀하시다.

"목수와 수레 장인이 그림쇠와 곱자 쓰는 법은 가르칠 수 있으나 정교한 솜씨는 가르칠 수 없다."

해설

기본은 가르칠 수 있다. 도구 사용법 같은 것이 그렇다. 예컨대 신참 목수에게 컴퍼스와 직각자 사용법, 수평기와 먹줄 놓는 방법은 가르칠 수 있다. 그러나 기술의 오묘한 경지는 말로 가르칠 수 없다. 부처는 "진리는 말과 형상의 밖에 있다無名無相絶一切"(「법성게法性偈」)라 했고, 노자도 "이름으로 표현할 수 있다면 그건 참된 이름이 아니다名可名, 非常名"(『도덕경』)라고 했으니 뜻이 같다. 따로 장자는 우화를 통해 정교함은 말로 전수할 수 없음을 곡진하게 묘사한 바 있다(참고를 볼 것).

진리는 말이나 눈으로 전달되지 않으니 심득과 체득, 곧 스스로 느껴

---

26 梓匠(재장): 목수. '梓'는 가래나무. '匠'은 장인.

27 輪輿(윤여): 수레 장인. '輪'은 수레바퀴. '輿'는 수레가마(車箱).

서 얻는 수밖에 없다. 기초를 닦은 다음 점점차차 기예가 몸에 무르익고, 그런 다음 비등점을 통과한 물처럼 일종의 도약이 있어야 '오묘한 경지 (巧)'로 들어갈 수 있다. 당연히 학문이든 기술이든, 처음에는 기본에 집중해야 한다(11:20). 그러나 스승이 말글로 가르칠 수 있는 것도 여기까지다. 나머지는 제자가 알아서 배우는 수밖에 없다(13:41). 그러니 어찌 배우고 익힘에 한정이 있으랴. 공자가 호학好學으로 자처한 까닭이요, 우리 속담에 '여든 먹은 할아비, 세 살 손자에게 배울 것이 있다'던 말이 이 뜻이다. 결국 맹자의 자득론에 이 뜻이 요약되어 있다(8:14 참조).

참고 흥미롭게도 수레바퀴 장인 윤편輪扁의 고사가 이 장을 눈앞에 펼쳐 보이는 듯하다.

제나라 환공이 마루에서 책을 읽고 있었다. 바퀴 장인 윤편은 마루 아래서 수레바퀴를 다듬고 있었다. 망치와 끌을 펼쳐놓고 작업하던 중에 윤편이 마루 위를 보고 환공에게 물었다.

"감히 여쭙습니다만, 공께서 읽는 책은 무슨 내용입니까?"

환공이 말했다.

"성인의 말씀이지."

윤편이 말했다.

"성인은 살아 계십니까?"

환공이 말했다.

"이미 돌아가셨다."

윤편이 말했다.

"그렇다면 임금께서 읽고 있는 것은 옛사람의 술지게미일 따름입니다, 그려!"

환공이 말했다.

"짐이 읽는 책을 장인 따위가 어찌 비평할 수 있단 말인가! 만일 납득하게 설명할 수 있다면 살아남으려니와, 납득한 설명을 못한다면 죽음을 각오해야 하리라!"

윤편이 말했다.

"제가 하는 일로써 살펴보겠습니다. 바퀴살을 얇게 깎으면 굴대 구멍이 느슨해서 아귀가 헐겁고, 두껍게 깎으면 빠듯해서 끼워넣기가 어렵습니다. 느슨하지도 빠듯하지도 않게 깎기는 손짐작으로 터득하고 마음으로 느낄 뿐, 입으로 말할 수는 없습니다. 물론 더 깎고 덜 깎는 그 어림에 정확한 치수가 있을 것입니다만 제 자식에게조차 말로 깨우쳐줄 수 없고 제 자식 역시 저로부터 전수받을 수가 없습니다. 그래서 나이 70의 늙은이가 되도록 제 손으로 수레바퀴를 깎고 있는 것입니다. 옛사람 역시 그 진수는 말글로 전하지 못하고 죽었을 터. 그래서 임금께서 읽고 있는 책은 옛사람의 술지게미에 불과하다는 것이올시다."

_ 『장자』, 「외편」, '천도天道'

孟子曰, "舜之飯糗茹草²⁸也, 若將終身焉; 及其爲天子也, 被袗衣²⁹, 鼓琴, 二
女果³⁰, 若固有之."

> 맹자, 말씀하시다.
> "순이 마른 밥을 먹고 푸성귀로 끼니를 때울 때는 평생을 그렇
> 게 살 것 같았다. 천자가 되자 수놓은 비단옷을 입고 거문고를
> 켜면서 두 아내의 섬김을 받는 것이 마치 본래부터 그러한 듯
> 하였다."

해설

순은 본시 산골의 농사꾼이었다가, 강가에선 어부였으며, 들판
에서는 옹기장이였다. 그때는 그저 "마른 밥을 먹고 푸성귀로 끼니를 때
웠다." 그렇게 살던 중에 문득 마치 강하가 터지듯, 하늘로부터 타고난
인의의 덕성이 자기 몸과 마음속에 깃들어 있음을 발견한다(13:16). 그러

---

28 飯糗茹草(반구여초): 마른 밥을 먹고 푸성귀를 뜯다. 곧 요임금에게 등용되기 전 재야在野
에 살 때 순의 모습이다. '飯'은 먹다, '糗'는 마른양식(찐쌀). '茹'는 먹다. '草'는 푸성귀.

29 袗衣(진의): 채색한 비단옷. '袗'은 수놓아 꾸민 옷.

30 二女果(이녀과): '二女'는 요임금의 두 따님. '果'는 시중 들다. '婐(과)'와 같다.

나 누가 알아주든 말든 그저 평민으로 밭 갈고 사냥하면서 흐뭇하게 살아갈 참이었다(獨善其身). 그렇지만 또 낭중지추라 '호주머니 속의 송곳'처럼 수면앙배하는 덕성의 광휘는 숨길 수가 없어 점차 주변으로 방사되기 시작했다. 이에 그가 사는 곳 주변에 석 달이면 촌락이 만들어지고, 3년이면 도회가 형성되었으니 순에게 도군都君이란 별명이 붙게 된 까닭이다.

그의 사람됨을 알아챈 이가 요임금이다. 농사꾼인 순을 사위로 삼고 끝내 천자의 지위를 양도하기에 이른다. 그럼에도 순은 권력의 마력에 빠져들지 않고 본래부터 왕궁에서 태어나 궁궐 생활을 해온 사람인 듯, 심드렁하게 혹은 시큰둥하게 '비단옷을 입고 거문고를 켜면서' 천자로서 할 바를 넉넉히 수행하기를 마치 노농老農이 농사를 짓듯 하였다. 애당초 찐쌀을 씹고 시래깃국을 마시는 곤고한 삶에서도 가난이 해치지 못하는 그만의 즐거움(貧而樂)이 따로 있었고, 또한 궁중의 화려한 생활 속에서도 부유함이 그의 신실함을 해치지 않아(富而好禮) 원래부터 궁중 생활을 한 사람처럼 덤덤하게 살아갔다는 것이다(『논어』, 1:15). 주변 환경이 그 사람됨을 바꾸지 못했다는 것이니 대장부론이 그 사정을 압축하고 있다. 순의 깨우침을 극적으로 표현한 13:16과 요순은 타고난 본성대로 한 사람이라고 말하는 14:33을 같이 겹쳐서 보면 좋겠다.

그런데 주의하여 살필 점은 문면 아래 있다. 순의 항심을 드러내는 표현 밑에는 시골뜨기 순의 숨은 덕성을 발견하고 그를 발탁한 요임금에 대한 찬탄이 깔려 있다. 유교 정치론은 지인知人과 용인用人으로 요약된다. 안팎의 많은 저항(요임금의 아들 10명 가운데 큰아들은 끝내 순의 왕위 승계를 반대했다)에도 불구하고, 순을 발탁하고 기용한 요임금의 안목과 정치력은 가히 찬탄할 만한 것이었다. "요임금은 순을 얻지 못할까를 근심으로 삼았고……"(5:4)라는 말은 유교 정치학의 인치人治적 특성을 잘 보여주는 한편, 요임금의 숨은 고뇌를 드러낸다. "그 사람이 있어야 그 정사가 일어난다"는 『중용』의 구절도 여기 인용할 만하다.

요컨대 순이 갖춘 지극한 항심의 경지를 찬양하면서, 또한 그의 사람됨을 알아본 요임금의 탁월한 안목을 칭탄하는 뜻이 깔려 있으니 어찌 맹자의 문장을 겉으로만 읽고서 모두 이해했다고 할 수 있으랴!

참고 본문의 이녀二女는 요임금의 두 딸인 아황娥皇과 여영女英을 이른다. 과果는 '시중들다'라는 뜻이니 한 자매가 처첩妻妾이 되었다는 뜻이다. 처첩이라면 오늘날은 좋지 않은 뜻으로 쓰이나 고대 중국에선 자매가 함께 처와 첩이 되어 한 사내와 혼인하는 것이 흠이 아니었다. 이숙인 교수에 따르면 "고대의 제후들이 아내를 맞이하거나 딸을 시집보낼 때 질녀나 여동생을 함께 딸려 보냈는데, 이것을 잉媵이라고 하였다."[31]

한편 순임금과 두 부인의 부부 생활은 아름다웠던 듯하다. 이 부부의 애틋한 사랑은 '반죽斑竹의 고사'에 보인다. 반죽은 표면이 얼룩덜룩한 대나무를 일컫는다. 설화에 따르면 '두 부인은 낭군 순임금이 창오蒼梧 들판에서 죽었다는 비보를 듣자, 슬피 울다가 남편 뒤를 따라 죽

---

31 이숙인, 앞의 책, 78쪽 및 220쪽.

었다. 그때 흐르는 눈물을 손으로 닦아 강가 대나무에 뿌렸는데 피눈물이 되어 마디마디에 얼룩이 지더니 그때부터 반죽이 되었다'는 것. 자기를 죽이려는 부모를 회개시킨 대효와 망나니 아우를 회심케 한 형제애를 바탕으로, 두 아내를 거느리면서도 화목한 가족을 이루어 끝내 순사殉死에 이르게 하였다는 서사다. 수신과 제가의 극치, 즉 유교적 가치를 상징하는 신화적 인물이 순임을 과시하는 또 하나의 설화가 되겠다.

孟子曰, "吾今而後知殺人親之重也; 殺人之父, 人亦殺其父; 殺人之兄, 人亦殺其兄. 然則非自殺之也, 一間³²耳."

맹자, 말씀하시다.

"내가 이제야 남의 피붙이를 죽이는 짓의 위중함을 알겠구나. 남의 아버지를 죽이면 남도 내 아버지를 죽일 것이요, 남의 형을 죽이면 남도 내 형을 죽일 테다. 그렇다면 내가 직접 내 부형을 죽인 것은 아니지만, 한 칸의 사이가 있을 뿐이로다."

해설

이 장은 유교 윤리의 출발점을 알려준다. '금이후지今而後知'라는 표현은 물리 세계(자연)와 윤리 세계(인문)가 나뉘는 분기점을 맹자가 각성한 순간을 표지한다. 당시의 윤리는 "부모의 원수는 더불어 하늘을 이고 살지 못하는 법이요, 형제의 원수는 칼날을 돌이키지 않는 법父之讎, 弗與共戴天. 兄弟之讎, 不反兵"(『예기』)이었다. 그 무렵 어떤 살인 사건이 있었던 모양인데, 오히려 맹자는 이를 계기로 사람이 '인간人間'인 까닭

---

32 一間(일간): 한 칸. 공간적으로는 가까운 사이를, 시간적으로는 짧은 순간을 뜻한다.

을 깨달은 것이다.

알고 보니 '너는 남이 아니라 우리, 아니 나로구나!'라는 각성이다. 복수의 윤리가 '여민의 윤리'로 치환하는 분수령이 이곳이다. 내가 남의 아버지를 죽이면 남도 내 아버지를 죽이니 타인을 죽이는 것이 곧 나의 죽음으로 연결된다. 누구든 상대를 죽이면 (시간이 흘러 언젠가) 나도 살해당하는 것이니 이 사이에 '합리적 경계선'이 생기고 그 선을 넘지 않는 사람 사이의 윤리, 곧 '여민의 윤리'가 복수의 자리를 대신한다(영국 의회의 스워드 라인sword line[33]이 정치적 폭력bullet에서 투표ballot로의 전환을 알리는 표지이듯).

공리주의적으로 말하면 윤리란 내가 살아남기 위한 최소한의 공약수다. 윤리는 인간관계의 최하한선이며 그 선의 좌우에는 칼날이 서로를 겨누고 있다. 윤리란 칼날이 칼집에 들어 있는 상태를 전제로 한다. 그 위로 적대적인 사람들 간의 다양한 만남과 사건, 경험들에 똑같은 원리를 적용하면서 '합의의 집'을 지어가는 것이 바로 사회이고 문명이다. 사회계약론에서 구사하는 기원론적 사유 또는 가설적 구성론을 맹자 역시 (무덤의 출현에 대한 인류학적 가설처럼) 구사한다는 점에도 주목할 일이다.

'한 칸의 사이'를 또 달리 생각해보면 한 칸을 잘 관리해야 사람이 사람으로서 숨을 쉬며 살아갈 수 있다. 사람이 인人-간間인 이유가 그렇고, 사람들이 좋은 나라를 만들고 좋은 정치를 이루는 요령도 한 칸을 어떻

---

33 옛날 영국의회 의원들 가운데는 기사 출신이 많았다. 의견이 충돌하면 의사당 안에서 칼을 빼들고 싸우는 일도 있었다. 어떤 경우에도 넘어서는 안 되는 줄(빨간색)을 폭넓게 긋고, 그것을 '스워드 라인'이라고 불렀다.

게 관리하느냐에 달려 있다. 너와 나 사이의 벽을 허물 때에야 '우리'가 되기에 그렇다. '仁'이 두 사람(二人)으로 이뤄진 글자인 까닭이다. 그러므로 공자가 말했듯 "자기 피붙이를 사랑하는 자는 남의 피붙이를 미워해서는 안 될 것이요, 제 피붙이를 아끼는 자는 결코 남의 피붙이를 홀대해서는 안 될 일이다"[34]라는 결론에 도달한다.

토지에 대한 욕심으로 백성을 전쟁터로 내몰다가, 급기야 자식을 전쟁터에서 죽이고만 양혜왕의 우매함도 여기 '한 칸의 사이'를 보지 못했기 때문이다(14:1). 한 칸이란 코앞처럼 가까운 미래다. 우매한 자는 코앞에 불행이 닥쳐서야 뜨거운 줄 안다는 개탄으로도 들린다. 실은 제법 똑똑하다는 이들조차 "그물이나 함정에 빠지고 나서도 피할 줄을 모른다."(『중용』)

---

34 愛親者不敢惡於人. 敬親者不敢慢於人(『효경』, 「천자天子」).

14:8. 본말전도

孟子曰, "古之爲關也, 將以禦³⁵暴; 今之爲關也, 將以爲暴."

> 맹자, 말씀하시다.
> "옛날 관문은 침탈을 막으려고 만들었는데, 오늘날 관문은 수탈을 하려고 만드는구나!"

해설

담장은 울이 되기도 하고, 벽이 되기도 한다. 본시 국경에 설치한 관문은 외부 침탈을 막으려고 만든 울이었다. 그러나 전국시대의 관문은 백성을 수탈하려는 담벼락이자 탈출하지 못하게 가로막는 감옥의 벽이 되었다. 여기 관關은 곧 국가의 비유다. 정치가 사람을 살리는 원래 뜻을 잃고, 거꾸로 나라 백성을 수탈하는 수단으로 타락했다는 한탄이다. 어포禦暴와 위포爲暴의 대비 속에 그 뜻이 선명하다. 어포는 '침탈을 막기 위한 도덕 정치'요, 위포는 도리어 '인민을 수탈하는 도구가 된 전제정치'다.

이 탄식 아래로 맹자의 꿈이 저류한다. 국경 없는 천하. 말이든 물건이

---

35 禦(어): 막다.

든 장애물 없이 오가는 평화와 질서의 세상에 대한 꿈이다. 그렇다. 살자고 만든 울타리가 죽음의 담벼락이 되기도 하는 것이 인간의 역사였다. 담이 울이 되고, 울이 담이 되기도 했다. 그러나 벽을 울로 만드는 것은 사람이 할 바이지, 자연의 변화나 운명이 만들어주는 것이 아니다. 역시 울을 벽으로 바꾸는 것은 사람이 권력을 감시하지 못해 제 것을 남에게 빼앗긴 결과다. 맹자의 정치론이 백성의 참여로 이루어지는 여민 체제임은 그래서 더욱 뜻이 깊다.

참고　영화 〈쇼생크 탈출〉이 꼭 이 장을 보여주는 듯하다. 처음 감옥에 갇힌 죄수들에게 교도소의 담장은 자유를 구속하는 벽이다. 세월이 흐르면서 그곳 생활에 적응하면 담장이 울로 바뀐다. 급기야 출옥의 은총이 내렸는데도 자유를 견디지 못해 자살하는 일이 생긴다. 벽이었다가 울이 되기도 하고, 울이 급기야 벽이 되기도 하는 요술이 여기 관문의 변화와 같다.

14:9. 몸이 말을 한다

孟子曰, "身不行道, 不行於妻子; 使人不以道, 不能行於妻子."

> 맹자, 말씀하시다.
> "몸소 도리를 실행하지 않으면 처자식에게도 먹히지 않고, 사람 부리기를 도리로써 하지 않으면 처자식조차 따르지 않는다."

해설

공자가 "내 몸이 올바르다면 타인에게 말로 명령하지 않아도 행해질 것이지만 내 몸이 바르지 못하다면 비록 명령한들 따르는 자가 없으리라"(『논어』, 13:6)고 했으니 이 장의 기원이 된다. 맹자는 따로 "군자가 지키는 바는 제 한 몸 닦는 것인데 외려 천하가 평화로워진다"(14:32)라고도 하였다. 매사의 근본이 수신修身에서 비롯함을 강조한 것이다. 이 장을 넓게 펼치면 『대학』의 수신-제가-치국-평천하 프로그램이 되고, 『중용』에 적용하면 "아내에게 잘하여 형제에게 이르는 도리로서 집안과 나라를 다스린다"라는 격언이 된다. 『주역』의 지적도 같은 맥락이다.

군자가 집 안에 거처하면서 말을 하는 것이 선하면, 천 리 밖에서도 응답하거늘 하물며 가까이 있는 사람에 있어서랴. 집 안에 거처하면서 말을 하는 것이 선하지 못하면 천 리 밖에서도 떠나가나니 하물며 가까운 사람에 있어서랴.

_『주역』, 「계사전 상繫辭傳上」

다른 데서 맹자는 '천하 국가' 운운하며 큰 담론이 횡행하는 세태를 비판하면서 자기 처신을 올바로 행하는 일이 외려 평천하의 급선무임을 지적하기도 했다(7:5). 더 이상 무슨 해설이 필요하랴!

한편 이 장은 소통의 중요성을 지적한 것으로도 읽을 수 있다. 하라, 마라 말로 하지 않아도 몸소 실행하는 것이 소통의 본질이라는 의미를 추출할 수 있기에 그렇다. 상대방 역시 말보다 몸으로 느낀다. 몸의 주인은 마음이니 결국 참마음이 아니고선 타인은커녕 처자식의 반응조차 이끌어낼 수 없다. 다음 주장은 이 대목에서 참고할 만하다.

커뮤니케이션은 설명서를 보며 학습할 수 있는 것이 아닙니다. 눈앞에서 실제로 사람이 어떻게 경의를 표하고, 어떻게 거리를 두고, 어떻게 묻고 어떻게 제의를 거절하는지 실제로 체험하는 수밖에 없습니다. 지금 젊은이들이 커뮤니케이션의 기초가 안 되어 있는 이유는 그들 탓이 아닙니다. 그들이 자란 환경이 그렇기 때문이지요. 올바른 존댓말을 쓰는 사람과 존경받는 어른을 거의 본 적이 없기 때문입니다. 아이들에게 연장자에 대한 경의를 가르치고자 한다면 연장

맹자, 마음의 정치학 3

자가 자기보다 더 어른인 사람에게 경의를 표하는 모습을 보여주어야 합니다. 이런 방법이 아니면 결코 가르칠 수 없습니다.[36]

36 우치다 타츠루, 김경옥 옮김, 『하류지향』, 민들레, 2013, 189쪽.

14:10. 위기를 면하는 법

孟子曰, "周于利者凶年不能殺, 周于德者邪世不能亂."

맹자, 말씀하시다.
"이익에 주도면밀한 사람은 흉년이 죽일 수 없고, 덕에 넉넉한
사람은 포악한 세상도 해치지 못한다."

해설

이 장은 공자가 "유덕자는 외롭지 않다. 반드시 이웃이 있다德
不孤, 必有隣"(『논어』, 4:25)라고 한 말을 부연한 것으로 읽어야겠다. 덕이란
나를 낮추고 상대를 높이는 몸짓이 주변을 감응시키는 힘이다. 덕에는
감응하는 이웃이 있기 마련이므로 "덕에 넉넉한 사람은 포악한 세상도
해치지 못한다."
한편 여기 '이익에 주도면밀한 사람은 흉년이 죽일 수 없다'는 말을
실마리로 성호 선생이 세태를 비평한 글이 있다.

시골의 의식衣食이 풍족한 자를 보건대, 농사에 때를 잃지 아니하고
계획이 이익에 주도周到하므로 흉년도 그를 해칠 수 없었다. 이른바
'백성의 사는 것은 근면(勤)에 있으니 근면하면 궁핍하지 않다'는 말

맹자, 마음의 정치학 3

이 이것이다. 그런데도 죽음에서 모면하지 못하는 것은 모두 포학한 정사에 시달려 살 도리가 없기 때문이다. 그러므로 폭정을 금지하는 것을 급선무로 삼아야 한다.

_『성호사설』,「유민환집流民還集」

14:11. 균열에서 속살을 엿본다

孟子曰, "好名之人能讓千乘之國. 苟非其人, 簞食豆羹[37]見於色."

> 맹자, 말씀하시다.
> "명성을 좋아하는 사람은 천승의 나라도 양보할 수가 있다. 다만 실제로 그런 사람이 아니라면 한 그릇 잡곡밥과 한 대접 시래깃국에도 속뜻이 얼굴에 드러난다."

해설

명성을 위해서라면 나라를 준다 해도 거부할 수 있는 것이 인간이다. 그러나 부귀영화를 진심으로 거부할 수 있는 사람(13:28에서 본 유하혜의 개결함이 이러했다)이 아니라면, 먹으면 살고 못 먹으면 죽는 절박한 순간 한 그릇 잡곡밥과 한 대접 시래깃국에 얄은 속내가 드러난다. 대개 균열이 나야 속살이 드러나는 법이다. 책상의 목재가 겉으로는 번듯한 나무로 보이지만, 참나무인지 아니면 톱밥을 이겨 만든 것인지는 쪼개봐야 알 수 있듯이 말이다. 수신修身이 사람 공부의 출발점이 되고, 수신守

---

37 簞食豆羹(단사두갱): 허드레 음식. '한 그릇 잡곡밥과 한 대접 시래깃국'이라고 번역하였다. '簞'은 대그릇. '食'는 밥. '豆'는 주발. '羹'은 국.

身이 평생 간직해야 할 원칙이 되는 까닭이다.

이 장은 제나라 귀족 출신이면서 홀로 깔끔함을 고수하던 에고이스트 진중자를 겨냥한 듯하다. "한 그릇 잡곡밥과 한 대접 시래깃국에도 속뜻이 얼굴에 드러난다"는 대목은 앞에 진중자가 "사흘을 굶주리자 귀에는 들리는 것이 없고, 눈에는 보이는 것이 없었답니다. 굼벵이가 절반이나 파먹은 자두가 우물가에 떨어져 있어 겨우 기어가서 주워 먹었는데 세 번을 씹어 삼키자 그제야 귀가 열리고 눈이 뜨이더랍니다"(6:10)라는 전언에 부합한다. 맹자는 진중자 따위의 절개는 "한 그릇의 밥과 국을 거절하는 사소한 의리"(13:34)라고 비아냥거린 적도 있다. 이 또한 본문의 호명지인好名之人, 즉 명성을 좋아하는 사람의 행태인 "천승의 나라도 양보할 수가 있다"와 부합한다.

당시 으뜸가는 선비로 이름난 진중자의 행태가 왜 맹자에게는 한낱 사소한 짓으로 폄하된 것일까(6:10에서 맹자는 진중자의 지조는 지렁이가 되어야 행할 수 있을 것이라 비난했다)? 진중자가 부모와 자식, 그리고 형제간의 의리, 곧 천륜을 짓밟았기 때문이다. 나를 구성하는 존재들인 부모와 형제를 팽개치고 천하 대사를 논하는 따위는 사상누각일 뿐이라는 것. 번역하자면 진중자의 오류는 고립을 자립으로 오해한 것이었다.

자립한 사람은 "적이든 친구든 보호해야 할 사람이든, 많은 타인에게 둘러싸여 있다. 그 네트워크 속에서 끊임없이 자기 자신을 조형하고, 해체하고, 재설정해서 격을 높여가는 사람이 바로 자립한 사람이다." 반면 고립된 사람에게 "타인은 그의 자유와 자기실현을 방해하는 자들이다. 완전한 자유를 누리는 것이 고립된 사람의 목표이기 때문이다. 고립된 주체에게 최고의 상태는 세상에 그 외에는 누구도 없는 상태이다. 100퍼센트의 자기 결정, 자기실현이라는 불가능한 것을 요구하는 인간은 논리의 필연으로서 자기 외에 누군가가 존재한다는 것 자체가 자기실현을 방해하는 요소가 되는 불쾌함을 감수해야 한다."[38] 실은 이것이 양주학파의 잘못된 관점이다(진중자는 양주학파의 일원으로 추정된다. 6:10 해설 참고).

---

[38]   우치다 타츠루, 앞의 책, 114~115쪽.

孟子曰, "不信仁賢, 則國空虛; 無禮義[39], 則上下亂; 無政事[40], 則財用不足."

맹자, 말씀하시다.

"믿을 만한 인자와 현자가 없으면 나라는 텅 비고, 질서와 정의
가 없으면 사회가 혼란에 빠지고, 재정과 군사를 운용하지 못하
면 곳간이 빈다."

해설

맹자가 정치의 3대 요소를 논한 대목이다. 첫째 인현仁賢이라
는 수준 높은 인재풀, 둘째 질서와 정의(禮義)라는 사회 이념, 셋째 정사
政事라는 경제력과 군사력. 이 세 가지 요소가 갖춰져야 국가를 원활하게
운용할 수 있다. 간단하지만 국가 운영의 핵심이 되는 요소들이다. 국가
경영자로서 맹자의 식견을 엿볼 수 있는데, 이는 공자에게서 계승한 안
목이기도 하다. 공자는 국가 운영법으로 경제와 국방, 신뢰를 지목했던

---

39 禮義(예의): 질서와 정의.

40 政事(정사): 재정과 군사. 공자가 "政事에는 염유와 자로"(『논어』, 11:2)를 손꼽았는데 자로
는 군사 전문가요, 염유는 재정 분야의 달인이었다. 이를 보면 '政事'는 재정과 군사로 구
성된다.

터다. "(정치란) 경제를 넉넉히 하고, 안보를 튼튼히 하며, 백성이 믿게 하는 것이다足食, 足兵, 民信之矣."(『논어』, 12:7)

맹자가 말한 국가 경영의 3대 요소를 구체적으로 살펴보자. 첫째는 사람이다. 유교 정치학의 핵심이 사람임은 예나 지금이나 다를 바 없다. 인자와 현자를 국가 경영에 참여시키려면 군주가 그들의 신뢰를 얻어야 한다. 그래서 요순 임금도 "현자 사랑하기를 급선무로 여겼다."(13:46)

둘째는 예禮와 의義, 즉 질서와 정의가 있어야 한다. 그러므로 정치가의 중요 업무는 예(질서)와 정의(가치)가 합당한 관계를 맺도록 조절하는 일인데, 이것이 이른바 정명이다. "이름(名)이 바르지 않으면 말(言)이 순조롭지 않고, 말이 순조롭지 않으면 일(事)을 해낼 수 없다."(『논어』, 13:3) 즉 명목과 실질이 합당한 관계를 유지하도록 이념을 관리하는 것이 정치가의 주요 업무다.

셋째, 정치는 실무를 동반한다. 공자가 "천승의 나라를 다스리는 원리의 첫째는 맡은 업무를 어렵게 여기고 백성의 신뢰를 얻는 것이요, 둘째 비용을 절약하고 사람을 아끼며, 셋째 백성을 때에 맞게 부려야 한다"(『논어』, 1:5)라던 지적이 귀감이다. 특히 '비용 절약'과 '사람을 아끼는 것'은 여기 재정과 군사 운용에 꼭 들어맞는다. 옛 정치가들은 공통적으로 이 점을 인식했으니 관중도 "정사에 실질이 없으면 나라가 쓸 재용이 부족해지는 법이다"(『관자管子』)라고 꼬집어 적시했다. 백성의 안전과 생존을 담보하는 국방과 경제가 정치의 필수요건이기 때문이다.

14:13. 맹자의 '불안한' 희망

孟子曰, "不仁而得國者, 有之矣; 不仁而得天下[41], 未之有也."

> 맹자, 말씀하시다.
> "불인한 자가 나라를 얻은 경우는 있어도 불인한 자가 천하를 얻은 경우는 있은 적이 없었다."

해설

짧막한 문장 속에 맹자의 초조함, 불안감이 깃들어 있다. 고개를 뒤로 돌려 지난 역사를 되새기는 것 자체가 실은 미래를 예측하기 위함이다. 지금 이 말을 토로하는 맹자는 마음속으로 무력에 의한 천하통일을 예견하고 있다(맹자는 양나라 양왕에게 천하가 하나로 통일될 것이라고 예측한 바 있다). 그는 불인한 자들에 의한 통일천하가 두렵다. 실은 왕도를 소리 높여 외치고 여민 체제를 목청껏 강조하는 그의 말에는 이미 패권과 군사력에 의한 '독점 천하'를 두려워하는 불안감과 초조함이 숨어 있다. 제14편 끝에서 500년 수비학에 기대는 것 역시 초조함의 표현이다 (14:38). 이 장 역시 그렇다. '과거에 불인한 자가 천하를 얻는 경우가 없

41　天下(천하): '天下者'로 된 판본도 있다.

었으니, 앞으로도 없어야만 하리라'는 다짐 속의 두려움!

역대로 '인자가 천하를 얻은 경우'란 요순과 하·은·주 삼대를 함께 일컫는다. 삼대는 평천하의 시대였고 하왕조를 세운 우임금, 은왕조를 개창한 탕임금, 주나라를 세운 문왕·무왕은 두루 성왕의 계보학을 구성하는 인자들이다. 그래서 "불인한 자가 천하를 얻은 경우는 있은 적이 없었다"라고 명토 박은 것이다. 그러나 춘추시대 이후 천하가 붕괴되어 국國의 제후와 가家의 대부들이 패권을 다투고 파쟁을 일삼으니 성왕은 사라지고 인자는 숨어서 드러나지 않았다. 이 패권의 시대를 두고 "불인한 자가 나라를 얻은 적은 있다"라고 표현했다. 6:9에 등장했던 맹자의 일치일란一治一亂 역사관이 이와 관련된다. "하늘 아래 사람이 살아온 지 오래되었는데 일치일란이라 치세와 난세가 번갈아들었다." 평화와 혼란이 하나의 패턴처럼 교대로 나타난다는 것이다.

맹자의 정치학에 따르면 천하를 통솔할 천자는 민심을 획득하고 천명에 힘입어야 한다. "천하 사람이 마음으로 복종하지 않는데 왕자王者가 된 경우는 없었다."(8:16) 다음 장에서 확언하듯 "일반 대중의 마음을 얻어야 천자가 되"는 것이다. 물론 걸왕이나 주왕 같은 폭정의 천자도 있었지만, 이들은 혁명의 대상이 되어 곧 역사에서 사라졌다. 혁명은 여기서 다시 정당화된다. 그러므로 "불인한 자가 천하를 얻는 경우는 있은 적이 없었다"라는 확신으로 연결될 수 있다.

그러나 맹자 사후, 천하는 잔혹한 전쟁 끝에 진시황의 폭력으로 통일되었으니 맹자의 기대 섞인 예언은 실패로 끝났다. 그럼에도 유교 경학자들은 진시황의 폭압에 의한 천하 지배는 고작 14년밖에 유지되지 못했으니 이는 일종의 '봉합'이지 참된 '통일'로 볼 수 없다고 강변한다 (『맹자집주』). 이 장은 바로 다음 장과 함께 보아야겠다.

孟子曰, "民爲貴, 社稷次之, 君爲輕. 是故得乎丘民[42]而爲天子, 得乎天子爲
諸侯, 得乎諸侯爲大夫. 諸侯危社稷, 則變置[43]. 犧牲旣成, 粢盛[44]旣潔, 祭祀以
時, 然而旱乾水溢[45], 則變置社稷."

맹자, 말씀하시다.

"백성이 귀하고, 사직은 그다음이요, 임금은 가볍다. 그러므로
일반 대중의 마음을 얻으면 천자가 되고, 천자의 신임을 얻으면
제후가 되며, 제후의 신임을 얻으면 대부가 된다. 만일 제후가
사직을 위태롭게 하면 갈아치운다. 또 반듯한 희생과 정결한 제
물로써 때맞춰 제사를 지내는데 가뭄과 홍수가 연발하면, 사직
을 갈아치운다."

---

42 丘民(구민): 일반 대중. 주희는 "밭과 들에서 농사짓는 백성이니 극히 미천한 사람들田野
之民, 至微賤也"이라고 하였다(『맹자집주』).

43 變置(변치): 갈아치우다. 정약용은 "진秦나라 이전에는 무능한 군주를 갈아치우는 것이
꼭 무능한 악사(지휘자)를 바꾸는 것(變置)과 같았다"면서 "그는 본래 연주자로 돌아가고
또 다른 연주자 가운데 지휘자를 골라 뽑는 것"이었다고 논한 바 있다(『탕론湯論』).

44 粢盛(자성): 제물. '粢'는 곡식. '盛'은 담다.

45 旱乾水溢(한간수일): 가뭄과 홍수. '旱乾'은 가물어 바싹 마른 것. '水溢'은 홍수가 들어
범람하는 것.

사람은 농사를 지어야 먹고살 수 있다. 사직社稷은 농사 귀신이니 가뭄과 홍수를 막아준다. 그래서 사람들이 제사를 지낸다. 그러나 제삿밥만 받아먹고 제 역할을 못하면, 사직의 신단은 철폐해야 한다. 자기 책임을 다 못했기 때문이다.[46] 한편 군주는 국가 관리를 잘하여 안팎의 재난을 막아주어야 한다. 그래서 백성이 세금을 바친다. 세금만 받아먹고 제 역할을 못하면, 임금도 천자도 갈아치워야 한다. 그 누구든, 귀신조차도 제 역할을 다 못하면 공밥 먹는 자가 된다. 청지기나 문지기 같은 미관말직도 공밥을 먹지 않거늘 하물며 군주이랴. 그래서 서민이 나라의 근본(民爲貴)이요, 사직은 그다음이고, 군주는 가볍다고 한 것이다. 이 장은 여민을 논한 2:1~2:5, 역성혁명론의 기원이 되는 2:8, 이윤에 대한 맹자의 생각을 담은 9:7 등과 같이 봐야 한다.

1. 이토 진사이, 정약용, 이익

이 장의 해석은 지난 2000여 년 동안 동아시아 군주 독재 체제 아래서 뜨거운 감자였다. 고명한 동양 삼국의 주석가들이 이 장에 와서

---

46 동양의 신관神觀은 실용적이다. '우공이산愚公移山' 고사에서 이런 뜻을 엿볼 수 있다. 우직한 늙은이가 산을 옮기겠다며 당대뿐 아니라 자손의 대에까지 매일 산을 파내려 한다. 놀란 산신山神이 천신天神에게 보고하자, 그의 우직함에 놀란 천신은 산신을 딴 곳으로 전출 보낸다는 스토리다. 즉 사람의 의지가 산신을 갈아치운다. 사람이 귀신에게 기원을 하되 귀신이 제 몫을 다 못하면 갈아치운다는 생각이 맹자의 것만이 아닌 예다.

몸을 망쳤다. 본문은 『맹자』의 눈동자와 같으니 여기 와서 회피하거나, 말을 더듬거리거나, 딴소리를 하면 맹자를 내다버리는 것과 같다. 명말 청초 중국의 황종희는 사社와 직稷의 유래를 논하느라 귀한 종이를 허비하였고(『맹자사설』 참고), 일본 에도시대의 이토 진사이는 과감하긴 하나 제동야인齊東野人의 허튼 소리를 뱉었고, 조선 후기의 정약용은 군색한 말로 더듬거렸으며(밑에서 다룬다), 중국 남송시대의 주희[47]와 조선의 이익 선생[48]만은 핵심을 지적했으나 본질을 드러내 천양하는 데까지 이르지는 못했다. 다들 군주 독재 치하를 살아내야 했던 때문이다. 넓고 깊은 지식에도 불구하고 시대의 한계에, 또는 살아 있는 권력 앞에 말문이 막힌 것이다. 지금부터 일본의 유자 이토 진사이와 조선의 유자 정약용의 해설을 통해 그 왜곡상을 살펴보고, 성호 이익의 논설을 통해 올바른 해석을 알아보자.

(1) 먼저 이토 진사이의 해설을 보자.

여기 '백성이 중하고 임금이 가볍다'는 말은 왕자王者의 마음을 안 다음에 할 수 있다. 주희는 '이치로 말하면 백성이 귀하고 직분으로

---

47 "제후가 무도하여 사직이 망할 참이라면 마땅히 현군으로 바꿔 세워야 하니 이것이 군주가 사직보다 가벼운 것이다諸侯無道, 將使社稷爲人所滅, 則當更立賢君, 是君輕於社稷也."(『맹자집주』)

48 이익, 『맹자질서孟子疾書』(한국경학자료집성 39 -맹자 5책), 성균관대학교 대동문화연구원, 1990.

맹자, 마음의 정치학 3

말하면 임금이 귀하다'라고 하였는데, 아마 그렇지 않을 것이다. 임금이 귀하고 백성이 가벼운 것은 하늘이 부여한 질서다. 이치로 말하더라도 백성이 반드시 임금보다 귀하다고 할 수는 없다. 오직 왕자의 마음이라야 백성을 하늘로 보고, 자신의 높은 지위를 낙으로 삼지 않는다. 왕자라야만 그의 모든 행동이 하나도 백성을 '위하지' 않은 것이 없다. 그러므로 왕자의 마음을 안 다음에야 이 말을 할 수 있다.[49]

이토 진사이는 주희의 『맹자집주』를 넘어서 선진시대 맹자의 원래 뜻으로 읽겠노라는 포부를 품고 책 이름을 『맹자고의孟子古義』라고 붙인 모양이나 기껏 일본 에도시대 사무라이들의 습관적 사유를 벗어나지 못했다. 맹자가 '백성이 귀하고 임금은 가볍다(民貴君輕)'라고 명명백백하게 말한 것을 오히려 "임금이 귀하고 백성이 가벼운 것은 하늘이 부여한 질서君貴民輕, 天之所敍"라고 선후를 바꿔 본문을 완전히 뒤집었다. 하늘을 끼워 넣어 위에서 아래로 조감하는 것은 이미 동중서의 수법이다(『춘추번로』). 더욱이 "이치로 말하더라도 백성이 반드시 임금보다 귀하다고 할 수는 없다"는 말은 진사이의 손가락이 어디를 가리키고 있는지를 자백한 것이다. 나아가 진사이는 "왕자라야만 그의 모든 행동이 하나도 백성을 '위하지' 않은 것이 없다"라고 했다. 이건 도대체 무슨 말인가? 맹자는 누누이 나라의 주인이 인민임을 강조했는데, 누가 누구를 위한단 말인가! 아니 왕도를 행하는 왕자가 어찌 인민을 위한단 말인가? 스스로

49　이토 진사이, 『맹자고의』, 445~446쪽.

'인민을 위한다'고 자처하면 이미 왕자가 아니라 기껏해야 패자일 뿐이다. 애당초 맹자는 왕자의 정치를 "인의를 몸소 살아낸 것이지 인의를 위하여 산 것이 아니다由仁義行, 非行仁義"(8:19)라고 명백하게 논단하였던 터다. 요순이 요순인 까닭은 정치가의 직분에 합당한 정치를 그냥 행했기 때문이다. 부연하면 땅의 주인은 인민이요, 군주는 관리자임을 스스로 알고서 그 관리 규범을 만들어 행했기에 요순이다. 그래서 요순이 왕자인 것이다. 인민을 위하기는커녕 관리자로서 제 할 일을 스스로 잘 행하였을 뿐 억지로 하지 않았기에 무위이치라고 한다(『논어』, 15:4).

(2) 조선 후기 정약용은 『맹자요의』에서 '백성이 중하고 군주는 가볍다'라는 이 장의 핵심 사안은 회피하면서 쓸데없이 사직단에 제사지내는 의례 절차를 구구하게 옛 전적들에서 끌어 모으는 훈고학의 악폐를 답습했다. 곧 이 장에 대한 정치철학적 해석을 회피한다. 애당초 정약용은 맹자의 여민론, 인민주권론을 이해하지 못했다. 순자의 관점을 빌려 맹자를 해석하는 식으로 군주 독재를 옹호했다. 그는 정조의 어용 지식인으로 왕당파의 일원이었다. 특히 정약용은 에세이 「탕론湯論」과 「원목原牧」에서 속마음을 드러낸 바 있다. 「탕론」은 '탕의 혁명이 옳다'라며 언뜻 진보적 정치사상을 논하는 것 같으나(한국학계의 통설이다) 실제로는 혁명은 '옛날 일(古道)'이라며 선을 그으니, 당시의 봉건 체제를 용인하는 글일 따름이다. 또 「원목」은 문제 제기 자체가 왜곡되어 있다. 주제가 '목牧이 민民을 위해 존재하는가? 민이 목을 위해 존재하는가?'인데 이는 곧 '위하여'의 범주에 맹자의 정치학을 가두는 짓이다. 위민爲民이냐, 위군

爲君이냐의 차원으로 왜곡 협소화한 것이다.[50] 이 구도 속에서는 맹자 정치학의 핵심어인 여與가 부재한다.

「원목」의 결론은 '관리가 민을 위해 존재하는 사회가 되어야 한다'는 것이다. 그러나 이는 고작 이토 진사이의 '진정한 왕자라야 백성을 위하는 군주가 된다'라는 논법과 같다. 결국 다산의 정치사상은 진보적이라기보다는, 탕무의 혁명과 방벌은 이미 옛일이니 돌아갈 수 없고 오늘날은 군주의 권력으로 '백성을 위한 정치'를 개선하는 것이 최선이라는 행정주의적 발상으로 귀착한다. 맹자가 제시한 '새로운 하늘'을 보지 않고 당시 군주 중심 체제의 '먹구름 뒤의 푸른 하늘'에 도리어 맹자를 속박한 것이다.

(3) 조선 후기 성호 이익의 『맹자질서』 역시 이 장을 해설하는 곳에서는 사직 의례에 대한 고증을 번거롭게 인용할 뿐 군주-인민의 경중에 대한 시비는 회피한다. 다만 다른 곳에 그의 속내를 엿볼 수 있는 논의가 있다.

> 천하를 다스리는 데는 사람을 얻어야 하고, 사람을 얻는 데는 추천하는 자가 있어야 하며, 추천하는 데는 재주 있고 유능한 자로 해야 한다는 것은 누구든지 다 아는 바이다. 무엇을 재능이라 하는가? 백성을 잘 보호하고 외환을 미리 방비하는 것뿐이고, 임금을 잘 섬기는 일은 여기에 해당하지 않는다. 대개 군자가 백성을 보호하려다가 임금에게 죄를 얻는 일은 있으나, 임금을 잘 섬김으로 인하여 백성

---

50 이는 사실 동중서의 논법을 빌린 것이다(1:3의 참고를 볼 것).

에게 죄를 얻는 일은 있지 않다. 그러므로 '백성이 첫째이고, 사직이 다음이며, 임금이 끝이 된다'는 말이 있다.

_『성호사설』, 「거주연좌擧主連坐」.

물론 이 글은 '백성이 중하고 군주는 가볍다'는 생각을 정면에서 비평한 것은 아니다. 다른 이야기를 하려다 간접적으로 해설한 데 지나지 않는다. 다만 관리의 책무가 군주를 향한 충성이 아니라, 인민 〉 국가 〉 군주라는 차례를 따른다는 점에서 그의 지향은 이 장의 방향과 같다(관리의 시각으로 이 장을 해석하는 점이 독특하다). 따로 성호 선생은 『맹자질서』에서 다른 장을 해설하는 가운데 땅이 본시 왕의 소유가 아니라 인민의 것임을 주장하는데, 이는 맹자의 사상을 올바로 해석한 것이다.

사람이 있으면 곧 땅이 있다. 땅은 전부 인민의 경작지다. 성왕이 경작지를 정전井田으로 구획하여 인민에 나눠 주었으나 '왕의 땅'을 받은 것이 아니다. 왕의 역할은 인민 각각의 몫을 가늠하여 경계를 바루고 분쟁을 조정(禁)하는 것이다. 그 때문에 인민은 소득의 10분의 1을 구실(賦)로 주는 것이다. 왕이 자기 것 9할을 떨어(斶) 인민을 위해 주고, 인민은 자기 소득의 1할을 군주에게 이바지하는 것이 아니다. 그래서 '천하는 천하 인민의 천하이지, 한 사람의 천하가 아니다'라는 것이다. 왕망王莽이 맹자의 왕정王政을 본뜨려 했으나 '천하 인민의 땅(天下田)'을 '왕의 땅(王田)'이라고 했으니, 그 본뜻을 잃은 것이다.[51]

맹자, 마음의 정치학 3

여기 "성왕이 경작지를 정전으로 구획하여 인민에 나눠 주었으나 '왕의 땅'을 받은 것이 아니다", 세금이란 "왕이 자기 것 9할을 떼어 인민을 위해 주고, 인민은 자기 소득의 1할을 군주에게 이바지하는 것이 아니다. 그래서 '천하는 천하 인민의 천하이지, 한 사람의 천하가 아니다'"라는 결론은 맹자의 주장에 가장 가깝다. 백성의 세금은 관리비로 내는 세금稅金이지, 왕의 땅을 빌려 쓴 값을 치르는 세금貰金이 아니라는 뜻이다. 민본을 넘어 이미 민주를 설하고 있다. 그렇다면 맹자의 진의는 무엇인가?

2. 맹자의 본뜻

'백성이 귀하고 임금이 가볍다'라는 뜻의 '민위귀, 군위경民爲貴, 君爲輕'은 권력자에 대한 격려나 경고가 아니라, 사실의 진술이다. 군주는 관리자이니 가볍고, 인민은 주인이니 존귀하다. 이 명백한 사실을 두고 '옛날 일'로 치부해서는 안 된다. 서구 민주주의와 흡사한 듯 보여도 언제나 미흡한 '민본주의'를 운운해서도 안 된다. 사실상 인민 주권의 원리가 저 속에 다 담겨 있다. 근대 서양식 민주주의와 근사한 것이 아니라 그것들을 다 포괄하고 있다. 저 여섯 글자에 주권재민론(of the people)과, 인민에 의한 정부 선택 및 혁명론(by the people), 인민 중심의 행정 원칙(for the people) 등이 다 담겨 있다. '여민'이라는 두 글자를 펼치면 '민위

---

51 이익, 『맹자질서』, 「등문공 하」의 해당 조목 참고; 관리의 직분이 백성의 세금을 먹는 대신 일을 해주는 것이라는 논설은 당나라 유종원柳宗元의 「송설존의서送薛存義序」 등 더러 찾아볼 수 있다. 그러나 왕토 사상을 부정하고 민토 사상을 주장하는 논설은 과문한 탓에 이익 선생의 이 글 외에는 아직 보지 못했다.

귀, 군위경'이라는 여섯 글자가 되는 것이다. 경학적으로는 『서경』의 "오직 백성이 나라의 근본이니, 근본이 공고해야 나라가 편안하다民惟邦本, 本固邦寧"를 계승한 것이기도 하다(『서경』, 「오자지가五子之歌」).

신하였던 탕·무가 임금이었던 걸·주를 혁명한 일이 당연했던 이유는 바로 여기 '민위귀, 군위경'의 원리 때문이다. 이성지경異姓之卿(임금과 성씨가 다른 정승)이 군주에게 충고하다가 안 되면 물러나는 것은 '민귀民貴'의 실현이 신하의 본분사이기 때문이요, 귀척지경貴戚之卿(임금과 성씨가 같은 정승)이 군주에게 충고하는데 듣지 않으면 임금 자리를 갈아버리는 역위易位가 가능했던 까닭은 사직차지社稷次之, 곧 국가가 군주보다 귀중하기 때문이다. 이처럼 '백성이 귀하고, 국가가 그다음이며, 군주는 가볍다'는 원칙은 맹자 정치학의 기본 구조다.

책임을 방기한 대부는 상급자인 제후의 감찰을 통해, 또 제후는 윗사람인 천자의 순수와 술직을 통해 그 책임을 묻듯 민폐를 끼치는 사직 귀신은 철거되고, '민의=천명'을 거역하는 천자는 혁명을 통해 제거된다. 핵심은 인민이 이 땅의 주인이라는 것이다. 다시 말해 국가를 구성하는 근본은 인민이므로, 정치는 인민의 의사에 따라야 한다. 인민 〉사직 〉군주의 순서로 서술되는 정치적 가치의 단계는 여민주의와 왕도 정치의 기본 구조다. 이런 구조가 가능하려면 '모든 인간이 인仁과 의義를 공유한다'는 보편적 인성론을 전제해야 한다. 그래야 '함께 더불어'라는 여與의 공감대가 형성되기 때문이다. 결국 맹자의 역성혁명론은 군주에 대한 신하의 반역이 아니라, 사람의 고유한 '자연권'이자 타락한 권력자에 대한 증오에서 나온 자연스러운 저항으로서 그 자체로 사랑과 정의를 구성한다.

여기 맹자가 '백성이 귀하고 임금이 가볍다'라고 호언한 것은 당시 굳어지던 군주 독재 추세에 대한 저항이자, 사상적으로는 법가의 군주 독재론에 대한 비판이다. 예컨대 법가 사상가 "신도愼到가 주창한 세치勢治는 막강한 통치권을 장악한 군주의 통치, 즉 전제군주의 통치를 의미했다."[52] 또 다른 법가 사상가 신불해申不害가 주창한 술치術治도 강력한 군주 권력을 전제로 한 것이었다.

> 술術이란…… 사람을 죽이고 살리는 권력을 쥐고, 여러 신하들에게 과업을 부과하는 힘이다. 그러므로 술은 군주가 쥐고 있어야만 한다.
>
> _『한비자』,「정법定法」

법가는 강력한 권력을 가진 군주를 정점으로 중앙집권적 국가 체제를 요구한 것이다. 여기 맹자의 민귀군경론과 여민 정치론, 역성혁명론은 당시 횡행하던 군주 독재론 혹은 군권 확대론의 대항 담론으로서 제출된 것임에 유의해야 한다.[53]

---

52 이춘식, 『춘추전국시대의 법치사상과 세勢·술術』, 아카넷, 2002, 127쪽.
53 위의 책, 144쪽.

孟子曰, "聖人百世之師也, 伯夷・柳下惠是也. 故聞伯夷之風者, 頑[54]夫廉, 懦[55]夫有立志; 聞柳下惠之風者, 薄夫敦, 鄙夫寬. 奮[56]乎百世之上, 百世之下, 聞者莫不興起也, 非聖人而能若是乎? — 而況於親炙[57]之者乎!"

맹자, 말씀하시다.

"성인은 100세대의 스승이니 백이와 유하혜가 그러하다. 그러므로 백이의 풍모를 들으면 탐욕한 자는 염치를 알고 나약한 자는 뜻을 세웠다. 유하혜의 풍모를 들으면, 각박한 자는 후덕해지고 비루한 자는 관대해졌다.[58]

100세대 전에 분발하신 것을 100세대 뒤의 사람들이 들으면 떨쳐 일어서니 성인이 아니고서야 어찌 그럴 수 있으랴? — 하물며 성인께 친히 가르침을 얻은 직제자들이야 그 어떠하랴!"

---

54 頑(완): 완고하다.

55 懦(나): 나약하다.

56 奮(분): 뽐내다.

57 親炙(친자): 스승 가까이서 몸소 가르침을 받음. '炙'는 가깝다, 고기를 굽다.

58 10:1에도 같은 대목이 있다.

맹자, 마음의 정치학 3

공자에게 직접 배우지 못한 자신의 처지를 한탄하는, 혹은 공자에게 직접 훈도를 입은 제자들을 부러워하는 맹자의 사사곡思師曲이랄까? 어머니를 그리는 노래를 사모곡이라고들 하니 '사숙한 스승에 대한 간절한 그리움'은 사사思師라는 말로 표현할 수 있지 않을까? 그 절실한 그리움을 끄트머리에 친자親炙, 즉 '스승 가까이서 몸소 가르침을 입다'라는 말로 표현했다. 100세대 전에 태어나 뼈와 살이 모두 흙이 되어버린 성인의 삶일지라도 후대 사람들은 듣기만 해도 누워 있던(즉 나태하거나 방만한) 자신을 벌떡 일으키는데, 하물며 직접 가르침을 받은 제자들은 얼마나 강렬한 영향을 받았겠는가. 그 제자들의 눈과 삶은 또 얼마나 드라마틱하게 변화했을까(13:40 참고)! 맹자는 백이와 유하혜의 역사적 사례를 들어 공자의 슬하에서 배운 제자들을 부러워하고 있다. 나도 공자의 삶을 글을 통해서가 아니라 직접 보고 배웠더라면 얼마나 좋았을까? 어쩌면 맹자의 지독한 그리움이, 즉 공자를 사모하는 열린 마음이 그로 하여금 대현大賢의 지위에까지 오르게 한 원동력이었는지도 모른다.

孟子曰, "仁也者, 人也[59]. 合而言之, 道也."

맹자, 말씀하시다.

"인이란 곧 사람다움이다. 이 둘을 합쳐서 말하면 도다."

해설

인仁이 아무리 좋은 것이라도 사람을 통하지 않고는 실현될 수 없고, 사람이 만물의 영장이라 한들 인을 체득하지 않고서는 사람다운 사람이 될 수 없다. 사람이 인을 체득하고, 인이 사람에게 무르녹을 때 사람의 참된 길이 펼쳐지는 것이다. 이미 공자부터가 "인이 멀리 있더냐? 내가 인을 행하려 하면, 바로 거기에 곧 인이 이르는 것을!"(『논어』, 7:29)이라 했던 터.

한나라 시대의 정현鄭玄이라면 "인이란 두 사람이다仁者, 二人也"라고 맞받았을 테고, 조선의 정약용은 곁에서 고개를 주억거렸으리라. '仁'은 '人(사람)'과 '二(둘)'로 이뤄진 합성 글자다. 따라서 인이란 '함께 더불어 하기'다. '함께 더불어 하기'의 원동력은 '내가 있기에 네가 있다'라

---

59   『중용』에서는 "仁者人也"라고 하였다.

는 자기애에 가득 찬 일상을 완전히 뒤집어 '그대가 있기에 내가 있다'로 전환할 때 솟아난다. 그 전환의 순간, 평화의 길이 툭 열린다. 공자는 이 극적인 순간을 "단 하루라도 이기심을 극복하고 관계성(禮)을 회복할 수 있다면, 온 세상이 문득 인으로 변화한다. 그 변화는 나로부터이지 상대방으로부터가 아니다!"(『논어』, 12:1)라고 표현했다.

그리고 보면 한자어 인간人間도 다를 바 없다. 공자에게서든 우리 전통에서든 사람이란 '사람-사이'로 구성된다. 너와 나 '사이'에 '사람됨'이 존재하는 것이다. 그러니 단독자, 즉 개인은 옳은 사람이 아니다! 독재, 독백, 독점, 독선으로 이어지는 '홀로 독獨'자를 공자와 맹자가 왜 그토록 증오했는지도 이즈음 분명해진다. 너와 내가 함께 더불어 살아갈 때, 곧 각 만남에 어울리는 소통에 성공할 때 비로소 사람다움을 획득하는 것이다. 공자가 인을 두고 '내가 하고 싶은 것을 상대방과 함께 하는 것'으로 정의한 까닭을 알 수 있다.

> 대저 인이란 내가 서고 싶으면 상대방도 세워주고, 내가 알고 싶은 것은 상대방에게도 알려주는 것이지. '능히 가까운 데서 비유를 취할 수 있다'면, 이것이 바로 인을 실천하는 방법인 게지.
> _ 『논어』, 6:28

공자의 이상인 인은 주변의 가까운 타인과 원활하게 소통하는 상태를 뜻한다. 잊지 말아야겠다. 공자의 꿈은 '서로 말이 통하는 문명사회'였다는 것을! 그러므로 인은 곧 인도人道, 사람이 마땅히 행해야 할 바이자 사람다움의 정체가 된다.

참고로 서양 근대의 모더니즘은 개인주의를 기반으로 한다. 후기 근대, 이른바 포스트모더니즘에 이르러서야 상대방이 있어야 자기가 존재할 수 있다는 생각을 겨우 하기 시작한다.[60] 마르틴 부버가 개인인 '나'와 타자인 '너'가 '우리'가 되는 과정의 어려움을 논한 것이 좋은 예다.[61] 또 하이데거 철학의 주개념인 '사이 존재mit-Sein'는 '인-간'의 다른 표현일 뿐이며 정약용의 이인二人론의 변주다. 요컨대 공자의 인仁, 맹자의 여與 사상은 미개한 봉건적 사유가 아니라 첨단의 사유, 아니 근본적이고 본질적인 인간론임을 알아두자.

---

60   정화열, 앞의 책 참고(특히 48쪽).

61   마르틴 부버, 표재명 옮김, 『나와 너』, 문예출판사, 2001 참고.

孟子曰, "孔子之去魯, 曰, '遲遲⁶²吾行也.' 去父母國之道也. 去齊, 接淅⁶³而行
— 去他國之道也."

> 맹자, 말씀하시다.
> "공자가 노나라를 떠날 적에는 '더디고 더디구나, 내 발걸음이
> 여'라고 말했다. 조국을 떠나는 길이기 때문이다. 제나라를 떠
> 날 적에는 밥을 지으려고 조리질하던 쌀을 건져 들고 총총히
> 떠났다 — 남의 나라를 떠나는 길이기 때문이다."

해설

위에서 지적한 인이 체화되어 몸소 도를 행하는 경지에 이르면
중용이 된다(이 장은 앞 장과 연결하여 읽으면 좋겠다). 공자는 주어진 처지에
걸맞게 행동하는 사람이었다. 때와 상황에 적절하게 처신하는 시중時中
이 그것이다. 조국을 떠날 때는 안타까움에 한 걸음, 한 걸음이 더디었다.
부모와 조상이 살다 갔고, 또 후예들이 살아갈 땅을 떠나는 애틋한 마음

---

62 遲遲(지지): 더디고 더디다. '犀'는 늦다.
63 接淅(접석): 물에 담가놓은 쌀로 밥을 지어 먹을 여가도 없이, 잠시도 지체하지 않고 속히
떠나는 것. '接'은 잡다. '淅'은 쌀을 일다.

이 내딛는 발걸음을 붙잡았다. 혹 누가 붙잡아주길 바라는 마음이었는지도 모른다. 반면 남의 나라에서는 뜻이 실현될 기미가 보이지 않으면, 밥 지으려고 조리질하던 쌀을 물에서 건져 들고는 총총히 다른 나라를 향해 떠났다. 어디 제나라뿐이던가? 위衛나라에서는 얼마나 대책 없이 다급하게 떠났던지 진陳 땅에서 봉변을 당하기도 했다(『논어』, 15:1). 맹자는 이 사건을 두고 준비 없이 떠난 공자를 비난하기까지 했다(바로 다음 장). 냉정과 열정 사이의 선택이 성인의 마음이다.

한편 본문은 공자의 행적을 되살펴 배움으로 삼았던 맹자의 사숙 과정을 보여주는 것 같기도 하다. 앞에 역사적 성현들인 백이, 유하혜, 이윤과 공자를 비교하면서 논하는 대목이 있었다(10:1). 거기서도 두 나라를 떠나는 공자의 마음가짐이 달랐음을 지적하면서 그 중용적 처신을 거론했는데 이 장과 뜻이 같다.

맹자, 마음의 정치학 3

14:18. 공자도 고립되면 죽는 수가 있다

孟子曰, "君子[64]之戹[65]於陳蔡之間, 無上下之交也."

　　맹자, 말씀하시다.

　　"군자께서 진나라와 채나라 사이에서 고초를 당한 까닭은 아래 위 사람들과 교유가 없었기 때문이다."

해설

　　공자의 생애를 놓고 보면 이 장은 위나라에서 영공을 만나 덕 치를 펼칠 요량이었던 공자가 그 뜻이 실패하자 제나라를 떠날 때처럼 "밥을 지으려고 조리질하던 쌀을 건져 들고" 급거 위나라를 떠난 뒤의 사태를 배경으로 한다. 위나라를 떠나, 진나라와 채나라 사이에서 고난 을 당하는 장면은 『논어』에 여실하게 그려져 있다.

　　위나라 영공이 공자에게 진을 치는 법을 물었다.

　　공자, 대하여 아뢰었다.

64　　君子(군자): 공자를 지칭한다.
65　　戹(액): 고초. '厄(액)'과 같다.

"예에 관한 일은 일찍이 배운 바가 있으나, 군사 문제는 배운 적이 없습니다."

곧바로 위나라를 떠났다.

진陳 땅에서 양식이 떨어져 제자들이 영양실조에 걸려 일어나지 못할 지경이었다. 자로가 화난 낯으로 공자를 뵙고 말했다.

"군자도 역시 궁핍하답니까?"

공자, 말씀하시다.

"군자야말로 정녕 곤궁할 줄을 알지. 소인은 궁핍하면 바로 넘치느니라."

_『논어』, 15:1

위나라 임금이 진법을 묻자 공자는 대답하지 않고 총총히 떠난다. 내내 평화와 덕치를 설복했을 공자에게 임금이 '진 치는 법'을 물었다면 벌써 '길을 달리 하겠노라'는 신호탄, 혹은 '그대를 더 이상 손님으로 대접하지 않겠노라'는 뜻이 된다. 붕우 관계나 군신 관계는 의리에 합당하면 유지하지만 그렇지 못하면 지체 없이 끊어지는 임의적 관계, 즉 의합義合인 터. 공자는 지체하지 않고 표표히 길을 떠났다. 기껏 밥을 얻어먹기 위해 위나라에 의탁하고 있었던 것은 아니기 때문이다.

문제는 준비 없이 급하게 떠난 길이라, 초나라로 향하던 행로가 도중에 진나라와 채나라 사이에서 발이 묶여버린 것이다(『사기』, 「공자세가」 참고). 결국 공자와 제자들이 영양실조에 걸려 일어나지 못하는 급박한 상황에까지 내몰렸다. 얼마나 절박했던지 충직한 제자 자로마저 눈을 부릅

뜨고 스승에게 덤빌 정도였다. "군자도 역시 궁핍하답니까?"라는 항변이 그것이다.

맹자가 진나라와 채나라 사이에서 공자가 맞닥뜨린 위기를 색다른 관점에서 분석한 것이 본문 내용이다. 즉 성인인 공자라도 사람들과 교유가 없으면 죽는 수가 있다는 것. 관계를 잃은 인간, 고립, 개체, 개인주의는 위험하다. 앞 장의 해설에서 본 "인이란 두 사람이다"라는 정의를 기억하는 것이 이 대목에서 요긴하다. 즉 인이 공자 사상의 핵심일지라도 실제로 '두 사람'의 관계망을 형성하지 못하면, 공자라도 궁지에 몰려 죽을 수밖에 없다! 맹자는 극적인 사례를 뒤집어 보이며 제자들에게 인의 중요성을 강조하고 있는 셈이다.

貉稽[66]曰, "稽大不理[67]於口[68]."

孟子曰, "無傷也. 士憎[69]玆[70]多口. 詩[71]云, '憂心悄[72]悄, 慍[73]于羣[74]小', 孔子也. '肆不殄厥慍, 亦不隕厥問'[75], 文王也."

맥계가 말했다.

"저는 뭇사람들 험구에 몹시 시달리고 있습니다."

맹자, 말씀하시다.

"마음 상할 것 없다. 워낙 선비는 본시 많은 구설에 시달리는 법. 『시경』, 「패풍」, '백주'에 '걱정하는 마음 초조하구나. 뭇 소인배로부터 원망을 사니'라고 노래하였으니 공자를 두고 한 말이요, 『시경』, 「대아」, '면'에서는 '오랑캐들 성화를 끊지 못하

---

66 貉稽(맥계): '貉'은 성이요, '稽'는 이름(조기).

67 不理(불리): '不理'는 거슬리는 것이니 '시달리다'라고 번역했다. '理'는 '順(순)'과 같다 (양백준).

68 口(구): 구설, 험구.

69 憎(증): '增(증)'과 같다.

70 玆(자): 이, 이에.

71 詩(시): 『시경』, 「패풍邶風」, '백주柏舟'.

72 悄(초): 근심하다.

73 慍(온): 성내다.

74 羣(군): 무리. '群(군)'과 같은 글자다.

75 肆不殄厥慍, 亦不隕厥問(사부진궐온, 역불운궐문): 『시경』, 「대아」, '면綿'의 노래. '肆'는 마침내. '殄'은 끊다. '隕'은 떨어지다. '問'은 명예로 '聞(문)'과 같다.

였으나 그 명성에 흠을 내지는 못했네'라고 노래했으니 문왕을
두고 이른 말일세."

고전을 들어 자기 논리를 증명하는 맹자의 전형적 방식이 잘
드러나 있다. 맹자는 역사와 정치에 대한 통찰로 남을 설득하려 할 때 이
처럼 『시경』이나 『서경』, 『논어』를 들곤 했다.

공자는 뭇 소인배로부터 갖은 비방에 시달렸고, 주나라를 건설한 문왕
도 인민의 성원을 받긴 했으나 이런저런 구설로 사람들의 입길에 오르내
렸으니 성인도 소인배들과의 소통에는 어려움이 있었다는 것. 그러니 무
명의 선비야 이익을 잣대로 세상을 헤아리는 소인배들의 험한 입에 시
달릴 수밖에 없다. 일종의 포퓰리즘에 대한 맹자의 비판적인 생각을 보
여주는 대목이다. 위민을 반대하는 맹자의 말 속에 이미 포퓰리즘에 휘
둘리지 말라는 경고가 들어 있다. 증자는 "스스로 돌이켜 보아 똑바르
다면 천 사람 만 사람이라도 나아가 대적하겠노라"(3:2)고 했고, 공자 역
시 "온 마을 사람이 좋다 해도 따를 것이 아니고 싫다 해도 따를 것이 아
니다. 오로지 선한 이가 좋다 하고 악한 이가 싫다 하는 것을 따를 것이
다"(『논어』, 13:24)라고 했던 터다.

오늘날 자기 생각과 다르면 험한 욕설을 퍼붓는 인터넷 게시판의 글
을 떠올리면 맥계에 대한 조언을 너끈히 수긍할 만하다. 당시도 입이 해

방된 시절이라 온갖 비방이 떠돌았다. 그러나 공자와 문왕의 생애에서 볼 수 있듯 '그럼에도 불구하고'의 정신으로 구설을 돌파해야 한다는 것이 맹자가 맥계에게 전하려고 한 '선비의 길'이다. 마치 막스 베버가 정치가의 덕목으로 '단단한 나무 판자를 밀고 나아가는' 책임윤리를 요구한 것처럼.[76]

---

[76]   막스 베버, 전성우 옮김, 『직업으로서의 정치』, 나남출판, 2019 참고.

孟子曰, "賢者以其昭昭⁷⁷使人昭昭. 今以其昏昏⁷⁸使人昭昭."

맹자, 말씀하시다.

"현자들은 현명함으로써 남을 밝혀주었다. 오늘날은 어리석음
으로 남을 밝히려 드는구나."

해설

옛날 서당에 혀 짧은 선생이 있어 '바람 풍風'자를 학동들에게
가르치는데, 'ㄹ' 발음이 되지 않아 '바담 풍'이라고 했겠다. 학동들은 선
생을 따라서 '바담 풍'이라고 발음하였는데 선생이 듣기에 '바람 풍'이
아닌지라 또 교정해주느라 짜증스레 '바담 풍'이라고 했다는 우스개가
떠오른다.

이 장은 묵자를 위시한 당대 지식인들에 대한 비판이다. 제대로 알지
못하면서 선생으로 자처하는, 유가를 제외한 백가의 지식인들에 대한 비
판으로 볼 수 있으리라(6:9에서 논한 처사횡의處士橫議를 같이 보자).

---

77 昭昭(소소): 사리에 밝은 모양. '昭'는 밝음, 현명함.
78 昏昏(혼혼): 사리에 어리석은 모양. '昏'은 어둠, 어리석음.

한편 '대화의 기술'이라는 차원에서 이 장을 읽을 수도 있다. 타인과의 대화는 오해와 오역에 시달린다, 철저한 타인, 즉 세계관과 생각이 전혀 다른 이와의 만남은 언제나 번역의 실패를 염두에 두어야 한다. 그러니 남을 가르친다는 것, 아니 남과 대화한다는 것은 상대방의 사정을 염두에 두되 자기 뜻을 거기 맞춰보는 과정을 각오하지 않으면 안 된다. 가라나티 고진柄谷行人의 말을 빌리자면, 철저한 타자와의 만남에는 "목숨을 건 도약"의 과정이 개입되어 있다.[79] 그런데도 함부로 남을 가르치는 것은 곧 '자신의 어리석음으로 남을 밝히려 드는' 짓이 되고 만다.

앞서 맹자도 지적한 바 있다. "사람들의 병통은 남의 스승 되기를 좋아하는 데 있다."(7:23) 자기 생각을 조리 있고 요령 있게 말하기에 앞서, 대화에는 상대방의 생각을 헤아리는 과정이 전제되어야 한다. 즉 대화란 말 잘하는 것과는 다른 차원의 일이다. 공자의 표현을 빌리자면 '상대방의 처지를 헤아림(恕)'과 '겸손하고 삼가며 조심스럽게' 경청하는 자세, 이것이 대화의 조건이다.

79　가라타니 고진, 송태욱 옮김, 『탐구 1』, 새물결, 1998 참고.

孟子謂高子曰, "山徑^{80}之蹊間^{81}, 介然^{82}用之而成路; 爲間^{83}不用, 則茅^{84}塞之矣. 今茅塞子之心矣."

맹자, 고자를 일러 말씀하시다.

"산속 오솔길도 한꺼번에 우르르 걸으면 길이 생겼다가, 한동안 발길이 뜸하면 금방 잡풀이 길을 덮는다. 지금 그대의 마음은 잡풀이 뒤덮고 있구먼."

해설

고자는 앞에서 꽉 막힌 시 해석으로 맹자의 혀 차는 소리를 들었던 고영감(高叟)일지도 모르고(12:3), 한때 문하의 제자였다가 학파를 바꾸어(묵가나 양주학파?) 다른 길을 걷는 사람일지도 모른다. 공자가 공부의 길을 비유한 것이 여기 참고가 된다. "한 삼태기 흙을 붓지 않아 산을

---

80   山徑(산경): 산비탈. '徑'은 지름길.
81   蹊間(혜간): 오솔길. '蹊'는 길.
82   介然(개연): '한꺼번에 우르르'라고 번역하였다. '介'는 잠깐.
83   爲間(위간): '한동안 발길이 뜸하다'라고 번역하였다.
84   茅(모): 띠풀, 잡풀.

완성하지 못한 것도 내 탓이요, 한 삼태기 흙을 부어도 나아간 그만큼은 진척이 있는 것이다."(『논어』, 9:18) 맹자도 "나아감이 날카로운 자가 물러남도 신속한 법"(13:44), 또한 "아홉 길을 파 들어가도 샘에 닿지 못했다고 포기하면 우물을 버리는 것과 같다"(13:29)라고 했는데 본문의 뜻과 모두 통한다.

그렇다면 매일을 어떻게 보내야 하나? 공자의 제자 증삼은 하루에 세 가지 거울로 자신을 성찰하노라 하였다. "첫째, 남과 더불어 일을 도모할 때 성실하였는가? 둘째, 붕우와 사귐에 미덥게 했던가? 그리고 스승의 가르침을 몸에 익혔는가?"(『논어』, 1:4)라며 자기 점검의 거울을 가지고 살았다고 했다. 매일매일 허투루 방만한 적이 없고, 중용의 칼끝 위에 서서 성찰하며 살아가는 것이 선비의 길임을 알 수 있다. '하늘을 우러러 한 점 부끄럼 없기'를 기약하는 삶이다.

반면 공자의 또 다른 제자 재아는 열심히 공부하노라 해놓고 낮에 잠을 자다가 스승에게 큰 꾸지람을 들었다. 스승은 그를 두고 "나는 사람의 말을 들으면 그 말대로 행하리라 믿었는데, 이젠 사람의 말을 듣고 그 행실을 관찰하게 되었으니 저 녀석 때문에 의심하게 되었노라"(『논어』, 5:9)고 욕설을 퍼붓기도 했다. 결정적으로 자하가 공부 길을 두고 평한 바 "날마다 모르는 것을 배우고, 달마다 못하는 것을 잃어버리지 않는다면 호학한다고 할 만하다"(『논어』, 19:5)라는 말이 이 장을 요약한다. 산속 오솔길도 꾸준히 계속 걸어야 길이 나듯, 공부 길도 한 세월 정진해야 끝을 볼 수 있다는 경고다. 고자와의 대화는 이어진다.

맹자, 마음의 정치학 3

한편 장자라면 한동안 발길이 뜸하면 도로 풀숲으로 뒤덮이는 자연의
복원력을 칭탄하며 맹자의 비유에 시비를 걸 것이다.

오리 다리가 짧다며 길게 늘여준다면 괴로움이 따르고, 학의 다
리가 길다며 잘라준다면 아픔이 따른다. 그러니 본래 긴 것은 자
를 일이 아니며, 본래 짧은 것은 늘일 일이 아니다. 두려워하거나
괴로워할 까닭이 없다. 과연 인의가 사람의 본성일 수 있겠는가?
저 인을 갖춘 사람들, 괴로움이 얼마나 클까!

_『장자』, 「외편」, '변무'

인이니, 의니, 예법이니 인위적인 도덕관념으로 자기를 괴롭히지 말고
타고난 본능대로, 제 깜냥만큼 '스스로(自)-그렇게(然)' 살다가 가라는
것이 장자의 뜻이다. 맹자라면 또 공자를 빌려 이렇게 반박하리라.

깔끔하구먼. 그러나 그게 어려운 건 아니지!

_『논어』, 14:42

정치에 참여하지 않는 것은 의롭지 않다. …… 제 한 몸 깨끗이
하고자 사람의 큰 윤리를 어지럽히는 짓이다. 군자가 벼슬을 사
는 것은 그 의리를 실행하고자 함이지. 도가 행해지지 않는 것이
야 이미 알고 있노라.

_『논어』, 18:7

14:22. 마지막 묵가?

高子曰, "禹之聲尙⁸⁵文王之聲."

孟子曰, "何以言之?"

曰, "以追蠡⁸⁶."

曰, "是奚足哉? 城門之軌⁸⁷, 兩馬⁸⁸之力與?"

고자가 말했다.

"우임금의 음악이 문왕의 음악보다 훌륭하오."

맹자, 말씀하시다.

"무얼 보고 그런 소리를 하는 게요?"

고자가 말했다.

"종뉴가 닳은 것을 비교해보니 그렇소이다."

맹자가 말했다.

"그게 어찌 음악의 우열을 따지기에 충분한 증거가 되겠소? 성
문 앞에 팬 수레바퀴 자국이 어찌 수레 한 채의 힘이겠소이까?"

85 尙(상): 낫다. '上(상)'과 같다.

86 追蠡(퇴려): 종뉴가 닳다. '追'는 종의 고리. '종뉴鍾紐'라고도 한다. '蠡'는 좀먹다.

87 軌(궤): 바퀴 자국.

88 兩馬(양마): 두 마리 말이 끄는 '수레 한 채'를 뜻한다.

"우임금의 음악이 문왕의 음악보다 훌륭하다"라는 말투로 보건대 고자는 혹 묵가의 일원인지 모른다. 유가에서 숭상한 성왕이 문왕이라면, 묵가에서 떠받든 성왕은 우임금이기에 하는 추론이다. 가령 공자는 환난에 처한 와중에도 "문왕이 이미 떠나셨으니, 이제 문文은 내게 있지 않겠더냐?"(『논어』, 9:5)라고 하였다. 반면 묵가는 노동 조직이었기에 운하를 뚫어 물을 잡은 우임금을 드높였다(참고를 볼 것). 묵가에서 우임금을 성왕으로 섬긴 것은 『묵자』 도처에 보이지만, 『장자』에도 묵가의 모델이 우임금이라는 것을 뒷받침하는 사례가 있다.

> 묵자는 말하기를 "옛날 우임금은 홍수를 막고 강하의 수로를 터서 사방 오랑캐와 구주의 길을 뚫었다. 우임금은 몸소 삼태기와 보습을 잡고, 수로를 뚫을 때는 장딴지의 살이 빠지고 정강이의 털은 닳고 비에 얼굴이 씻기고 머리는 바람에 빗질한 형국이었다. 우임금은 대성인인데도 천하를 위해 자기 몸을 부렸다. 그러므로 후세의 묵가는 거친 옷을 입고 나막신이나 짚신을 신고 밤낮으로 쉬지 않으며 자기 몸을 고통스럽게 하는 것을 최고의 규율로 삼아야 한다. 능히 이와 같이 할 수 없다면 우임금의 도가 아니며, 역시 묵가라고 할 수 없다."
> _『장자』, 「잡편」, '천하'

고자를 묵가의 일원으로 볼 수 있다면, 억지스러워 보이는 저 주장은 자기 학파가 유가보다 낫다고 강변하는 것이 된다. 아니라면 고자는 그 냥 우매한 자로 보이기도 한다. 우임금은 문왕보다 1000년 전 사람인데, 우임금 시절 쓰던 편종의 종뉴가 1000년 뒤 문왕 때의 것보다 닳았으니 우임금의 음악이 더 낫다고 하는 것은 보통 어리석은 말이 아니기 때문 이다. 앞에서 경중을 섞어놓고 음식이 예보다 중하다고 허튼 소리를 하 다가 맹자에게 꾸중을 들은 임인任人의 경우와 흡사하다(12:1). 명가와 묵가의 유행으로 '흰 말은 말이 아니다(白馬非馬)'라는 따위 허망한 논리 학이 횡행하던 전국시대 지식계를 염두에 두고 봐야 할 듯하다. 주희는 "이 장의 글 뜻은 아무래도 이해할 수 없다"라며 판단을 보류했다.

참고　묵가 집단의 성격과 관련해서는 다음 글이 참고가 된다.

> 묵가는 생산 노동에 종사하는 천민층 조직이다. 묵자 자신이 이 끌던 집단의 우두머리를 거자鉅子로 칭했는데, 거자는 공인工人 의 우두머리가 손에 도끼를 든 모습으로 공인의 경칭이라고 볼 수 있다. 묵자의 제자들 가운데는 천민이 적지 않았으며, 그의 저 술 속에 생산 기구의 제조에 관한 기술과 공법 등의 기록이 상당 부분을 차지하는 것으로 보아 공인 계층에 속한다고 볼 수 있다. 묵자와 그의 제자들은 거자를 중심으로 하는 엄밀한 조직과 규 율을 가진 학술, 문화, 정치 집단의 성격을 지니고 있었다.[89]

89　이운구 옮김, 「옮긴이 해제」, 『묵자 1』, 도서출판 길, 2015(발췌 인용).

齊饑[90]. 陳臻[91]曰, "國人皆以夫子將復爲發棠[92], 殆[93]不可復?"

孟子曰, "是爲馮婦[94]也. 晉人有馮婦者, 善搏[95]虎, 卒[96]爲善士. 則之野[97], 有衆逐[98]虎. 虎負嵎[99], 莫之敢攖[100]. 望見馮婦, 趨而迎之, 馮婦攘臂[101]下車. 衆皆悅之, 其爲士者笑之."

제나라에 흉년이 들었다. 진진이 말했다.

"나라 사람들이 모두 선생님께서 다시 당의 창고를 열게 할 수 있으리라 하는데, 아마 또 그럴 수는 없겠지요?"

맹자, 말씀하시다.

"이건 풍부와 같은 꼴이로군. 진나라의 풍부라는 사람이 맨손으로 호랑이를 잡는 용사였는데 결국 선사가 되었지. 하루는 들

---

90 饑(기): 굶주리다. '흉년이 들다'라고 번역했다.

91 陳臻(진진): 맹자의 제자.

92 發棠(발당): 당의 창고를 열다. '棠'은 제나라의 고을 이름.

93 殆(태): 자못, 아마.

94 馮婦(풍부): 사람 이름.

95 搏(박): 잡다.

96 卒(졸): 드디어.

97 則之野(즉지야): '則'은 뜻 없는 허사. '之'는 가다. '野'는 도성과 도성 사이의 들판.

98 逐(축): 쫓다.

99 負嵎(부우): '負'는 등지다. '嵎'는 산모롱이.

100 攖(영): 달려들다, 접근하다.

101 攘臂(양비): 팔뚝을 걷어붙이다. '攘'은 걷어붙이다. '臂'는 팔뚝.

판을 지나가는데 사람들이 호랑이를 쫓고 있었다네. 호랑이가 산모롱이를 등지게 되자 누구도 감히 달려들지 못했지. 멀리 풍부를 발견한 사람들이 달려가 그를 환대하니 풍부가 팔뚝을 걷어붙이며 수레에서 내렸다네. 사람들은 모두 환호하였으나 사들은 비웃었다지."

해설

군신과 붕우 간에는 신뢰가 핵심이다. 간언도 신뢰가 있을 때나 가능하지 불신하는데 조언하면 자기를 해코지하는 줄 안다. "신하는 군주의 신뢰를 얻은 다음 간할 수 있다. 만일 신뢰가 없다면 군주는 자기를 헐뜯는다고 여길 것이다"(『논어』, 19:10)라던 지적이 참고가 된다. 맹자가 젊은 선왕의 초청으로 제나라에 왔을 때는 임금의 신뢰가 확고했다. 당業 땅에 기근이 들었을 때 맹자가 창고를 열어 구제하라 조언하자 임금도 그 말을 들었다. 그 후 경과는 우리가 이미 안다. 이 장은 주희가 추측했듯 "아마 이때는 제선왕이 맹자를 더 이상 쓰지 않으려 했고, 맹자또한 곧 떠나려 했기에 말씀이 이와 같았을 것이다." 지나쳐도 안 되고 모자라도 안 되는 자리, 곧 중용은 유자의 핵심 덕목이다. '지극한 선에 멈추어야 하는 것(止於至善)'은 『대학』 공부의 첫 지침이 아니던가. 이에 맹자는 멈춤의 도리를 어겨서 하루아침에 비아냥거림의 대상으로 추락한 사냥꾼 풍부의 예를 든 것이다.

내내 사냥꾼으로 산다면 호랑이 잘 잡는 것이 자랑이 된다. 그러나 출사하여 사士가 되고 끝내 선사善士로 인정을 받았다면 사도士道를 걸어야 한다. 즉 공인으로서 공무 수행하기를 일로 삼아야 한다. 다시 사냥꾼의 행동을 한다면 퇴행이다. 정이천이 풍부의 잘못을 "멈출 줄 알지 못한 것"이라고 평했는데 정곡을 찔렀다. 비유하자면 깡패가 개심하여 형사가 되었는데, 옛 습관을 버리지 못하고 으쓱대며 팔뚝을 걷어붙이고는 대중 앞에서 주먹 자랑을 하는 형국이다.

순임금은 재야에서는 목석과 더불어 야인으로 살았으나 요임금의 사위가 되고 나선 마치 태어날 때부터 궁중에서 생활한 듯했다(14:6). 또 이윤은 들판에서 농사꾼으로 살다가 문득 재상이 되어서는 천하를 바로잡았다(9:7). 피일시, 차일시彼一時, 此一時라, 그때의 나와 지금의 나는 달라야 한다. 그것이 실은 한결같음(一)이다. 즉 군주에게 귀 기울여 들으려는 마음이 있을 때 조언을 하면 성과를 얻지만, 신뢰가 사라진 마당에는 일도 이루지 못하고 말도 헛되어버리는 것. 공자 말씀에도 "더불어 말할 만한데 말하지 않으면 사람을 잃는 짓이요, 더불어 말할 수 없는데 말을 하면 말을 잃는 것이다. 지혜로운 자는 사람을 잃지 않고, 또한 말도 잃지 않는다"(『논어』, 15:7)라고 하였으니 맹자로서는 말없이 떠나는 것이 옳다.

孟子曰, "口之於味也, 目之於色也, 耳之於聲也, 鼻之於臭也, 四肢之於安佚
也, 性也, 有命焉, 君子不謂性也. 仁之於父子也, 義之於君臣也, 禮之於賓主
也, 智之於賢者[102]也, 聖人[103]之於天道也, 命也, 有性焉, 君子不謂命也."

맹자, 말씀하시다.

"입이 맛을 헤아리고, 눈이 형색을 분별하고, 귀가 소리를 구
별하고, 코가 냄새를 맡고, 사지가 편안함을 좇는 것이 본성이
라지만, 또한 명에 달렸으니 군자는 이를 본성이라고 하지 않
는다. 부모 자식 사이의 인, 군신 간의 의, 주객 간의 예, 현자의
지, 그리고 천도와 성인의 관계는 명이라지만 사람의 고유한 속
성이니 군자는 이를 명이라고 하지 않는다."

---

102 者(자): '否(부)'를 잘못 적은 것이라는 주장도 있다(『맹자집주』). 앞 글자 '賢'과 함께 '賢
否'가 되어야 '父子', '君臣', '賓主' 등 앞에 나열된 두 글자들과 짝을 지을 수 있다는 것.
일리 있는 주장이다.

103 人(인): 잘못 끼어든 글자라는 주장도 있다(『맹자집주』). 즉 '聖' 한 글자여야 '仁', '義',
'禮', '智' 등 앞에 나열된 한 글자 개념들과 짝을 지을 수 있다는 것. 이 또한 일리 있는
주장이다.

　　도덕이 구체적인 상호성의 윤리임을 재확인한다. 인은 부모 자식 사이, 의는 군주와 신하 사이, 예는 주인과 손님의 사이에 적용되는 가치임을 명확하게 지적하고 있다. 반면 이목구비의 육체적 욕망도 하늘로부터 받은 사람의 속성이긴 하지만, 이를 본성(性)이라고 부르지는 않는다(본능이라 해야 할 것이다). 오로지 인간에게만 고유한 덕성을 본성이라고 부른다. 인의예지도 타고났다는 점에서는 명命이라 할 수 있겠으나, 유독 본성이라고 이른다는 말이다.

　흥미로운 사실은 이 장에 음양오행설의 영향이 보인다는 점이다. 예컨대 귀와 눈, 입과 코에 몸통(四肢)을 합해서 몸을 다섯 부위로 나누는 것, 또한 인의예지라는 네 가지 덕에 성聖을 덧붙여 다섯 가지 덕이라 거론하는 점이 그렇다. 본래 맹자는 '넉 사四'자를 중시하였다. 사단四端이 그렇고 인의예지의 사덕四德을 사지四肢에 비유한 것도 그렇다(3:6). 그런데 여기서는 몸을 다섯 부위로 나누고 덕도 다섯 가지로 나열했다. 이런 점에서 오행설과의 관련을 추론하게 되는 것이다.

　주목할 역사적 사실은 전국시대의 학파들 가운데 음양가陰陽家다. 그 대표적 인물은 제나라 출신 추연鄒衍이었다. 사마천은 추연의 활동 시기를 두고 "제나라 위왕과 선왕 때부터 추연의 무리가 오덕(오행)의 순환에 대해 저술했다"[104]고 하였다. 제나라 선왕이라면 맹자가 직접 교유한 임

104　自齊威宣之時, 鄒子之徒, 論著終始五德之運(『사기』, 「봉선서封書」).

금이다. 맹자와 추연의 시공간이 겹치므로 분명 맹자는 음양오행설을 알았을 것이다. 살펴보면 추연은 제나라 직하학궁에 초빙되었을뿐더러 당시 천하를 유세한 지성계의 스타였다. 가는 곳마다 제후들이 환대할 정도였다. 연나라에 간 추연에게 왕이 뜰 앞에까지 나와 대접한 것이 좋은 예다(『사기』). 그가 제창한 이론이 음양오행설이다. 세상의 모든 사상事象은 토土·목木·금金·화火·수水의 오행상승五行相勝 원리에 의하여 일어난다는 것.

음양가의 영향력은 최근 진한시대 분묘에서 발굴된 간독簡牘과 백서帛書들에서도 발견된다. 특히 1993년 발굴된 곽점초묘郭店楚墓의 「오행五行」과 「성자명출性自命出」이라는 죽간이 본문과 관련되어 주목을 끈다. 「성자명출」에 "본성은 명命에서 나왔는데 명은 하늘에서 내려온 것이다. 도道는 정情에서 생기는데 정은 또 성性에서 비롯한다"[105]라고 한 대목이 있다. 여기 성性, 명命, 정情, 천天, 도道라는 개념은 본문의 '성이자 명이지만, 군자는 이를 성이라 이르지 않는다'라든지 '천도는 명이자 성이지만 군자는 이를 명이라 일컫지 않는다'라는 주장 속의 개념들과 동일하다.

또한 「오행」에는 여기 본문과 똑같이 인·의·예·지·성이 출현하여 그 관련성을 더욱 높인다. 특별히 「오행」에서는 다섯 가지 덕의 개념 각각을 해설하고 있어서 이 장을 이해하는 데 도움이 된다.

인이 내면에서 형성된 것을 덕행이라 이른다. 내면에서 형성되지 않

---

105   性自命出, 命自天降. 道始於情, 情生於性.

은 인은 그냥 행위이다.

仁形於內, 謂之德之行. 不形於內, 謂之行.

의가 내면에서 형성된 것을 덕행이라 이른다. 내면에서 형성되지 않은 의는 그냥 행위이다.

義形於內, 謂之德之行. 不形於內, 謂之行.

예가 내면에서 형성된 것을 덕행이라 이른다. 내면에서 형성되지 않은 예는 그냥 행위이다.

禮形於內, 謂之德之行. 不形於內, 謂之行.

지가 내면에서 형성된 것을 덕행이라 이른다. 내면에서 형성되지 않은 지는 그냥 행위이다.

智形於內, 謂之德之行. 不形於內, 謂之行.

성이 내면에서 형성된 것은 덕행이요, 내면에서 형성되지 않은 것도 덕행이라 이른다.

聖形於內, 謂之德之行. 不形於內, 謂之德之行.

요컨대 덕이란 명칭은 타고난 인·의·예·지·성이 내면에서 숙성되어 실천을 통해 바깥으로 나올 때 획득된다는 뜻이다. 언뜻 보기에도 인·의·예·지·성은 맹자의 고유한 덕의 명칭들인 인·의·예·지가 훗날 동중서에 이르러 인의예지신仁義禮智信의 오상五常으로 확대되는 과정 속에 있다. 맹자의 사덕과 동중서의 오상을 연결하는 징검다리가 '성聖'이다. 그렇다면 성聖-성誠-신信은 한 계열로 볼 수 있다. 성誠은『중용』의 중요한 개념인데 (맹자에도 나오지만), 여기 성聖을 징검다리로 하여 동중서의 신信으로 계승된다고 추론할 수도 있다.

그러나 또 한편으로는 "자사와 맹자의 오행설에 오행이라는 명칭이 있지만 그것이 가리키는 오행은 인의예지신이라는 다섯 가지 도덕 품성을 나타내는 것이지, 형이상학 체계로서의 오행설과는 아무 관계가 없는 것"[106]이라며 선을 긋는 주장도 있다. 자사의 오달덕五達德(『중용』)과 맹자의 오륜五倫을 동중서의 오상五常과 연결하는 다리로 이 장을 남용하면 안 된다는 것이다. "동중서는 금문경학의 견강부회의 선하를 열었으며 오행을 신비화하고 미신화한 창시자"[107]요, 사상사의 입장에서는 유교와 법가, 음양가를 통합하되 이것을 군주 독재 이데올로기로 타락시킨 주범이지 맹자 학설의 계승자일 수 없다는 것이다. 나는 이 주장이 옳다고 본다.

요컨대 『맹자』 전편의 물밑에 묵가, 양주, 종횡가, 병가 및 법가 등 당시 백가들과의 교섭이 깔려 있듯 이 장은 음양가와 교섭한 흔적으로 볼 수 있다. 그러나 이것이 맹자가 사상적으로 음양가 또는 오행설에 침윤되었다는 뜻으로까지 확대 해석하는 것은 옳지 않다. 주희의 스승인 이동李侗의 지적은 이쯤에 맞춤하다.

당시 세상 사람들은 앞의 다섯 가지(이목구비, 몸통)를 본성으로 보아 얻지 못하더라도 반드시 구하려 들고, 뒤의 다섯 가지(인의예지, 천도)

---

106 류중디, 이유진 옮김, 『동양 고전과 푸코의 웃음소리』, 글항아리, 2013, 50~51쪽.

107 위의 책, 62쪽.

는 운명으로 치부하며 하나를 이루지 못하더라도 노력하지 않았다. 맹자는 각각 그 중요한 것을 가지고 말해서 뒤의 다섯 가지를 강조하고 앞의 다섯 가지를 억누른 것이다.

_『맹자집주』

음양가의 '다섯 가지 욕망'을 본성으로 오해하는 당시 풍조에 대해 맹자는 '다섯 가지 덕성'이야말로 참된 본성이라고 비판하였다는 뜻이다.

浩生不害[108]問曰, "樂正子何人也?"

孟子曰, "善人也, 信人也."

"何謂善, 何謂信?"

曰, "可欲之[109]謂善, 有諸己之[110]謂信, 充實[111]之謂美, 充實而有光輝[112]之謂

大, 大而化之之謂聖, 聖而不可知之之謂神. 樂正子, 二之中·四之下也."

　　　호생불해가 물었다.

　　　"악정자는 어떤 사람인가요?"

　　　맹자, 말씀하시다.

　　　"선인이고 신인이외다."

108 浩生不害(호생불해): '浩生'은 성이요, '不害'는 이름이니 제나라 사람이다(조기).

109 可欲之(가욕지): 하려 들면 누구나 할 수 있는 것. '之'는 '欲'의 목적격이다. '可欲之'란 '할 것(之)'을 '할 수가 있다' 또는 '하려고 하다(可欲)'가 된다. 해야 할 것을 한다면 '하지 말아야 할 것을 하지 않는 것'도 '可欲之'에 들어 있다. 즉 '之'에 '不爲(불위)'와 '不欲(불욕)'이 다 포괄된다. "사람으로서 하지 않아야 할 것을 하지 않고, 바라지 않아야 할 것을 바라지 않는 것"(13:17)도 '之'의 내용이다.

110 有諸己之(유저기지): 여기 '之'는 위에 '可欲之'의 대상인 '할 것은 할 수 있고, 하지 말아야 할 것은 하지 않을 수 있는 것'이다. '有諸己'는 그것을 몸과 마음속에 보존(有)하는 것이다. 이미 체화되어 있음을 '有'로 표현하였다. 그러므로 신인信人, 곧 미더운 사람이 된다.

111 充實(충실): 선善과 신信을 널리 확충하고 실천하다. "마음속 덕성이 얼굴과 표정에 환히 드러나는 것"이 '充實'의 양상이다. 이로써 그를 아름다운 사람, 곧 미인美人이라 일컫는다는 것('充'은 확이충지擴而充之요, '實'은 그 획득한 내용물을 뜻한다).

112 輝(휘): 빛나다.

호생불해가 말했다.

"무엇을 선이라 하고, 무엇을 신이라 하는지요?"

맹자가 말했다.

"누구나 하려 들면 할 수 있는 것을 선이라 하고, 선을 체득한 것을 신(미더움)이라 하며, 선이 충실한 것을 아름다움이라 하고, 충실할뿐더러 빛으로 발산하는 것을 큼이라 하며, 커서 주변을 변화시키는 것을 신성함이라 하고, 신성하여 남이 알지 못하는 경지를 신비함이라 하오. 악정자는 앞의 두 단계의 가운데 있고, 뒤의 네 단계의 아래에 있소이다."

해설

앞에 노나라가 악정자를 재상으로 임용하려 한다는 소식에 맹자가 잠을 이루지 못할 정도로 기뻐하자 어리둥절했던 공손추처럼 (12:13), 또 한 사람 호생불해 역시 몹시 의아했던가 보다. 그래서 악정자는 어떤 사람이냐고 물었던 것이렷다. 이 질문을 계기로 맹자는 공부가 무르익는 성숙 과정을 여섯 단계로 나눠 설명한다.

첫째가 선인善人의 단계다. 여기 "누구나 하려 들면 할 수 있는 것이 선이다可欲之謂善"라는 말처럼 누구든 천부적으로 타고난 자기 마음을 돌이키면 획득할 수 있는 것이 선의 단계다. 아리스토텔레스가 "당연히 모든 것이 추구하는 목표가 선"[113]이라고 한 것과 여기 맹자의 말을 겹쳐서 보면, 동서고금을 막론하고 잘하고자 하고, 잘살고자 하며, 선행을 하려는 것이 사람의 본성임을 확언할 수 있다.

문광훈 교수가 사람다움의 보편성을 '선의 평범성'이라고 이름 붙인 것(한나 아렌트가 홀로코스트의 주범 아이히만의 사례를 '악의 평범성'이라 칭한 것을 비튼 말)은 참고할 만하다. 문 교수가 이어서 "선의 실천은 혹독하리만치 어렵다. 그러나 다른 한편으로…… 오히려 선은 지극히 일상적이고 평범하게도 실행될 수 있는 것이라는 생각이 든다. 그러면서 선은 지극히 실행하기 어렵고 동시에 부서지기 쉬운 것이기도 하다"[114]라고 한 주장은 이 대목에 걸맞다. 또 주희는 "사람이라면 누구나 선한 것은 행하려 하고 악한 것은 싫어하기 마련이니 사람됨이 선을 좋아하고 악은 싫어한다면 선인이라 이를 만하다"라고 하였는데 모두 통한다(『맹자집주』).

그렇다면 공자가 자처한 호학好學, 즉 배우기를 좋아하는 단서가 선을 좋아하는 호선好善에서 열린다. 앞에 맹자가 악정자의 호선을 그렇게 기뻐했던 까닭은 그가 자기 발전의 단서를 확보한 사람이기 때문임을 이제 알겠다. 많은 사람이 사는 뜻도 모르는 채로 살다 간다. 밥을 먹어도 밥맛을 알고 먹는 사람이 드물다. 그러니 선은 깨달음의 소중한 출발점이 된다. 공자가 "내가 선인을 만나볼 수 없다면 항자라도 만날 수 있다면

---

113 "모든 기술(techne)과 탐구는 물론이고, 모든 행위와 선택이 추구하는 것은 어떤 좋음(to agathon)인 것 같다. 따라서 좋음(선)이야말로 당연히 모든 것이 추구하는 목표라고 할 수 있다."(아리스토텔레스, 앞의 책, 제1권 제1장)

114 문광훈 강연록, "예술 경험과 좋은 삶 - 고야, 나, 그리고 아리스토텔레스", 〈네이버 열린연단〉, 2014년 3월 22일.

좋으련만"(『논어』, 7:25)이라고 했듯 선인은 항자, 즉 항심을 가진 자를 넘어선 수준이다. 불가에서도 초발심시변정각初發心時便正覺, 곧 '처음 발심하는 때가 바로 깨닫는 순간'이라고 했으니(『법성게』) 그 중요성을 알 만하다.

둘째 단계는 신인信人이다. 공부가 몸에 무르익어 자기 것이 된 상태다. 선을 '배우고 늘 익혀서(學而時習)' 공부가 체화된 단계가 신인이다. 다만 악정자의 공부는 아직 체화된 정도는 아니고 공부해야 할 까닭을 알고 배우고 익히는 가운데 있다. 본문 끄트머리에 "악정자는 앞의 두 단계의 가운데 있다"고 평한 것을 볼 때 그러하다.

셋째는 미인美人의 경지다. 체화된 공부가 무르익은 상태가 '아름다운 사람'이다. 포도알 속이 꽉 차고 껍질은 윤이 나 탱탱하여 터질 듯한 모습에 비유할 수 있을까? 자립한 것이다. 앞에서 군자를 형용했던 표현인 수면앙배를 빌리자면 '얼굴이 잡티 없이 해맑은 수면眸面'에 해당한다.

넷째는 대인大人의 경지다. '빛이 발산하는 것을 일러 큼(光輝之謂大)'이라고 표현하였으니 속이 꽉 찬 열매의 향기가 발산하는 것이다. 수면 앙배의 '앙배盎背'에 해당한다. 숲속에 숨은 난초의 향기에 비유할 수 있을까? 혹은 감추려 하나 삐져나오는 '호주머니 속의 송곳'이라고 할까? 감추려 해도 감출 수 없이 드러나는 경지의 위대함이다. 앞에서 대인을 빗대기를 "자신을 바로잡음에 남도 바루게 하는 사람正己而物正者"(13:19)이라고 했으니 꼭 이 단계와 같다.

다섯째 단계는 성인聖人이다. 여기서 '성은 주변을 변화시키는 것(化之之謂聖)'이라고 했다. 공자가 순임금의 정치를 우러러 무위이치로 기렸던 자리가 이쯤이다(『논어』, 15:4). 역시 맹자가 왕도 정치가를 묘사하며 "군자가 지나가는 길에는 사람들이 감화되고, 머무는 곳에는 신비한 일이 일어난다. 위아래가 천지자연과 같이 더불어 흐르니"(13:13)라고 한 것도 이쯤이다.

급기야 여섯째 최상의 경지에는 신인神人이 있다. 『주역』에 "음양을 예측할 수 없는 신묘한 경지를 신이라고 한다陰陽不測之謂神"라고 하였으니 이 경지요, 공자가 70대에 이른 '마음 가는 대로 따라도 법도를 벗어나지 않았다(從心)'라던 것이 이와 같다. 정이천은 다섯째의 성인과 여섯째의 신인은 같은 단계로 다만 이름만 달리한 것일 뿐이라고 하였다.

결론적으로 맹자는 악정자의 수준을 "앞의 두 단계의 가운데 있고, 뒤의 네 단계의 아래에 있소이다"라고 하였다. 선인과 신인 사이의 수준이라는 뜻이다. 맹자는 앞에서 악정자를 호선이라고 평했는데, 아마 그동안 진보가 있었던가 보다. 호선은 『논어』식으로 표현하면 "진실로 인에 뜻을 둔苟志於仁"(『논어』, 4:4) 정도에 불과하다. 인이 체화된 상태는 아직 아닌 것이다.[115] 그런데도 맹자는 악정자가 노나라 재상에 임용되었다는 소식을 듣고 기뻐서 잠을 설칠 정도였다. 그렇다면 신인, 대인, 성인의 힘, 주변을 끌어들이는 힘은 과연 어느 정도일지 가늠조차 하기 힘들다. 하긴 호연지기(덕력)를 두고 맹자는 "지극히 크고, 지극히 강한 기다. 일상을 올바로 살면 길러지는데, 올바름을 해치지 않으면 호연지기가 하늘

---

[115] 북송의 유자 장횡거는 "인에 뜻을 두어 악이 없는 사람이 선인이다善人者, 志於仁而無惡"라고 하였다(『논어집주』, 7:25). 악정자는 호선, 곧 선을 좋아하는 수준이다. 인을 체화한 상태는 아니므로 선인에 미치지 못한다고 봐야겠다.

과 땅 사이를 꽉 채울 수 있다"(3:2)고 묘사하기도 했다.

참고   공자가 사람의 성숙을 여섯 단계로 나눠서 서술한 대목도 이와 근사
하다. 15세에 획득한 지학志學이 1단계, 30세에 얻은 이립而立이 2단
계, 40대의 불혹不惑이 3단계요, 50대에 이른 지천명知天命은 4단계의
성숙이며, 60대에 획득한 이순耳順은 5단계의 도약, 마지막 70대의 종
심從心은 성인의 경지를 이른다(『논어』, 2:4). 이 여섯 단계가 본문의 선
인, 신인, 미인, 대인, 성인, 신인의 여섯 단계에 조응한다.

孟子曰, "逃墨必歸於楊, 逃楊必歸於儒. 歸, 斯受之而已矣. 今之與楊·墨辯[116]者, 如追放豚[117], 旣入其苙[118], 又從而招[119]之."

맹자, 말씀하시다.

"묵자로부터 달아나면 반드시 양주로 가고, 양주로부터 달아나면 반드시 우리 유가로 돌아온다. 돌아오면 다만 받아줄 뿐이다. 지금 양주·묵가 출신들과 변론하는 것은 뛰쳐나가 배회하던 돼지들이 우리 안으로 들어왔는데도 또 쫓아가 얽어매는 격이다."

해설

이미 우리 안으로 들어오고 난 다음에는 돼지 다리를 끌어 맬까닭이 없다. 겸애를 주장하는 묵가나 자기애를 주장하는 양주학파에 한때 머물렀다손 치더라도 뉘우쳐 '유일한 진리'인 유가의 품으로 돌아왔

---

116 辯(변): 다투다, 변론하다. 묵가에서 특별히 중시한 개념이다. 참고를 볼 것.
117 追放豚(추방돈): 우리를 뛰쳐나간 돼지. 묵가 또는 양주학파의 우리를 뛰쳐나가 배회하던 사람들을 비유한 것.
118 苙(립): 우리, 가축을 기르는 울타리.
119 招(초): 얽어매다.

으면 그만이지, 그들에게 유교의 우월성을 묵가나 양가와 비교하며 시비할 것이 없다는 조언이다.

사상전을 벌이던 백가쟁명의 전국시대였던 만큼 각 학파 간 논리적, 정치적 다툼이 심했던 터. 그 와중에 맹자 문하의 제자들 가운데 여러 학파를 전전하면서 사상적 전향을 했던 이들이 많았던 듯하다. 아마 맹자 문하의 시니어 몇몇이 '회개한 편입생들'에게 유교의 우월성을 과시했던 모양이다. 맹자는 '회개한 편입생들'을 우리 안으로 들어온 돼지들에 비유하면서 더 이상 그에 대해 비판할 필요가 없다고 짐짓 견책한다. 이 말밑에는 우뚝한 유교 독존의 인식이 깃들어 있다. 공자가 애초에 "이단을 전공하면 해롭다"(『논어』, 2:16)라고 밝힌 바 있고, 또 유교를 사도斯道라 칭하고 자기 학문을 사문斯文이라 지칭했던 그 '사斯'에 유일 진리의 자부심이 잔뜩 들었던 터다(『논어』, 6:15 및 9:5 참고).

특히 이단이 유가로 "돌아오면 다만 받아줄 뿐이다"라는 담담한 표현은 작업 중인 신발을 잃어버린 별궁의 지배인이 맹자에게 "선생께서 가르침을 베푸는 것을 보니 가는 사람 붙잡지 않고, 오는 사람 막지 않으십디다. 배우려는 마음만 가지고 오면 누구든 받아주던데요, 뭐"(14:30)라고 했던 말과 같다는 점에서 교사 맹자의 일관된 자세를 엿볼 수 있다. 맹자 고유의 '위하지 말라, 구하지도 말라, 다만 함께하라'는 철학이 교육 분야에서도 관철되었음을 확인할 수 있다.

이 장은 오늘날로 당겨 와서 독해할 수도 있다. 묵가의 겸애를 기독교의 박애와 유사하다 보고, 양주의 이기利근를 자본주의와 동렬에 놓을 수 있다면, 이 장은 기독교와 자본주의에 대한 유교의 비판으로도 이해할 수 있다. 유교 사상은 근본적으로 탈脫자본주의, 그리고 반反유일신의 속성을 갖고 있기 때문이다. 이런 점에서 원로 영문학자 김우창의 지적이 날카롭다. "조선 말기 지식인들이 왜 근대를 의식적으로 거부하고, 전근대에 머물기를 고집했는지 다시 생각할 필요가 있다"라는 말. 기독교와 자본주의로 대표되는 근대 서구에 대한 비판적 인식이 이미 유교에 내장되어 있다는 점에서다.[120]

참고   본문의 "양주·묵가 출신들과 변론하는 것"의 '변辯'은 전국시대 논리학에서 중요한 개념으로 다뤄졌다. 전국시대가 논쟁의 시대였던 만큼 그 의미를 정확하게 정의할 필요가 있었기 때문이다. 특별히 후기 묵가의 개념어 사전인 『묵경』에는 '변'에 대한 정의가 아래와 같이 실려 있다.

무릇 변辯은 옳고 그름의 구분을 분명하게 하고, 치란의 요체를 살펴서 같고 다름을 이름 짓는 곳을 분명하게 하며, 이름과 실제 간 이치를 살펴 이익과 해로움에 대처하게 하고 의심스러운 점을 해결하려는 것이다.

이로부터 만물이 그렇게 된 바를 대략 헤아려보고 여러 말들이 나열된 것을 논구하여 이름으로 실제를 들어보고, 말(辭)로 의도를 풀어내며, 논설로 원인(故)을 제출하고, 비슷한 유형(類)을 가

---

120   조선 말기 유자들의 반反서학론을 집성한 『벽위편闢衛編』을 참고하면 좋다.

지고 선택하며, 유사한 유형으로써 추리해나가는 것이다. '자기에게 있는 것은 다른 사람에게 있지 않은 것이 아니니, 자기에게 없는 것으로 남에게서 구할 수는 없다.'

음양가를 열었던 전국시대 추연은 이런 작업의 의의를 "변론자는 자기 뜻을 펴서 의미를 통하게 하고, 말하는 바를 분명하게 하고자 한다 辯者, 抒意通指, 明其所謂"[121]라고 요약하였다.

---

121 염정삼 주해, 『묵경 2』, 511~513쪽.

14:27. 세금의 용처

孟子曰, "有布縷之征[122], 粟米之征[123], 力役之征[124]. 君子用其一, 緩[125]其二. 用其二而民有殍[126], 用其三而父子離."

맹자, 말씀하시다.

"베와 실에 걷는 공세가 있고, 곡식에 걷는 조세가 있으며, 노동력을 내는 부역이 있다. 군자는 셋 중 하나를 쓰고 나머지는 늦춘다. 두 가지를 같이 쓰면 굶주려 죽는 백성이 생기고, 세 가지를 다 쓰면 부모와 자식이 헤어진다."

해설

세금은 지나쳐도 안 되지만, 모자라도 안 된다(12:10 백규의 경

---

122 布縷之征(포루지정): 베나 실로 내는 공세貢稅. 주희는 '여름철에 징수하는 세금'이라고 하였다. '布'는 베. '縷'는 실타래. '征'은 세금.

123 粟米之征(속미지정): '粟米'는 벼나 밀과 같은 곡식. 농사를 짓고 난 다음 10분의 1 또는 9분의 1을 세금으로 바치는 것. 주희는 '가을철에 내는 세금'이라고 하였다.

124 力役之征(역역지정): 부역賦役을 말한다. 성을 쌓거나 도로를 닦을 때 노동을 제공하는 것. 주희는 '겨울철에 내는 세금'이라고 하였다. 혹은 부역 대신에 내는 세금이라고도 한다.

125 緩(완): 느슨하게 하다. '緩'은 다 거두어 창고를 채우지 않고 남는 생산물은 백성이 갖도록 한다는 말이다(이토 진사이).

126 殍(표): 굶주려 죽음, 아사자餓死者.

우). 지나치면 폭정이 되고, 모자라면 재용이 부족해 나라 구실을 할 수가 없다. 그 표준이 10분의 1 세제다. 다만 재정 운용상의 지혜를 이곳에서 논한다. 기계적으로 하지 말고 유기적으로 대응하라는 것.

농경 사회에서 농사의 풍흉은 자연에 달렸다. 가뭄이나 홍수로 농사를 망치면 사람들은 기아에 허덕이게 된다. 여기에 전쟁이나 질병이 겹쳐 들면 죽느냐 사느냐의 경각에 이른다. 이 와중에 법대로 세정稅政을 다 펴면 가혹한 정사가 된다. "사람을 죽이는 데 곤장을 쓰는 것과 창칼을 쓰는 것 사이에 차이가 있습니까?"(1:4)라던 지적이 여기 해당한다. 또 증자가 판관이 된 제자의 질문에 "통치자들이 합당한 도를 잃어 백성이 흩어진 지가 오래되었다. 실정을 감안하여 그 처지를 안타까워하고 긍휼히 여기면서 법을 집행해야지, 법규대로 처리했다고 뿌듯해 해서는 안 되지!"(『논어』, 19:19)라던 경고도 여기 부합한다. 법과 제도를 '글자 그대로' 기계적으로 집행하는 것은 정치가 아니요, 시공간의 맥락을 헤아려 적용하는 시중의 도리, 즉 중용이 정치적 지혜가 된다.

아, 그런데 문장 끝에서 맹자의 마음이 뭉클 밝힌다. '부자리父子離'라는 말! "부모와 자식이 헤어진다." 가족이 해체되고 만다는 이 한마디에 맹자가 몸을 일으켜 이 나라 저 나라를 전전한 까닭이 들어 있다. 갖가지 명목의 세금에 백성의 허리가 휘다가 급기야 가족이 뿔뿔이 흩어져 이산해버린 상태. 이것이 당시의 실상이었다. 인류 멸종의 대위기 앞에서 맹자는 두려움으로 '가족 재건' 방안을 모색하였다. 그 결과물이 『맹자』에 가득하다.

한나라 조기는 여기 세 종류의 세금(포루, 속미, 역역)을 아우르는 정征을 '전쟁용 특별세'를 일컫던 명칭으로 해석한다. 곧 "정은 부세賦稅다. 전쟁을 할 때 세 가지 부세를 시행한다"라고 하였다. 전쟁용 특별세 3종 세트를 한꺼번에 부과하면 몰락하지 않는 집안이 없을 것이니 "세 가지를 다 쓰면 부모와 자식이 헤어진다"라는 맹자의 표현이 적실해지므로 조기의 지적은 경청할 만하다.

孟子曰, "諸侯之寶三: 土地・人民[127]・ 政事. 寶珠玉者, 殃[128]必及身."

맹자, 말씀하시다.

"제후의 보물은 세 가지니 토지와 인민, 그리고 정사다. 주옥을 보물로 삼는 자는 반드시 재앙이 몸에 미칠 것이다."

해설

여기 정사政事란 구체적으로는 '군사'와 '재정'의 운용 능력을 의미한다. 정사와 더불어 토지와 인민이 국가의 3대 요소이지만, 만일 토지를 우선하고 인민을 경시하면 양혜왕처럼 불인한 군주가 되어 자멸하고(14:1), 토지를 인민의 도구로 여기면 문왕의 할아비 태왕처럼 전화위복의 전기를 마련할 수 있다(2:15).

역시 국가의 3대 요소 중에도 경중이 없을 수 없다. 인민 〉 정사 〉 토지의 순서가 될 것이다. 여기서 자공이 국가 경영의 원리를 물었던 『논어』의 구절이 참고가 된다. 거기서 공자는 정치의 3대 요소로 경제(食)와 군

127 人民(인민): 모든 국민. 도성 시민을 '人'으로, 시골 백성은 '民'으로 보기도 한다.
128 殃(앙): 재앙.

사(兵), 신뢰(信)를 제시했고, 그 요소들 사이의 경중을 따지는 자공에게 신뢰를 첫째, 경제를 둘째, 군사를 셋째로 구분했다. 요컨대 "백성에게 신뢰가 없다면 공동체는 서지 못하리라民無信不立"(『논어』, 12:7)라는 유명한 말을 남겼다. 거기 '백성의 신뢰'는 맹자식으로 하자면 여기 '인민'일 것이니, 백성의 마음이 정사(경제나 군사)보다 중요한 것은 공자와 맹자가 공유한 정치의 대본大本임이 확실하다.

전국시대의 권력자들은 대부분 주옥珠玉으로 상징되는 부귀영화에 빠져 인민과 국가 경영의 직분을 망각하였다. 이에 무책임하고 자기애에 빠진 군주들을 저격하는 것이 본문의 속뜻이다. 곧 "주옥을 보물로 삼는 자는 반드시 재앙이 몸에 미칠 것이다." 저 앞에 우나라 임금이 뇌물로 받은 주옥과 마차에 혹하여 나라를 잃었던 것이 이 형국이요(9:9), 파베르제Faberge의 진기한 보화를 탐닉하다가 나라를 잃고 제 가족은 모두 살해당한 제정 러시아의 마지막 황제 로마노프의 말로도 이에 근사하다.

요컨대 정치란 공동선의 증진을 목표로 삼는 일이지 통치자 개인의 사사로운 부귀를 증진하는 도구가 아니라는 말이다. 앞의 7:3, 7:8도 같은 맥락이다.

14:29. 재주만 믿고 까불면 죽는다

盆成括[129]仕於齊. 孟子曰, "死矣, 盆成括."

盆成括見殺. 門人問曰, "夫子何以知其將見殺?"

曰, "其爲人也小有才, 未聞君子之大道也, 則足以殺其軀[130]而已矣."

분성괄이 제나라에 벼슬하였다. 맹자, 말씀하시다.

"곧 죽겠구나, 저 녀석!"

분성괄이 죽임을 당하자, 제자가 물었다.

"선생님께서는 그가 죽임을 당할 줄을 어떻게 아셨는지요?"

맹자, 말씀하시다.

"그 사람됨이 조금 재주는 있으나 군자의 큰 도리를 배우지 못했으니 그 몸이 죽게 되어 있더군."

해설

재승박덕! 덕이 배라면 재주는 화물이다. 작은 배에 무거운 화물이 실리면 무게중심은 위로 뜨고 급기야 전복된다. 자승자박이라, 스

---

129 盆成括(분성괄): '盆成'은 성이요, '括'은 이름이다(주희).
130 軀(구): 몸.

스로 만든 밧줄로 제 몸을 칭칭 감은 것이 분성괄의 죽음이다. 그렇다면 어찌해야 하는 것인가? 자기 분수를 아는 지기知己와 자신을 낮추는 겸양이 급선무다. 공부든 출세든 자기를 객관적으로 파악하는 눈이 첫걸음일 수밖에 없다. 자공의 자기성찰과 비교해볼 만하다.

> 공자가 자공에게 말했다.
> "애야, 너와 안회를 비교하면 누가 더 낫다고 생각하느냐?"
> 자공이 말했다.
> "제가 어찌 안회를 감히 쳐다볼 수조차 있겠습니까? 안회는 하나를 들으면 열을 아는 사람이고, 저야 기껏 하나를 들으면 둘을 알 뿐인 걸요!"
> 공자, 말씀하시다.
> "응, 잘 봤구먼. 넌 아직 안회에겐 안 돼."
> _『논어』, 5:8

이 굴욕적인(?) 대화에서 눈여겨볼 점은 자신의 키 높이를 냉정히 파악한 자공의 눈이다. 동료와의 비교는 그 자체로 스트레스를 받는 일일뿐더러 동료의 우월함을 툭 터놓고 인정하기란 더더욱 쉽지 않은 일이다. 그럼에도 불구하고 자공은 "안회는 하나를 들으면 열을 아는 사람이고, 저야 기껏 하나를 들으면 둘을 알 뿐"이라며 냉정하게 평가할 정도로 객관적인 안목을 지녔다. 요컨대 공부의 첫걸음은 자기 자신을 객관적으로 파악하는 일이다. 또한 공자가 칠조개에게 벼슬자리를 알선해주었다.

칠조개가 말하였다.

"저는 아직 그 자리를 맡을 만한 깜냥이 되지 못합니다."

공자, 이 말 듣고 크게 기뻐하시다.

_『논어』 5:5

혹 칠조개는 가난했는지도 모른다. 이에 스승이 나서서 직장을 알선해주었으리라. 그런데 당사자가 기뻐하기는커녕 "저는 아직 그런 자리를 맡을 만한 깜냥이 되지 못합니다"라고 했다니, 스승의 놀라움이 어땠을까? 요컨대 칠조개는 자기 실력을 객관적으로 파악하는 '성찰의 힘'이 있었다는 뜻이고, 또 외부의 편안한 자리에 목매는 소인이 아니라는 뜻이기도 하다. 칠조개는 벼슬자리를 소개받았으나 자신의 깜냥을 냉철하게 판단하고는 걸맞지 않은 자리라며 마다하였다. 그리하여 목숨을 건사할 수 있었다.

그러나 여기 분성괄은 제 분수에 넘치는 벼슬을 받아들였다가 도리어 목숨을 잃는 결과를 초래하고 말았다. "뒤꿈치를 세우고 오래 버틸 수는 없는 법企者不立"(『도덕경』)이다. 출세의 욕망에 치달려 위만 쳐다보던 눈길이 제 발등을 찍은 것이다. 그러니 '자신을 제대로 아는 것(知己)'이 어찌 중요하지 않겠는가!

참고 내가 이 장을 염두에 두고 썼던 칼럼이 있다. 재주가 오히려 불행일 수 있는 경우를 다루었다.

주희의 스승 정이천이 불행을 세 가지로 축약한 글이 『소학』에 실려 있다. 첫째는 소년등과少年登科라, 젊은 나이에 출세하는 것이다. 오만함 때문에 남은 인생을 망칠 수 있다는 뜻이리라. 둘째는 세도가에 태어나 부모 덕에 높은 자리에 오르는 것이다. 제 실력으로 얻은 지위가 아니니 처음부터 불행의 씨앗을 잉태한 셈이기에 그렇겠다. 셋째는 '재능이 뛰어나고 문장을 잘 짓는 것(有高才, 能文章)'이다. 그런데 이 대목이 이해가 되지 않았다. 좋은 재능을 타고나서 글을 잘 짓는 것은 행운이지 어찌 불행일 수 있을까 싶어서다. 그 뒤로 '재才'라는 글자가 목에 걸린 가시처럼 남았다.

『장자』를 읽는 중에 이 글자를 또 만났다. '당랑거철螳螂拒轍'이라는 우화에서다. 한낱 재주만 믿고 세상의 흐름에 맞서는 어리석음을 수레바퀴에 깔려 죽는지도 모르고 덤비는 사마귀에 비유한 것이다. '타고난 재주의 아름다움(才之美)'을 과신하고 세태 변화에 거스르면 죽음을 초래한다는 경고다. 전국시대라는 대홍수 속에서도 의와 불의를 따지고, 세상사 시비를 가리려 드는 유자들을 비아냥거리는 말이기도 하다. 이 글의 속내를 헤아리면서 '재능이란 말을 옛사람들이 좋은 뜻으로 쓰지는 않았구나'라는 배움을 얻었다. 그러면서 또 한편 세속에서 물러나 제 한 몸 건사하기를 권한 장자니까 재능을 낮춰볼 수 있겠거니 여기고 말았다.

『논어』를 보던 중에 이 글자를 또 만났다. "아름다운 재주를 가진 사람이라도 교만하고 인색하다면 더 볼 게 없다"라는 대목에서다. 그야말로 '공자님 말씀'으로 여겨버릴 대목이지만, 막상 재능이라는 글자를 주의해 보던 터라 그냥 보아 넘겨지지 않았다. 공자에게 참된 공부란 지식 위주의 공부가 아니라, 교만과 인색함을 교정하는 태도 변화를 뜻하였다는 배움을 얻는다. 그러자 수신修身이란 글자도 예사롭지 않게 와 닿았다. 말 그대로 '몸을 닦는다'는 뜻이니 머리를 굴리는 지식 공부가 아니라 잘못된 행실을 바로잡는 것이 참 공부라는 뜻이 된다.

그러다가 『맹자』를 보다가 무릎을 쳤다. 재능이란 말의 쓰임새가 선명하게 와 닿았다. 분성괄이라는 젊은 재사의 죽음을 맹자가 예견한 대목에서였다. 그가 곧바로 죽임을 당하자 제자들이 놀라 물었다. 맹자의 답변이다. "그 사람이 '작은 재주(小有才)'는 있더라만 군자의 도를 배우지 못했더라. 그러니 자신을 죽음으로 몰아갈 수밖에." 이에 대한 주희의 주석이 정곡을 찌른다. "재주를 믿고 함부로 말글을 짓는 것은 화를 자초하는 까닭이다." 이제야 바로 알겠다. '재능이 뛰어나 문장을 잘하는 것이 불행'인 이유를!

재능은 좋은 것이다. 하늘로부터 재주를 타고난 것은 행운이다. 그러나 인격의 뒷받침이 없는 재능, 덕의 바탕을 갖추지 못한 재주는 불행의 씨앗이다. 분성괄이라는 젊은 재주꾼의 죽음이 상징하는 바는 크다. 장자든 맹자든 옛사람들이 두루 재능이 제 목숨을 앗아갈 수 있음에 방점을 찍었다는 사실은 날카로운 입들이 횡행하는 오늘날 세태에도 엄중한 교훈이 된다. 덧붙여 지식을 눈으로 익히고, 정보를 머리에 담는 식의 공부는 자칫 제 목숨을 빼앗는 지름길일 수 있다는 사실도 배운다.[131]

---

131   배병삼, "어리석은 재주꾼들의 세상", 〈경향신문〉, 2013년 12월 6일자(발췌 인용).

맹자, 마음의 정치학 3

孟子之滕, 館於上宮¹³². 有業屨¹³³於牖上¹³⁴, 館人求之弗得.

或問之曰, "若是乎從者之廋¹³⁵也?"

曰, "子以是爲竊屨來與?"

曰, "殆¹³⁶非也. 夫子之設科¹³⁷也, 往者不追¹³⁸, 來者不拒¹³⁹. 苟以是心至, 斯
受之而已矣¹⁴⁰."

맹자가 등나라로 가서 별궁에 유숙하였다. 관리인이 삼고 있던
신발을 창가에 놓아두었는데 아무리 찾아도 찾을 수가 없었다.
누가 맹자에게 힐문하였다.

"아마도 이건 제자들 중에서 누가 훔쳐간 게 아닐까요?"

맹자가 말했다.

132 館於上宮(관어상궁): '館'은 묵다. '上宮'은 별궁, 영빈관.

133 業屨(업구): 만들고 있던 신발. '屨'는 신발. '業'은 시작은 했으나 완성하지 못한 상태(초
     순焦循, 『맹자정의孟子正義』).

134 牖上(유상): 창가. '牖'는 창문.

135 廋(수): 숨기다.

136 殆(태): 거의, 아마.

137 科(과): 과목. '가르침'이라고 번역했다.

138 追(추): 쫓다, 붙잡다.

139 拒(거): 막다, 거부하다.

140 斯受之而已矣(사수지이이의): 14:26에도 같은 표현이 나왔다. 곧 묵가든 양가든 도망 나와
     유가로 "돌아오면 다만 받아줄 뿐이다歸, 斯受之而已矣." 둘을 겹쳐서 보면, 맹자 학교는
     배우려는 뜻만 있으면 누구에게나 문호를 개방했음을 알 수 있다.

"그대는 이 사람들이 신발이나 훔치려고 여기 왔다고 생각하는 겐가?"

누가 말했다.

"아마 그렇진 않겠지요. 그러나 선생께서 가르침을 베푸는 것을 보니 가는 사람 붙잡지 않고, 오는 사람 막지 않으십디다. 배우려는 마음만 가지고 오면 누구든 받아주던데요, 뭐."

해설

전국시대를 '백가쟁명의 시대'라고 한다. 이 말은 지식으로 밥을 벌 수 있는 시절이었다는 뜻도 된다. 기존의 사회 계급이 붕괴되면서 개인이 재능이나 지식으로 출세할 수 있게 되었다. 당대 최고의 선망은 제나라가 설치한 직하학궁에 초치된 학자들이었다. 지식으로 부귀영화를 누리게 되니 많은 젊은이가 각 학파로 몰려들게 마련. 맹자의 문하에도 많은 사람이 찾아왔다. 앞서 팽경이 힐문했듯 그렇게 많은 제자를 거느리고도 제후들을 전전하며 공밥을 얻어먹는 것이 옳은 처사냐는 염려가 나올 정도였다(6:4). 여기 신발을 도둑맞은 별궁지기의 날 선 말투가 그런 정황을 잘 보여준다. "선생께서 가르침을 베푸는 것을 보니 가는 사람 붙잡지 않고, 오는 사람 막지 않으십디다."

흥미로운 것은 구변 좋고 비판에 날카로운 맹자가 별궁지기의 반격에 말을 잇지 못하는 상황이다. 하긴 앞서 공자도 된통 당한 적이 있다. 스스로 눌언訥言을 중시한다면서 막상 본인은 "너무 이 말 저 말 하시는 것 아닌가?"라는 비난에 봉착했던 것이다. 이에 공자는 "꽉 막힌 자들을 미워해서올시다……"라며 우물쭈물 꼬리를 내린 적이 있다.[141] 그러하나 이 흥미로운 사건 틈새로 유가 교육철학의 특징이 뚜렷이 보인다. 별궁지기의 "가는 사람 붙잡지 않고, 오는 사람 막지 않으십디다"라는 말은 곧 '배우겠다는 마음만 있으면 누구든 받아주는' 열린 곳이 맹자 학교였다는 뜻이다. 맹자의 교육철학은 공자 학교의 전통을 계승했다고 볼 수 있다. 공자 학교는 신분의 귀천이나 빈부와 관계없이 배우고자 하는 모든 이에게 활짝 열린 공간이었다. 사례를 보자.

> 공자, 말씀하시다.
> "스스로 간단한 인사를 차릴 줄 아는 사람이라면, 나는 누구에게든 가르침을 베풀었노라."
> _『논어』, 7:7

약소한 물건으로 사제 간의 예를 취하기만 하면, 배우려는 뜻만이 입학 조건이 되었다는 말이다. 더욱이 입학 자격은 귀족이나 그 자제들에 국한된 것이 아니었다. 말이 통하지 않아 천민 대접을 받던 이주민에게도 열려 있었다.

---

141 미생묘가 공자를 일러 말하였다. "공구는 어찌 그다지도 말이 많으신가? 너무 이 말 저 말 하시는 것 아닌가?" 공자가 답했다. "감히 이 말 저 말 하려는 것이 아니라, 꽉 막힌 자들을 미워해서올시다."(『논어』, 14:34)

호향互鄕은 말이 통하지 않는 천민 집단이었다. 그곳 아이가 공자를 뵈러 왔다. 제자들은 당황하여 이러지도 저러지도 못했다. 공자, 말씀하시다.

"발전하려고 애쓰는 사람은 손을 잡아주고, 뒤로 퇴보하는 이는 꾸짖어주어야 하는 법. 그런데 어찌 이다지도 사람 차별이 심하신가! 과거에 잘못이 있는 사람도 과오를 뉘우치고 나아가려 한다면 그 뉘우친 것을 기꺼워하고, 지난 잘못은 눈감아주는 법이거늘!"

_ 『논어』, 7:28

한마디로 계급과 인종을 초월하여 배우려는 뜻을 가진 자라면 누구든 와서 배우라는 것이니, 지성의 중요성을 깨달은 공자의 '트임'이 아니고서는 불가능했을 일이다. 누구에게나 열려 있되, 제대로 배우지 않는 제자는 용납하지 않는 공자 학교의 특징은 맹자에게 그대로 계승되었다. 본문이 열린 학교로서의 특징을 보여주는 사례라면, 거들먹거리는 사람에게는 문을 닫는 학교의 모습도 『맹자』의 곳곳에서 찾아볼 수 있다. 예컨대 조나라 임금의 아우인 조교가 시건방을 떨다가 내쫓긴 일이 있었고 (12:2), 등나라 임금의 동생도 건들거리다가 내침을 당했던 터다(13:43). 맹자가 지나치게 엄한 것이 아니라 교육의 성패가 배우려는 사람의 마음가짐에 달려 있기 때문이다. 바둑이 큰 기술은 아니지만 늦가을 북방에서 날아오는 오리를 사냥할 생각이나 한다면 아무리 머리 좋은 녀석이라도 제대로 된 배움을 얻기는 어려운 법이다(11:9).

총괄하면 학교란 진리를 향해 교유하는 트인 공간이다. 다음 맹자의

맹자, 마음의 정치학 3

말이 학교의 성격을 압축한다.

> "벗을 사귀는 도리를 감히 여쭙습니다."
>
> 맹자, 말씀하시다.
>
> "나이에 상관하지 않고, 신분에 구애받지 않고, 가문에도 걸림 없이 벗하는 것이다. 벗을 사귄다는 것은 그 사람의 덕을 사귀는 것이지 달리 끼는 것이 있어서는 안 된다."
>
> _ 10:3

14:31. 입으로 낚시질 말라!

孟子曰, "人皆有所不忍[142], 達[143]之於其所忍[144], 仁也; 人皆有所不爲[145], 達之於其所爲[146], 義也. 人能充[147]無欲害人之心, 而仁不可勝用也; 人能充無穿踰[148]之心, 而義不可勝用也; 人能充無受爾汝[149]之實, 無所往而不爲義也. 士未可以言而言, 是以言餂[150]之也; 可以言而不言, 是以不言餂之也, 是皆穿踰之類也."

　　맹자, 말씀하시다.

　　"사람은 누구나 차마 어쩌지 못하는 마음이 있으니 이것을 차마 행하는 데까지 미치면 인이 된다. 사람이라면 누구든 하지 않는 것이 있으니 이것을 평소 행하려고 하는 데까지 미치면 의가 된다.

142　所不忍(소불인): '차마 어쩌지 못하는 마음'이라고 번역했다.

143　達(달): 이르다(及). 13:15의 '達之天下(달지천하)'의 '達'과 같다.

144　其所忍(기소인): 차마 행하는 바. 짐승을 사냥하고 물고기를 잡아먹는 것이 사람의 '차마 행하는 바'에 해당한다.

145　所不爲(소불위): 하지 않는 바. 의義를 구성하는 요소다. 주석 143의 '所不忍'과 짝을 이룬다.

146　其所爲(기소위): 평소 행하는 바. "사람으로서 하지 말아야 할 것은 하지 않고, 바라지 말아야 할 것은 바라지 않음"이 이것이다(13:17).

147　充(충): 채우다.

148　穿踰(천유): 좀도둑질. '穿'은 담을 뚫다. '踰'는 담을 넘다.

149　爾汝(이여): '야! 너'라는 식의 비칭. 11:10 참고.

150　餂(첨): 낚다, 꾀다. 혀를 뜻하는 '舌(설)'과 밥을 뜻하는 '食(식)'이 합쳐진 글자가 '餂'이니, 곧 달콤한 말로써 이익을 취하려는 것이다.

사람이 남을 해치지 않으려는 마음을 확충해나가면 인은 이루
다 쓸 수 없을 것이요, 남의 집 벽을 뚫거나 담을 넘지 않으려는
마음을 확충해나가면 의는 이루 다 쓸 수 없을 것이다. 사람이
'남의 손가락질은 받지 않겠다'라는 생각을 확충해나가면 어디
간들 의롭지 않을 수 있으랴.
요즘 사라는 자가 말하지 않아야 할 것을 말하는 것은 말로써
이익을 낚으려는 짓이요, 말해야만 할 것을 말하지 않는 것은
침묵으로 이익을 낚으려는 짓이다. 이들은 모두 좀도둑과 같은
부류다."

해설

측은지심이 인의 단서요, 수오지심이 의의 실마리임을 부언하
고 있다. 추기급인이라, 내 자식이 아플 때 느끼는 아픔을 미루어 나아가
북한 어린이의 배고픔에 미치고, 아프리카 아이의 목마름에까지 닿으면,
그것이 이른바 인이 된다. 평소에 사람을 살상하지 않는 유소불위有所不
爲를 사냥터에까지 미쳐 사냥감만 취하고, 나머지 생명을 함부로 대하지
않으면 이것이 의가 된다. 공자가 "낚시질은 하되 그물질은 하지 않았고,
잠자는 새는 잡지 않았다"(『논어』, 7:26)는 것이 이에 해당한다. 물론 가까
운 데서 먼 곳으로 사랑이 미침에 따라 그 농도는 희석될 수밖에 없지만,
이 또한 우주 자연의 법칙에 따르는 일일 뿐이다.

그러나 당시 세태를 보면 사랑(인과 의)을 자임하여 도탄에 빠진 세상을 구제해야 할 지식인(士)이 차마 해서는 안 될 말, 예컨대 사람을 잘 죽이는 법이나 남의 나라를 멸망시키는 방법 따위를 뇌까리면서도 권력자의 악행에는 꿀 먹은 벙어리처럼 입을 닫기 일쑤였다. 맹자는 이는 모두 제 한 입 벌자고 하는 더러운 수작이라고 일갈했다. 말해야 할 것을 말하지 않고, 말하지 않아야 할 것을 나불대는 까닭은 요컨대 제 한 입 벌려고 남을 해치는 짓이다. 이따위 짓거리는 큰 도둑질도 아니고, 남의 집 담을 넘어 옷가지나 훔치는 좀도둑질이나 진배없다는 맹공이다.

문장의 결이 매우 숨가쁜데, 혹 이 장은 맹자가 『논어』를 강의하던 중에 춘추시대보다 타락한 당시 세태를 두고 감개하여 탄식한 말인지도 모르겠다.

> 공자, 말씀하시다.
> "겉으로는 엄격한 듯 논설을 펴는 자들의 속을 보면, 자신에겐 관대하여 허약한 경우가 많더니 이런 따위는 꼭 남의 집 담을 파거나 넘어가 옷가지를 훔치는 좀도둑과 같도다!"
> _ 『논어』, 17:12

농사꾼도 제 힘을 부려 밥을 벌고, 사도 뜻이 맞지 않으면 야경꾼이나 문지기로 밥을 버는 법. 사람을 죽이고 남의 땅 훔치는 궁리를 무슨 이론이니 정책이니 전략이니 포장하여 권력자의 귀를 빼앗고, 마땅히 권해야 할 평화의 방법에는 입을 닫는 것으로 밥을 버는 사이비 지식인을 고발하는 질책이 따갑고 쓰리다. 오늘날 또한 교수니 기자니 박사니 평론가니 이름은 고상하게 붙여놓고, 고작 권력자(정치권력, 경제권력)의 비위에 맞는 말글이나 써대는 사이비에 대한 비판으로 귀담아 들을 만하다.

참고　근대 중국의 언론인 우우임于右任은 '직필인주直筆人誅, 곡필천주曲筆天誅'라는 말을 남겼다. '직필은 권력자가 죽이지만, 곡필에는 하늘의 징벌이 내린다'라는 뜻이다. 이 속에 곡학아세하는 '흰 손' 지식인에 대한 준엄한 경고가 들어 있다.

孟子曰, "言近而指[151]遠者, 善言也; 守約而施博者, 善道也. 君子之言也, 不
下帶而道存焉[152]; 君子之守, 修其身而天下平. 人病舍其田而芸[153]人之田 ─
所求於人者重, 而所以自任者輕."

맹자, 말씀하시다.

"말은 비근하면서 뜻은 원대한 것이 좋은 말이고, 지키기는 간
략하면서 널리 베풀어지는 것이 좋은 도다. 군자의 말은 평범
하지만 그 속에 진리가 담겨 있고, 군자가 지키는 바는 제 한 몸
닦는 것인데 외려 천하가 평화로워진다.

사람들의 병통은 자기 밭은 버려두고 남의 밭을 김매는 것인데
─ 남에게 요구하는 것은 무겁고 스스로 책임지는 것은 가벼운
짓이다."

---

151 指(지): 뜻. '旨(지)'와 같다.

152 不下帶而道存焉(불하대이도존언): 비근한 곳에 진리가 있다. '帶'는 허리띠. '不下帶'란 눈길이 허리띠 밑까지 내려가지 않는다는 뜻.

153 芸(운): 김매다.

맹자, 마음의 정치학 3

해설

    유교의 진리는 일용지간日用之間이라, 지금 여기의 일상을 벗어나지 않는다. 일상을 비상非常하게, 평범을 비범非凡하게 성찰하면서 '날마다 새롭고 또 날마다 새롭게(日新又日新)' 설레며 살기를 기약하는 것이 공부의 핵심인 터다. 그러니 "말은 비근하면서 뜻은 원대한 것이 좋은 말이고, 지키기는 간략하면서 널리 베풀어지는 것이 좋은 도道"일 수밖에 없다. 그러면 구체적으로 어떤 말이 "비근하면서 뜻은 원대한 것"이고 또 어떤 도가 "지키기는 간략하면서 널리 베풀어지는 것"일까? 한번 『논어』에서 찾아보자.

    "유덕자는 외롭지 않다, 반드시 이웃이 있다德不孤, 必有隣"라는 말은 간략하면서도 사람 사는 곳 어디든 적용할 수 있으니 '언근지원言近指遠(말은 비근하면서 뜻은 원대하다)의 선언'이라 할 만하고, "자기가 하고 싶지 않은 것을 남에게 미루지 말라己所不欲, 勿施於人"는 행동 원리는 또한 '수약시박守約施博(지키기는 간략하면서 널리 베풀어지다)의 도리'라 할 만하다. 앞에서 맹자가 "널리 배우고 상세히 해설하는 까닭은 돌이켜 요약하고자 함에서다"(8:15)라고 하였으니 널리 적용할 수 있으면서도 정밀한 공부의 도리를 논한 것이다. 펼치면 천하에 가득하나, 꽉 짜면 한 손에 쏙 들어오는 것이니 쥘부채에 비유할 수 있을까?

    그러므로 군자의 말씀은 평범하면서도 진리가 담겨 있기 마련이다. 예수 말씀이나 부처의 법어나 공자의 언행이 다 쉽고 간략한 까닭이다. 예수의 사랑이란 고작 "네 이웃을 사랑하라"와 "범사에 감사하라"요, 공자의 도리도 다만 자기 주변에서 사랑을 취하라는 것일 따름이다. 따라서 "군자가 지키는 바는 제 한 몸 닦는 것인데 외려 천하가 평화로워진다." 앞에 대인을 두고 "자신을 바로잡음에 남도 바루게 하는 사람이다"라던 말도 뜻이 같다. 요약하면 수기치인이니, 수기 속에 치인의 도리가 깃들어 있고 치인의 과정이 자기를 닦는 도량이 된다. 수기와 치인은 시간적 선후가 아니라 변증법적으로 전개되는 것이다.

한편 시대의 맥락을 감안하면 이 장은 전국시대의 거대 담론에 대한 맹자의 비판이다. 즉 "요즘 사람들은 모두 입버릇처럼 '천하 국가'를 말하는데, 천하의 근본은 국國에 있고, 국의 근본은 가家에 있으며, 가의 근본은 몸(身)에 있"(7:5)음을 우회하여 강조하는 말로 읽힌다. 또 사상사적으로 검토하면 묵가에 대한 비판으로도 읽을 수 있다. 천하의 평화는 '지금 여기 나의 삶'으로부터 국가, 그리고 천하의 일로 나아가는 것이지 거꾸로 뒤집어서는 안 된다는 말이다. 당시 묵가에서는 천하를 바로 세우면 개개인의 평화가 이뤄질 수 있다는 전도된 '사회과학주의'를 주장했는데(겸애, 위민), 그 꼴이 "남에게 요구하는 것은 무겁고 스스로 책임지는 것은 가벼운 짓이다."

14:33. 위하지 말고 구하지도 말고, 다만 함께하라

孟子曰, "堯舜, 性者也; 湯武, 反之也[154]. 動容周旋[155], 中禮者, 盛德之至也.
哭死而哀, 非爲生者也. 經德不回[156], 非以干[157]祿也. 言語必信, 非以正行也.
君子行法[158], 以俟命而已矣."

맹자, 말씀하시다.

"요순은 타고난 본성대로 하였고 탕무는 그 본성을 회복하였
다. 기거동작이 저절로 예에 적중함은 성대한 덕의 극치다. 죽
은 자를 곡하고 슬퍼함은 산 사람을 위해서가 아니고, 덕을 실
천하면서 어긋나지 않는 것은 봉록을 구하려 해서가 아니며, 말
글을 미쁘게 하는 것은 올바르게 보이려 애쓰는 짓이 아니다.
군자는 마땅히 할 바를 행하면서 명을 기다릴 따름이다."

---

154 13:30에서는 "湯武, 身之也(탕무, 신지야)"라고 하였다.

155 動容周旋(동용주선): 기거동작. '動容'은 보고 들음. '周旋'은 말과 행동. '周'는 돌다. '旋'
은 회전하다.

156 經德不回(경덕불회): 덕행을 실천하며 어긋남이 없음. "經은 행하다. 回는 어긋나다."(양백
준)

157 干(간): 구하다.

158 君子行法(군자행법): '君子'란 우와 탕, 공자와 그 후예들까지 포함한다. '法'은 요순이 본
성대로 펼친 법도요, '行'은 요순이 낸 길을 가는 것이다.

해설

　　여기 "요순은 타고난 본성대로 하였다"는 말은 공자가 요순의 정치를 두고 무위이치, 곧 억지로 하지 않는데 자연스럽게 다스려졌다며 찬탄한 말을 맹자식으로 해석한 것이다. 또한 "탕무는 그 본성을 회복하였다"는 말은 폭군의 타락한 정치를 혁명을 통해 요순의 무위 정치로 되돌려놓았다는 말이다. 이른바 반정反正이다(13:30 해설 참고).

　성인이란 체화된 도리가 일마다 이치에 저절로 부합하는 사람을 이른다. 성인군자는 남을 '위하여' 살지도, 자기 목표를 남에게 강요하지도 않는다. 다만 각각의 역사적 환경에서 일어나는 사태의 이치에 합당하기를 도모하며 남들과 함께할 뿐이다. 이 점을 본문에서는 "죽은 자를 곡하고 슬퍼함은 산 사람을 위해서가 아니고, 덕을 실천하면서 어긋나지 않는 것은 봉록을 구하려 해서가 아니며, 말글을 미쁘게 하는 것은 올바르게 보이려 애쓰는 짓이 아니다. 군자는 마땅히 할 바를 행하면서 명을 기다릴 따름이다"라고 표현하였다.

　이런 묘사는 성인군자의 행태를 세밀하고 정확하게 분석한 것이다. 여기 '위하지 않고(非爲)', '구하지도 않고(非干)', '애쓰지도 않으며(非以)', 다만 '명을 기다릴(俟命)' 따름이라는 표현에 자연스레 행하는 무위이치의 곡절이 잘 담겼다. 공자가 70대에 이르렀다는 종심從心의 경지가 이렇고, 남모르게 지위를 양보하여 공자에게 지덕至德이라는 칭찬을 얻은 태백泰伯의 정치적 행동 역시 그러하다(『논어』, 8:1).

　요컨대 왕도 정치, 무위 정치, 여민 정치는 다 같은 원리에 기초한 다른 표현일 뿐이다. '위하지 말고 구하지도 말고, 다만 함께하는 것'이 그 공통 원리다. 오로지 사람의 천성에 부합하는 정치만이 '참된 정치'라는 말이다.

孟子曰, "說[159]大人[160], 則藐[161]之, 勿視其巍巍[162]然. 堂高數仞, 榱題[163]數尺, 我得志, 弗爲也. 食前方丈[164], 侍妾[165]數百人, 我得志, 弗爲也. 般樂[166]飲酒, 驅騁田獵[167], 後車千乘, 我得志, 弗爲也. 在彼者, 皆我所不爲也; 在我者, 皆 古之制也, 吾何畏彼哉!"

맹자, 말씀하시다.

"고관대작들에게 유세할 적에는 그들을 낮춰 보고 그 위용에 짓눌리지 말아야 한다. 축대 높이가 여러 길이나 되고 서까래 머리가 몇 자나 되는 저택은 '내가 뜻을 얻더라도 소유하지 않 을 것'이며, 진수성찬이 식탁을 가득 채우고 시중드는 접대부 가 수백 명이나 되는 짓도 '내가 뜻을 얻더라도 누리지 않을 것'이며, 흥청거리고 놀면서 술을 마셔대고 말들을 치몰아 사

---

159 說(세): 유세하다.

160 大人(대인): 고관대작.

161 藐(묘): 작다. '藐(막/먁)'으로 읽을 때는 '멀다'라는 뜻.

162 巍巍(외외): 높고 큰 모양. '위용'이라고 번역했다. '巍'는 높고 크다.

163 榱題(최제): '榱'는 서까래. '題'는 '頭'와 같은 뜻으로 기둥(도리) 밖으로 튀어나온 부분 (박기봉 역주, 앞의 책).

164 食前方丈(식전방장): 음식이 앞에 진열된 것이 한 길이나 됨(주희).

165 侍妾(시첩): 시중드는 접대부.

166 般樂(반락): 즐기고 놀다. '般'은 즐기다.

167 驅騁田獵(구빙전렵): '驅騁'은 말과 마차를 몰고 치달리는 것. '田獵'은 사냥하다.

냥할 적엔 1000채의 수레가 뒤따르는 짓은 '내가 뜻을 얻더라
도 행하지 않을 것'이라고 마음을 다져야 하리라.
저들에게 있는 것은 모두 내가 하지 않을 것이고, 내게 있는 것
은 모두 옛 성인의 법도이니, 내 어찌 저들을 부러워할 것이 있
을까 보냐(라는 기백으로 유세하라)!"

해설

이 장에서 술회하는 군주와 고관대작에게 유세하는 마음가짐
은 맹자가 유세 중에 겪은 경험인 듯하다. 여러 나라 제후들을 찾아다니
며 유세를 했던 맹자로서는 위풍당당하게 도열한 군사들이며 으리으리
한 대궐, 드넓은 궁전과 좌우로 줄을 선 고관들, 산해진미로 가득 찬 식
탁, 미희들이 시중드는 술자리에 압도당하지 않고 자기주장을 당당하게
펴는 것이 아무래도 벅찬 일이었을 것이다. 그런 경험을 바탕으로 제자
들에게 군주나 고관대작들 앞에서 유세할 때 유의할 점을 알려주는 것이
이 장이다. 기술적 차원에서 가르쳐주는 '유세 방법론'인 셈이다.

맹자는 젊은 제자들에게 이렇게 권한다. 눈앞의 화려한 광경에 눈길을
주지 말라! 사람에게 충성하지 말라! 다만 의와 불의를 판단 기준으로
삼고, 의로운 기백으로 과단성 있게 논단하라! 중원 땅 양나라의 최고 권
력자 혜왕을 앞에 두고 맹자가 일갈한 바가 '하필왈리!'였음을 상기하면
좋겠다. 여기 맹자의 의기는 또 증자가 자부한 바 "내가 진나라와 초나라

의 부유함에는 미칠 수 없으나 저들이 부유함으로 으스댄다면 나는 인으로 상대하고, 저들이 벼슬로 으스댄다면 나는 의로 상대할 터. 내가 거리낄 게 뭐가 있으랴!"(4:2)라던 기개와도 근사하다.

요컨대 맹자는 자기 경험을 토대로 첫 유세에 나서는 젊은 선비, 이를테면 광사狂士의 눈높이에 맞춰 주의 사항을 조곤조곤 알려주고 있다. 앞서 송구천에게 유세객의 마음가짐을 일러주던 13:9의 내용과 겹쳐서 보면 뜻이 더욱 명료하다.

다만 후세 유학자들은 이런 맹자의 기세를 썩 내켜 하지 않았다. 맹자의 말투에서 숨은 욕망을 읽어냈기 때문이리라. 대표적으로 양시楊時는 "이 장은 자기 장점으로 남의 단점을 비교하고 있다. 맹자에게는 아직 이런 기운이 남아 있지만, 공자는 이런 기운이 없었다"라고 꼬집었다. 주희 역시 정이천의 말을 빌려 맹자가 공자에 미치지 못하는 점을 거론한 적이 있는데, 이 장이 그 사례가 될 듯하다.

> 맹자에게는 '반짝거리는 재기(英氣)'가 있으니 조금이라도 반짝거리는 재기가 나타나면 이미 속에 모가 나 있는 것이다. 재기는 일을 해치는 바가 심하다. 안연은 혼후渾厚하여 이와 같지 않았으니 안연은 공자와 거리가 다만 털끝만큼이었고(곧 안연은 아성亞聖이라는 뜻), 맹자는 대현大賢이니 아성의 다음이 된다.
>
> 누가 묻기를 "맹자의 재기가 어느 곳에 보입니까?"
>
> 정이천이 답하기를 "다만 공자의 말씀과 맹자의 말을 비교해보면 곧 알 수 있다. 또 예컨대 얼음과 수정은 빛이 나는데, 이것들을 옥에

비교하면 옥은 자연히 온윤溫潤하며 기상을 함축하고 있으나 반사하는 빛이 없는 것과 같다."

_『맹자집주』,「서설」

그러나 나는 이 장을 젊은 선비들을 격려하기 위한 맹자의 사려 깊은 조언으로 읽고 싶다.

孟子曰, "養心莫善於寡欲¹⁶⁸. 其爲人也寡欲, 雖有不存焉者, 寡矣¹⁶⁹; 其爲人也多欲, 雖有存焉者, 寡矣."

맹자, 말씀하시다.

"사람다운 마음을 기르는 데는 욕심을 줄이는 것보다 좋은 방법이 없다. 사람됨이 욕심이 적으면 설령 취할 것이 없어도 '적긴 하지만 있다'라고 여기지만, 사람됨이 욕심이 많으면 설령 취할 것이 있어도 '거의 없다'라고 여긴다."

해설

속담에 '내 집에 훔쳐 갈 게 뭐 있느냐며 심드렁해도 도둑에게는 또 훔쳐갈 것이 있다'고 하였다. 없는 것이 진짜 없는 것이 아니라

---

168 寡欲(과욕): 검소(儉)와 같다. 옛 성현은 모두 검소함을 미덕으로 삼았다. '欲'은 제선왕이 "제겐 흠이 있습니다"라면서 거론한 세속적 욕망. 재물을 좋아하고(好貨), 여색을 밝히며(好色), 용맹을 좋아한다(好勇)며 너스레를 떨던 부분을 상기하자(1:3 및 1:5 참고).
169 雖有不存焉者, 寡矣(수유부존언자, 과의): 이 문형은 11:8에 나온 "雖存乎人者, 豈無仁義之心哉(수존호인자, 기무인의지심재)"와 유사하다. 천하의 악인도 도덕심이 없지 않다는 뜻이다. 이로써 본문을 해석하면 '타고난 도덕심이 적긴 해도 있다고 여긴다'가 된다. '雖有'는 설령, 설사.

는 말씀. 마음을 기르는 데는 욕심을 적게 하는 것이 가장 좋다는 말은 동서고금의 성현이 거듭 강조했다. 공자는 "예는 사치하기보다는 차라리 검소한 데 깃들고"(『논어』, 3:4)라 하였고, 또 "아껴서 실수할 것이 적으리라"(『논어』, 4:23)고도 하여 과욕寡欲이 사람살이에 중요함을 지적했다. 노자 역시 검소함을 숭상한 터다. "나에게 세 가지 보물이 있으니 지녀서 간직할 것이다. 첫째는 자애로움이요, 둘째는 검소함이요, 셋째는 감히 천하에 앞서지 아니함이다"(『도덕경』, 제67장)라고 하였는데, 둘째로 지목한 것이 검소함이다. 결국 이런 관점에서 공자는 "군자는 의義에 밝고, 소인은 이利를 밝힌다"(『논어』, 4:16)라고 사람됨을 구분했던 것인데, 이를 고스란히 맹자가 계승하여 했던 첫마디가 '하필왈리'였다.

욕欲을 욕망desire과 욕구necessity로 나눠본다면, 유교에서는 욕망은 억제하되 욕구(먹고 마시는 것)는 긍정한다. 이는 유교가 진창 같은 세속에 신성(the sacred)의 무대를 건설하려는 꿈을 가지고 있었기 때문이다. 세속에서 문명을 건설하자니 생존에 필요한 기본 욕구는 인정하지 않을 수 없었다. 다만 그 욕구가 넘쳐 먹고 마시는 것이 탐식貪食으로, 섹스가 음탕(色慾)으로 넘어가는 임계점을 가려서, 그 이전(욕구)과 이후(욕망) 사이의 분수령에 깊이 유의하는 것이다. 가령 "군자는 먹되 배부름을 구하지 않고, 거처하되 편안함을 추구하지 않는다"(『논어』, 1:14)라는 대목은 욕구와 욕망 사이에 걸친 가파른 분수령을 잘 보여준다. 먹고 거처하는 것은 생존에 필수적이니 긍정하지만, 배부름과 편안함은 '심리적 욕망'으로서 금기시하는 것이다. 그렇다면 '생리적 욕구(欲)'와 '심리적 욕망(慾)' 사이에 드리워진 외줄을 타는 이가 군자요 선비라 할 수 있으며, 그 외줄은 '중용의 길'로 표현할 수 있겠다. 『중용』에서 "파랗게 선 칼날 위는 걸을 수 있어도 중용을 행하기는 어렵다白刃可蹈也, 中庸不可能也"(제9장)라고 한 말도 '외줄타기'로서 중용의 실천이 어려움을 묘사한 것이다.

참고   비교철학자 프랑수아 줄리앙은 이 장을 이렇게 해설했다.

> 맹자가 인간 욕구의 제어에 긍정적이었던 이유는 욕구 자체가 나쁜 것이어서가 아니라 그것이 인간의 도덕성 개발을 방해하기 때문이다. 이 장은 그런 점을 잘 보여준다. 결국 도덕심과 욕심의 관계는 완전히 배타적인 것만은 아니라고 할 수 있다. 여기서 우리는 다시 한 번 맹자의 도식이 규범적이지 않다는 사실을 깨닫게 된다.
>
> 이것은 감각적 충동이 원칙적으로 도덕법에 반한다고 보는 칸트의 입장과 대조를 이룬다. 이러한 맹자의 관점은 불교의 전통과도 차이를 보인다. 한편 불교의 영향을 완전히 배제할 수 없었던 '신유학'의 입장은 좀 더 엄격한 면이 있다고 볼 수 있다. 그렇지만 실제로 욕구와 도덕성이 양립하기는 쉽지 않다. 하나가 다른 하나를 방해하지 않을 수는 있지만, 한쪽의 개화開花가 다른 쪽을 촉진시키는 경우는 매우 드물기 때문이다. 따라서 욕구의 축소가 도덕성을 유지하는 데 유리한 '조건'을 만들어준다고 할 수 있다.[170]

---

170   프랑수아 줄리앙, 『맹자와 계몽철학자의 대화』, 156쪽.

14:36. 차마 못 먹는 음식

曾晳[171]嗜[172]羊棗[173], 而曾子不忍食羊棗.

公孫丑問曰, "膾炙[174]與羊棗孰美[175]?"

孟子曰, "膾炙哉!"

公孫丑曰, "然則曾子何爲食膾炙而不食羊棗?"

曰, "膾炙所同也, 羊棗所獨也. 諱名不諱姓. 姓所同也, 名所獨也."

증석이 고욤을 좋아했더니, 아들인 증자가 차마 고욤을 먹지 못했다.

공손추가 물었다.

"고기와 고욤 중에 어느 것이 더 맛납니까?"

맹자, 말씀하시다.

"그야 고기지!"

공손추가 말했다.

---

171 曾晳(증석): 효성으로 이름난 증삼의 아버지. 아버지와 아들이 모두 공자의 제자였다.

172 嗜(기): 좋아하다. (예) 기호식품嗜好食品.

173 羊棗(양조): 고욤. 감(柿)과 비슷하지만 다르다. "羊棗는 고욤나무 열매로 달리 소시小柿, 군천자裙樏子라 부르기도 한다. 생김새가 염소 똥 모양이기에 붙은 이름이다."(최술,『수사고신여록』, 101쪽 주석 40 참고)

174 膾炙(회자): '고기'라고 번역했다. 날로 저며서 먹는 살코기가 '膾'요, 구워서 먹는 살코기가 '炙'다.

175 美(미): 맛이 좋다. '味(미)'와 같다.

"하면 증자는 어째서 고기는 먹으면서 고욤은 먹지 않은 겁니까?"

맹자가 말했다.

"고기는 누구나 좋아하지만, 고욤은 아버지만 좋아하셨기 때문이다. 이름은 휘[176]하지만 성은 휘하지 않은 까닭과 같다. 성은 같이 쓰지만 이름은 홀로 쓰시기 때문이다."

해설

고욤, 이는 하찮은 과실에 불과하다. 그러나 고욤만 보면 아버지가 생각나서 '차마 먹지 못하는 것', 이것이 증자가 고욤을 먹지 못한 까닭이다. 값이 비싸고 헐하고의 문제가 아니라, 또 달고 쓴 것이 문제가 아니라 '고욤=아버지'라는 연상에 깃든 증자의 애틋한 마음을 맹자는 효의 고갱이로 여겨 상찬한 것이다. 애당초 효도는 부모에게 좋은 음식을 바치는 물질적인 것이 아니라 오로지 어버이를 공경하는 마음일 따름이었다.

자유가 효를 여쭈었다. 공자, 말씀하시다.

---

176 諱(휘): 꺼리다. 왕이나 조상의 이름자를 피해 쓰지 않는 것. 당나라 시대 '諱'의 오용에 대한 비판은 한유韓愈의 「휘변諱辯」(황견 엮음, 이장우·우재호·박세욱 옮김, 『고문진보 후집』, 을유문화사, 2007)을 참고하자.

"오늘날 효는 부모에게 좋은 음식을 봉양하는 것을 이르더구나. 그런데 집에서 기르는 개나 말에게도 먹이기야 하지 않느냐? 공경하는 마음이 없고서는 부모에게 하는 음식 공양과 개와 말에게 밥을 먹이는 것을 어떻게 구별하겠더냐?"

_『논어』, 2:7

　　아버지 밥상에 올리는 음식의 기름진 정도가 아니라 '공경하는 마음' 이 있느냐 없느냐에 따라 효와 불효가 갈린다는 것. 증자도 공자의 효도를 오롯이 계승하여 어버이를 공경하는 마음 때문에 고욤을 차마 먹지 못했다. 앞서 맹자는 증씨 집안 3대의 효도를 비교한 바 있다. 거기서 증자가 증석에게 행한 효는 부모의 뜻을 헤아려 봉양한 양지養志에 속하지만, 증자의 아들 증원이 행한 짓은 고작 음식이나 올리는 양구체養口體의 봉양이라 비판하고, 증자의 효라면 '가可하다'라고 비평하였다(7:19). 어버이를 공경하는 마음가짐에 효행이 깃든다는 것이 선진시대 유교의 상식이었음을 알 수 있다. 그 효행의 상징이 증자였다. 백제의 마지막 임금 의자왕이 세자 시절 대단한 효자였다는 뜻으로 해동증자海東曾子라고 일컬어졌다는 김부식의 기록은 동아시아 전역에 걸쳐 '증자=효행'이라는 등식이 통용되었음을 방증한다.[177]

　　그런데 한漢제국 이후 유교가 통치 이념으로 국교화하면서 효행의 의미가 크게 훼손되었다. 한대의 효행은 맹자의 '차마 어찌지 못하는 사랑'

---

177 김부식, 『삼국사기』, 「백제본기」, '의자왕'조.

에서 크게 벗어나 정치적으로 타락하는 경향을 보인다. 효행의 상징인 증자도 기괴하게 변질된다. 한대의 대표적 저술인 한영韓嬰의 『한시외전韓詩外傳』, 유향劉向의 『설원說苑』, 왕숙王肅의 『공자가어孔子家語』, 주흥사周興嗣의 『천자문千字文』에 이르기까지 효행은 아버지에 대한 철저한 복종으로 그려진다. 그 안에서 그려진 증자의 모습은 두렵기까지 하다.

> 증삼이 오이 밭을 매다가 잘못하여 그 뿌리를 잘랐다. 아버지 증석이 성을 내어 큰 몽둥이로 아들을 후려쳤다. 증삼은 땅에 넘어졌다가 한참 뒤에야 깨어났는데, 일어나자마자 벌떡 앞으로 나아가서 "방금 제가 아버님께 죄를 지었는데도 아버님께서는 힘써 저를 가르쳐주셨습니다. 괜찮으신지요?"하고 말했다. 그리고 물러나서는 병풍 뒤에서 거문고를 뜯으며 노래를 불렀다. 아버지 증석이 그 노랫소리를 듣도록 하여 자신이 건강하다는 것을 알려주기 위함이었다.
> _ 유향, 『설원』, 「건본建本」[178]

증석이 누구던가? 공자가 "나는 증석의 견해를 좇겠노라"(『논어』, 11:24)며 마음으로 허여한 사람이었고, 맹자는 기개 높은 푸른 선비인 광사의 일원으로서 기렸던 사람 아니던가(14:37). 그렇던 증석이 이제는 (순임금의 아비 고수처럼) 무지막지하고 폭력적인 가부장으로 변질하고, 아들 증삼은 아비의 폭력을 묵묵히 용인하고 아비에게 아첨하기까지 하는 노

---

178 임종진, 『증점, 그는 누구인가』, 역락, 2014, 28쪽에서 재인용.

　　　　　　　　　　　　　　　　맹자, 마음의 정치학 3

예로 그려진다. 한대 이후 효행이 자식의 일방적인 묵종을 강요하는 권력적, 아니 폭력적 심리 기제로 전락했음을 엿볼 수 있다. 공자의 "아비가 아비다워야 자식이 자식답다"라던 상호적 사랑의 원리는 이제 "아비가 아비답지 않더라도 자식은 자식다워야만 한다父不父, 子不可不子"(『고문효경공씨전古文孝經孔氏傳』)라는 일방적 복종의 억압 기제가 되었다.

공자와 맹자의 오륜五倫이 한나라 이후 삼강三綱으로 경직화되었음은 이미 지적한 바 있다. 부자유친父子有親이라는 상호 존중의 관계론이 부위자강父爲子綱의 주종 관계로 수직화하는 현장을 위의 인용문에서 명확하게 확인할 수 있다. 한나라 황제들의 시호에서 효무제孝武帝, 효문제孝文帝 등 효를 특화시키던 관행과도 밀접한 관련이 있다. 황제를 효도로 성별화聖別化하여 신민의 절대 복종을 요구하는 충효 이데올로기가 여기서 나온다. 집집마다 가부장에게 복종하는 효를 익혀, 그것을 황제에게 복종하는 충으로까지 확장해가려는 의도다. 여기서 유교는 권력자에게 철저한 복종을 꾀하는 이데올로기로 타락한다.

이제 효는 가부장과 통치자의 신성화, 백성의 절대 복종과 상명하복 사회를 도모하는 전제 권력의 도구가 되었다. 장자풍의 광사 증석이 행한 무심한 자식 사랑과 마음으로 어버이를 공경한 증삼의 효행은 급기야 충효 이데올로기를 위한 도구로 추락하였다. 공맹의 선진先秦 유교와 한나라 이후의 제국 유교가 전혀 다름에 유의해야 한다. 그러므로 유교는 하나가 아니다.[179] 그리고 삼강은 오륜과 다르다.[180]

참고　중국 근대의 지식인 하계何啓는 오륜과 삼강을 정확하게 구별하였다.

삼강과 오륜은 구별해야 한다. 삼강처럼 군주에 대한 일방적인 충성을 요구하는 윤리는 한대에 성립된 것으로 본래의 유교와는 무관하다. …… 참된 유교 윤리는 오륜에서 볼 수 있으며, 군신은 의에 의해 맺어지는 쌍무적인 관계에 다름 아니다.

_『권학편서후勸學篇書後』

179 데이비드 S. 니비슨, 앞의 책, 31쪽 참고. 원서 제목인 'The Ways of Confucianism'이라는 표현에 유교는 하나가 아니라 다양한 길로 뻗어 있다는 뜻이 들어 있다.

180 배병삼,『우리에게 유교란 무엇인가』, 녹색평론사, 2012 및 이 책『맹자, 마음의 정치학』 제1권의 「읽기 전에」 참고.

맹자, 마음의 정치학 3

萬章問曰, "孔子在陳曰, '盍歸乎來[181]! 吾黨之士狂簡[182], 進取[183], 不忘其初[184].' 孔子在陳, 何思魯之狂士?"

孟子曰, "孔子 '不得中道而與之, 必也狂獧[185]乎! 狂者進取, 獧者有所不爲也.' 孔子豈不欲中道哉? 不可必得, 故思其次也."

"敢問何如斯可謂狂矣?"

曰, "如琴張·曾晳·牧皮[186]者, 孔子之所謂狂矣."

"何以謂之狂也?"

曰, "其志嘐嘐然[187], 曰, '古之人, 古之人.' 夷[188]考其行, 而不掩[189]焉者也. 狂

---

181 盍歸乎來(함귀호래): 어찌 아니 돌아갈쏘냐. '盍'은 어찌 ~하지 않으랴. '乎來'는 어조사. 도연명陶淵明의 「귀거래사歸去來辭」 가운데 '귀거래혜歸去來兮'의 '來兮'가 어조사인 것과 같다.

182 狂簡(광간): 뜻은 크지만 일은 서툰 것(주희). 아래 '狂獧(광견)'과 같고, '狂狷(광견)'이라고도 한다. '簡'은 간략하다. 『논어』에는 자상백자子桑伯子의 인물됨을 '簡'으로 명명하는 문제로 공자와 중궁이 토론하는 내용이 있다(『논어』, 6:1).

183 進取(진취): "고원한 것을 구하고 바람."(주희)

184 不忘其初(불망기초): 『논어』에 광사를 논하면서 "문장은 이루었으되 재단하는 방법을 알지 못한다斐然成章, 不知所以裁之"(『논어』, 5:21)라고 하였다. '斐然成章(비연성장)'은 바로 위의 '進取'와 같고, '不知所以裁之(부지소이재지)'는 여기 '不忘其初'와 같다. 이에 '不忘其初'를 '실제에는 어둡다'라고 번역하였다.

185 獧(견): 고집스럽다. '狷(견)'으로 된 판본도 있다.

186 琴張(금장)·曾晳(증석)·牧皮(목피): '琴張'의 이름은 뢰牢, 자는 자장子張. '曾晳'은 증삼의 아비로 이름은 점點이다. '牧皮'는 미상.

187 嘐嘐然(효효연): '고고한 체하다'라고 번역하였다. '嘐'는 큰소리치다.

188 夷(이): 평소.

189 掩(엄): 가리다.

者又不可得, 欲得不屑¹⁹⁰不潔¹⁹¹之士而與之, 是獧也, 是又其次也. 孔子曰,
'過我門而不入我室, 我不憾¹⁹²焉者, 其惟鄉原¹⁹³乎! 鄉原, 德之賊也.'"

曰, "何如斯可謂之鄉原矣?"

曰, "'何以是嘐嘐也? 言不顧行, 行不顧言, 則曰, 古之人, 古之人. 行何爲踽踽
凉凉¹⁹⁴? 生斯世也, 爲斯世也, 善斯可矣.' 閹¹⁹⁵然媚¹⁹⁶於世也者, 是鄉原也."

萬章曰, "一鄉皆稱原人焉, 無所往而不爲原人, 孔子以爲德之賊, 何哉?"

曰, "非¹⁹⁷之無擧也, 刺¹⁹⁸之無刺也, 同乎流俗, 合乎汚¹⁹⁹世, 居之似忠信, 行
之似廉潔. 衆皆悅之, 自以爲是, 而不可與入堯舜之道. 故曰 '德之賊'也. 孔子
曰, '惡似而非者: 惡莠²⁰⁰, 恐其亂苗²⁰¹也; 惡佞²⁰², 恐其亂義也; 惡利口²⁰³, 恐
其亂信也; 惡鄭聲²⁰⁴, 恐其亂樂也; 惡紫²⁰⁵, 恐其亂朱也; 惡鄉原, 恐其亂德

---

190 屑(설): 달갑게 여기다.

191 潔(결): '絜(혈)'로 된 판본도 있다.

192 憾(감): 서운해하다.

193 原(원): 성실하다. '愿(원)'과 같다.

194 踽踽凉凉(우우량량): 홀로 우쭐대며 쌀쌀한 모양. '踽'는 홀로. '凉'은 쌀쌀함.

195 閹(엄): 가리다.

196 媚(미): 아첨하다.

197 非(비): 비판하다.

198 刺(자): 찌르다, 풍자하다.

199 汚(오): 더럽다.

200 莠(유): 가라지, 벼와 닮은 잡초.

201 苗(묘): 싹.

202 佞(녕): 말을 잘하다.

203 利口: 말을 교묘하게 잘하는 것.

204 鄭聲(정성): 정나라 노래. 공자는 천하를 어지럽히는 소리로 '鄭聲'을 지목하였다(『논어』, 15:10). 정나라 노래 중에 남녀상열지사男女相悅之詞가 많았다.

205 紫(자): 자줏빛.

也.' 君子反經²⁰⁶而已矣. 經正, 則庶民興; 庶民興, 斯無邪慝²⁰⁷矣."

만장이 물었다.

"공자가 진陳나라에 계실 적에 '어찌 아니 돌아갈쏘냐! 내 고향 젊은이들, 뜻은 크고 담박하며 고원한 것을 추구하나 실제에는 어둡다'라고 하셨습니다. 어찌하여 공자는 진나라에서 노나라 광사를 마음에 두셨던 것인지요?"

맹자, 말씀하시다.

"공자는 '중용의 도를 행하는 선비를 얻어 함께할 수 없다면 반드시 광狂이나 견獧한 이들과 함께하리라. 광자는 고원한 것을 구하고, 견자는 하지 않는 바가 있다²⁰⁸'라고 하셨다. 공자가 어찌 중용의 도를 행하는 선비를 바라지 않았을까마는 반드시 얻을 수는 없기에 그다음을 마음에 두셨던 게지."

만장이 말했다.

"감히 여쭙습니다. 어떠해야 광사라고 할 수 있는지요?"

맹자가 말했다.

"금장과 증석, 목피 같은 이들이 공자가 이른 광사일 테지."

만장이 말했다.

---

206 反經(반경): 법도를 회복하다. '反'은 회복하다.
207 邪慝(사특): 삿되고 간특함. 타락한 풍속을 표현한 '放辟奢侈(방벽사치)'와 같은 뜻이다 (10:7 참고).
208 有所不爲也(유소불위야): 의를 지향한다는 뜻.

"어찌하여 그들을 광사라고 하는지요?"

맹자가 말했다.

"마음에 품은 뜻은 드높아서 말끝마다 '옛사람이여, 옛사람이여!'라고 하지만 평소 행실을 살펴보면, 말하는 바가 몸에 익지 못한 이들이다. 광사를 또 얻지 못할 터이면 깨끗하지 않은 짓을 탐탁찮게 여기는 선비를 얻어 함께하려 하셨다. 이들이 견사이니 또 광사의 다음이 되지. 공자는 말씀하길 '내 집 앞을 지나가면서 집 안에 들어오지 않아도 서운하지 않을 자는 오직 향원일진저! 향원은 덕을 도적질하는 놈이다'라고 하셨다."

만장이 말했다.

"향원이란 어떤 사람인지요?"

맹자가 말했다.

"뜻이 높은 광사를 보고 '무얼 그리 고고한 체하시는가? 말은 행실에 부합하지 않고 행실은 말과 다르면서 말마다 옛사람이여, 옛사람이여 하는구면'이라고 비웃는다. 또 견사를 보면 '무얼 믿고 홀로 우쭐거리고 쌀쌀한가? 이 세상에 났으면 이 세상을 위하여 살다가 또 세상 사람들이 좋다 하면 그만인 게지'라며 제 속은 감추고 세태에 아첨하는 자가 향원이다."

만장이 물었다.

"온 마을이 모두 성실한 사람(鄉·原)²⁰⁹이라고 한다면, 어디 간

---

209   '鄉原'을 말 뜻대로 하면 '마을에서(鄉) 성실한(原) 사람'이 된다.

들 '성실한 사람'이 아니겠습니까? 한데도 공자가 '덕을 도적질하는 놈'이라고 하신 것은 어째서랍니까?"

맹자가 말했다.

"저들은 비판하려 해도 물증이 없고, 비난하려 해도 근거가 없다. 타락한 세태와 한 통속이요 더러운 풍속과도 짝짜꿍이다. 겉모습은 충직하고 믿음직해 보이고, 행하는 짓은 청렴하고 깨끗한 듯하니 다들 좋아하는지라 저 역시 청렴하고 깨끗한 사람인 줄로 안다. 그러나 이자들이야말로 요순의 도에는 함께 들어갈 수 없다. 그래서 '덕의 도적'이라고 한 것이다.

공자가 말씀하길 '비슷해 보이지만 실제는 아닌 사이비를 미워하노라. 가라지를 미워하는 것은 벼를 헷갈리게 할까 두려워서요, 번지레한 말재주를 미워함은 의리를 어지럽힐까 두려워서요, 교묘한 말재주를 미워함은 신뢰를 흩트릴까 두려워서고, 정나라 노래를 싫어하는 것은 정악을 난잡하게 만들까 두려워서이며, 자줏빛을 미워하는 것은 붉은색을 흩트릴까 두려워서고, 향원을 증오함은 덕을 해칠까 두려워서다'[210]라고 하였다. 군자는 법도를 회복할 따름이다. 법도가 바로 서면 사람들이 선을 행하려 분발하고[211] 사람들이 분발하면 세상의 삿되고 간특한 풍조가 사라질 것이다."

---

210 『논어』, 17:18의 내용이다. 이 문장에 '亂(란)'이 5회 출현한다. '亂'은 알면서도 저지르는 짓이다. 몰라서 잘못하는 것은 그나마 낫지만 알면서 저지르는 악행은 큰 죄가 된다.

증오의 장이다. 미워할 대상에 대해서는 철저하게 미워하는 것, 이것이 유교의 특징이다. 다만 이는 사사로이 자아낸 증오가 아니라, 상대의 부정으로 말미암은 공분公憤이다. 그러므로 그 증오는 오로지 미움을 받아 마땅한 대상에게만, 곧 향원에게만 주어질 뿐 다른 데로는 옮겨가지 아니한다. 안연의 특징이었던 "분노를 옮기지 아니함不遷怒"(『논어』, 6:2)이 바로 그런 미덕을 표현한 것이다.

이 장에서는 선비를 중도자, 광사, 견사, 향원 등 네 부류로 나누고, 그중에 향원만큼은 '비슷하지만 실은 아닌' 사이비라며 척결의 대상으로 삼고 있다. 향원이란 선비가 타락한 형태다. 가슴속에 품은 뜻이 없는 자, 옳고 그름에 대한 인식이 없는 자이다. 유교의 향원은 기독교의 '적敵 그리스도'요, 불교식으로는 '말세에 중 옷을 입고 석가의 말을 하지만 실은 불교를 해친다'던 마구니와 같다.

1. 광사

공자와 맹자는 왜 '광사狂士'를 높이는가? 타락한 당대를 혁신하고 새 시대를 개창할 진취적 기상을 중시하기 때문이다. 그들은 결점이 있는 사람들이다. "마음에 품은 뜻은 드높아서 말끝마다 '옛사람이

---

211 經正, 則庶民興(경정, 즉서민흥): '庶民興'이란 '피플 파워people power'가 일어남이다. 혁명을 뜻한다. '근자열, 원자래'라, 정사가 도리에 합치하면 가깝고 먼 데 사람이 몰려든다고 했으니, 새 세상이 열리는 것이다.

여, 옛사람이여!'라고 하지만 평소 행실을 살펴보면, 말하는 바가 몸에 익지 못한 이들"이다. 그리하여 사이비 지식인들로부터 "무얼 그리 고고한 체하시는가? 말은 행실에 부합하지 않고 행실은 말과 다르면서 말마다 옛사람이여, 옛사람이여 하는구면"이라고 비웃음을 당한다. 그럼에도 공자와 맹자는 이들의 진취進取, 즉 이상주의를 높이 산다.

'狂'은 'crazy'로 영역될 수 있을 터인데, "크레이지crazy는 부정적인 뜻이 아니라 '와일드wild', '아웃고잉outgoing', '에너제틱energetic'을 합친 좋은 의미이다. 거칠고, 거침없고, 에너지가 넘치면서 정말 재미있다는 것이다."[212] 현실을 타파하고 새 시대를 꿈꾸는 '거칠지만 거침없고 활기 넘치면서 재미있는' 사람이 광사다! 더러운 세태와 몸 섞기를 거부하는 예인들, 작가들 가운데 광사가 속출한다. 『장자』에 출현하는 은자들 가운데서 그 원형을 찾을 수 있다. 현대식으로는 이른바 창의성이 '狂'자에 서린다.

'狂'을 사랑한 것이 공자와 맹자의 유교임을 유의하자. '狂'은 글자 그대로 '미친', '악인'일 수 있다. 그러나 공자와 맹자가 이들을 아낀 까닭은 세태에 아부하지 않고 오탁악세汚濁惡世와 대결하면서 먹장구름 뒤에 푸른 하늘이 있음을 믿고, 까치발을 한 채 새벽녘이 오기를 기다리며 앞장서 아침을 외치는 사람이기 때문이다. '현실을 감안하라'며 혀를 차는 늙은이들의 현실주의란 과거의 눈으로 현실을 재단하려는 '과거주의'이기 일쑤다. '비현실적인 것'을 꿈꾸는 자만이 이상을 현실 속에서 실현할

---

212 성우제, "싸이는 있고 저스틴 비버는 없는 것", 〈시사인〉, 2013년 5월 5일자.

수 있으며, 또 그것만이 인간적임을 믿는 이들이 여기 광사다.

반면 수치심을 잃고 타락한 지식인이 향원이다. 맹자가 수오지심이라, 스스로를 수치스럽게 생각하고 그 수치심을 미루어 밖의 악을 척결하려 드는 몸짓에 의가 서린다고 토로한 까닭이다. 수치심 없는 지식인들의 가장 큰 죄악은 위선僞善을 가지고 속에서부터 선善을 갉아먹는 것이다. 선의 영토를 내부적으로 잠식하여 누구나 간직한 '평범한 선'을 '평범한 악'으로 타락시키는 '잠실 속 누에'가 저치들이다. 눈에 보이는 악마는 위험하지 않다. 숨어서 귀에 바짝 붙어 달콤하게 속살거리는 위선이 진짜 무섭고 위험한 것이다(아래 '향원' 항목 참고).

2. 견사

견사獧士란 자기 뜻을 굳게 지키며 남과 타협하지 않고 사는 선비다. 견사의 미덕으로 맹자가 지목한 유소불위有所不爲란 '하지 않는 바가 있다'는 뜻이니, 그 반대는 무소불위無所不爲다. 수치심 없는 자의 무소불위란 못할 짓이 없음이니 곧 권력자의 주구走狗가 되는 것, 이익을 위해서라면 무엇이든 권력자가 시키는 대로 저지르고, 그러다가 자리를 얻으면 또 자리보전을 위해 못할 짓이 없는 놈이 되는 것이다. 공자가 비부鄙夫로 지목한 놈들이 이들이다.

공자, 말씀하시다.

"비부들과 정사를 함께할 수 있겠더냐. 이런 자들은 지위를 얻으려면 못할 짓이 없고, 또 얻고 나서 잃지 않으려고 들면 못할 짓이 없는 자들이다"

_『논어』, 17:15

이에 반해 견사는 '멈출 줄 안다'는 특점이 있다. 마음에 양심이라는 '도덕 브레이크'를 장착하고 있기 때문이다. 탁월한 능력자들이 패가망신 하는 것도 무소불위를 지망하면서(엑셀), 유소불위라는 브레이크를 갖추 지 못한 데서 비롯한다. 무소불위와 유소불위의 사이는 다만 한 칸에 불 과하나 그 끝에서 죽음과 생존이, 또 나라의 흥망이 갈린다. 곧 무소불위 한 권력자의 맞은편에 유소불위한 견사가 자리한다. 옳지 않은 것은 '아 니다'라며 거부하고 인끈을 풀고 자리에서 물러나는 것이 견사(공직자)의 덕목이다.

3. 향원

향원이란 '세태를 긍정하고, 그 세상을 위하여 살면서 사람들 이 좋다고 하면 그걸로 좋다'고 여기는 자다. 태어난 세상이 식민지라면 식민지에 맞춰, 독재 시대라면 독재에 발맞춰 살면서 그것을 상식이자 사람살이의 본령이라 알고 만족해하는, 아니 앞장서는 자들이다. 시류에 따르고 그 속에서 출세할 길을 찾을 따름이지, 근본의 옳고 그름을 헤아 리지 아니한다. 화이불류和而不流 가운데 세태와 협화하기를(和) 구할 뿐 '세속에 물들지 아니함', 즉 불류不流의 가치를 도외시한다. '사는 게 뭐 별것 있어?'라며 지사志士들을 물정 모르고 시대 변화를 읽지 못하는 자 라고 저격하는 '시대의 상식인'이 그들이다. 본문에서 향원에 대한 묘사가운데 주목할 것은 '지금 세상을 위한다(爲斯世)'는 대목이다. 즉 '위하는 자'가 향원이다. 맹자가 경고하는 바는 '위하지 말라'이므로 향원의 자세는 맹자의 길과 정반대다. '위하는 자'는 결국 '요구하기' 마련. 세상을 위한다는 자가 결국 '세상에 아첨하는 자(媚於世)'로 귀결하는 것은 일종의 법칙이다. 주희가 '媚(미)'자에 주석하기를 "세상 사람의 기쁨을 구걸하는 것媚, 求悅於人也"이라 하였으니 옳게 보았다. '위하지 말고, 구하지도 말고, 다만 함께하는 것'이 군자의 도리다.[213]

향원은 부끄러움을 잃은 기변機變의 지식인과 직통할 것인데(13:7), 구체적으로는 제선왕의 총신 왕환을 떠올리게 된다. 또 연암 박지원의 「호질虎叱」에 등장하는, 낮에는 근엄한 도학군자지만 밤에는 과부와 통정하는 북곽 선생이란 자도 마찬가지다. 미끈미끈 매끄러운 향원을 말로써 포착하긴 무척 어렵다. 그나마 주희가 향원을 두고 비유식자非有識者, 곧 '식識이 없는 자'라고 해석한 것이 손에 잡힌다(『맹자집주』). 지자知者인데 식자識者는 아닌 자가 향원이다. 향원은 무지자가 아니다. 배울 만큼 배웠다. 아니 남보다 많이 배워 스스로 지식인으로 알고 밖에서도 그렇게 대접받는다("남도 자신도 군자로 여긴다"). 다만 그 지知가 어떤 의미(識)인지를 모른다. 『중용』의 표현을 빌리자면 "밥을 먹지 않는 사람이 없건마는 밥맛을 아는 사람이 드물다"라던 '맛=의미'를 모르는 자가 여기 비유

---

213 학파로 구분한다면 법가에 대한 비판이다. "영원한 도덕은 없다. 당세를 논하고, 그 시대에 부응한다不法常可, 論世之事, 因爲之備"(『한비자』, 「오두五蠹」)가 법가의 취지이기 때문이다. '이 시대에 태어나서 이 시대를 논하다가 좋다면 그만'이라는 맹자의 향원론이 저격하는 바가 곧 법가의 현세주의다.

식자다. 알 만큼 알고 배울 만큼 배운 사람들이지만, 그 배움의 가치, 의미를 숙고하지 않는 자다. 기능주의, 전문주의, 관료주의에 빠진 자들이다. 양식良識이 없다는 말의 뿌리다. 맹자가 보기엔 이런 자들의 공통점이 부끄러움을 모른다는 것인데, 부끄러움은 선비 되기의 문턱이요, 사람과 짐승을 가르는 경계선이다.

그러나 향원의 진짜 죄악은 따로 있다. 무엇보다 중용을 해친다는 것이다. 맹자는 공자를 "때에 따라 합당한 처신을 한 성인", 즉 성지시자聖之時者로 평가한다. 곧 "빨리 떠날 만하면 빨리 떠나고, 오래 머물 만하면 오래 머물며, 은둔할 만하면 은둔하고, 벼슬할 만하면 벼슬한 것은 공자셨다."(10:1) 향원들도 시대의 변화에 민첩하다. 권력이 변할 때마다 몸을 바꾼다. 이를테면 일제강점기엔 일본식, 미군정기에는 미국식, 독재정권에서는 '독재식'으로 표변한다. 그때마다 이론이 번듯하다. 그러나 그 속내는 옳고 그름의 판단이 아니라 이익과 해악에 대한 계산이다. 그럼에도 겉은 중용과 분간하기 어렵다. 외려 목청은 더 높고 논리는 더 적실할 수 있다. 그러니 사이비, 즉 '비슷하나 아닌' 것이요, '덕을 해치는 도적'인 것이며, '요순의 도에는 함께 들어갈 수 없는' 자들이자, '내 집 앞을 스쳐 지나가도 전혀 섭섭지 않은' 자인 것이다. 일제강점기에 최린이 조선의 명사들을 그러모아 친일 모임을 만들고는 이름을 시중회時中會[214]라 붙인 것이 사이비의 전형이다. 시중이라는 이름을 걸고 일제에 협찬해놓고 해방 후 최린은 "반민특위 재판 과정에서 친일한 동기를 '늙은 노모에게 불효를 할 수 없어 망명도 자살도 하지 못하고 일본 군문軍門에 항복했다'고 털어놓았다"[215]라고 하니 '때에 적중하기'는커녕 때마다 이익을 취하려는 욕망을 시중이라는 말로 덮었음을 알 수 있다. 그러니 향원을 '덕의 도적놈'이라고 비난한 공자의 욕설은 외려 점잖은 축이다.

서양에도 향원은 많다. 아이히만이란 자가 뿜는 '악의 평범성'이 향원의 구린내다. 아이히만은 이스라엘 역사에 밝았고, 아람어도 알았으며, 열차를 개조해 가스실을 만들 만큼 기술적 지식도 갖추었다. 다만 그자는 자기를 돌이켜 보는 능력을 갖추지 못하고(충忠의 불능성), 타인의 처지를 자기 것으로 바꿔 보지 못하는(서恕의 불능성) 영혼의 불구자였다. 오로지 자기만 있지 '우리'라는 인식은 없는 존재였다. 유교식으로는 불인한 존재, 영혼이 마비된 존재다. 아, 동방에도 향원은 많다. 한비자가 오두五蠹로 거명한 고관대작들이 그자들이요, 장자가 도척의 입을 빌려 쏘아붙인 번지레한 유자가 저것이다. 정권이 바뀔 때마다 새 정권에 충성하기에 앞장서면서 '공무원에게는 영혼이 없다'라는 말로 눙치는 고위 관료

---

214 시중회는 조선총독부 내무국장 우시지마牛島省三와 경무국장 이케다池田清가 산파 역할을 했으며, 중추원 참의 최린, 동양척식회사 감사 출신 박영철 등이 이끌었다. 이후 시중회는 조선과 일제의 실력자들이 대거 참여해 약 5만 명의 회원을 거느렸다. 시중회는 '대세에 합류해 실질적 향상을 도모하고 조선 민중의 신생활 신문화로 신흥 조선을 건설한다'는 목적을 내세웠다. 또 '일본 민족과 혼연일체가 돼 나아감으로써 우리의 자립적 실력을 확충하자'고 역설했다. 독립 대신 자치론과 실력양성론을 주장하며 일제의 정책을 추종했으며, 1937년 7월 중일전쟁 발발로 시국이 경색되면서 친일 색채를 더욱 강화했다. 1938년 국민정신총동원조선연맹에 발기 단체로 참가하면서 자진 해산했다(네이버 지식백과 참조).

215 "'나를 광화문 네거리서 찢어 죽여라' 반민특위 법정서 참회하는 '민족대표'", 〈오마이뉴스〉, 2004년 8월 24일자.

가 그요, 나라가 바뀔 때마다 이름이 달라지는 '꺼삐딴 리'(전광용의 소설 『꺼삐딴 리』)가 그자다.

4. 군자

맹자가 지망하는 군자란 법도를 회복하는, 즉 반경反經하는 존재다. 군자의 정체성은 이 반경에 있다. 이 말에 맹자의 분노와 희망이 서렸다. 유교의 군자란 세속을 부정하고, 권력에 저항하며, 정의를 회복하는 사람이라는 뜻이기 때문이다(바로 다음 장의 '500년 주기설'에 등장하는 현인들이 여기 군자다).

반경의 반反은 역류, 부정, 저항, 회복, 복귀를 뜻하고, 경經은 귀환할 목적지이니 정의요 사랑이며 왕도이자 여민주의를 뜻한다. 사례를 들자면 탕임금과 함께 폭정을 혁명하여 천하를 광정한 '이윤의 뜻'이며, '예수의 본래 말씀으로 돌아가자'며 프로테스트protest한 루터의 개신改新, 미제국주의에 저항하여 라틴아메리카 사람들의 자주 독립을 쟁취하려 싸운 체 게바라의 투쟁이 반경이다. 요컨대 독재와 독점의 정치·경제, 위민의 정치를 거슬러 '함께 더불어' 하는 여민 공동체를 회복하는 운동이다. 맹자가 제선왕에게 "오로지 근본으로 돌아갈 따름입니다"(1:7)라고 말한 것, 신하의 도리는 다만 "임금의 잘못된 마음을 바로잡는 일"(7:20)이라던 것이며, "나는 요순의 도가 아니면 감히 왕 앞에 아뢴 적이 없다"(4:2)라던 확언이 모두 반경에 해당한다.

수만 리 파도를 헤치고 수백 리 하천을 거슬러 본향으로 회귀하는 연어의 한살이에 코가 시큰해지는 까닭은 그 몸짓이 도무지 무엇을 위하지 않기 때문이다. 역시 군자는 다만 반경할 뿐 무슨 도리를 바로 세우려 하거나 사람들을 도덕에 흥기시키려 함이 아니요, 사회의 악폐를 근절하기 위함도 아니다. 다만 제 할 바를 담담하게 다할 따름이다. 앞에 보았듯 "정명을 순순히 받아들임順守其正"(13:2) 뿐이요, 또한 "덕을 실천하면서 어긋나지 않는 것經德不回"(14:33)일 따름, 무엇을 위하지 않는 것이다. 세태를 거슬러 정의를 회복하려는 맹자의 비전이 여기 있다. 그러하나 거슬러 오르는 길이 쉬울 턱이 없다. 습관적인 삶을 낯설게 보고, 평범함 속에서 비범함을 발견하며, 악폐를 적발하고, 거짓을 추궁하고, 불의를 처단하는 작업이 반경의 사업이다.

참고   본문에서 향원을 해설하기를 "居之似忠信, 行之似廉潔(거지사충신, 행지사염결)"이라고 했다.

> (1) 居之似忠信은 '인仁인 것처럼 보인다'는 말이다. '居'는 대장부론에서 인을 묘사하는 광거廣居의 '居'이고, '忠信'은 당연히 '仁'을 뜻한다(『논어』에 사례가 많다).

> (2) 行之似廉潔은 '의義인 것처럼 보인다'는 말이다. '行'은 행의 行義(의를 실천하다)의 준말이고, '廉潔'은 의의 내실을 뜻한다. 예컨대 맹자가 '진중자를 제나라 선비들 가운데 첫손가락에 꼽겠지만 그러나 廉이라고 이름 붙일 수는 없다'라던 말에서 '廉潔=義'라는 등호를 추출할 수 있다(6:10).

       맹자, 마음의 정치학 3

이 둘을 압축하면 거인居仁과 행의行義가 되는데, "인에 살고 의를 따른다면 대인의 사업은 갖춰진 것입니다居仁由義, 大人之事備矣"(13:33)라는 말이 따로 있으니 이 셋을 모두 합치면 군자의 자격이 충신과 염결임을 분명하게 알 수 있다. 한편 '居之似忠信, 行之似廉潔'의 '似'는 당연히 사이비를 뜻한다. 곧 겉으로는 인에 살고 의를 행하는 '듯' 보이는 사이비 도덕군자가 향원이라는 것이다.

＃# 14:38. 묵시록: 절망 속 희망 찾기

孟子曰, "由堯舜至於湯, 五百有餘歲; 若禹·皐陶, 則見而知之; 若湯, 則聞而知之. 由湯至於文王, 五百有餘歲, 若伊尹·萊朱²¹⁶, 則見而知之; 若文王, 則聞而知之. 由文王至於孔子, 五百有餘歲, 若太公望·散宜生²¹⁷, 則見而知之; 若孔子, 則聞而知之. 由孔子而來至於今, 百有餘歲, 去聖人之世若此其未遠也, 近聖人之居若此其甚也, 然而無有乎爾²¹⁸, 則亦無有乎爾."

맹자, 말씀하시다.

"요순에서 탕임금에 이르기까지 500여 년. 우와 고요는 요순의 치세를 보고서 도를 알았고,²¹⁹ 탕임금은 들어서 알았다.²²⁰ 탕임금에서 문왕에 이르기가 500여 년. 이윤과 래주는 보고서 알았고, 문왕은 들어서 알았다. 문왕에서 공자까지 또 500여 년. 태공망과 산의생은 보고서 알았고, 공자는 들어서 알았다.

공자로부터 오늘에 이르기는 고작 100여 년. 성인의 세대와 이

---

216 萊朱(래주): 탕임금의 신하. 仲虺仲虺라고도 한다. 『서경』, 「상서」에 '중훼지고仲虺之誥'편이 있어 그 사상을 짐작케 한다(주희).

217 散宜生(산의생): '散'은 성. '宜生'은 이름. "주나라 때 사람. 문왕이 노인을 잘 대접한다는 말을 듣고 찾아가 그의 사우四友의 한 사람이 되었다. 여상呂尙에게 배우고 문왕을 도왔는데, 미녀와 보물을 주왕에게 보내 옥에 갇힌 문왕을 석방시켰다."(임종욱, 『중국역대인명사전』, 이회문화사, 2010)

218 乎爾(호이): 문장의 끝에 쓰여 단정과 감탄의 뜻을 나타내는 어조사.

219 친자親炙의 역사적 사례가 됨.

220 사숙私淑의 역사적 사례가 됨.

604   맹자, 마음의 정치학 3

렇게나 멀지 않고, 성인의 거처가 이렇게도 가까운데 성인의 도를 아는 자가 없으니 또 앞으로도 없겠구나!"

이제 『맹자』의 끝에 도달했다. 이 장 밑에는 '사람이 사람을 잡아먹는' 세태에 대한 깊은 침울함이 깔려 있다. 끝 구절 "성인의 세대와 이렇게나 멀지 않고, 성인의 거처가 이렇게도 가까운데 성인의 도를 아는 자가 없으니 또 앞으로도 없겠구나!"라는 개탄이 맹자의 두려움을 절절하게 드러낸다. 500년 주기로 직접 눈으로 보기도 하고, 귀로 듣기도 하면서 겨우 전수된 진리의 호롱불이 자기 당대에 끝날 것 같은 두려움과 절망감이다. 이 두려움은 사실적이다.

읽기에 따라 이런 개탄은 맹자가 성인의 도를 알아챈 사람으로 자부하는 긍지로 읽히기도 한다. 저 앞에 "500년마다 반드시 왕자가 일어나고, 그 사이 현자도 출현하는 법이다. 주나라 이래 700여 년이 흐른 지금, 햇수로 치면 때가 지났지만 시기를 보면 지금이 가능한 때다. …… 만일 하늘이 천하를 평화롭게 하시겠다면 지금 세상에 나 말고 또 그 누가 있겠더냐?"(4:13)라던 대목이라든지, 또 노나라 평공을 만나지 못했을 때 맹자 본인의 불행이 아니라 외려 노나라의 불행이라며 시큰둥하던 태도에 깃든 자존감(2:16) 등과 연결해서 보면 맹자 스스로 명세자名世者로서, 곧 공자와 후대를 연결하는 현자로서 자부하고 있다고 읽을 수 있겠다.

1. 신새벽

서양 사상이 논리logos에서 정당성을 확보한다면 동양에선 역사history에서 정당성을 얻는다. 서양의 중국학자가 "공자가 쓴 방법은 교훈적인 목적을 위해 역사를 이용하는 교묘한 방법이었다. 다른 문명에서 신의 계시가 맡았던 역할을 중국에서는 역사가 행했다"[221]라고 한 말은 여기 참고가 된다. 『맹자』에 『시경』, 『서경』, 『논어』와 제자백가서, 전설과 설화가 끊임없이 등장하고 이들을 통해 주장의 정당성을 확보하는 것이 그 증거다.

여기 성왕의 계보학은 새로운 문명의 비전을 제시하는 가장 유력한 근거이며 힘이다. 특별히 순임금과 문왕, 그리고 혁명가인 탕임금과 무왕이 맹자가 주목한 역사적 모델이다(8:1). 성왕의 계보를 통해 미래를 가늠하는 여기 최후 진술에도 그런 세계관과 글쓰기 패턴이 전제되어 있다.

맹자는 자기가 살던 당대를 혁명 전야, 신새벽으로 보았다. 그러나 아직은 칠흑 같은 어둠! 그 어둠을 영속시키려는 세력이 창궐함을 그는 피부로 느끼고 있었다. 인간세가 짐승보다 못한 야만의 상태로 타락하고 있다는 느낌이 그를 공포로 몰아넣었다. 이에 마지막 장에서조차 맹자는 낙관을 노래하지 못한다. 마지막 문단에서 그의 공포가 오롯하다. '과연 인류에게 희망이 있는가?'라는 본질적 질문에서 나온 두려움이다.

그러면서도, 아니 그러하기에 더더욱 맹자는 새로운 아침을 절실하게 희망하고 있다. 일치일란一治一亂의 역사관을 토대로 동트는 아침이 머

---

221 후레드릭 W. 모우트, 권미숙 옮김, 『중국 문명의 철학적 기초』, 인간사랑, 1991, 71쪽.

잖은 신새벽임을 믿고 싶었던 것. 어렵지만 불가능하지만은 않은 길, 그 좁디좁은 길이 인간의 선택에 따라 획득될 수도 있고, 천재일우의 기회를 잃을 수도 있다는 점에서 그는 뜨겁게 조바심을 내었다. 이 와중에 그는 공자를 만났고, 공자가 했던 대로 천하를 주유하며 시대를 근원적으로 개조할 수 있는 제안을 내놓았다. 여민주의, 정치와 행정의 분리, 소국연방의 국제 체제, 10분의 1 세제, 도덕 학교의 건설, 사회복지 등을 왕도라는 이름으로 제시하였던 터다. 아, 인간 세상을 떠나 자연 속에 숨어 살면서 땅을 파 식량을 얻고, 샘을 파 물을 얻어 일신을 보전할 길이 없지 않음을 왜 맹자인들 몰랐으랴.

『맹자』의 끝자락에 이르러 그의 '묵시록'을 읽으면서, 오늘날 우리의 처지도 다를 바 없음을 절감한다. 여기 맹자의 마음이 자본주의 역사가 이매뉴얼 월러스틴의 조바심과 겹치는 것은 우연이 아니다.

> 월러스틴은 앞으로 닥쳐올 혼란의 이행기에 자본의 지배에 제대로 대처하지 않는다면 자본주의 시대가 지난 후 노예제 사회와 비슷한 체제가 도래할 것이라는 말을 한다. 다만 자본가 집단에 저항하는 세력이 제대로 된 선택을 한다면 지금까지 인류의 역사와는 다른 이상적인 민주적이고 평등한 사회가 올 가능성 역시 있다고 주장한다.[222]

전국시대 말기 맹자가 자칫 노예제 사회로 전락할지 모른다는 두려움

222　고부응, 「고난의 시대, 몰락한 대학」, 『녹색평론』, 제148호, 2016년 5~6월, 88쪽.

에 떨면서 여민의 세상을 제안했던 것과 다를 바 없이, 현대 자본주의를 사는 월러스틴도 똑같은 두려움으로 자본의 지배에 대한 저항을 요구한다. 2000여 년 전의 맹자와 오늘날의 월러스틴이 기묘하게 합의한 '노예제 사회'라는 공감대가 오늘 『맹자』를 읽는 까닭에까지 닿는다.

2. 500년 수비학

맹자가 500년을 단위로 인간의 역사를 인식하는 시각이 눈에 띈다. 일종의 수비학적 세계관에 기초한 역사 인식인데, 일치일란의 주기적 역사관도 이를 토대로 하고 있다. 이미 공자부터 수비학을 사용했다. 특히 제나라본 『논어』(齊論)에 나오는 3, 5, 10의 수비학은 유별나다. 가령 "천하에 도가 있으면 예악과 정벌이 천자로부터 나오고 천하가 무도하면 예악과 정벌이 제후에게서 나온다. 제후에게서 나오면 10세대에 정권을 잃지 않는 경우가 드물고, 대부로부터 나오면 5세대에 정권을 잃지 않는 경우가 드물며, 배신이 정권을 농단하면 3세대에 잃지 않는 경우가 드물다."(『논어』, 16:2)

500년 주기설은 조선 개국 당시에도 쓰였는데(1000년의 절반이 역사의 매듭으로 삼기에 적당하기 때문이리라), 맹자의 주기설이 건국의 정당성을 위해 동원되었다.

일찍이 맹씨의 말을 살펴보건대 '500년마다 반드시 왕자가 일어난다' 하였으니, 고려 왕조는 시조 왕씨 이후로 거의 500년이 되었습니다. 국운이 이미 쇠퇴하여 공민왕의 후사가 끊겼는데, 요망스런

중 신돈辛旽의 아들 우禑가 성을 속여 왕위를 도적질하고는 주색에 빠지고 포학하였습니다. …… 그때 우리 주상 전하께서 우군도통사右軍都統使가 되어 대의大義에 따라 군사를 돌이켰으니, 우가 그제야 죄를 알고서 아들 창昌에게 왕위를 사양했습니다.

_『조선왕조실록』, 「태조 2년」, 2월 18일조

흥미롭게도 오늘날에도 500년 주기설이 사상사 담론의 틀로 쓰이고 있다. 자본주의 세계체제론을 논한 월러스틴의 역사 서술에도 500년 수비학이 채용되었다.

우리는 500년마다 찾아오는 역사적 체제의 구조적 위기의 한복판에 있다. 현재 자본주의 세계 경제를 구성하는 근대 세계 체제는 끝없는 자본 축적의 원리에서는 굉장히 성공적이었지만, 계속 이 원리로 작동하기에는 한계에 다다랐다. 자본주의는 더 이상 형식적으로도 합리적이지 않다.[223]

3. 절망 속에서 희망 찾기

그러면 오늘날 우리에게 새로운 500년의 전망은 존재하는가? 물론이다. 존재한다. 오래된 처방이 있고 오늘날도 유효하다. 고전이 절

---

[223] 이매뉴얼 월러스틴 강연록, "문명적 전환의 정치학The Politics of a Civilizational Transformation", 경희대학교 주최 '2012 피스 바 페스티벌Peace BAR Festival', 2012년 9월 17일.

망 속에서 제출된 희망의 길 찾기임을 안다면 비상구는 존재한다. 요컨대 희망의 비상구란 새로운 학교 건설이다. 조선 중엽 젊은 선비들이 몰살당하는 사화士禍의 절망 앞에서 퇴계 이황이 발걸음을 뒤로 돌려 서원書院을 연 것이 역사적 증거다. 서원이란 고작 '유교' 학교가 아니다. 이는 혁신을 향한 인문 학교다. 관립학교(향교/성균관)에서 출세를 위한 수험서로 타락한 『논어』, 『맹자』를 그 본래의 가치, 사람다움을 획득하는 공부로 전환시키려는 인문 운동의 요람이 서원이다. 퇴계는 평생토록 지방 각처에 열 곳이 넘는 서원을 짓고 죽었다. 오늘날 역시 자립적인 인문 학교를 건설하는 일만이 희망이다. 공자가 학교를 열고 그것을 맹자가 계승하고, 이황이 전수한 전통을 오늘날 계승하면 된다(퇴계로부터 오늘까지가 또 500년이다. 이 어찌 우연이리오!). 일본에서도 인문 학교 운동이 들불처럼 일어난다는 소식은 좋은 참고사항이다. 우치다 타츠루의 실천과 증언이 그렇다.

내가 주재하고 있는 '가이후칸凱風館'을 포함하여 지금 일본 각지에서 무수한 사숙私塾(사설학교)이 설립되고 있다. 초등학생에서부터 사회인에 이르기까지 대상도, 가르치는 내용도 갖가지이지만 공통적인 것은 일본의 제도 교육에 대한 위기감이다. 그리고 영리 목적의 교육 기관과는 전혀 다른, 개인이 자기가 가진 것을 아낌없이 바쳐서 손수 만든 교육 기관들이 차례로 생겨나고 있다.
예전 같으면 대학원에 남아서 교원이 되었을 젊고 우수한 연구자들까지도 차례차례 대학에 등을 돌리고 자신의 사숙을 열고 있다. 아직 언론은 이러한 풍조를 느끼지 못하고 있다. 하지만 나는 일본의 학교 교육이 엄청난 변화를 맞이하고 있다는 것을 확실히 실감하고 있다.[224]

희망은 인문의 힘에서 비롯함을 이제 안다. 지금까지 『맹자』를 읽은 것은 인간 소외가 절정에 달한 현대 자본주의를 탈출할 샛길을 찾는 탐색 과정이었다. 고전이 '오래된 미래'인 까닭이기도 하다.

---

224 우치다 타츠루, 「대학 개혁 망국론: 인문계 학부 폐지의 어리석음」, 『녹색평론』, 제148호, 2016년 5~6월호, 124쪽.

참고문헌

1. 『맹자』 역주서

김용옥, 『맹자, 사람의 길』, 통나무, 2012.

김학주 역주, 『맹자』, 서울대학교출판문화원, 2013.

박경환 옮김, 『맹자』, 홍익출판사, 2008.

박기봉 역주, 『맹자』, 비봉출판사, 1992.

박일봉 편저, 『맹자』, 육문사, 2011.

범선균 역주, 『맹자』, 혜원출판사, 1990.

부남철, 『맹자정독』, 태학사, 2019.

성백효 역주, 『현토완역 맹자집주』, 전통문화연구회, 2010.

양백준, 우재호 옮김, 『맹자역주』, 중문출판사, 2005.

윤재근 역주, 『맹자 1, 2 – 희망과 소통의 경전』, 동학사, 2009.

이기동 역해, 『맹자강설』, 성균관대학교출판부, 2005.

이상호 역주, 『맹자』, 계명대학교출판부, 2012.

이우재, 『이우재의 맹자 읽기』, 21세기북스, 2012.

이을호 옮김, 『한글맹자』, 올재, 2014.

이익, 『孟子疾書』(한국경학자료집성 39 – 맹자 5책), 성균관대학교 대동문화연구원, 1990.

이토 진사이, 최경열 옮김, 『맹자고의』, 그린비, 2016.

이한우, 『논어로 맹자를 읽다』, 해냄출판사, 2015.

정약용, 이지형 역주, 『다산 맹자요의』, 현대실학사, 1994.

조수익·박승주·함현찬 옮김, 『맹자』, 전통문화연구회, 2011.

허경진 역해, 『맹자』, 청아출판사, 1988.

황종희, 이혜경 옮김, 『맹자사설』, 한길사, 2011.

孫奭, 『孟子正義』(十三經注疏(本)), 臺北: 藝文印書館, 1981(趙岐의 「孟子題辭」, 「孟子註」 수록).

安井衡 校訂, 『孟子定本』(漢文大系 1), 東京: 富山房, 1984.

楊伯峻 譯註, 『孟子譯注』, 北京: 中和書局, 1992.

宇野精一, 『孟子』(全釋漢文大系 第2卷), 東京: 集英社, 1974.

朱熹 撰, 『孟子集注』, 명문당, 1973.

焦循, 『孟子正義』, 河北人民出版社, 1986.

Dobson, W. A. C. H., *Mencius: A New Translation Arranged and Annotated For The General Reader*, University of Toronto Press, 1963.

Lau, D. C., *Mencius*, Penguin Classics, 2005.

Legge, James, *The Works of Mencius*(The Chinese Classics, vol.1), Oxford University Press, reprinted, Shanghai, 1935.

2. 『맹자』 해설서

김형효, 『맹자와 순자의 철학사상』, 삼지원, 1990.

남회근, 설순남 옮김, 『맹자와 공손추』, 부키, 2014.

남회근, 설순남 옮김, 『맹자와 양혜왕』, 부키, 2015.

남회근, 설순남 옮김, 『맹자와 진심』, 부키, 2017.

대진, 임종진·장윤수 옮김, 『대진의 맹자 읽기』, 소강, 1996.

데이비드 S. 니비슨, 김민철 옮김, 『유학의 갈림길』, 철학과현실사, 2006.

박유리, 『풀이한 맹자』, 세종출판사, 2009.

백민정, 『맹자, 유학을 위한 철학적 변명』, 태학사, 2015.

원보신, 황갑연 옮김, 『맹자의 삼변철학』, 서광사, 2012.

신동준, 『맹자론』, 인간사랑, 2006.

이민홍, 『맹자, 정치를 말하다』, 성균관대학교출판부, 2013.

이혜경, 『맹자, 진정한 보수주의자의 길』, 그린비, 2008.

장현근, 『맹자 – 바른 정치가 인간을 바로 세운다』, 한길사, 2010.

정제두, 민족문화추진회 편, 『국역 하곡집 1 – 맹자설』, 민족문화문고, 1989.

정천구, 『맹자독설』, 산지니, 2012.

조성기, 『소통과 설득의 달인 맹자』, 그물, 2013.

조원일, 『맹자의 철학사상』, 전남대학교출판부, 2012.

채인후, 천병돈 옮김, 『맹자의 철학』, 예문서원, 2006.

최술, 박준원 옮김, 『맹자사실록』, 지식을만드는지식, 2010.

킹로이슌, 이장희 옮김, 『맨얼굴의 맹자』, 동과서, 2017.

푸페이룽, 정광훈 옮김, 『맹자 교양강의』, 돌베개, 2010.

프랑수아 줄리앙, 허경 옮김, 『맹자와 계몽철학자의 대화』, 한울아카데미, 2009.

함영대, 『성호학파의 맹자학』, 태학사, 2011.

황준걸, 함영대 옮김, 『이천 년 맹자를 읽다 - 중국맹자학사』, 성균관대학교출판부, 2016.

加賀榮治, 『孟子』, 東京: 淸水書院, 1990.

戴震, 『孟子字義疏證』, 北京: 中華書局, 1996.

Nivison, David S., *The Ways of Confucianism: Investigations in Chinese Philosophy*, Open Court Publishing Company, 1996.

Shun, Kwong-loi, *Mencius and Early Chinese Thought*, Stanford University Press. 1997.

3. 동양 고전 및 1차 문헌

『論語集註』(朱熹 撰, 명문당, 1973)

『春秋繁露義證』(薛與 譯註, 中華書局, 1992)

『管子注譯 上·下』(趙守正 撰, 光西人民出版社, 1987)

『老子翼·莊子翼』(漢文大系 9)(東京: 富山房, 1984)

『大學章句』(朱熹 撰, 명문당, 1973)

『毛詩』(漢文大系 12)(東京: 富山房, 1984)

『墨子閒詁 上·下』(孫詒讓 撰, 北京: 中華書局, 1986)

『史記』(全10卷)(北京: 中華書局, 1959)

『四書集注』(朱熹 撰, 보경문화사, 1994)

『尙書』(漢文大系 12)(東京: 富山房, 1984)

『荀子集解』(諸子集成本)(王先謙 撰, 上海書店, 1996)

『詩傳』(朱熹 撰, 명문당, 1988)

『禮記鄭注』(漢文大系 18)(東京: 富山房, 1984)

『禮記訓纂』(朱彬 撰, 北京: 中華書局, 1996)

『儀禮』(영인본, 학민출판사, 1995)

『左氏會箋 上·下』(漢文大系 10, 11)(東京: 富山房, 1984)

『周禮』(전2권)(영인본, 학민출판사, 1995)

『周易』(漢文大系 16)(東京: 富山房, 1984)

『中庸章句』(朱熹 撰, 명문당, 1973)

『春秋經典集解 上·下』(杜預 撰, 上海古籍出版社, 1978)

『春秋左傳注』(全4卷)(楊伯峻 譯註, 北京: 中華書局, 1995)

『韓非子集解』(諸子集成本)(王先謙 撰, 上海書店, 1996)

『淮南鴻烈集解 上·下』(劉文典 撰, 中華書局, 1989)

『孝經, 爾雅』(영인본, 학민출판사, 1995)

『경제학-철학 수고』(카를 마르크스, 강유원 옮김, 이론과실천, 2006)

『고독한 산책자의 몽상, 말제르브에게 보낸 편지 외』(장 자크 루소, 진인혜 옮김, 책세상, 2013)

『고문진보 후집』(황견 엮음, 이장우·우재호·박세욱 옮김, 을유문화사, 2007)

『공자가어』(이민수 옮김, 을유문화사, 2003)

『국부론』(애덤 스미스, 김수행 옮김, 비봉출판사, 2007)

『국역 성호사설』(이익, 신호열 외 옮김, 한국고전번역원, 1977)

『국역 열하일기』(박지원, 민족문화추진회 편, 민족문화추진회, 1990)

『국역 퇴계전서』(이황, 퇴계학연구원, 1992)

『군주론』(니콜로 마키아벨리, 강정인·김경희 옮김, 까치, 2015)

『논어고금주』(정약용, 이지형 역주, 사암, 2010)

『니코마코스 윤리학』(아리스토텔레스, 천병희 옮김, 도서출판 숲, 2013)

『다산 논설선집』(정약용, 박석무 옮김, 현대실학사, 1996)

『도덕경』(오강남 풀이, 현암사, 1995)

『목민심서』(정약용, 다산연구회 편역, 창비, 2018)

『묵경 1, 2』(염정삼 주해, 한길사, 2014)

『묵자 상·하』(김학주 옮김, 명문당, 2003)

『묵자 1, 2』(이운구 옮김, 도서출판 길, 2015)

『백호통의』(반고, 신정근 옮김, 소명출판, 2005)

『북학의』(박제가, 안대회 옮김, 돌베개, 2003)

『사기열전 1, 2』(박일봉 역저, 육문사, 2011)

『삼국사기』(김부식, 이병도 역주, 을유문화사, 1991)

『삼국유사』(일연, 이민수 옮김, 을유문화사, 2013)

『성학십도, 자기 구원의 가이드맵』(퇴계 이황 편집, 한형조 독해, 한국학중앙연구원출판부, 2018)

『손자병법』(유동환 옮김, 홍익출판사, 2005)

『수사고신록』(최술, 이재하 옮김, 한길사, 2009)

『수사고신여록』(최술, 이재하 옮김, 한길사, 2009)

『순자』(김학주 옮김, 을유문화사, 2001)

『순자』(정장철 역해, 혜원출판사, 1990)

『에밀 또는 교육론 1, 2』(장 자크 루소, 문경자·이용철 옮김, 한길사, 2007)

『여씨춘추』(정하현 옮김, 소명출판, 2011)

『역주 국어 1, 2』(허호구 외 옮김, 전통문화연구회, 2007)

『역주 매씨서평』(정약용, 이지형 역주, 문학과지성사, 2002)

『예기』(이민수 옮김, 혜원출판사, 2001)

『왕양명실기』(박은식, 이종란 옮김, 한길사, 2010)

『장자』(앵거스 그레이엄, 김경희 옮김, 이학사, 2015)

『장자』(안동림 역주, 현암사, 1994)

『장자』(오강남 풀이, 현암사, 1999)

『전국책』(유향, 임동석 옮김, 동서문화사, 2009)

『정본 여유당전서: 상서고훈 1, 2』(정약용, 다산학술문화재단 엮음, 사암, 2013)

『주자행장』(황간, 강호석 옮김, 을유문화사, 1975)

『퇴계전서』(이황, 성균관대학교 대동문화연구원 엮음, 성균관대학교 동아시아학술원, 1992)

『한글세대가 본 논어 1, 2』(배병삼 주석, 문학동네, 2002)

『한비자』(박건영·이원규 역해, 청아출판사, 1993)

『현토완역 시경집전 상·하』(성백효 역주, 전통문화연구회, 2004)

『회남자 1, 2』(유안, 이석명 옮김, 소명출판, 2010)

4. 공구서

김언종, 『한자의 뿌리 1, 2』, 문학동네, 2001.

김원중 엮음, 『허사사전虛詞辭典』, 현암사, 1989.

단국대학교 동양학연구소, 『한한대사전韓漢大辭典』, 단국대학교출판부, 2007.

미조구치 유조 외 엮음, 김석근 외 옮김, 『중국사상문화사전』, 민족문화문고, 2003.

민중서림 편집부, 『한한대자전漢韓大字典』, 민중서림, 1999.

서정, 매지고전강독회 옮김, 『모시명물도설』, 소명출판, 2012.

시라카와 시즈카, 심경호 옮김, 『한자 – 기원과 그 배경』, AK커뮤니케이션즈, 2017.

연세대학교 허사사전편찬실, 『허사대사전虛辭大辭典』, 성보사, 2001.

에드윈 풀리블랭크, 양세욱 옮김, 『고전중국어 문법강의』, 궁리, 2005.

이재운·유동숙·박숙희 편저, 『뜻도 모르고 자주 쓰는 우리말 어원 500가지』, 위즈덤
    하우스, 2012.

이토 진사이, 최경열 옮김, 『어맹자의』, 그린비, 2017.

임종욱, 『중국역대인명사전』, 이회문화사, 2010.

정치학대사전편찬위원회, 『21세기 정치학대사전』, 아카데미아리서치, 2002.

조선탁, 송강호 옮김, 『중국어 한자의 어원』, 지식과교양, 2011.

한국고전용어사전편찬위원회, 『한국고전용어사전』, 세종대왕기념사업회, 2001.

한국정신문화연구원, 『한국민족문화대백과사전』, 한국정신문화연구원, 1990.

桂馥 撰, 『說文解字義證』, 上海: 齊魯書社, 1987.

諸橋轍次, 『大漢和辭典』(全12卷), 東京: 大修館書店, 1984.

5. 기타

가라타니 고진, 송태욱 옮김, 『탐구 1』, 새물결, 1998.

가토 슈이치 외, 김진만 옮김, 『일본문화의 숨은 형』, 소화, 1995.

가토 슈이치, 이목 옮김, 『양의 노래』, 글항아리, 2015.

강정인 외 엮음, 『서양 근대 정치사상사』, 책세상, 2007.

고부응, 「고난의 시대, 몰락한 대학」, 『녹색평론』, 제148호, 2016년 5~6월.

고종석, 『불순한 언어가 아름답다』, 로고폴리스, 2015.

김상준, 『맹자의 땀, 성왕의 피』, 아카넷, 2016.

김상환, 『김수영과 논어』, 북코리아, 2018.

김응교, 『처럼』, 문학동네, 2016.

김홍우,『현상학과 정치철학』, 문학과지성사, 1999.

김홍우,『법과 정치』, 인간사랑, 2012.

나카자와 신이치, 김옥희 옮김,『사랑과 경제의 로고스』, 동아시아, 2004.

레오 스트라우스, 양승태 옮김,『정치철학이란 무엇인가』, 아카넷, 2002.

로저 에임스, 장원석 옮김,『동양철학, 그 삶과 창조성』, 성균관대학교출판부, 2005.

류쭝디, 이유진 옮김,『동양 고전과 푸코의 웃음소리』, 글항아리, 2013.

마르틴 부버, 표재명 옮김,『나와 너』, 문예출판사, 2001.

막스 베버, 전성우 옮김,『직업으로서의 정치』, 나남출판, 2019.

모리스 고들리에, 오창현 옮김,『증여의 수수께끼』, 문학동네, 2011.

미르치아 엘리아데, 이은봉 옮김,『성과 속』, 한길사, 1998.

미우라 구니오, 이승연 옮김,『왕안석, 황하를 거스른 개혁가』, 책세상, 2005.

바이시, 이임찬 옮김,『직하학 연구』, 소나무, 2013.

배병삼,『우리에게 유교란 무엇인가』, 녹색평론사, 2012.

사라 알란, 오만종 옮김,『공자와 노자, 그들은 물에서 무엇을 보았는가』, 예문서원, 1999.

서경식·노마 필드·가토 슈이치, 이목 옮김,『교양, 모든 것의 시작』, 노마드북스, 2007.

서복관, 한형조 옮김,『중국인성론사』, 을유문화사, 1995.

서울대학교 공과대학 엮음,『축적의 시간』, 지식노마드, 2015.

신영복,『감옥으로부터의 사색』, 돌베개, 1998.

신영복,『강의』, 돌베개, 2004.

신영복,『담론』, 돌베개, 2015.

쓰지 유미, 이희재 옮김,『번역사 산책』, 끌레마, 2008.

앵거스 그레이엄, 나성 옮김,『도의 논쟁자들』, 새물결, 2001.

엄정식,『지혜의 윤리학』, 벽호, 1986.

와타나베 히로시, 박홍규 옮김,『주자학과 근세일본사회』, 예문서원, 2004.

요시카와 고지로, 조영렬 옮김,『독서의 학』, 글항아리, 2014.

요시카와 고지로, 조영렬 옮김,『요시카와 고지로의 공자와 논어』, 뿌리와이파리, 2006.

우치다 타츠루,「대학 개혁 망국론: 인문계 학부 폐지의 어리석음」,『녹색평론』, 제148호,
    2016년 5~6월호.

우치다 타츠루, 김경옥 옮김,『어른 없는 사회』, 민들레, 2016.

우치다 타츠루, 김경옥 옮김,『하류지향』, 민들레, 2013.

우치다 타츠루, 이수정 옮김,『레비나스와 사랑의 현상학』, 갈라파고스, 2013.

우치야마 도시히코, 석하고전연구회 옮김,『순자 교양강의』, 돌베개, 2013.

월터 J. 옹, 임명진 옮김,『구술문화와 문자문화』, 문예출판사, 2018.

위앤커, 김선자·전인초 옮김,『중국신화전설』, 민음사, 1999.

유기우, 이은우 옮김,『상서학사』, 예문서원, 2016.

윤영혜,『주자의 선불교 비판 연구』, 민족사, 2000.

이광세,『동양과 서양, 두 지평선의 융합』, 길, 1998.

이숙인,『동아시아 고대의 여성 사상』, 여성문화이론연구소, 2005.

이찬,「『맹자』 독해의 정치철학적 함의와 경經과 사史의 긴장 - 사마광의 『의맹疑孟』과 주희의 논평을 중심으로」,『철학연구』, 제49집, 고려대학교 철학연구소, 2014.

이춘식,『춘추전국시대의 법치사상과 세勢·술術』, 아카넷, 2002.

임종진,『증점, 그는 누구인가』, 역락, 2014.

장웨이, 이유진 옮김,『제나라는 어디로 사라졌을까』, 글항아리, 2011.

전우익,『사람이 뭔데』, 현암사, 2002.

전우익,『호박이 어디 공짜로 굴러옵디까』, 현암사, 2002.

정용환,「아크라시아 혹은 방심: 플라톤, 아리스토텔레스, 유가」,『동서철학연구』, 제52호, 2009년 5월호.

정재서,『앙띠 오이디푸스의 신화학』, 창비, 2010.

정화열, 박현모 옮김,『몸의 정치』, 민음사, 1999.

최영찬 외,『四書의 字句 이해와 개념 고찰』, 신성문화사, 2004.

프랑수아 줄리앙, 박희영 옮김,『장자, 삶의 도를 묻다』, 한울아카데미, 2014.

피터 윈치, 박동천 옮김,『사회과학의 빈곤』, 모티브북, 2011.

한나 아렌트, 김선욱 옮김,『예루살렘의 아이히만』, 한길사, 2006.

한나 아렌트, 김정한 옮김,『폭력의 세기』, 이후, 1999.

홍기빈,『아리스토텔레스, 경제를 말하다』, 책세상, 2001.

후레드릭 W. 모우트, 권미숙 옮김,『중국 문명의 철학적 기초』, 인간사랑, 1991.

丸山眞男,「政事の構造: 政治意識の執拗低音」,『現代思想』, 1984年 11月.

맹자, 마음의 정치학 3

2019년 8월 30일 1판 1쇄
2024년 9월 10일 1판 2쇄

지은이 배병삼

편집 이진·강변구·이창연 **디자인** 김민해
제작 박흥기 **마케팅** 김수진·강효원 **홍보** 조민희

인쇄 천일문화사 **제책** 책다움

펴낸이 강맑실 **펴낸곳** (주)사계절출판사
등록 제406-2003-034호 **주소** (우)10881 경기도 파주시 회동길 252
전화 031)955-8588, 8558 **전송** 마케팅부 031)955-8595 편집부 031)955-8596
홈페이지 www.sakyejul.net **전자우편** skj@sakyejul.com
블로그 blog.naver.com/skjmail **페이스북** facebook.com/sakyejul
트위터 twitter.com/sakyejul

값은 뒤표지에 적혀 있습니다. 잘못 만든 책은 서점에서 바꾸어 드립니다.

사계절출판사는 성장의 의미를 생각합니다.
사계절출판사는 독자 여러분의 의견에 늘 귀기울이고 있습니다.

ISBN 979-11-6094-502-7 04150
ISBN 979-11-6094-499-0(세트)